创建"五型"班组实践指南

主编 王正东 王万方

石油工业出版社

内 容 提 要

"五型"班组建设是较新的管理概念，具有很强的社会性和时代性。本书运用多种学科的基本原理，系统而有创意地介绍了为创建"五型"班组而进行的各项修炼，全面阐述了创建"五型"班组的意义与作用，详细介绍了创建"五型"班组的方法和步骤。此书的出版，对企业"五型"班组建设可以起到一定的推动作用，值得各级管理者和员工学习借鉴。

图书在版编目(CIP)数据

创建"五型"班组实践指南/王正东，王万方主编．
北京：石油工业出版社，2008.10
ISBN 978-7-5021-6778-3

Ⅰ.创…
Ⅱ.①王… ②王…
Ⅲ.石油工业-生产小组-工业企业管理-指南
Ⅳ.F407.226.6-62

中国版本图书馆 CIP 数据核字(2008)第 154101 号

出版发行：石油工业出版社
　　　　　(北京安定门外安华里2区1号　100011)
　　网　　址：www.petropub.com
　　编辑部：(010)64523574　图书营销中心：(010)64523633
经　　销：全国新华书店
排　　版：北京乘设伟业科技有限公司
印　　刷：北京中石油彩色印刷有限责任公司

2008年10月第1版　2016年3月第5次印刷
787×1092毫米　开本：1/16　印张：20.5
字数：520千字

定价：32.00元
(如出现印装质量问题，我社图书营销中心负责调换)
版权所有，翻印必究

《创建"五型"班组实践指南》编委会名单

主　任：孙崇仁

副主任：张希勤　罗文柱

主　审：党宝章

主　编：王正东　王万方

编　委：（以姓氏笔画为序）

王万方	王正东	王坤静	石慧中	吕长锁
那秀媛	孙　平	孙宏伟	李经和	杨立文
迟福永	张金利	张惠奇	苟响川	罗颖川
郑兴波	袁铁民	索长生	倪志勇	高　山
唐　华	陶　洪	崔凯华	谢世伟	

序

石油企业历来重视基层建设工作。在持续发展、深化改革历程中，不仅形成了大庆精神、铁人精神，还孕育了"三老四严"、"四个一样"等光荣传统。2007年以来，为了进一步弘扬大庆精神和铁人精神，全面落实《中国石油天然气集团公司基层建设纲要》，辽河油田广泛开展了"我的岗位我负责，我在岗位您放心"创建"五型五好"班组活动，有效地激活了班组细胞，凝聚了班组力量，提高了基层班组的凝聚力、执行力和战斗力。《创建"五型"班组实践指南》就是在认真总结辽河油田创建"五型五好"班组经验的基础上，探索形成的一部指导企业基层班组建设的好教材。

该书将现代管理理论与班组管理实践相结合，对企业班组建设进行了深入浅出、形象具体的阐述，理论见解独到，方法简单实用，结构新颖合理，内容丰富多彩，具有较强的实用性和可操作性。作者综合运用了管理学、创造学、教育学、心理学、社会学等基本原理，全面阐述了建设"五型"班组的意义与作用，系统介绍了"五型"班组的各项修炼，明确指出了创建"五型"班组的方法和步骤，为创建"五型五好"班组提供了理论依据和科学指导。通览全书，作者的创造性思维透过纸背，字里行间始终彰显着深刻的理性思辨和深厚的人文底蕴，使全书平实而不平庸，自然而不落俗，实用而不鼓噪，是作者的热情和创造性思维强化后蒸腾出的结晶，是经过生产实践和调研之后结出的硕果。此书的出版，对于我们进一步深化"五型五好"班组创建活动，不断赋予大庆精神、铁人精神新的时代内涵，努力提升班组建设的技术含量、文化含量，把基层班组建设成企业肌体中最活跃的细胞，具有很好的指导和借鉴意义。

借此书付梓之际，衷心祝愿《创建"五型"班组实践指南》能够为提高班组管理水平，创建"五型五好"班组发挥更好的作用。

辽河油田公司党委书记 孙崇仁

2008年6月

前言

一、写作目的

创建"五型"班组活动正在全国各大企业内部蓬勃兴起。作者在2007年为辽河油田的部分班组做过几次关于创建"五型五好"班组的讲座,也到过班组活动现场进行考察,发现了一些问题,希望本书能帮助解决。

(1)关于创建"五型"班组没有一本完整的教材。班组内部相关的书不少,但缺少一本简洁、明了、适用的书,编写本书的第一个目的就是想配合创建"五型"班组,将创建"五型"班组的理论和方法整合在一起,实现"一书在手,别无所求"。

(2)在创建"五型"班组过程中,许多班组都用彼得·圣吉的《第五项修炼》这本书,这是一本被认为是创建学习型组织的权威教材。有人问彼得·圣吉,究竟什么是学习型组织,他回答两个字,"创造";如果是四个字,就是"持续创造"。既然创造是核心,可在书中却没有明确告诉人们如何创造。有的班组也有关于创造学方面的书,厚厚的书,只适用于搞研究,员工没有很多时间去读。本书的第二个目的是告诉员工一个创造方法,实现"一法在手,万法皆通"。

(3)许多关于班组创建的辅导材料中,都强调在工作中体会生命的意义,强调奉献。并没有告诉读者生命的意义是什么?人为什么要工作?为谁工作?人为什么要奉献?奉献的意义是什么?本书的第三个目的是通过解答这些问题来说明"人应该怎样生,路应该怎样行"。

(4)创建"五型"班组是企业管理的重要举措。数不胜数的管理理论让企业领导不知如何是好,其实一切管理都是通过员工的自我管理来实现的。员工实现自我管理,企业就可以实现以"最小的管理行为,实现企业效益的最大化"。本书的第四个目的就是要告诉员工如何实现自我管理。

(5)本书想通过以下几个方面提升创建"五型"班组的水平:

① 树立一种心态——积极心态;
② 营造一种氛围——快乐班组;
③ 铸造一种精神——自我超越;
④ 培植一个根源——学习力;
⑤ 学会一种方法——系统思考、全局观念;
⑥ 开发一种能力——创新;
⑦ 培养一种习惯——主动反思;
⑧ 拨亮一盏明灯——活出生命的意义;
⑨ 激发一种热情——追求速度;
⑩ 明白一个道理——沟通无限;
⑪ 塑造一种文化——和谐共享;

⑫ 重视一种管理——自我管理。

二、内容安排

内容安排方略是：一重温标准；二教会方法；三交给工具。

本书分两个单元共十五章。第一单元共六章，第一章介绍了创建"五型"班组项目的来源及其相关内容，然后根据创建"五型"班组的目标要求，用五章的篇幅介绍了创建"五型"班组的方法和措施；第二单元共有九章，用八章的篇幅介绍了创建"五型"班组要进行的八项基本修炼，第十五章介绍了班长领导能力的修炼。第二单元相当于创建"五型"班组的工具，对提升创建"五型"班组的水平具有很强的指导意义。作为工具，它也具有通用性的特点，不仅适用于创建"五型"班组，也适用于其他类型班组的创建与管理。

三、本书的创新点

（1）写法上全新。

本书在写法上运用了"系统是相似的，道理是相通的"这一原理，力求"以简驭繁，以一统万"，简洁明了，便于掌握和使用。繁杂的道理简单说，古人的道理现代说，外国的道理中国说。

世间的道理是简单的，许多新理论都是从旧的理论演变过来的。"知变"则不为新，将未知变成已知就容易了。比如：在第七章中给出的所有的创造技法用一个字说是"变"，用两个字说是"分合"，即"所谓创造不过分合而已"；在第十一章的例子中给出孔子的思想可以用一句成语来概括，即"将欲取之，必先与之"，这不就是在市场上买菜的道理吗？

（2）内容上的创新。

① 第二章"如何创建学习型班组"中给出了学习效果定律。

② 第三章"如何创建和谐型班组"中给出了创建和谐型班组的三个必要条件。

③ 第七章"'五型'班组的第一项修炼——自我超越"中给出了实现自我超越的五个基本原理。

④ 第八章"'五型'班组的第二项修炼——改善心智模式"中给出了改善心智的标准和创造幸福的方法，告诉人们如何在工作和生活中找到自己的幸福平衡点和幸福状态。

⑤ 第十章"'五型'班组的第四项修炼——团体学习"中给出了团体学习的模式——立体化学习模式，立体化学习是一种大学习观，我们认为善学者人人是老师（人人皆学生），事事是老师，物物是老师，处处是学校。

⑥ 第十一章"'五型'班组的第五项修炼——系统思考"中给出了看见树木，想出森林的方法，教员工如何用"悟"的方法去学习。

⑦ 第十二章"'五型'班组的第六项修炼——开发创造力"中给出立体化思维模式和发明创造技法统宗，实现了"一法在手，万法皆通"。

⑧ 第十三章"'五型'班组的第七项修炼——自我管理"中采用了控制的原理来谈自我管理，并指出所有管理都是通过员工的自我管理来实现的，所有管理都是通过员工的自我管理开始的。所以我们认为，一流的管理靠文化。21世纪的管理是以价值观为核心的企业文化管理，重点是员工的自我管理。

⑨ 第十四章"'五型'班组的第八项修炼——人际沟通"中给出的两条沟通的基本原理"将欲取之，必先与之"和"适者沟通"与其他参考书中的提法有所不同。所有的沟通方法和技

巧全在这两条原理之中。

四、特色

（1）管理方法出于一图——系统控制图；

（2）创造方法统于一字——变；

（3）所有道理源于一理——适者生存，将欲取之，必先与之。

以上三点，作为思维工具，具备简洁、科学、通用这三大特点。

（4）本书不是简单的说教，而是用基本原理和基本方法去推导，更令人信服。

（5）本书知识容量大。作者综合运用了管理学、创造学、教育学、心理学、社会学等基本原理，深入浅出地阐述了创建"五型"班组的要点和方法，抓住了创建"五型"班组的精髓，内容准确清晰，层次分明，论述严谨，易于理解和掌握。

本书力求通俗易懂，对创建"五型"班组有一定的帮助和支持。

五、适用范围

书中所谈的"五型"，即"学习型、安全型、清洁型、节约型、和谐型"，与我们国家在最近几年分别提出的创建学习型社会、和谐型社会、安全保障型社会、资源节约型社会、环境友好型社会的概念是一致的。无论是创建"五型"社会（关于"五型"社会，还没有正式的官方提法，是作者归纳的），还是创建"五型"班组，都是从每一个人开始的，从个人的"五型"，到家庭的"五型"，到班组的"五型"、科室的"五型"、企业的"五型"、社区的"五型"，最后到国家的"五型"。所以说任何人都需要"学习、和谐、安全、清洁、节约"的理念和方法，所以任何人都需要学习"五型"的知识。可以毫不夸大地说，《创建"五型"班组实践指南》这本书对所有人都有用，对各行各业都有用。万物是相似的，道理是相通的，基本原理都是通用的。

本书在内容、结构、体系等方面进行了大胆尝试和创新，具有很强的可读性。书中的案例虽然来自于石油行业，但它是一个通用的班组创建模式，同样适用于电力、交通、石化、制造等其他行业。

本书由全体编委共同参与完成，由王正东、王万方主编并统稿，由党宝章主审，是集体智慧的结晶。

在编写过程中，我们吸收了一些学者的观点，在这里不能一一注出，还有一些管理理论引自已出版的管理专著，特将主要参考书目列于书后，以示谢忱。

编者

2008年8月

使 用 导 航

一、用什么,学什么

由于整个社会的提倡和宣传,有些企业也在做这方面的培训,大家都已经具备了一定的知识和概念,只是不一定成系统而已。所以在使用本教材时,不一定从头开始读起,本着用什么、学什么,缺什么、补什么的原则,从任一章开始读都可以,每一章都自成体系,都可以作为一个独立的培训专题。

另外在班组长这个群体中,许多人已有很高水平,所以我们在这里给大家准备一桌自助餐,让不同口味的人有一定的选择余地。

二、抓要点,去冗余

由于写书要考虑系统的整体性,需要有些过渡段落,这些段落只起辅助作用,不是关键的要点,所以我们在阅读时也可以跨过去,这样才能学得快。比如,创建学习型班组,要抓住学习的特点和三要素,创建和谐型班组要抓住和谐的三要素和实现和谐的方法,等等。

三、用已知,求未知

始终要记住的一句话,就是:"系统是相似的,道理是相通的"。用我们的已知与未知去类比,许多新的知识都是由旧的知识演(变)化而来,变化的次数多了,就复杂了,就不容易找到它的根了,或者就忘了它还有根。

例一:

我们在读第三章创建和谐型班组时,把一个交响乐队与一个和谐型班组相类比,我们就可以知道和谐为什么要有三要素,我们观察一个交响乐队的创建方法就可以知道一个和谐型班组的创建方法。哪个地方没搞明白,就回过头来,去想我们熟悉的乐队,答案就在问题中。另外和谐的概念本身就源于古代的礼乐之中。

在培训实践中,有的员工说,我不用交响乐队类比,我用合唱团类比,好,太好了!这就是创造!还有许多可以用作类比的事物,作者在创建"五型"班组的培训实践中用的教具就是一朵玫瑰花。

类比基本原则就是选取作为类比的事物一定是典型的,自己熟悉的,使已知和未知能建立起联系。

例二:

我们在读第十一章系统思考时,在理解系统的概念、系统的属性、系统的原则、思考的方法时,如果有不好理解的地方,就用自己的身体去类比,自己的身体是自己最熟悉的系统,他也是一个和谐的、自动的系统。哪个地方没理解就想自己的五脏六腑之间的关系,问题就会迎刃而解了。

其实系统整体的思维方式,在我们中国已经存在了几千年,最典型的就是我们的中医,还有我们的建筑、兵法,等等。

在培训实践中,有的员工一听说系统的理论出于理论生物学家 L. V. 贝塔朗菲的《系统论》,就去读《系统论》,其实根本没必要去浪费时间,我们介绍的基本概念就足够用了。

例三:

在第二章中提出了创建班组十大文化,节约文化是人类各种节约的生活方式的总称,由节约观念、节约制度、节约技术、节约行为四个层面构成。那么我们只要把"节约"二字换成"安全"或"清洁",就可以知道安全文化和清洁文化的构成了。同理,如果明确了节约理念,也就可大体知道安全理念和清洁理念了。如果我说节约为自己,你就能说出安全为自己,清洁为自己,工作为自己……这不就是举一反三。古人告诉我们:"事不用巧,是谓忘情失道","事不可径成者,必以巧达"。这样学习才能提高效果,节约时间和精力。

四、用已知,悟未知

一定要用悟的方法学习,我们要把我们已有的知识用到极致,无所不用其极。较典型的例子就是姜子牙用钓鱼的方法治理国家,伊尹用炒菜的方法治理国家,杨朱用牧马的方法讲治理国家的道理,农民用种田的道理谈治理国家的道理,等等。

每个人都有一摊工作,时间是有限的,如果把每个知识都当成新的知识来学,那是学不完的。作者认为最好的方法就是用悟的方法去学习,用悟的方法去应用已经拥有的知识,就会学得快,进步得快。21 世纪唯一持久的竞争力就是谁比谁学习得更快!

在本书第十一章举了一个看见树木,想出森林的例子,孔子的思想核心就是发挥了老子"将欲取之,必先与之"的后半句话。发挥了半句话就成了圣人,孔子真是没有白跟老子学一回啊!

在这里我们换一句话,有一个年轻人种菜园子时,向他父亲问种什么,他父亲回答说:"想吃什么,就种什么,你自己决定"。我们就来悟这句话蕴含的道理。

感悟一:"想吃什么,就种什么",想吃什么,是目标,种什么是行动。这是从目标出发,以终为始的概念,要是单说以终为始就不好理解了。另外种是必须的,种什么是实现想吃到什么的必要条件,种什么是为了实现自己吃什么的目的。这就是说种什么的行动是为自己,是为了满足自己想吃什么的欲望。

感悟二:"想吃什么,就种什么"意味着,种什么,收什么;收获什么,享受什么。这里我们把"种什么,收什么"演化到生活中人与人相处的关系上。

(1)想获得别人对我的爱,我就得先播种对别人的爱;

(2)想获得别人对我的尊敬,我就得先播种对别人的尊敬;

……

这就又回到了第十一章的例 3 中去了。这就是说从"想吃什么,就种什么"也可以悟出"将欲取之,必先与之"和孔子的"仁爱"思想。

还有"种瓜得瓜,种豆得豆","没有耕耘就没有收获"等,平时看了就过去了,也没往深了想,实际上每一句话都可以悟出人生的大道理。生活的道理就在生活中,精细与深刻才是高档次的聪明,浮浅是没用的。工作也是如此。

感悟三:将"想吃什么,就种什么"换到我们的工作中。

(1)我想要得到工资,那么我必须工作,工作是得到工资的必要条件,所以工作是为自己!

(2)我想提高工资,那么我必须提高工作效益,这是必要条件,要不然老板拿什么给我涨工资。

在我拿原工资时,必须先提高工作效益,老板看到我的价值提升了,所以才有可能给我涨工资。在拿原工资时,工作效益提高了,提高了部分奉献,所以奉献是提高工资的必要条件,说大了奉献是提高人生价值的必要条件。朋友,您想到了吗?

另外种什么是在想吃什么的欲望驱使下的主动行为,没人强迫。所以工作是自己的主动行为,没人强迫我们。

感悟四:"想吃什么,就种什么,你自己决定"。这里的"自己决定"说明"操之在我"。我要是不种就吃不着,天上不能给我掉馅饼,一不能去偷,二不能去抢,违法的事不能干!我只有去种(当然可以拿钱买,钱也是工作换来的),比说耕耘还简单明了。

感悟五:还是留给大家吧。

这就是学得活,用得活,也就是说一个人不在于看到了什么,听到了什么,重要的是感悟到什么。在日常生活中,有些人并没有读多少书,做人、做事都很好,原因就是悟性好。比如,朱元璋、刘邦、张作霖都没有读过多少书,连小学毕业证也没有,照样当皇帝、当大帅。我们那些在一线工作的朋友们,有的学历也不高,但都比朱元璋和张作霖高,所以我们一不要悲观,二不要气馁,只要我们努力去播种自己想要的,每天都有新的收获,这就是成功,这就是伟大!

生活的道理,管理的学问,不仅在书之中,更在书之外!要读懂人世间这本活书,这本无字之书。

无论学习什么,只要不是自己觉到、悟到的,别人给不了你,给了你也拿不住。只有自己觉到、悟到的,才有可能做到,做到的才是得到的。

用悟的方法学习能够实现化繁为简,化简为趣,化趣为道,学中有笑,笑里有道。

五、连成网络图,形成立体化的知识结构

将知识的精华点抽出来,连成网络图,形成立体化的知识结构以后,便于理解、记忆和应用。比如,在第十一章中的例三"看见树木,想出森林",实际上是将孔子的思想归纳在一起后才看到本质。

第十二章的发明创造技法统宗更是一个非常典型的例子,模仿着做一两次就会了,学习能力会大大提高。要想提高学习能力和创造能力,一定要读第十一章和第十二章。

以上的方法也可以用于学习技术,其中的奥妙,用了就会知道。

目　　录

第一单元　创建"五型"班组的方法

第一章　创建"五型"班组总论 (3)
- 第一节　"五型"班组的来源 (3)
- 第二节　创建"五型"班组的基本内容 (5)
- 第三节　创建"五型"班组的指导思想及总体目标 (6)
- 第四节　创建"五型"班组的标准 (7)
- 第五节　创建"五型"班组的措施 (8)
- 第六节　"五型"之间的关系 (9)
- 第七节　对创建"五型"班组的再认识 (10)
- 第八节　创建"五型"班组为什么要进行八项修炼 (11)

第二章　如何创建学习型班组 (18)
- 第一节　创建学习型班组的意义与目标 (18)
- 第二节　学习型班组的特征 (20)
- 第三节　创建学习型班组的原则 (23)
- 第四节　学习型班组文化的建设 (24)
- 第五节　创建学习型班组的步骤 (36)
- 第六节　学习型班组的三要素 (40)
- 第七节　学习效果定律 (46)
- 第八节　创建学习型班组应该注意的问题 (47)

第三章　如何创建和谐型班组 (52)
- 第一节　和谐的基本概念 (52)
- 第二节　和谐价值观及创建和谐班组的三个必要条件 (54)
- 第三节　自我和谐 (56)
- 第四节　个人与他人的和谐 (62)
- 第五节　个人与班组的和谐 (67)
- 第六节　创建和谐班组的原则和步骤 (70)

第四章　如何创建安全型班组 (74)
- 第一节　创建安全型班组的重要性 (74)
- 第二节　创建安全型班组的主要理论依据和步骤 (76)
- 第三节　创建良好的班组安全文化 (77)

第四节　健全安全制度实施责任到人 …………………………………… (82)
　　第五节　安全管理九项基本原则 ………………………………………… (82)
　　第六节　目标管理在班组安全生产中的运用 …………………………… (85)

第五章　如何创建清洁型班组 …………………………………………………… (90)
　　第一节　为什么要创建清洁型班组 ……………………………………… (90)
　　第二节　推行"5S"管理，创建清洁型班组 …………………………… (91)
　　第三节　实施清洁生产 …………………………………………………… (94)
　　第四节　创建清洁型班组的步骤 ………………………………………… (97)

第六章　如何创建节约型班组 …………………………………………………… (100)
　　第一节　创建节约型班组的基本概念 …………………………………… (100)
　　第二节　创建节约型班组的重要意义 …………………………………… (103)
　　第三节　树立节约理念　培育节约文化 ………………………………… (104)
　　第四节　创建节约型班组的保障——建立节约制度 …………………… (108)
　　第五节　开发节约技术　以技术创新推动节约 ………………………… (110)
　　第六节　创建节约型班组的关键——加强班组成本管理 ……………… (111)
　　第七节　生产现场的浪费现象及对策 …………………………………… (115)

第二单元　创建"五型"班组的工具

第七章　"五型"班组的第一项修炼——自我超越 …………………………… (127)
　　第一节　自我超越的基本概念 …………………………………………… (127)
　　第二节　建立个人愿景 …………………………………………………… (128)
　　第三节　实现自我超越的五个基本原理 ………………………………… (133)

第八章　"五型"班组的第二项修炼——改善心智模式 ……………………… (140)
　　第一节　心智模式的概念 ………………………………………………… (140)
　　第二节　个人心智模式的形成过程及影响 ……………………………… (141)
　　第三节　现代人心智模式的基本要求 …………………………………… (143)
　　第四节　班组改善心智模式的修炼 ……………………………………… (146)
　　第五节　改善心智创造幸福 ……………………………………………… (153)

第九章　"五型"班组的第三项修炼——建立共同愿景 ……………………… (160)
　　第一节　共同愿景的概念 ………………………………………………… (160)
　　第二节　共同愿景对创建学习型班组的重要性 ………………………… (162)
　　第三节　共同愿景的修炼 ………………………………………………… (163)
　　第四节　愿景夭折的原因 ………………………………………………… (166)

第十章　"五型"班组的第四项修炼——团体学习 …………………………… (168)
　　第一节　团体学习的基本理论 …………………………………………… (168)
　　第二节　团体学习的模式——立体化学习模式 ………………………… (169)
　　第三节　团体学习的常用方式 …………………………………………… (172)

第四节	团体学习的障碍——习惯性防卫	(174)
第五节	组织学习的三大要素	(175)
第六节	如何实现工作学习化	(179)
第七节	团体学习的基本要求	(180)

第十一章 "五型"班组的第五项修炼——系统思考 (183)
第一节	系统的基本概念	(183)
第二节	系统思考的方法	(189)
第三节	秩序化修炼　扁平化沟通	(190)

第十二章 "五型"班组的第六项修炼——开发创造力 (195)
第一节	创造的基本概念	(195)
第二节	创造性思维	(197)
第三节	发明创造技法统宗	(204)
第四节	发明创造技法应用举例	(207)

第十三章 "五型"班组的第七项修炼——自我管理 (213)
第一节	人生目的	(213)
第二节	自我管理的核心——树立健康向上的价值观体系	(214)
第三节	自我管理的原则	(228)
第四节	自我管理的方法	(229)
第五节	自我管理必须具备的领导素质	(239)
第六节	班组自我管理	(242)

第十四章 "五型"班组的第八项修炼——人际沟通 (244)
第一节	沟通的基本概念	(244)
第二节	沟通的技巧	(255)
第三节	沟通中的赞美技巧	(259)
第四节	肢体语言的技巧	(266)
第五节	人格特征与沟通方式的选择	(270)
第六节	沟通的障碍及其克服	(271)

第十五章 班组长领导能力的修炼 (275)
第一节	认知班组长	(275)
第二节	班组长的标准	(282)
第三节	班组长的激励艺术	(285)
第四节	班组长的权变管理艺术	(292)
第五节	班组长的用人艺术	(295)
第六节	班组长的用权艺术	(296)
第七节	班组长的决策艺术	(298)
第八节	班组长的教练艺术	(301)

参考文献 (313)

第一单元
创建"五型"班组的方法

第一章 创建"五型"班组总论

第一节 "五型"班组的来源

一、抚顺石化分公司石油三厂"王海班"的经验

2005年辽宁省总工会决定,在全省推广抚顺石化分公司石油三厂"王海班"的经验,开展创建"技能型、效益型、管理型、创新型、和谐型"班组(简称"五型"班组)的活动。

中国石油抚顺石化分公司石油三厂分子筛脱蜡车间的"王海班",是2002年以省劳动模范王海命名的生产班组。"王海班"是在改革发展的大潮中涌现出来的一个集"技能型、效益型、管理型、创新型、和谐型"为一体的、全面加强班组建设的先进创业团队。几年来,他们把提高全员操作技能作为培养合格工人、造就创业团队的基本条件,通过组织职工学外语、实施结对帮带、技术练兵和事故剖析等多种途径,向大家传授工艺流程、生产操作和事故预案等方面知识,使人人都成了岗位操作能手,其中有3人胜任十一个岗位的全能操作,8人具备一人操作三岗的技能;他们紧紧围绕效益这个中心,在职工中推行"四勤优化操作法",合理调控燃料、动力、水、电、蒸汽等8种能耗指标,使生产装置始终处在运行的最佳状态,产品质量、产量、收益率一直为全国同类装置生产的排头兵,每年为企业增效72万元;他们坚持科学规范的内部管理,以安全生产、完成指标、工作表现和劳动纪律为主要内容,实行百分制考核方法,并与物质利益挂钩,使班组处于严细的管理之中,保持了稳定安全良好的生产秩序;他们调动全员的积极性,立足本职工作,突出技术创新、岗位创新,群策群力破解了生产流程、工艺操作和设备改造中的许多难点、难题;他们同心协力营造"团结、和谐、互助、快乐"的班组环境,优化了同志间的关系,形成了很强的集体亲和力与凝聚力。

二、我国提出的"五型"社会

我们国家在2006年以前分别在不同的时间提出了建设学习型社会、和谐型社会、安全保障型社会、资源节约型社会、环境友好型社会的概念。

2002年11月党的十六大提出了"形成全民学习、终身学习的学习型社会,促进人的全面发展"的战略构想。

2004年9月19日,中国共产党第十六届中央委员会第四次全体会议上正式提出了"构建社会主义和谐社会"的概念。

2005年10月11日中国共产党第十六届中央委员会第五次全体会议提出:"要加快建设资源节约型、环境友好型社会,大力发展循环经济,加大环境保护力度,切实保护好自然生态,认真解决影响经济社会发展特别是严重危害人民健康的突出的环境问题,在全社会形成资源节约的增长方式和健康文明的消费模式。"

2006年3月27日,中共中央政治局进行了第三十次集体学习。本次集体学习的主题是

"安全生产"。根据2006年4月3日出版的《瞭望新闻周刊》披露,这次集体学习的一个关注点是"建设安全保障型社会"。

目前没有见过官方把这"五型"合起来,我们暂且把这"五型"结合一下形成"五型"社会的说法。

三、中国石油天然气集团公司"五型"班组的版本

为全面贯彻落实科学发展观,提高员工队伍基本素质,提升基层班组建设水平,着力构建基层建设长效机制,奠定加快建设综合性国际能源公司的坚实基础,2007年经中国石油天然气集团公司(以下简称集团公司)党组研究决定,在生产经营一线班组(含加油站)深入开展创建学习型、安全型、清洁型、节约型、和谐型班组(简称"五型"班组)活动。

中国石油天然气集团公司"五型"班组的版本与国家提出的"五型"社会的概念是一致的。

中国石油天然气集团公司"五型"班组的版本与"王海班"的"五型"班组的内涵基本相同,只是强调的重点不同。比如两者都体现出了:学习获得技能和创造力;安全、清洁来源于管理;节约创造效益;和谐是共同的。所以内涵基本相同。

"五型"之中的各型之间也具有包含关系,比如,管理型就可以包含其他四型;学习型也可以扩展到其他四型;根据和谐的要素也可以扩展到其他四型。

全国在学习"王海班"经验的同时,也根据各自企业的特点提出了不同的版本,比如:

(1)安徽芜湖电信实业有限责任公司的版本:学习型、技能型、管理型、效益型、和谐型。

(2)沈阳飞机工业(集团)有限责任公司的版本:创新型、精艺型、技能型、诚信型、和谐型。

(3)武汉钢铁集团公司的版本:安全型、节约型、学习型、创新型、和谐型。

还有其他的版本,这里不一一列举。上面所列的各种版本,虽强调的重点有所区别,但其内涵基本相同,内容展开以后,都是相通的。

四、创建"五型"班组是企业的一项长期战略举措

班组是企业组织生产经营活动的基本单位,是企业最基层的生产管理组织。企业的所有生产活动都在班组中进行,是企业一切工作的落脚点。所以从一定意义上讲,班组工作的好坏直接关系着企业经营的成败,只有班组充满了勃勃生机,企业才会有旺盛的活力,才能在激烈的市场竞争中长久地立于不败之地。班组就像人体上的一个个细胞,只有人体的所有细胞全都健康,人的身体才有可能健康,才能充满了活力。加强班组建设,是企业的一项长期战略举措。

班组作为生产、经营、科研的基本单元,是集团公司提升核心竞争力的基础。公司发展战略、经营决策、生产任务和各项工作都要靠基层来实施。基础不牢,地动山摇。建设"五型"班组是集团公司应对严峻挑战,肩负起重大历史使命的迫切需要和重要举措。

随着我国经济形势的发展,集团公司既面临着难得的发展机遇,又要应对复杂多变的形势和日趋激烈的国内外市场竞争。作为国有特大型企业、国内最大的油气生产者和供应商,集团公司对于满足国民经济发展对能源日益增长的需求,保障国家石油安全和经济安全,承

担着重大的经济、政治和社会责任。重视基层建设是中国石油的优良传统,长期以来积累了丰富的经验。近年来基层建设取得了显著进步。在新形势下,利益格局、员工思想观念和价值取向呈现多元化趋势,外部环境、产业结构、组织形式、管理体制、运行机制、用工方式等方面发生了深刻变化,对基层建设产生了深远影响。面对新的形势和任务,基层建设还存在一些不相适应的方面和亟待改进的薄弱环节。主要表现在:基层建设缺乏统一整体规划,尚未形成抓基层建设的长效机制;基层员工队伍结构性矛盾比较突出,整体素质有待进一步提高;部分基层单位基础管理不够科学,管理制度缺乏有效落实;有的单位抓基层建设的自觉性不强,以人为本、关爱员工思想树立得不够牢固;少数基层单位领导班子和党组织软弱涣散,队伍建设滑坡,基础管理松懈,安全生产形势严峻,等等。这些矛盾和问题亟须切实加以解决。

"五型"班组建设为提高基层队伍素质指明了努力的方向和途径。只有搞好班组建设,加强基层建设才能取得实效,企业改革、发展与稳定才有可靠的基础。创建"五型"班组,就是为企业未来可持续发展筑牢基石。

为了贯彻落实好集团公司在大庆召开的2007年领导干部会议精神和《中国石油天然气集团公司基层建设纲要》,辽河油田认真分析企业实际,在全面总结企业基层建设工作的基础上,抓住基层建设上水平的关节点,决定在全局组织开展"我的岗位我负责,我在岗位您放心"的主题教育活动,激励员工创建学习型、安全型、清洁型、节约型、和谐型"五型"班组,推动全局基层建设再上新台阶。

第二节 创建"五型"班组的基本内容

一、创建学习型班组

牢固树立终身学习的理念,以提高员工综合素质、培养技能人才为目标,以开展"创建学习型班组、争做知识型员工"活动为载体,不断完善班组学习环境,努力营造学习氛围;建立健全学习制度与激励机制,促进和激发员工学习热情;广泛开展岗位练兵和技术比武活动,提高岗位竞争能力和员工操作技能。努力把班组建设成为员工刻苦学习、增强技能、提高素质的人才摇篮。

二、创建安全型班组

牢固树立"安全第一、环保优先、以人为本"的理念,按照HSE体系的管理要求,以实现零事故为目标,认真落实班组岗位责任制,严格遵守劳动纪律,强"三基"(基层建设、基础工作、基本功训练),反"三违"(违章指挥、违章操作、违反劳动纪律);严格执行技术标准、工作程序和操作规程,强化班组执行力;切实加强风险管理,全员参与危害识别、风险评估,制订和采取控制措施,提高应急反应和处置能力;开展全员安全教育培训,提高安全操作技能和安全意识,实现安全生产。努力把班组建设成为人人有专责、事事有人管、班班保安全的"受控细胞"。

三、创建清洁型班组

牢固树立清洁发展的理念,以促进班组与环境协调、实现班组清洁生产为目标,严格履行环境保护目标责任,防止环境污染和生态破坏;加强污染源的管理,持续开展清洁生产,从源头上杜绝污染;强化环境污染的预防和控制,搞好自控、互控、联控,实现全过程文明、清洁生产。努力把基层班组建设成岗位清洁、设备清洁、环境清洁的绿色班组。

四、创建节约型班组

牢固树立开发与节约并重、节约优先的理念,以创建节约型企业、实现节约发展为目标,落实指标责任,加强班组定额考核;强化全员节约意识,积极开展劳动竞赛、合理化建议、增产节约、增收节支等活动,做好厉行节约和资源的综合利用;发扬勤俭节约传统,创新节约手段,充分利用小发明、小创造、小革新等,搞好工序质量控制,降低生产能耗。努力把班组建设成为优质、高效、节约的"低耗单元"。

五、创建和谐型班组

牢固树立和谐发展的理念,以实现班组和谐发展为目标,坚持以人为本,努力形成员工关系和谐、工作协调、互助互爱的良好氛围;组织员工开展文化体育活动,培育、创建班组特色文化;加强民主管理,落实班务公开,增强员工民主参与意识;加强职业道德建设,规范班组员工行为,确保班组员工遵纪守法;提高服务质量,创造一流工作业绩和效益。努力把班组建设成为员工爱岗敬业、奋发向上、团结互助的"温馨小家"。

第三节　创建"五型"班组的指导思想及总体目标

一、指导思想

以邓小平理论和"三个代表"重要思想为指导,围绕"科学发展、构建和谐"两大主题,进一步落实《中国石油天然气集团公司基层建设纲要》,大力发扬大庆精神、铁人精神和石油工业优良传统,坚持固本强基、促进发展、求真务实、继承创新,以强化班组执行力为重点,不断增强队伍的凝聚力和战斗力,为实现集团公司又好又快发展奠定基础。

二、总体目标

以生产经营一线班组为重点,深入开展"五型"班组创建活动,力争到"十一五"期末,把集团公司80%以上的基层班组,建设成为勤学苦练、岗位成才、勇于创新的一流班组;建设成为制度健全、遵章守纪、安全生产的一流班组;建设成为设备清洁、岗位文明、环境整洁的一流班组;建设成为节能降耗、增收节支、成效显著的一流班组;建设成为以人为本、班务公开、团结和谐的一流班组。

三、目标要求

(1)学习氛围浓厚。注重提高班员综合素质,内部学习氛围浓厚,经常组织学习政治理论、业务技术知识和进行技能练习,班组整体战斗力不断提高。

(2)安全生产无事故。重视安全教育和培训,安全技措到位;全员安全生产意识强,反对和杜绝"三违"现象,无安全生产责任事故。

(3)清洁生产无污染。全员环境保护意识强,生活居所和施工现场整洁干净,"三废"(废水、废气、废渣)达标排放,施工生产不会对周边环境造成污染。

（4）节能增效无浪费。注重成本分析和成本控制，有节能增效的保障措施，全员节约意识强，无浪费现象，较好地完成各项生产经营指标。

（5）团结和谐无纠纷。班组同相关方面和单位关系融洽，无纠纷现象；班员之间和谐相处，班组有凝聚力、战斗力。

第四节 创建"五型"班组的标准

随着行业的不同，企业的具体要求和侧重点不同，创建"五型"班组的标准也略有差异。下面给出的是中国石油天然气集团公司的标准。

一、学习型班组的标准

（1）有明确的学习计划和目标，做到学习工作化、工作学习化。

（2）有基本的学习场地和设施，有开展学习、交流活动的载体。

（3）有切实可行的班组学习制度与激励机制，形成全员学习的氛围。

（4）有较好的学习环境，坚持开展形式多样、内容丰富的岗位练兵活动，班组员工熟练掌握本岗位、本装置操作业务技能，年度技能考核合格率100%。

二、安全型班组的标准

（1）严格落实安全岗位责任制，在工作中杜绝"三违"行为发生，做到"三不伤害"（不伤害自己、不伤害他人、不被他人伤害），实现"要我安全"向"我要安全、我会安全、我能安全"的转变。

（2）认真开展班组安全活动、安全教育和安全讲话，熟练掌握岗位应知应会基本功。安全教育培训形式多样化，有计划、有记录、有考核，班组成员持证上岗率100%。

（3）严格执行企业各项规章制度、操作规程，设备巡检记录、交接班记录、安全活动记录填写及时、准确、内容完整，实现生产全过程的受控管理。

（4）全员参与危害识别和风险评估，熟练掌握应急预案，能及时发现和消除事故隐患，做到设备无故障、员工无违章、班组无隐患，实现"零伤害、零损失、零事故"的目标。

三、清洁型班组的标准

（1）环境保护目标责任落实，执行生态保护措施具体有效，现场环境管理达到"绿色基层队（站）、车间（装置）"建设技术规范要求。

（2）严格按照标准配备、使用环保设施和设备，定期开展环境监测和报告，总量控制符合要求，"三废"稳定达标排放。

（3）班组现场管理规范，实现文明清洁生产，做到现场物放有序，操作室窗明几净，操作人员服饰行为规范得体。组织员工因地制宜绿化、美化工作环境。

（4）严格执行员工健康体检制度，预防职业病的发生，按规定配发劳动保护用品，职业卫生防护工作到位。

四、节约型班组的标准

（1）开展节约降耗、增收节支活动有指标、有措施、有载体，成效比较显著。

（2）加强班组管理，注重技术创新、提高质量、降低成本，搞好服务，做到大处着眼、小处着手、勤俭办事，效益良好。

（3）努力盘活班组资产，坚持修旧利旧，提高设备、设施的利用率。组织引导员工学习掌握新技术，操作技能和业务素质得到提升。

（4）广泛开展QC小组等群众性质量活动，定期开展质量考核评比和用户满意度测评，实现优质服务，做到零投诉。

五、和谐型班组的标准

（1）民主管理制度健全，班务公开落到实处，员工的知情权、参与权和监督权得到保障。

（2）班组思想政治工作生动活泼、富有成效，员工精神面貌良好，自觉遵守职业道德规范，工作中讲协作，生活上讲互助，无越级上访，无违法违纪行为。

（3）积极改善员工的工作和生活条件，做到尊重人、理解人、关心人、帮助人，员工队伍稳定，班组团队精神较强。

（4）培育和创建班组特色文化，充分发挥党员和骨干的带头作用，班组文化活动有载体、有措施、有特色、有效果。

第五节 创建"五型"班组的措施

一、健全工作机制

集团公司思想政治工作部作为牵头部门要加强组织协调，总部机关相关部门要按照分工做好"五型"班组创建活动的政策研究和指导工作，自上而下健全完善督导检查机制。各企业要从实际出发，在基层建设工作领导小组的统一领导下，建立健全开展创建"五型"班组的组织体系，建立起党政统一领导，相关部门分工负责，工会牵头组织协调的工作机制，形成推进创建"五型"班组的强大合力。要认真研究制订创建活动的工作目标、实施方案、主要措施和考核激励机制，有重点、分步骤推进创建"五型"班组活动。

二、落实工作责任

各企业要制订"五型"班组创建活动的具体规划，并纳入本单位年度工作安排，摆上重要议事日程，明确主管领导，落实具体实施部门，切实抓好各项工作。要加强创建活动的组织实施，明确责任和目标，细化考核标准，经常分析"五型"班组建设情况，做到每年进行一次考核评价，每两年进行一次评比，实行动态管理，逐步形成制度，创出品牌，确保各项任务目标得到落实。

三、突出工作重点

各企业要将班组长队伍建设作为创建"五型"班组的关键环节来抓，切实发挥班组长的核心作用。要建立健全班组长选拔、培养和使用机制，着力提升班组长的业务指导、组织协调、沟通交流和开拓创新能力；加强对班组长工作的考核，创新和完善激励机制，不断提高班组长的整体素质和工作水平。要把优秀员工尤其是青年员工培养选拔为班组长，把优秀班组长和班组骨干培养成为党员，进一步扩大党员在班组的覆盖面，发挥党员在班组建设中的先锋模范作用。

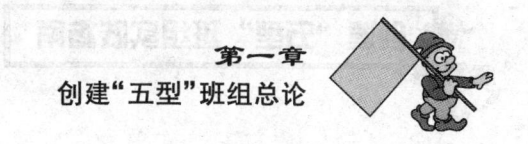

四、抓好宣传总结

要加大对集团公司标杆班组、先进班组的宣传力度,及时宣传创建"五型"班组活动的开展情况和典型经验,通过广泛深入的宣传,引导广大员工积极参与到这项活动中来。坚持在继承中发展,在创新中提高,将长期形成的班组建设经验与尊重班组员工创新精神相结合,学习借鉴集团公司标杆班组、先进班组建设经验,积极营造创建"五型"班组活动的良好氛围。要注意发现新典型、总结新经验、推广新成果,大力推进班组建设深入发展。

五、务求工作实效

在创建"五型"班组活动中,要坚持求真务实,从企业实际和行业特点出发,加强班组制度建设,夯实班组基础管理工作,积极开展先进班组、标杆班组等创优竞赛活动,力争在创建目标、内容、标准、措施、理念上取得新的突破。要按照系统、科学、实用的要求,立足班组定位,发动员工广泛参与,将"五型"班组创建与生产经营管理紧密结合,与深化改革紧密结合,努力促进经济效益、社会效益、员工利益的协调发展。要根据新形势、新任务的要求,进一步探索创建"五型"班组建设的新思路、新途径,建立推进基层班组建设的长效机制,使班组建设不断迈上新台阶,为集团公司科学发展、和谐发展奠定基础。

以上创建"五型"班组措施相当于一个纲,具体操作细节还要在具体的工作中去落实。如何落实,就是本书想要努力解决的问题,希望它能对建设"五型"班组活动有所帮助。根据创建"五型"班组标准的要求和我们在现场辅导的反馈信息,创建"五型"班组应进行自我超越、改善心智模式、建立共同愿景、团体学习、系统思考、开发创造力、自我管理、人际沟通的艺术等八项修炼。前五项修炼在许多班组都实践过,后三项修炼则对提高"五型"班组建设具有重要的意义。

第六节 "五型"之间的关系

创建"五型"班组是一套整体的管理措施。"五型"是一个整体,就像人体五脏一样,和谐联动,互为要素。在"五型"中学习型为前提,和谐型是关键,安全型是重点,清洁型是基础,节约型是目的。

一、为什么学习型是前提

因为非学无以广才,"玉不琢,不成器;人不学,不知道"(《礼记》)。

薛菲尔(Shepherd,2002)提出了 $L > C$($L = Learning,C = Change$)的简易公式来说明学习的重要性。L 代表学习的速度,而 C 则是改变的速度,个人与组织学习的速度必须不落后于环境改变的速度。组织若无法成为学习型组织,则将遭淘汰;而个人若非学习型个体,则将被排除。

一个企业只有当它是学习型组织的时候,才能保证有源源不断的创新出现,才能具备快速的市场应变能力,才能充分发挥人力资本和知识资本的作用。未来成功的企业必然是学习型的企业。

通过学习可以提升班组管理水平;通过学习可以提高员工的知识水平、技能水平;通过学习可以陶冶员工的情操、改变员工的心智模式;通过学习可以整合队伍、形成合力;团队在

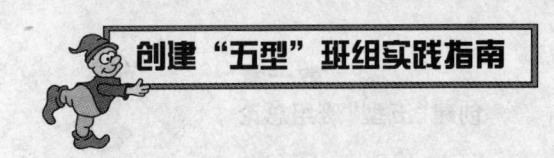

学习中提高，在创造中发展。知识已成为最重要的生产要素，只有不断地应用和更新知识，才能富有和成长。

建设其他四型班组首先需要学习。人在学习中成长，在学习中提高，企业在学习中发展，在学习中成功。

二、为什么和谐型是关键

和谐是世界的本质。和谐是一切事物存在的原则，和谐是企业立足之本、发展之需、传世之必备条件。唯有和谐才能合作，和谐的才是健康的，和谐的才是安全的、清洁的、节约的。

三、为什么安全型是重点

安全是第一位的，没有安全便没有了一切。个人需要安全，企业需要安全，社会需要安全。没有安全型也就没有其他"四型"的存在。

四、为什么清洁型是基础

清洁是安全的需要，清洁是和谐的需要，清洁是节约的需要。学习、工作都需要一个清洁的环境。

五、为什么节约型是目的

节约就是创造效益，节约就是环保。

创造效益是企业终极目标之一。节约就是开辟企业的第二利润市场，没有节约，企业可能就没有利润。所以节约型班组建设是"五型"班组建设的一个落脚点。

有人用这样的五句话来描述创建"五型"班组的效果："人人学习强技能，安全第一有保障，清洁生产好环境，创新节约有成效，班组和谐一家亲"。

第七节　对创建"五型"班组的再认识

创建"五型"班组的理论是班组管理理论，其本质是以企业价值观为核心的"五型"文化管理。

所谓"五型"文化管理，就是在企业班组中培养学习型班组文化、和谐型班组文化、安全型班组文化、清洁型班组文化、节约型班组文化。使员工树立共同的价值观，通过这些价值观、道德观来激发员工的自觉行为，全面提升管理效率的管理思想和管理方式。当然，"五型"文化管理中既要有经验管理，又要有科学管理，更重要的是"五型"文化管理。

以质量管理为例，在经验管理阶段，管理者主要是凭经验观察产品的质量并对员工的操作进行现场监督；在科学管理阶段则主要是推行全面质量管理，强调PDCA循环，强调全员的、全面的、全程的质量管理；在文化管理阶段则要求在职工中普遍树立"质量就是生命"的价值观。如果说20世纪是由经验管理进化为科学管理的世纪，那么21世纪则可以说是由科学管理进化为文化管理的世纪。

"五型"文化管理模式是一种以价值观为核心的文化管理模式。其内涵包括如下内容：

(1) 从"以物为中心"到"以人为中心"。强调以人为本，关心人、理解人、尊重人、培养人,在满足人的必要物质需要的基础上,尽量满足人的精神价值需要的文化管理。

(2)把企业班组看成有机的"人的组织",是培养人性的学校。传统上把企业班组看成生产产品的地方,充满机床设备、物化的东西;而从文化的角度看,企业班组在市场经济中面临两种使命,赚取利润和培养人性,其中更重要的使命是培养员工的文化素质,增加其对企业班组价值观的认同。

(3)从人性假设来看,把员工看成是有血有肉、有着自我价值实现的"文化人",人人是目的人,每一个人的人生经历都是不可替代的。

现代的"文化人"必须是有知识的人,但有知识的人不一定都是"文化人"。不是读几本书,诌几首诗,写几行字,就能称"文化人"。"文化人"是以"文"感化人,以自己的知识、自己的品德、自己的善行去"化"人。现代"文化人"应该具备以下特征:

——"文化人"是学习的人,拥有学习力;
——"文化人"是自觉的人,拥有自我管理能力;
——"文化人"是和谐的人,能够自我和谐、与他人和谐、与社会和谐;
——"文化人"是创造的人,文化用于创造物质财富和精神财富;
——"文化人"是诚信的人,操行高,讲诚信;
——"文化人"是负责任的人,勇于承担责任;
——"文化人"是善良的人,助人为乐,成人成己。

(4)"外圆内方"式管理。"外圆"指通过文化建设来实现管理和谐,"内方"指制度的内化,慢慢把制度演变为一种行为习惯,最终实现员工自我管理。

(5)重视感情和价值在管理中的运用。"五型"文化管理通过感情、价值观的渗透,将人由被动变为主动。

(6)从理性的制度管理和灌输式的思想教育,到以企业价值观为导向,由员工来营造一种积极和谐的文化氛围,来规范和统一班组整体的行为,形成自我约束和自我激励的力量。

"五型"文化管理就是从文化的高度来管理企业,以"五型"文化为基础,强调人的能动作用,强调团队精神和情感管理,管理的重点在于人的思想和观念。"五型"文化管理的特点表现在以下几个方面:

——培育共同价值观;
——管理重点从行为管理转向思想管理;
——控制方式由外部控制为主向自我控制为主转变;
——领导方式由指挥型向育才型转变;
——管理中心由物转向人;
——使员工形成共同的价值观和共同的行为规范,进而成为"企业人"。

第八节 创建"五型"班组为什么要进行八项修炼

彼得·圣吉的学习型组织管理理论提出了自我超越、改善心智模式、建立共同愿景、团队学习和系统思考等五项修炼。五项修炼系统思考是核心,学习型组织管理理论对五项修炼的定位如图1-1所示。

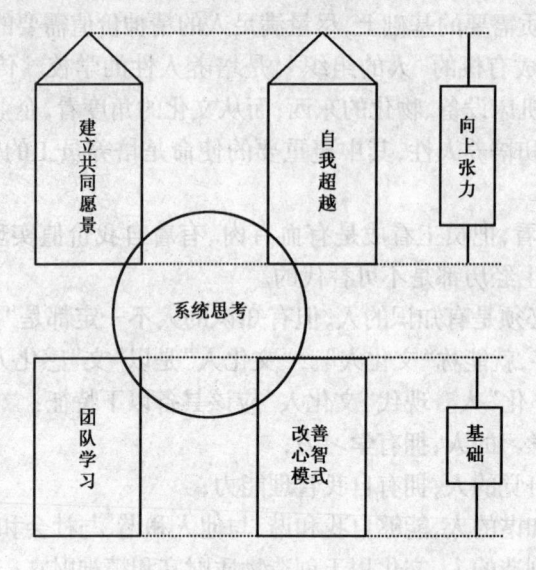

图1-1 学习型组织管理理论对五项修炼的定位

第二项修炼——改善心智模式和第四项修炼——团体学习，是一个人成为学习型的人，一个企业成为学习型企业的基础。改善心智模式：改善我们的思维与信念，整理、检视、反思我们的思维模式。团队学习：让我们建设平等、开放、合作、分享的团队精神。

第一项修炼——自我超越和第三项修炼——建立共同愿景，它们形成向上的张力。自我超越：培养积极心态，激发潜能，提升创新能力，使组织不断突破发展瓶颈，从优秀走向卓越。如果一个企业当中每个员工、每个团队都能不断自我超越，就有向上的力量。共同愿景：当每个人把自己融入更大的愿景，当个体的愿景得到组织愿景支持时，组织将爆发出世界上任何力量都阻挡不了的能量。如果一个企业、一个组织有一个共同的愿景，大家都奔着这个共同愿景努力，就可以向上发展。

第五项修炼——系统思考是核心，改善心智模式和团队学习如果不进行系统思考就不能打好基础；自我超越和建立共同愿景这两项修炼如果不放在一个系统中来进行系统思考，就不可能产生向上的张力。

我们在创建"五型"班组培训的实践中，觉得只有这五项修炼还不够，比如，我们在进行系统思考时，也要用到辩证思维、逻辑思维等其他思维方法；创建"五型"班组的核心目标是创造和实现自我管理，重要的管理手段是沟通。所以我们增加了开发创造力、自我管理和沟通的修炼（如图1-2所示）。根据培训实践的反馈信息判断，这些增加是必要的。

第六修炼——开发创造力，是重点。没有创造力，就没有竞争力。提升员工的创造力是创建五型班组的落脚点。

图1-2 八项修炼

第七修炼——自我管理，是一切工作的基础，企业的一切管理最终要通过员工的自我管理来实现。人生的一切成就来源于自我管理。没有自我管理,一切将无从谈起。

第八修炼——人际沟通,沟通是管理工具,没有沟通就没有管理。沟通是交往的工具,没有沟通就没有人与人之间的和谐。

这八项修炼以价值观为核心,价值观决定一切行为,没有正确的价值观,就不可能有正确的行为。八项修炼就是在正确价值观的统领下做正确的事,把事情做正确。

八项修炼缺一不可,共同聚合,能为个人及组织打开前所未有的成长空间。

[本章小结]

创建"五型"班组构成了新形势下加强企业基层班组管理的完整体系。"五型"之间相辅相成,相互促进。学习理论可以分开学,但建设一定是联合建,整体联动,相互关照,形成一个和谐的整体。

建设"五型"班组必须坚持长久,要集中抓、循环建,形成规律,形成习惯。不能"开始轰,中间松,最后空"。

[案例一]

打造"五型"班组　服务振兴大业
——记中国石化抚顺石油三厂"王海班"先进事迹

中国石油抚顺石化分公司石油三厂分子筛脱蜡车间运行一班,是以班长王海同志命名的生产班组。多年来,全班员工在王海同志的带领下,勤学知识,苦练技能,严格管理,勇于创新,爱岗敬业,无私奉献,把团队打造成为技能型、效益型、管理型、创新型、和谐型的"五型"班组,在平凡的岗位上创造了不平凡的业绩。

一、立足本岗,勤学苦练,锤炼技能型班组

"王海班"管理的两套分子筛脱蜡装置,均是从美国引进的世界上规模最大、具有国际先进水平的生产设备。生产过程工艺复杂,全部采用计算机集散控制系统,生产环境属于高温、高压、易燃、易爆岗位。控制这样一套先进设备,要求操作者必须具备较高的文化水平和过硬的操作技能。为了使全班员工特别是年轻人都能尽快胜任,班委会研究决定,每个人都要在三个月内通过掌握工艺、操作控制和事故预案"三关",否则调离岗位。结果全班员工均一次过关。

"三关"过后,他们并没有满足,为了不断提高操作技能,"王海班"始终坚持狠抓岗位培训和技术练兵。他们针对装置操作环节多、数据多、控制难点多的实际,制作了练兵卡片,随机进行抽考;定期组织技术练兵活动,将考核成绩与奖金挂钩;加大对重要岗位奖金的倾斜力度。"王海班"有3人成为可胜任全部十一个岗位的全能操作工,8人具备了一人可操作三岗的技能。

"事故剖析法"是"王海班"加强学习和提高技能的重要形式。为了提高紧急事故的处理能力,只要是同行业中出现事故,王海总是把全班人员召集在一起,对事故原因、处理过程、问题与不足等进行深入分析和讲解,并要求每个成员参与讨论,发表各自不同的看法。正是凭借平时的训练和储备,10年来,"王海班"从未发生过任何事故。

"王海班"的全体员工都十分注重自我学习、全程学习。班里的每个人都有强烈的进取心和提升自我人生价值的愿望。无论是什么岗位,他们的技术水平总是进步得很快,在分子筛脱蜡车间的历次理论考试和实践考核中,他们总能名列前茅。

独特的学习方法,扎实的工作作风,使"王海班"成为培养一线生产技术骨干的摇篮。10年间从"王海班"共调出了55名同志,其中3人晋升为车间副主任,10人当上了班组长,40多人成为技术骨干。老工人陈荣衡深有感触地说:"我们班之所以是个模范班组,不仅仅是因为我们在生产中的各项指标都能拿第一,更主要的是,我们班是一个能锻炼人、培养人、教育人的大熔炉。"

二、降本提效,勤俭创业,争做效益型班组

在激烈的市场竞争中,企业要生存与发展,不但要有好的产品,也要有高人一等的成本优势。"王海班"全体员工多年如一日,坚持从岗位的点滴小事做起,大力开展班组"双增双节"活动,对提高企业效益做出了卓越的贡献。

为了节省企业开支,当分子筛脱蜡装置进入工程验收及开工准备阶段时,"王海班"主动承担了本应由施工方承担的劳动强度大、技术要求高的进口吸附剂的装填工作。他们克服了粉尘大、静电高的恶劣工作条件,穿着木拖鞋在60m的高塔顶部用常人难以想象的毅力将吸附剂踩得均匀、平整。为了抢工期,夜以继日地工作,仅用25天便完成了美国专家认为50天才能完成的任务,装填效率达到了98.4%,超过了美国98%的最高纪录,为中国工人阶级赢得了荣誉。

为了降低生产成本,全班人员在王海的带领下,创造出了一套"王海优化工艺操作法",即"四勤优化操作法":勤观察生产工艺变化、勤思考装置生产过程中的各种工艺条件、勤调整在操作中随时变化的工艺参数、勤总结装置中具有规律性的东西。他们采取"班组跟踪核算"方法,将制约车间生产的燃料、动力、水、电、蒸汽等8种能耗指标进行分解、细化,绘成曲线图,再根据每天操作过程中曲线图的走向,分析制约当班生产成本的各种因素,并进行相应的调整、控制,始终使装置处在生产运行的最佳状态。有人为"王海班"算了一本账:采用"王海班"优化操作法平均每天能节约2000多元,每年可为企业多创效益七八十万元。

三、完善制度,狠抓落实,创建管理型班组

"王海班"素以严格管理、民主管理而闻名,"纪律不过关,别进王海班"在厂内广为流传。倒班工人最难熬的是子夜零点班,但"王海班"的成员个个敢拍胸脯保证自己夜班从没打过盹。原来,为了保证值夜班不发困,"王海班"的成员每逢值夜班都靠吃咸菜、喝浓茶去除困意。作为班长,王海本人更是以身作则,入厂25年来,他没缺过一次勤,没违过一次纪,更没有迟到和早退过一次。规范管理离不开科学的量化指标,也离不开分配的公开公平。"王海班"在实践中不断探索班组管理的有效机制,逐步建立健全了一套百分制考核办法,该办法以企业和车间的规章制度以及各项生产指标为依据,从安全生产、完成指标、劳动纪律、工作表现等4个方面,对员工逐月公开考核评分,按得分多少计发奖金。这套办法科学地把

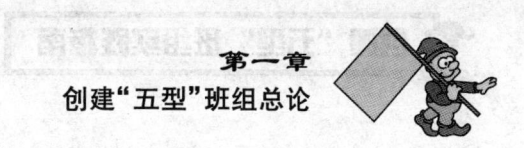

静态管理贯穿到班组的动态考核之中,充分体现了制约与激励结合、管理与效率结合的原则,因此得到了全体成员的拥护,进而实现了班组管理的制度化、规范化。

在石化企业,安全生产是头等大事。"王海班"根据实际总结出了一套"王海安全生产管理法",概括为"技术过得硬,流程原理通,预案常学习,安全有保证"。他们严格按照规程做好日常工作的巡检,多次避免重大事故的发生。一次加氢进料泵出现异常情况,王海根据操作流程和多年经验,力排众议,及时换泵,避免了一次300万元经济损失事故。此外他们还化解了装置遇到的两次停水、三次停电、多次停风等重大事故的发生,为企业避免了数百万元的经济损失。

四、勇于攻关,追求卓越,打造创新型班组

"王海班"的同志深知,技术创新不是一句空话,需要树立强烈的创新意识并与岗位实践相结合。因此,他们积极参与公司开展的"献良策、创纪录"活动,每年为企业发展提的合理化建议,以及创造的技术革新成果都是最多。

分子筛脱蜡装置,工艺操作十分复杂,操作难度也较大,如果装置温度控制过高,油品中的烃组分就容易挥发,影响产品的收率;如果装置温度控制过低,就会因反应不充分而影响产品质量。为了解决这个难题,"王海班"全体成员细心观察每一次生产调整所产生的细微变化,慢慢寻找装置运行的规律。因为需要长时间目不转睛地盯着计算机屏幕,才能观察到每一个细小的变化,一个班下来,大家的眼里都布满了血丝。就这样,经过近一年的摸索与实践,他们终于总结出了分子筛工艺控制产品产量、质量、收率三个99%的优化参数。多年来,"王海班"控制的这三项指标一直在全车间名列前茅,并通过努力使他们运行的装置,成为全国同类装置生产的排头兵。

挑战国际先进水平,刻苦攻关创新纪录。为了进一步提高收率,在车间的统一领导下,"王海班"的全体同志决定,通过技术攻关,对世界上最先进的分子筛脱蜡装置原控制指标进行适当调整。他们用了一个月时间,通过反复试验,将抽出塔、抽余塔19板、18板温度由原来的123℃降至110℃,并使集油箱中不带抽余油或少带抽余油,保证冲洗液的纯度。同时将脱附剂提塔底温度控制在136℃,经过试验使300单元收率提高了2个百分点。经过技术改进后,仅2000年一年就为车间增效达2000多万元,同时月节省燃油7100t,节资592万元,节水、电、汽、风等动力指标260万元,单位加工费也比上年同期节省645万元,真正创造了世界纪录。

五、团结合作,互帮互助,建设和谐型班组

最优秀的企业都具有最先进的企业文化。"王海班"在日常管理中就十分注意将"以人为本"的理念落到实处,通过"团结、和谐、互助、快乐"八字思想工作法,凝聚了人心,将班组变成了"情理交融"的职工之家。

"王海班"的每名员工谈起自己的集体时都充满了感情,他们认为虽然班组纪律严明,但因为实行亲情管理,所以都有一股强烈"家庭感"。一次班上的一名员工上班迟到,班上按制度对他进行了罚款,但班里并没有简单罚款了事,而是用罚款给这名员工买了一只闹钟,班长将闹钟交给这名员工时说:"罚款变闹钟,相信你不会再迟到了。"这名员工从此始终坚持早来晚走,再也没有迟到过。

友爱互助是"王海班"的又一亮点。在所有员工的心中,班组就是家,一人有难,大家相助,在"王海班"已经成为一种班风。员工亢勇患了癌症,全班同志轮流歇班护理,并将公司发的2000元先进班组奖金全部捐献给他。女职工夜间上下班,总有男同志护送到家。"王海班"真正做到了大家上班是战友,齐心协力,共创佳绩,共享创造的成果;下班是朋友,互相关心,互相帮助,共享生活的乐趣。用班里一名女工的话说:"在我们班工作特有人情味,同志之间就像兄弟姐妹一样,这样的班组谁愿离开呀!"

[案例二]

金马公司采油作业二区创建"五型"班站侧记

金马油田开发公司采油作业二区现有员工279人,管理着260口油井。作业区紧紧围绕油田公司深化"五型"文化建设,创建"五型"班组活动安排的工作为主线,采取孕育、抚育、培育、薰育、繁育手段,积极打造"五型"班组,全面提升基层班站的管理水平。

一、孕育安全型班站的土壤

该区坚持"安全第一、强化基础、突出重点、常抓不懈"的工作方针,在实际工作中,以安全管理"六化"为基础,即领导重视责任化、制度落实严格化、监督检查真实化、隐患整改及时化、教育培训务实化、文化建设多样化,为作业区实现安全发展、清洁发展和科学发展奠定了稳定基础。

该区利用各种有效载体开展一系列安全文化教育活动,在基层班站中开展征集"安全警言警句"活动,员工根据本岗位特点,自编安全警言警句256条,班站员工牢固树立了"健康安全有保证,遵章守纪是关键"的安全理念。充分发挥班站安全监督哨的监督检查作用,开展"安全监督在行动"活动,查找各种安全隐患20余处,增强员工保障安全、促进发展的意识。同时通过安全警言警句征集、板报、悬挂安全旗、挂图、征集安全征文、漫画、知识竞赛及演练、建立安全文化墙等特色安全活动,营造安全文化声势,形成氛围,确保安全活动取得实实在在的效果。

二、抚育清洁型班站的根茎

该区从内部管理上下工夫,总结出"三清、二查、一讨论"法,在员工中积极开展井站规格化治理和平台清污活动,先后组织会战10余次,有1200人次参加,共计堵漏100余处。工作中,这个区实行"养为主,修为辅"、"谁保养,谁负责"的工作原则,严格执行设备管理的"十字"作业法,杜绝了跑、冒、滴、漏现象的发生。几年来,该区已经接待各级参观、检查团50余次,清洁的生产环境得到了各级领导的一致好评。

目前,全区18座采油班站先后种植花草超过1000m^2,达到了花园式井站的标准。通过持续改进一线员工工作生活环境,如为站内更换方砖、改建站围墙、粉刷内外墙、新建小淋浴、改建小伙房等,一线班站环境得到不断改善,洼六站独有的环保文化墙成为一道靓丽的风景。

三、培育和谐型班站的枝叶

员工的心,企业的根。该区在"建家"活动中,实施区务、站务公开,畅通民主管理的渠道,把员工是否满意、公开事情是否落实,作为衡量站务公开的重要标准,拓宽公开内容和公开形式,成立了由员工代表组成的奖金发放考核委员会和监督委员会,听取员工的意见。

"一根筷子轻轻被折断,10根筷子牢牢抱成团……","我们都是一家人,相亲相爱的一家人……",从这些员工们自诩的站歌中可以看出班站员工用他们的辛勤奉献和聪明才智唱响了一曲团结协作的凯歌。通过站长与员工、员工与员工之间建立多层次交流平台,加强沟通互动,激发了班站员工参与班站管理、互帮互助的热情。在2008年抗击暴风雪工作中,作业区17座采油班站的56名员工为了将灾害损失降到最低点,坚守岗位72h,主动留守复产。这样舍家为站的员工们不胜枚举,因供电故障影响的油井,他们及时组织抢修复产,灾情结束后,全区没有卡一口井、烧一台电动机,暴风雪造成的损失降到了最低限度,班站员工的和谐之力实现了抗击暴风雪的胜利。

四、熏育节约型班站的花蕾

为了深化精细成本管理控制活动,广泛调动岗位员工节约挖潜的积极性,作业区在全区范围内开展"节约型"采油班站评比活动。活动中,洼五站针对外输泵24h输油、耗电量大的实际情况,与作业区QC小组结合,对外输泵实施改造,将工作参数由原来的50Hz调整到25~35Hz,达到了节约用电的目的,该成果获得国家级质量成果优秀奖。针对"外输水套加热炉热效率低"这一问题,通过改进燃烧器火头设计和改进玻璃管液位计,实现不冻堵。

一线班站员工从节约一度电、一方气、一滴水、一块棉纱做起,建立了班站"百宝箱"。一年来,全区共回收再利用闸门46个,修复掺油表15块,节约成本24.3万元,征集合理化建议185条,创效196万元;群众性挖潜措施798井次;累计增油2197.5t,为原油稳产打牢了坚实的基础。

五、繁育学习型班站的硕果

作业区有计划、有步骤地从培训目标、内容和方法上进行全方位的精心策划。按照软硬兼施的原则,在做好软件工作的同时,作业区加强了培训硬件建设。先后为员工们配备了电脑、电动机、管阀以及割刀、铰板、电流表、游标卡尺、压力钳、活接头、短接等大小近千余个工具零部件,购买了大量书籍,建立了练兵台,为小练兵活动的开展提供了保障。为了深化小练兵活动,该区成立了培训小组并制订了培训的"六定"工作制度,即定培训项目、定培训责任、定培训人员、定培训教师、定培训场地、定培训效果,认真开展"四个一"工程,即每季一次现场培训、每季一次理论培训、每季一次技术座谈、每季一次技术表演,收到了很好的效果。

该区为采油班站小文化角配备了《职商》、《方法总比问题多》、《责任》等书籍,通过开展"提高职业素养,打造精彩人生"等读书活动,全力培育不找借口找方法的一流员工队伍。劳逸结合,张弛有度的学习模式打造了一流的学习型团队,在金马公司第九届技术比赛上,该区取得三个团体第一、三个个人第一的优异成绩。

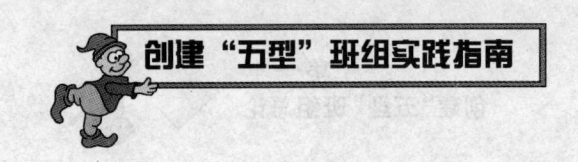

第二章　如何创建学习型班组

学习是生存的必要条件之一，没有学习力就是没有竞争力。

学习是生命的源泉，人的一切能力来源于学习，学习力是唯一持久的竞争力。

第一节　创建学习型班组的意义与目标

一、创建学习型班组的意义

（一）创建学习型班组是创建学习型企业的需要

首先应该明确，学习型组织管理理论并不是学习理论，而是一种管理理论。"创建学习型班组"是一种全新的班组管理模式，它的意义就是要使班组成员通过不断的学习，努力提高"学习力"，共享学习乐趣，认识自我价值，提高自身综合素质，使每个班组形成合力，在日常工作中充分发挥每位员工的主观能动性和创造性，从而促使班组建设上新台阶，有效地推进创一流工作的开展，最终为"创建学习型企业"奠定牢固基础。

（二）创建学习型班组是充分开发员工潜能的需要

学习型组织理论解决了企业生命活力问题。它实际上还涉及企业中人的活力问题。在学习型班组中，人们能够充分发挥生命的潜能，创造出超乎寻常的成果，从而在真正的学习中体悟出工作的意义，追求心灵的成长与自我实现，并与环境产生一体感。引导一种不断创新、不断进步的新观念，从而使组织日新月异，不断开创未来。

（三）创建学习型班组是解决传统企业组织缺陷的需要

传统企业组织的主要问题是分工、竞争、冲突、独立，降低了组织整体的力量，更为重要的是传统组织注意力仅仅关注于眼前细枝末节的问题，而忽视了长远的、根本的、结构性的问题，这使得组织的生命力在急剧变化的世界面前显得十分脆弱。学习型组织理论分析了传统组织的这些缺陷，并开出了医治的"良方"——"八项修炼"。

（四）创建学习型班组是提高企业竞争力的需要

真正有生命力的企业是那些善于学习的企业。学习是企业获得生存与发展的基本条件。现在是知识经济时代，企业的发展和竞争，实质是职工素质的提高和竞争。在未来企业间的竞争中，获取知识和应用知识的能力将成为竞争能力高低的关键。取胜的法宝就是在学习能力、创造能力以及反应速度上要更强、更快。一个组织只有通过不断学习，全面深入地开掘职工的创造性和创新力，拓展与外界信息交流的深度和广度，才能立于不败之地。

美国《财富》杂志指出："未来最成功的企业，将是那些基于学习型组织的企业。"学习型组织的缔造者彼得·圣吉说，"未来唯一持久的竞争优势，就是有能力比你的竞争对手学习得更快"以及"用学习创造利润"，被称为企业的"赢和策略"。学习型组织是企业未来发展的趋势，一个企业只有当它是学习型组织的时候，才能保证有源源不断的创新出现，才能具

第二章 如何创建学习型班组

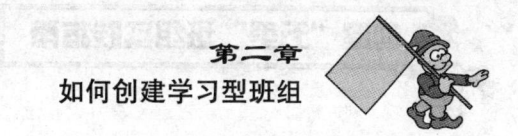

备快速应变市场的能力,才能充分发挥员工人力资本和知识资本的作用,也才能实现企业满意、顾客满意、员工满意、投资者和社会满意的最终目标。因此,创建学习型班组,提升学习力,是创建学习型企业的战略选择。

企业的基础是班组,班组的基础是人的素质。建立学习型班组正是适应现代管理方式和管理手段的有效途径。在科技进步日新月异的时代,我们要号召班组成员善于学习、勤于思考,只有善于学习才能站高一步,看远一步,在思想意识上始终领先一步;只有勤于思考,才能用先进的理念去审视我们日常的工作方法,萌生新的创意、新的设想,适应新时代的要求。营造浓厚的学习氛围,发挥每个员工的创造性思维,把创建学习型班组的各项要求,落实在日常生产经营过程中。

(五)学习是组织的一项基本职能,知识是企业的重要资产

从某种意义上说,企业组织本身就是一个知识体,它不断地吸收知识、转化并产出新知识。企业处理知识的能力决定了企业的竞争实力。正如彼得·杜拉克所言:"知识生产力已经成为企业生产力、竞争力和经济成就的关键。知识已经成为首要产业,这种产业为经济提供必要的和重要的生产资源。"

(六)工作与学习密不可分

1984年,派瑞曼说过,到21世纪初,美国将有3/4的工作是创造和处理知识。知识工作者将意识到,持续不断地学习不仅是你得到工作的先决条件,而且是一种主要的工作方式。信息技术已经改变了人们对工作和学习之间关系的基本看法。人们不必撇开工作专门抽出时间来学习,相反,学习就是工作的核心。学习与工作是同义词。

(七)满足个人的学习天性与对学习的渴望

人是天生的学习者,从出生开始就在不断地学习,对学习充满渴望。而在知识经济时代,这种天性与渴望将达到无以复加的地步。每个人不仅直接从事与知识、信息有关的工作,从工作中学习,而且要终身学习。从学习中我们获得生存的能力和生活的乐趣,只有学习才能适应这个千变万化的社会,学习将成为人们的生存方式。

(八)通过创建学习型班组,使员工在工作中享受生命的意义

学习不仅是为了保证组织的生存和发展,使组织具备不断改进的能力,提高组织的竞争力,学习更是为了实现个人与工作的真正融合,体现个人价值,在工作中享受生命的意义。

学习型组织理论非常强调生命意义。今天的企业要生存,不仅要关注企业的发展,也要注意员工的发展。一个只注意企业发展而不注意员工发展的企业是不会成功的。对企业来说,在考虑组织发展的同时必须考虑个人的发展,对个人来说,在考虑自己发展的同时必须考虑企业的发展,否则,个人也不会成功。

二、创建学习型班组的主要目标

(一)改善心智模式

一是要通过各种有效的学习,改善心智模式,使班组员工放开心灵,有效地表达自己的想法和容纳别人的意见,培养健康向上的心理品格和行为习惯。二是要通过系统思考,培养班组和个人系统、动态、本质的思考能力,使员工扬弃局部思考和短期行为,培养前瞻而开阔的思维方式,增强危机意识、责任意识、进取意识和竞争意识,建立与企业相一致的共同愿

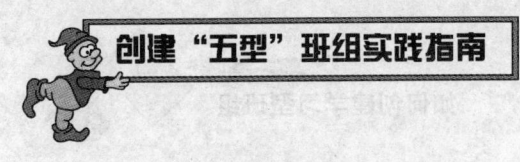

景,满腔热忱地投入工作和学习。

（二）培育新型员工

要营造"人人是学习之人"的环境,使员工在浓厚的学习氛围及工作过程中,向自身学习,向工作学习,不断挖掘自身潜能,向自我挑战,实现自我超越,培育新型员工。鼓励员工相互支持、相互帮助,使员工在团队的学习中,成为模范遵守职业道德和岗位行为规范,有职业责任心、进取心,能不断创新的职业人,成为模范遵守社会公德、有职业责任感的社会人,最终成为有理想、有道德、有知识、守纪律的企业人。

（三）铸造团队精神

通过班组内部的团体学习,推广新知识,提升员工的学习力和创造力,使员工在共同的学习实践和相互交流中,改进思维方式,扩展新知识,取得更高层次的共识,使班组的整体学习效果大于个体学习效果之和,使团队智商大于个人智商之和。在不断的学习过程中,使班组持续改进、提高,铸造一流的团队精神。

（四）提升班组实力

在创建学习型班组的过程中,员工以自主学习和团队学习的形式,通过对安全生产、生产技能、相互协作、优质服务的学习,增强协作意识、竞争意识、服务意识,提高工作水平和工作效率,提升班组实力,塑造团结协作、富于创造、优质高效、服务到位的一流班组。

第二节　学习型班组的特征

学习型班组首先是一个学习团体,其次是一种更人性的组织模式,最后它有共同的价值观和共同愿景,并具有很强的生命力。

一、班组成员拥有共同愿景

班组以共同愿景团结全体成员,这种共同愿景来源于员工个人愿景而又高于个人愿景,是班组中所有员工的共同理想。这一共同理想使具有不同个性的成员个人凝聚在一起,朝着共同的目标前进。

二、学习工作密不可分

工作学习化,学习工作化。把学习纳入日常工作中,将学习纳入工作的流程,工作不忘学习,用学习保证工作,学习不忘工作,用工作促进学习。变工作学习脱离为工作学习完全融合,实现工作学习化。在工作中学习,工作着,学习着,工作的过程就是学习的过程,学习的过程就是提高的过程,提高的过程就是超越自我的过程,也是创新的过程。以学习推动工作,以工作促进学习。实现学习工作化,学习是工作的扩展,学习是工作的延伸,学习内容不离开工作目标,重在提升应变能力。

美国著名的管理专家瓦特金斯·马席克的《21世纪学习型组织》中有一个工作学习化模型（见图2-1）,值得参考。

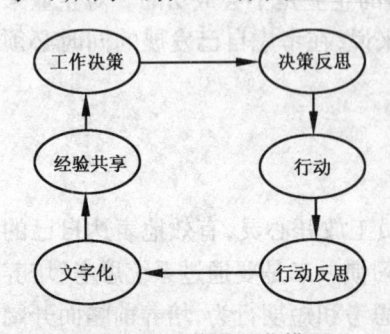

图2-1　工作学习化模型

工作需要工作决策,决策之后不是马上行动,而是先要经过决策反思。反思是最重要的学习。

三、善于不断学习

"善于不断学习"是学习型班组的本质特征。所谓"善于不断学习",主要有六点含义。

(1)强调自主学习、主动学习。变被动学习为主动学习,由"要我学"转变为"我要学",实现我乐学,我会学,我善学;由单一渠道的学习变为多渠道、全方位、立体化学习,见先进就学习。

(2)强调持久的、终身的学习。学习型班组讲求持续的学习、转化与改变,强调学习是一种演进的过程,而不是终结状态,强调把学习和工作系统地、持续地结合起来。员工形成终身学习的习惯。

1996年,联合国教科文班组发布德洛尔报告《学习:内在的财富》指出:终身学习是打开21世纪光明之门的钥匙。终身学习的四大支柱是:学会认知、学会做事、学会共处、学会生存。

(3)强调全员学习。

(4)强调全过程学习。即学习必须贯彻于班组系统运行的整个过程之中,应强调边学习边准备、边学习边计划、边学习边推行。

(5)强调团队学习。即不但重视个人学习和个人智力的开发,更强调班组成员的合作学习和群体智力(班组智力)的开发。在学习型班组中,团队是最基本的学习单位,团队本身应理解为彼此需要他人配合的一群人。班组的所有目标都是直接或间接地通过团队的努力来达到的。

(6)强调兼学别样。班组中的成员不仅要掌握本岗位上的工作技能,而且要学习了解其他岗位工作能力。形成学习共享与互动的班组氛围,只有这样,工作才能顾全大局、相互协作、高效,做到班组精简。拥有多元回馈和开放的学习系统,重在开创多种学习途径,运用多种方法引进知识。

学习型班组通过保持学习的能力,及时铲除发展道路上的障碍,不断突破班组成长的极限,从而保持持续发展的态势。

四、重视学习成果转化,学后有新行为、新绩效

学习型班组对学习的过程和结果同样重视。学习型班组不仅要求创造知识,获取知识,更要求将知识转化为成果,推动班组的改变。也就是说班组成员学习的结果,必须变成班组的行为,促进班组以新的方式处理事务。班组也能够以快速、聪颖的学习来承担风险,勇于尝试,吸取经验,改进缺失,取得竞争优势,使班组具有更大的适应能力及创新力。

五、扁平式管理结构

在学习型班组中,已不存在各种等级制度,员工之间由原来的彼此顺从关系转变为伙伴关系。使班组内部形成互相理解、互相学习、整体互动思考、协调合作的氛围,从而产生巨大的、持久的创造力。

六、无边界行为

班组是一整体,在班组内部,学习无边界,沟通无边界,知识共享无边界,责任无边界。

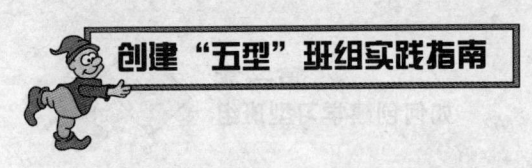

员工之间彼此询问、学习,相互之间的关系非常和谐、非常融洽。

七、自主管理

自主管理是使班组成员能边工作边学习,并使工作和学习紧密结合的方法。通过自主管理,班组成员可以自己发现工作中的问题,自己选择伙伴组成团队,自己选定改革、进取的目标,自己进行现状调查,自己分析原因,自己制定对策,自己组织实施,自己检查效果,自己评估总结。班组成员在自主管理的过程中,形成共同愿景,能以开放求实的心态互相切磋,不断学习新知识,不断进行创新,从而增加班组快速应变、创造未来的能力。

八、员工家庭与事业平衡

学习型班组努力使员工丰富的家庭生活与充实的工作生活相得益彰。学习型班组对员工承诺支持每位员工充分的自我发展,而员工也承诺对班组的发展尽心尽力。这样,个人与班组、工作与家庭之间的冲突会大大减少,从而提高员工家庭生活的质量,达到家庭与事业之间的平衡。

九、班组长肩负新使命

在学习型班组中,班组长是设计师、仆人和教练。班组长的设计工作是一个对班组要素进行整合的过程,而不只是设计班组的结构和班组政策、策略,更重要的是设计班组发展的基本理念;班组长的仆人角色表现为对实现愿景的使命感;班组长作为教练的首要任务是界定真实情况,协助成员对真实情况进行正确、深刻的把握,提高成员对班组系统的了解能力,促进每个成员的学习。

十、重视文化开放和系统思考

学习型班组是新的学习模式,有开放的文化,也重视开发系统的思考能力。在学习型班组中,一方面,班组成员彼此接纳,坦诚相见,相互信任,相互学习,分享所得的信息及结论;另一方面,学习型班组用系统的思考和整体观看待问题并解决问题,重新审视班组价值观念和班组文化,更全面地分析班组内部和外部的环境,增强班组对于外部环境挑战的能力,促进班组的持续发展和创新。学习型班组与传统班组的主要差别见表 2-1。

表 2-1 学习型班组与传统班组的主要差别

项目	传统班组	学习型班组
班组形成	几个人的组合	一个整体的团队
对改变的态度	不希望改变	随时改变
对新想法的态度	排斥新想法	排斥旧想法
谁负责创新	研发部门	任何人
最担心的事	犯错误	没有学习,无法调适
沟通方式	按程序沟通	无边界沟通
竞争优势	产品和服务	学习能力,知识和技能
管理者的工作	控制员工	鼓励员工

从表2-1中可以看出学习型班组注重的是团队效应,人本管理,重视观念更新、与时俱进,重视员工的学习能力、创新能力和技能能力。

第三节　创建学习型班组的原则

一、班组长带头学习的原则

在创建学习型班组活动中,班组长永远是班组各项工作的"第一推动力"。要求员工重视和参与学习,班组长首先要重视和参与学习,带头学习,带头超越自我、重塑自我;班组长要成为团队学习的典范,要以自身个人愿景、核心价值观的提升来引导全体成员建立组织共同愿景和价值观。

二、全员学习的原则

对学习型班组而言,团队学习是最基本最重要的学习形式。全体成员都应该积极、理智地参与团队学习,逐步树立自学的学习意识,整个班组形成浓郁的学习氛围。全体成员要在履行责任、共创生活的高度上深刻领悟工作的意义,在形成一致性认识的基础上,确立共同目标,并结合学习持续地为实现这个目标提供精神动力和行动支持。

三、学以致用的原则

学习型班组重视知行合一的学习。干(用)什么,学什么;缺什么,补什么;学什么,通什么、精什么。学就学通,学就学精。在"专一"、"精通"和"活用"上下工夫,力争"出色当行"。

四、创新学习的原则

创新学习原则有两个方面的要求。一是要求以学习促进创新,即以班组的创新发展作为学习的根本目的,实现以观念、知识、智能更新为特点的人力资源创新和制度、管理、技术创新;二是要求以创新促进学习,即为了确保和稳步提高学习效果而不断改革学习体制、学习制度,讲究学习方法,努力创新学习体制、创新学习制度、创新学习方法。

五、反思学习的原则

作为学习型班组,从班组长到员工都要敢于直面自身存在的问题和面临的问题,在不断的反思中发现和确认新问题,以问题、失误引导学习,推动学习。

六、互动学习的原则

班组学习的突出特点是它是一个相互启发、相互激励的互动过程。一个人的知识可以逐渐提升为班组知识,一个人的智慧可逐渐演进为组织智慧;你有一种技能,我有一种技能,通过互动学习,可以使每个人有两种技能,从而提升班组的整体竞争力。

[案例一]

人人都是老师

在大庆油田采油二厂第四作业区六区四队,不管是谁,只要有好点子、好建议、好方法,谁就可以当老师。

为把技术培训真正落到实处,根据实际,他们采取了"员工老师交流法"、"实际演练法"等学习方式,员工自己提问,再由其他员工讲解生产中遇到的问题及处理方法,大家一起探讨,共同提高。全队形成了争先创优、积极进取、争做一流的良好氛围。

第四节 学习型班组文化的建设

一、班组文化基本概念

(一)什么是文化

文化的一般定义是指人们在社会发展过程中所创造的物质财富和精神财富的总和。

按古人造字的意思❶,文化就是以自然规律,社会人伦、道德去教化人。

(二)什么是班组文化

班组文化是企业文化的缩影,班组文化建设是企业文化建设的重要内容。

班组文化是班组成员在生产经营中共同持有的理想信念、价值观念和行为准则,其中价值观是班组文化的核心。

企业文化是最持久、最具激励作用的企业核心竞争力,也是企业理念和特色的集中体现。

班组如果是树,文化则是根,是外显于班风班貌,内显于员工心灵中的以价值观念为核心的一种意识形态。而且企业文化是一种无形的、不是纸上的行为规范,它是根植于员工心中的行为准则。

(三)班组文化的层次

班组文化主要有精神文化、制度文化、行为文化和物质文化四个层次。其中,精神文化包括班组价值观、班组精神、班组哲学、班组伦理等班组意识形态内容;制度文化包括班组的各项制度、规定、计划、标准、程序、方法等内容;行为文化是班组的工作作风、工作习惯、人际关系的动态反映;物质文化则是指班组的工作环境、设备和经营成果(产品)等物质形态的文化范畴。核心思想、核心策略、强势行动和产品形象是班组文化的四个核心要素,它们分别是班组精神文化、制度文化、行为文化和物质文化的精髓,四者相互结合,构成班组核心文化。班组核心文化四要素均蕴涵着巨大的能量,分别引发思想力、策略力、行动力和形象力,四力合一,构成班组文化。

(四)班组文化的功能

优秀的班组文化是班组内部的动力机制,其作用有以下五点。

---

❶ "文化":"文"按说文解,青与赤谓之文,两文交措也。"文"字的另解是,上部代表阴阳,下部表示交措,阴阳交措成文。"化"字在古代用"匕",是个倒过来的人字,是变的意思。后来用"化"字,表示男人和女人交措。《易经》贲卦的象辞上讲:"刚柔交错,天文也;文明以止,人文也。观乎天文以察时变,观乎人文以化成天下。"其意是说,天生有男有女,男刚女柔,刚柔交错,这是天文,即自然;人类据此而结成一对夫妇,又从夫妇而化成家庭、国家、天下,这是人文,是文化。天文是指天道自然,人文是指社会人伦。治国者必须观察天道自然的运行规律,以明耕作渔猎之时序;又必须把握现实社会中的人伦秩序,以明君臣、父子、夫妇、兄弟、朋友等等级关系,使人们的行为合乎文明礼仪,并由此而推及天下,以成"大化"。人文有人伦之意,有精神教化之义,有文明、文雅之义,有文治教化之义。可见文化,标志着人类文明时代与野蛮时代的区别,标志着人之所以为人的本性。

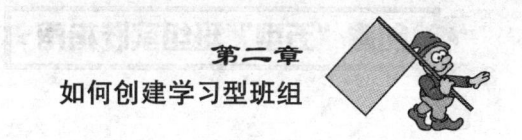

1. 导向作用

班组文化是全体员工共同的价值观念,它对全体员工有一种内在的号召力,能引导全体员工把个人的目标和理想拴系在班组同一目标和信念上,朝着共同的方向努力。

导向作用包括价值导向与行为导向。班组核心价值观与班组精神,发挥着无形的导向功能,能够为班组提供具有长远意义的、更大范围的正确方向与重要方法,从而把班组与个人的意志统一起来,使班组更快、更好、更稳定地生存与发展。

2. 凝聚作用

班组文化好似一种粘合剂,能减少班组内部的摩擦和消耗,形成良好的人际关系,增强内聚力和向心力,使全体员工团结在一起,明确目的、步调一致。使员工个人思想和命运与班组的安危紧密联系起来,使他们感到个人的工作、学习、生活等任何事情都离不开班组这个集体,将班组视为自己最神圣的东西,与班组同甘苦、共命运。把精力花在班组的生产经营发展上。

班组文化的凝聚力来自于班组根本目标的正确选择。如果班组的事业目标既符合班组的利益,又符合绝大多数员工的利益,即是一个集体与个人双赢的目标,那么说明这个班组凝聚力产生的利益基础就具备了。否则,无论采取哪种策略,班组凝聚力的形成都只能是一种幻想。

3. 激励作用

班组文化具有激励作用。班组文化所形成的文化氛围和价值导向是一种精神激励,能够调动与激发员工的积极性、主动性和创造性,把人们的潜在智慧诱发出来,使员工的能力得到全面发展;能激励员工为实现自我价值和班组发展而不断进取,更加努力地为班组工作;能增强员工的荣誉感和责任感,自觉地维护班组的声誉;并能提高员工的自主管理能力、自主经营能力及活力,增强班组的整体执行力。

比如,"兴业报国"、"事在人为"、"产品如人品"、"天生我才必有用"、"金钱是社会对个人勤奋和才能的承认"、"细节决定成败"、"无功就是过"、"人与人要相互依赖着生存"等理念和观念,对员工都具有导向、约束、激励的作用。

4. 规范作用(约束作用)

班组文化中的价值观、道德规范、约定俗成的行为准则,能对班组员工起到心理上和行为上的约束作用,从而保证班组健康稳定地向前发展。

约束力能够提高员工的自觉性、积极性、主动性和自我约束力,使员工明确工作意义和工作方法,从而提高员工的责任感和使命感。

5. 资源整合作用

文化形成的是一种经营理念、班组哲学,可以起到很好的整合作用,整合班组的精神资源和物质资源。特别是对班组精神资源的整合,更是文化作用的独到之处。

6. 辐射作用

班组文化塑造着班组的形象。优良的班组形象是班组成功的标志,它包括两个方面:一是内部形象,它可以激发班组员工的自豪感、责任感和崇尚心理;二是外部形象,它能够更深刻地反映出该班组文化的特点及内涵。班组形象除了对本班组有很大的影响之外,还会对其他一些班组产生一定的影响,因此,班组文化有着巨大的辐射作用。

二、班组文化建设的原则和内容

（一）班组文化建设的一般原则

1. 企业文化相一致

班组文化必须坚持社会主义方向，与企业文化相一致，必须促进生产发展。

2. 强化以人为中心

文化以人群为载体，人是文化生成的第一要素。班组文化中的人不仅仅是指班组、管理者，更是包括班组的全体员工。班组文化建设中要强调关心人、尊重人、理解人和信任人。班组团体意识的形成，首先是班组的全体成员有共同的价值观念，有一致的奋斗目标，才能形成向心力，才能成为一个具有战斗力的整体。

3. 表里一致，切忌形式主义

班组文化属意识形态的范畴，但它又要通过班组或员工的行为和外部形态表现出来，这就容易形成表里不一致的现象。建设班组文化必须首先从员工的思想观念入手，树立正确的价值观念和哲学思想，在此基础上形成班组精神和班组形象，防止搞形式主义，言行不一。形式主义不仅不能建设好班组文化，而且是对班组文化概念的歪曲。

4. 注重差异

差异性是班组文化的一个重要特征。文化本来就是在本组织发展的过程中形成的。每个班组都有自己的特点，班组文化建设要充分利用这一点，建设具有自己特色的文化。

营造班组特色文化。有的班组可以突出"家文化"建设，营造家的温馨，让员工工作生活在班组有家的感觉；有的班组可以突出"活力文化"建设，使班组充满生机活力；有的班组可以重点抓好"金牌文化"建设，事事争一流，见红旗就扛；有的班组可以创建"学习型班组"，形成读书热，达到自我学习、自我价值实现的目的。这样，班组员工被班组内的一种氛围所感染、感化，体验到工作的快乐、学习的幸福、生命的意义。班组成员心贴心地在一起工作和学习，大家相互尊重、相互支持、相互关怀、相互学习、相互激励、携手并肩，必然促进企业的和谐建设与发展。

5. 注重效益

班组文化必须为班组的生产活动服务，要有利于提高班组生产力和经济效益，有利于班组的发展。

6. 继承传统文化的精华

马克思认为："人们自己创造自己的历史，但他们并不是随心所欲地创造，而是在直接碰到的从过去继承下来的条件下创造。"班组文化建设也是这样，它应该是在传统文化的基础上进行增值开发，否则班组文化就会失去存在的基础，也就没有生命力。增值开发就是对传统文化进行借鉴，去其糟粕，取其精华。比如，务实精神要求人们实事求是、谦虚谨慎、戒骄戒躁、刻苦努力、奋发向上，对此如能发扬光大，必将形成艰苦创业、勇于创新的班组精神。

（二）班组文化建设的内容

根据班组文化的定义，其内容是十分广泛的，但其中最主要的应包括如下几点。

1. 培育共同的价值观念

价值观是指一个人对周围客观事物（包括人、事、物）的意义、重要性的总评价。

第二章 如何创建学习型班组

班组的价值观,是指班组员工对班组存在的意义、工作目的、工作意义的价值评价和为之追求的群体意识,是班组全体员工共同的价值准则。只有在共同的价值准则基础上才能产生班组正确的价值目标。有了正确的价值目标才会有奋力追求价值目标的行为,班组才有希望。因此,班组价值观决定着员工行为的取向,关系着班组的发展。只顾班组自身经济效益的价值观,就会偏离企业的方向,不仅会损害国家和人民的利益,还会影响班组形象;只顾眼前利益的价值观,就会急功近利,搞短期行为,使班组失去后劲。我国老一代的民族企业家卢作孚(民生轮船企业的创始人)提倡"个人为事业服务,事业为社会服务,个人的服务是超报酬的,事业的服务是超经济的"。从而树立起"服务社会,便利人群,开发产业,富强国家"的价值观念,这一为民为国的价值观念促进了民生企业的发展。

作为班组文化核心的价值观念的培养,是班组文化建设的一项基础工作。班组中的每个成员都有自己的价值观念,但由于他们的资历不同、生活环境不一样、受教育的程度也不相同等原因,使得他们的价值观念千差万别。班组价值观念的培育是通过教育、倡导和模范人物的宣传感召等方式,使班组员工摒弃传统落后的价值观念,树立正确的、有利于班组生存发展的价值观念,并达成共识,成为全体员工思想和行为的准则。

班组价值观念的培育是一个由服从,经过认同,最后达到内化的过程。服从是在培育的初期,通过某种外部作用(如人生观教育)使班组中的成员被动地接受某种价值观念,并以此来约束自己的思想和行为;认同是受外界影响(如模范人物的感召)而自觉地接受某种价值观念,但对这一观念未能真正地理解和接受;内化不仅是自愿地接受某种价值观念,而且对它的正确性有真正的理解,并按照这一价值观念自觉地约束自己的思想和行为。

班组价值观念的培育是一个长期的过程。在这个过程中,班组组织中个体成员价值观念的转变还可能由于环境因素的影响而出现反复,这更增加了价值观念培育的复杂性。价值观念的培育,需要班组领导进行深入细致的思想工作,善于把高度抽象的思维逻辑变成员工可以接受的基本观点。这其中,思想政治工作十分重要,它能唤起员工对自己生活和工作意义的深思,对自己事业的信念和追求。

2. 确立正确的班组哲学

班组哲学,是一个班组特有的从事生产和管理活动的方法、原则,它是指导班组行为的基础。一个班组在激烈的市场竞争环境中,面临着各种矛盾和多种选择,要求班组有一个科学的方法论来指导,有一套思维的程序来决定自己的行为,这就是班组哲学。例如,有个班组确立了"视昨天为落后"的不断进取的哲学,使员工钻研本职工作成风;又如日本松下企业"讲求经济效益,重视生存的意志,事事谋求生存和发展"的战略决策哲学。

确立正确的经营哲学,是班组文化建设的一项重要任务。班组哲学的确立,关键是要有系统的思维方法和创新意识。

3. 塑造班组精神

班组精神是指班组基于自身特定的性质、任务、宗旨、企业要求和发展方向,并经过精心培养而形成的班组成员群体的精神风貌,是班组优良传统、价值观念、道德规范、工作作风和生活态度的总和。

班组精神要通过班组全体员工有意识的实践活动体现出来,因此,它又是班组员工观念意识和进取心理的外化。

班组精神是班组文化的核心,在整个班组文化中处于支配地位。班组精神以价值观念为基础,以价值目标为动力,对班组哲学、管理制度、道德风尚、团体意识和班组形象起着决定性的作用。可以说,班组精神是班组的灵魂。

班组精神通常用一些既富于哲理,又简洁明快的语言表达,便于员工铭记在心,时刻激励自己;也便于对外宣传,容易在人们脑海里形成印象,从而在社会上形成个性鲜明的班组形象。

班组精神的形成具有人为性,这就需要班组的领导者根据班组的厂情、任务、发展进行有意识地倡导,亲手培育而成。在构塑班组精神的过程中,特别应将个别的、分散的好人好事从整体上进行概括、提炼、推广和培育,使之形成具有代表性的班组精神。

班组内部团结亲和的凝聚力和班组发展前进的驱动力,是班组文化的核心。班组成员长期工作和生活在同一环境中,相互联系比较紧密,思想感情易于交流共鸣,很容易形成共同的价值观,其思维方式和工作作风都集中体现在班组精神上。这种班组精神就成为班组的一面旗帜,能够增强班组成员的主人翁意识,发挥每个成员的积极性、创造性和主动性,形成"班组命运共同体"。

班组精神,能够充分展示班组的良好形象,创造良好的班组信誉,赢得各级领导机关和兄弟车间、班组的信赖和赞誉,能有效地促进班组的工作。在班组精神的基础上提炼出的企业经营理念,更切合企业的实际,员工感到更亲切。

4. 修炼班组道德

班组道德是指调整本班组与其他班组之间、班组与顾客之间、班组内部员工之间关系的行为规范的总和。它是从伦理关系的角度,以善与恶、公与私、荣与辱、诚实与虚伪等道德范畴为标准来评价和规范班组。

班组道德与法律规范和制度规范不同,不具有那样的强制性和约束力,但具有积极的示范效应和强烈的感染力。当班组道德被人们认可和接受后具有自我约束的力量,因此,它具有更广泛的适应性,是约束班组和员工行为的重要手段。中国老字号同仁堂药店之所以三百多年长盛不衰,在于它把中华民族优秀的传统美德融于班组的生产经营过程之中,形成了具有行业特色的职业道德,即"济世养身、精益求精、童叟无欺、一视同仁"。

5. 树立团体意识

团体即组织,团体意识是指组织成员的集体观念,是班组内部凝聚力形成的重要心理因素。班组团体意识的形成使班组的每个员工把自己的工作和行为都看成是实现班组目标的一个组成部分,使他们对自己作为班组的成员而感到自豪,对班组的成就产生荣誉感,从而把班组看成是自己利益的共同体和归属。因此,他们就会为实现班组的目标而努力奋斗,自觉地克服与实现班组目标不一致的行为。

6. 树立班组形象

班组形象是班组通过外部特征和工作实力表现出来的,被公众所认同的总体印象。由外部特征表现出来的班组形象称表层形象,如服饰、工作环境等,这些都给人以直观的感觉,容易形成印象;通过工作实力表现出来的形象称深层形象,它是班组内部要素的集中体现,如人员素质、生产工作能力、管理水平、产品质量等。表层形象是以深层形象为基础,没有深层形象这个基础,表层形象就是虚假的,也不能长久地保持。

7. 制定班组制度

班组制度是在生产实践活动中所形成的,对人的行为带有强制性,并能保障一定权利的各种规定。从班组文化的层次结构看,班组制度属中间层次,它是精神文化的表现形式,是物质文化实现的保证。班组制度作为员工行为规范的模式,使个人的活动得以合理进行,内外人际关系得以协调,员工的共同利益受到保护,从而使班组有序地组织起来为实现班组目标而努力。

三、班组文化建设的方法

(一)抓学习,建愿景

人的一切能力来源于学习,唯有学习能改变我们的一切。

通过学习形成共同价值观,通过学习建立班组发展的共同愿景,形成向上发展的共识,产生团体共享的新知识、新智慧,以及富有改革和创造性的新策略、新决策,同时化共识为行动,达到动作上的默契。

(二)树立理念,培育文化

建设班组文化,要树立以下十个理念,培育十种文化。

1. 树立安全理念,培育安全文化

参见第四章如何创建安全型班组。

2. 树立和谐理念,培育和谐文化

参见第三章如何创建和谐型班组。

3. 树立创新理念,培育技术文化

班组技术文化,也就是技术知识。任何一个班组的工作中都会存在技术难题,遇到技术难题需要小组成员齐心合力攻关。这些都应该属于班组技术文化的范畴,"一品一策"是技术文化,QC小组活动是一种技术文化,小改小革的"五小"活动同样是班组技术文化。

抓好班组的技术文化建设,必须开展好三项活动。一是员工合理化建议活动。班组开展合理化建议活动,是一项调动员工主人翁积极性,发挥群众智慧,实行民主管理的重要工作,有利于促进各项工作和提高员工素质。因此,要精心安排,积极引导,使员工敢于并且善于提出合理化建议,积极为班组和企业的发展献计献策。二是班组质量管理活动。通过全面质量管理活动,班组的综合能力也会得到真正的锻炼。三是劳动竞赛、技术比武和岗位练兵活动。班组内部应在竞赛的深度、广度和竞赛的方式上下工夫。可以结合本班组的工作,自行开展小型的劳动竞赛和技术比武。班组成员作为劳动竞赛的参赛主体,应该珍惜每一次参赛机会,通过参加竞赛,检阅班组成员的水平,与其他班组成员互相学习,互相促进,共同提高。另外,班组成员在实际操作中的成功经验、失败教训、亲身感悟、点滴体会都是形成班组技术文化的素材与源泉。班组长要因势利导,从班组成员的发言、心得、演讲、班组内的各项记录、上级指示精神及安全法规等方面摘取核心内容,作为班组业务学习的素材,在工作实践中不断地丰富班组技术文化建设的内涵。

4. 树立节约理念,培育节约文化

参见第六章如何创建节约型班组。

节约文化是人类各种节约的生活方式的总称,由节约观念、节约制度、节约技术、节约行

为四个层面构成。这四个方面相互关联,相互作用,观念是先导,技术是基础,制度是保证,节约行为见效果。我国虽有节约的优良传统,但长期以来,粗放式的增长方式和刺激消费的过度宣传,以及铺张浪费的抬头,各种浪费现象屡禁不绝。由此,在现有的节约技术条件下,重建新时期的节约文化须从节约制度的建设开始,继而在节约制度上推广节约的理念、意识,培育公民的节约文化。也就是说,节约文化的建设核心在于节约规则的明晰和推广。

5. 树立执行理念,培育执行文化

1）什么是执行

执是把握、掌握、驾驭的意思,行是行动、实行、实施的意思。所谓执行,就是把政策、法令或计划等执著地贯彻施行。执行是指实现既定目标的具体过程,而执行力则是实现目标的能力。说白了,执行力就是做事能力。

有人说企业的成功,30%靠的是战略,30%靠的是运气,40%靠的是执行力。可见,执行力是何等重要,仅有战略和运气是不行的,必须有强大的执行力。

执行是连接组织战略与目标实现的桥梁,缺少强大的执行力,组织的战略目标将是无本之木,无源之水。企业的不成功并不是缺乏制度,也不是缺乏发展战略,不是缺乏资金,不是缺乏产品,而是缺乏持之以恒的执行力。战略决定方向,执行决定成败。能否把既定的战略执行到位是企业成败的关键,也是事情成功的关键。

在管理界有句俗话,叫做"三分策划,七分执行"。没有执行力,制度就形同虚设；没有执行力,管理就不能真正落到实处。仅有战略,并不能让企业在激烈的竞争中脱颖而出,只有执行力才能让企业创造出实质的价值。曾经有一位著名的企业家讲:"一家企业和它的竞争对手之间的差别就在于双方执行的能力","执行正成为企业成功的一个关键因素"。

2）什么是执行文化

执行文化,就是把执行作为所有行为最高准则和终极目标的文化。所有利于执行的因素都予以充分而科学的利用,所有不利于执行的因素都立即排除。以一种强大的监督措施和奖惩制度,促使每一位员工全心全意地投入到自己的工作中,并从骨子里改变自己的行为。最终使班组形成一种注重现实、目标明确、简洁高效、监督有力、自动自发、和谐一致的执行文化。

执行文化的核心内容包括责任文化、事业文化、感恩文化、凝聚力文化和职业文化。执行文化包括执行角色、执行方法、执行制度、执行结果等四个维度,把握执行精髓,就可实现高效执行！

3）具有优秀执行力员工的特征

(1)工作自动自发,主动性和自觉性强,能够做到乐业、勤业、精业。

(2)注重细节,细节是小而关键的地方。细节决定成败,细节成就完美。注重细节,把工作当成义不容辞的责任,而不是负担,认真对待,注重每个细节。

(3)信守承诺,负责到底。不为问题找借口,只为成功找方法。脚踏实地的行动,以实现工作目标为己任,将已承诺的工作负责到底。

(4)善于学习,乐于求知。没有学习力就没有执行力。

(5)善于分析、判断和应变,这是有效执行的必要条件。计划不如变化,在执行过程中,不管出现什么情况,都必须迅速地作出判断、果断地进行相应的处理,把坏事变成好事。

(6)具有创意。能够创造性地工作,而不是事事请示怎么做。任务领导给,方法自己找。执行是要做结果,以结果为导向,在执行时能面对各种不同的情况,能够创造性地去处理。

(7)有韧性,永不放弃。韧性是指具备挫折忍耐力、压力承受力、自我控制力和意志力等。有韧性就能够在艰苦的情况下,克服外部和自身的困难,坚持完成任务;在比较大的压力下坚持目标和信念。韧性表现为实现目标一种坚强的意志。"不以物喜,不以己悲",认准的事,无论遇到多大的困难,仍千方百计完成。韧性在工作中更多地表现为能够保持良好的体能和稳定的情绪状态。当处于巨大压力或产生可能会影响工作的消极情绪时,能够运用某些方式消除压力或消极情绪,避免自己的悲观情绪影响他人。

(8)求胜的欲望强烈。欲望是一切行动的源泉,也是支持人生不断进取的动力。没有欲望,任何事情都不可能坚持和成功。求胜的欲望越强烈,情绪就越高,意志就越坚定。强烈的欲望可以使人的能力发挥到极致,为事业的成功献出一切。

(9)会沟通,人际关系良好。人际关系是执行过程中重要的人力资源。大事肯定不是一个人干出来的,需要一个团队,一个互补性好的团队,一个很有执行力的团队。没人帮助难成大事,离开了团队就是一个流浪者,通过团队,人脉关系可以放得更大,可以提高成功的几率。

4)执行力的双因素系统模型

要完成一件事,往往需要多种能力,所以执行力不是单一的某种能力,而是一个能力系统。我们运用系统分析的方法,将执行力系统分为执行动力系统和执行能力系统。

执行动力来源于需求(欲望),需求又包括两个方面:物质需求和精神需求。物质需求主要包括生存、安全;精神需求主要包括价值观、动机、理想、信念、情感、自尊。理想又包括健康、幸福、长久、自我实现等;情感因素又包括关爱、感恩、兴趣、意志、乐观、积极等。这些因素构成了执行的动力系统。

执行能力系统包括智力能力和技能能力两种。智力能力主要包括注意、观察、感觉、记忆、思维能力;技能能力主要包括专业技能能力、沟通能力、合作能力、创造力、资源整合能力、调整和控制能力。

在执行过程中,执行动力以价值观为核心,对执行活动起着动力、定向、激励、维持、强化、调节等作用。执行能力系统以专业技能能力为核心,对具体执行活动起着加工、处理的作用。执行动力系统和执行能力系统协同作用,相互促进。如果没有执行能力系统的操作,执行活动无法进行,如果没有动力的推动、维持调节等作用,执行活动不能发生或者即使发生也不能持续进行。所以,在给定环境下,执行效果是执行动力系统和执行能力系统相互作用的结果。

5)管理者提升员工执行力的方法

对于管理者,提升员工执行力的方法主要有四个:一是用制度去鞭策;二是用利益去驱动;三是用文化去引导;四是用培训去提高。制度强制人们达到最低标准,文化引导人们达到最高标准。一个人有义务履行责任,但没有义务奉献,文化则引导人们自觉地履行责任并为之奉献。

提升员工执行力的具体方法有以下几点:

(1)写岗位职责说明书,把任务落实到每个员工头上,下达的任务要明确、具体。布置工

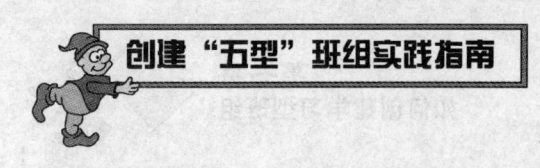

作时掌握好以下七个步骤,也能起到很好的效果:
① 与责任人或责任部门沟通,说明工作内容、目的及其对班组的重要性;
② 落实责任到具体个人;
③ 提出工作质量标准,即要达到的质量要求;
④ 明确工作数量、进度要求与完成时限;
⑤ 提示工作的重点、难点,以及容易出差错的注意之处;
⑥ 提示工作流程与方法,但更注重让员工在实践中摸索;
⑦ 说明对工作结果的检查、考核与奖惩。

管理者在布置任务和规定时,不应简单说一个要求了事,应该附上执行细则,包括执行标准、时限、监督机制等。

(2)奖惩分明是提高班组执行力的最好武器,建立合适的员工激励体制,鼓励员工工作。要做到这样一个境界:"奖要奖得心花怒放,罚要罚得心惊胆战!"

(3)处理不合格的人员,提高整个团队危机意识和竞争意识。

(4)聚焦重点工作,和承担重要工作的员工要经常沟通,及时协调员工之间以及自己与员工之间的误解与冲突,保证整个团队的和谐与协作。了解工作进展情况,听取员工意见、想法和要求等。

(5)出击薄弱环节,对于队伍中工作能力稍差的员工要给予学习和提高的机会,提高整个队伍的执行力水准。

(6)善于召开工作会议,总结工作状况,开展"自我批评、自我总结、自我反省"等专题活动。

(7)人人紧盯过程,且随时调整,随时检查和督促。假定措施实施不了,就把希望的事变成检查的事。人们不会做你希望的事,只会做你检查的事。

(8)实现数字化、责任化、表格化、人性化。将任务和规定的内容、责任人、落实阶段、跟进人、监督人、验收标准、最后时限等内容制成进度表格。进度表其实就是承诺制的一种扩大和深入的表现形式,它是一种简单而有效的落实方法,是将复杂的问题简单有序化的结果。

6)管理者提升班组执行力的方法
(1)确定明确的执行目标,并将总目标分解成目标链。
(2)确定执行步骤、标准、方法和技巧。做好计划,包括年度计划、月计划、日计划,做到有条不紊。
(3)组织资源。利用一切可以利用的人力、财力、物力和环境因素。
(4)协调。协调好各种资源因素之间的关系,以提高工作的主动性和积极性。
(5)监督。监督执行的全过程,并不断地对执行结果进行评估。
(6)反馈控制。控制执行的进度、目标。

在执行的过程,使班组始终处在以下四种状态:
① 不断准备。执行者始终处于持续的准备阶段,它并不针对某项特定的变化,而是广泛地关注执行者与环境的协调,不断对行为提出质疑,时时为下一步行动做准备,使执行者在多变的环境中能随时应对各种情况。

② 不断调整。在执行过程中,计划是开放的、灵活的。这就是说计划是不断修订的。比如,在上班的路上,遇到障碍,我们就要调整行动路线,但大方向和基本目标不变。

③ 不断执行。不论怎样调整,目的只有一个,就是实现最终目标。行动不停,执著地行动,不断地前行。

④ 不断学习。对于重大、复杂的任务,在执行的过程中,会遇到许多计划过程中没有想到的新问题,执行者要进行不断地学习,不断地分析、判断和应变,并及时做出反应,调整行动策略,以确保执行效果。

6. 树立责任理念,培育责任文化

1)什么是责任

责任,是一种担待,一种使命。工作三分在能力,七分在责任。履行职责才能让个人能力展现最大的价值。没有责任,就没有速度、没有质量、没有效益,就没有全面、统筹、健康的发展。责任是创造卓越的原动力,尽职尽责才能缔造完美工作,负责任的精神可以让一个人出类拔萃,它可以让一个人在所有的员工中脱颖而出,让其成为不可替代的员工。

2)什么是责任文化

责任文化就是正确认识责任、积极履行责任的道德行为文化。责任文化包括责任心、责任感、责任意识、责任精神等,是诚信和执行力的真正支柱。

责任缺失是普遍的社会现象。整天强调执行,但却谁都不主动执行;管理者和员工只是抱怨存在的问题而不去解决问题;管理者只顾保护自己的地盘,而不是为了实现目标携手努力;想挣更多的钱、获得更好的事业发展,却没有更多的员工对自身的提高负起责任;许多员工不仅不愿承担责任,甚至对错误都觉得"无所谓,大不了罚点款,走人",员工频频跳槽。这是在许多企业常见的一幕幕。

豆腐渣工程、假冒伪劣产品,人们往往用诚信的缺失对此进行谴责。但如果深入剖析就会发现,隐藏在背后的是这些工程的管理者、员工以至于当地政府官员责任感的缺失。

员工责任感的高低决定一个企业的命运。而员工责任感的匮乏,往往会成为企业运营不善的直接原因。那些缺乏责任感的员工,不会视企业的利益为自己的利益,企业因此也便潜伏着危机。而反之,若员工充满了责任感,企业则兴旺发达。

3)建立班组责任文化要把握的要点

(1)要职责工作明确。

(2)以积极的企业文化建设来培养员工的积极性、责任感和使命感。

(3)完善管理模式,有效的绩效考核体系督促员工积极向上,人性化的企业制度使敢于承担责任的员工积极性不受伤害。只有规范管理,才能明确责任;只有管理到位,才能落实责任。

(4)班组长以身作则。按照"责任文化"中核心价值观及相关理念的要求提高责任意识,规范和改进自己的行为,发挥认真负责的榜样作用,成为"责任文化"执行的典范和勇于负责、敢于负责的管理者。同时要大力宣扬企业的"责任文化",要对员工如何认识和执行"责任文化"进行具体指导和监督,让"责任文化"在班组当中迅速传播和实施,并带领员工在工作中不断丰富和提升"责任文化"。

(5)反思自己的责任。当员工在平日的工作中出现失误时,相关人员要自然联想到:这是我的责任,或我也有责任,继而反思我该承担什么样的责任?也就是说,一个班组如果没有完成利润指标,从班组长到员工都要反思:我该负什么责任?

(6)责任第一。在实施"责任文化"过程中,要坚定不移地推行"核心责任人制",即各个岗位都要确定一个核心责任人。以核心责任人为管理程序中的基本连接点,维系和衔接企业的部门与部门、员工与员工,以及工作边缘环节之间的工作关系。核心责任人承担实现企业确定工作目标相应范围内的全部责任。

如果每一位员工都能把企业发展的责任扛在肩上,并与企业共成长,那么这个企业的发展速度是令人生畏的。只要每个人都肩负这份责任,并在具体工作中细致地走好每一步,企业的远景目标就一定能够实现。

培育"责任文化",要引导员工牢固树立"责任能给人真诚,责任能给人信任,责任能唤起良知,责任能激发潜能"、"态度决定一切,命运掌握在自己手中"、"企业兴亡,匹夫有责"、"厂兴我荣,厂衰我耻"的思想观念,立足岗位,履行职责,从我做起,从小事做起,从细节做起,从简单的事做起,从平凡的事做起,正确处理好职业理想与岗位责任、企业利益与个人利益之间的关系,以高度的责任感、强烈的敬业精神、良好的业务素养、过硬的岗位本领,干好手中的活,做好本岗位的事,优质高效地完成各项任务,为企业的改革、发展、稳定作出自己的贡献。全面培养员工各方面自觉、自愿、自然的行为。

7. 树立质量理念,培育质量文化

企业质量文化是指企业在长期的生产经营活动中形成的有关质量问题的意识、观念、价值取向、规范、行为准则、思想方式及风俗习惯等形态的总和。从层次上看,质量价值是核心,是支配着企业的质量意识、质量观念,形成企业的质量精神;行为准则是质量价值取向的具体反映,它约束着质量道德、质量行为规范、质量规章制度;员工的精神面貌和企业的产品或服务则是企业质量形象的外在表现形态。可见,企业员工的任何精神面貌、质量行为及产品质量无不打上企业的质量烙印。所以,企业质量任何外在的形式和内容只有与内在的精神实质相一致时,才会产生共鸣,内外形成合力,形成企业上下一致的质量信念,并转化为全体员工自觉的行动。

质量文化的内涵,具体表现为:

(1)质量的价值观。以顾客为关注焦点,满足顾客及相关方的需求和期望,并争取超越顾客的期望,这是企业生存和发展的出发点,也是企业的回归点。

(2)质量的观念。产品质量从适用性转向顾客满意度,而这种满意度是建立在兼顾顾客、社会、组织三者之间的利益、风险、成本原则基础上的。

(3)质量意识。产品质量是在过程中形成的,而过程是需要策划和监控的,质量是可控可防的,通过全体员工的参与、规范的管理,使产品质量持续、稳定地提高,并通过持续质量改进增强顾客的满意度,提高组织的业绩。

(4)质量精神。质量的持续改进是企业永恒的主题,企业应挖掘内在的潜能,追求完善,不断创新。

(5)质量规范。以质量方针和质量目标为先导,以质量管理体系为依托,以质量审核评

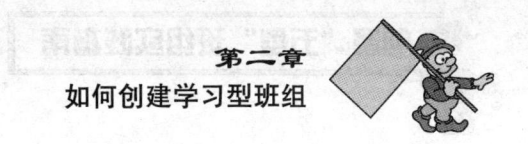

价为手段,开展规范化的质量管理。

(6)质量内部环境。建立起以顾客为中心,以领导为核心,以员工为主体,内外沟通、交流协调、工作有序、运作有效的团队。

质量文化的建设,对员工开展质量文化的灌输和培训,进行深入的质量教育,灌输企业新的质量价值观、质量意识和观念,并以员工看得见,体会到的方式在行动上体现。让质量文化贯穿于整个生产经营活动之中,并通过质量管理体系的实施过程,不断地强化质量文化的培育。

质量文化的形成不是一日之功,需要经过较长时期的努力自觉形成。因此,领导应有长期的思想准备,身体力行,积极倡导质量文化建设,并结合质量管理体系中对质量文化的要求,从思想上、行动上、制度上、措施上、员工精神面貌上、产品质量上落实到位。

8. 树立清洁理念,培育清洁文化

参见第五章如何创建清洁型班组。

9. 树立服务理念,培育服务文化

服务文化是企业群体信奉践行的服务价值理念。是以服务价值观为核心,以创造顾客满意、赢得顾客忠诚、提升企业核心竞争力为目标,形成以共同的服务价值认知和行为规范为内容的文化。服务文化包括服务理念、服务意识、服务心态、服务技巧、服务艺术等内容。

交换是人的基本行为,人人都卖,人人都买。付出为别人,索取为自己。所以付出的本质是为自己。工作是为自己,不是为老板,也不是为经理。老板和经理在本质上是自己的顾客。

工作的本质是服务。我们已经走进"人人为我,我为人人"、"人人都是服务员,行行都是服务业,环环都是服务链"的服务经济时代。这是一个相互依存、相互影响的服务交换时代,没有"我为人人",就不可能有"人人为我",所以我们必须树立"成人达己,成己为人"的双成理念。这就是孔子所说的"己欲立而立人,己欲达而达人"的道理。

服务文化理念认为员工是服务人、文化人。服务因文化不同表现出五个层次,即用利服务、用力服务、用心服务、用情服务、用智服务。我们明白了服务(工作)的本质是为自己,我们就应该用心、用情、用智去做。

培育服务文化的要点:

(1)明确顾客是什么。顾客是父母,以顾客为中心,顾客是朋友、是自己、是质检员、是高参、是资产、是经营创造的中心;顾客没有错,有理要让人;给顾客一个台阶,服务就上一个台阶。

(2)保持阳光心态,分享服务快乐。以下十大健康心态是取得服务成功的金钥匙。感恩心态:感恩戴德心常有,激情燃烧春常在。侍者心态:助人者高,侍人者贵。本分心态:专业专注,真诚服务。体验心态:换位思考,反思反馈。双成心态:成己为人,成人达己。宽容心态:海纳百川,和谐人生。事业执著心态:忘我投入,享受成就。热忱心态:激情洋溢,传递爱心。负责心态:主动认真,全力以赴。成功心态:自信专注志不移,不畏艰险勇登攀。

(3)审时度势,文化自觉。了解服务文化的原理、内容、环境,把握建设服务文化的意义、思路、方法,积极建设特色鲜明、落地生根的服务文化,用先进的价值理念统一员工的思想行

为,强化服务意识,主动自觉服务。全面提升企业核心竞争力。

(4) 观念突围文化转型。增强危机、感紧迫感,文化对接激发潜能,优化机制改造流程。积极促进企业由生产型、经营型向服务型、文化型企业的转变;促进员工实现由自然人向企业人、服务人、文化人的转变。

(5) 更新理念,演好角色,澄清误区,调整心态。让服务走出误区,走向全员、经营管理和各个环节。让整个企业成为服务顾客的绿色通道和温馨家园;让员工强化意识主动服务、更新理念用心服务、调整心态快乐服务、把握规律创新服务、资质升级品牌服务。在服务中实现企业、员工、顾客价值多赢。

(6) 掌握技巧,提高能力和艺术。经营顾客和自己,提高企业、员工的服务资质和身价。

(7) 实施服务革命,推动创新升级,创造顾客忠诚。打造服务品牌,创建优质服务。

10. 树立反思理念,培育反思文化

参见第十章第五节的第二个要素中关于组织反思的内容。

四、班组文化的整合步骤

(一) 筛选

通常,筛选合格的文化素材具有的标准为:(1)能促进班组持续迅速发展;(2)能促进班组员工综合素质的提高;(3)能增强本班组的内在凝聚力;(4)能提升本班组的社会影响力。

(二) 梳理

梳理就是对本班组的历史和现状,以及筛选出来的事实进行梳理,特别是对班组实践中萌发的观念和意识,进行系统深入的归纳、分析、研究,为班组文化建设打下基础。

(三) 提炼

提炼就是浓缩,就是总结,就是归纳,通过对所整理材料的总结、归纳和浓缩,使我们越来越接近最后目标,找到班组价值理念的形成机理和进一步设计的生长点。

(四) 设计

设计是一项创造性的劳动,它不仅要使设计出来的体现班组文化的语言能被班组内部员工领会、认同并自觉贯彻,还要能被社会公众欣赏和接受。因此需要设计的体现班组文化的语言既有可操作的实质内容,又有科学性、艺术性的表现形式。

第五节 创建学习型班组的步骤

如何创建学习型班组,并没有统一的标准模式,创建学习型班组是根据某些基本准则和共同认识,按照班组自己独特方式进行的。

创建学习型班组活动可分以下三个阶段进行。

一、准备发动阶段

(一) 培育理念,统一思想

搞好活动的安排部署,班组制订活动方案。培育理念是创建学习型班组的前提和灵魂,也是创建学习型班组最重要的部分。推进学习型班组建设,首要的是破除旧的传统观念,树

立与学习型班组建设相适应的新理念。在更新观念的过程中,要着重引导广大员工树立以下新理念:

(1)树立学习是生存和发展的需要的理念。

(2)树立终身教育、终身学习的理念。

(3)树立工作学习化、学习工作化的理念。把学习引入工作,使学习与工作有机结合,实现工作学习化,学习工作化,这是学习型班组的本质特征。

(4)树立不断创新的理念。学习型班组,就是一个创新的班组。当今社会,真正意义的学习,不再是单纯为了获取知识或掌握技能,而是通过学习重新塑造自我、完善自我、创新自我,重新认识世界与我们的生存关系,是一个扩展创造性能量的过程。也就是说,变被动地接受客观知识为主动地提高内在素质,将学习转化为创造性的行为,不断提高学习力和创新力。通过创新人才的培养和使用,带动制度创新、体制创新、管理创新、技术创新、生产创新和市场创新。

更新观念不能靠行政命令来推行,要通过宣传使员工意识到,只有不断超越自己、超越组织,让明天的我区别于今天的我,这样的生命才能意义。不断强化这种观念,员工的工作才会更主动、责任感会更强、学习得更快、贡献也会更大。

(二)确定目标,制订学习计划

要确定本班组的远景和阶段目标,并制订学习计划和讨论题目。

宣传创建活动的目的和意义,统一员工思想,达到深度共识,使班组的远景和阶段目标成为员工的行为准则,为开展活动做好积极准备。

班组长可以组织成员讨论,聆听每位班员的远景看法,最后综合,确定本班站的远景目标和阶段目标。班组的远景目标要能够召唤及驱使人们向前,它能激发员工内心有意义的价值,并能鼓舞全班员工。员工在一种远景目标的召唤下,会有一种积极向上的热情,员工在一种有伟大远景目标的班组中工作会引以为豪。当然,班组实现了目标,所有荣誉、利益不是班组长一个人的,应该与班员共享,使员工感到自己的命运与班组的命运息息相关,这样才能更积极地为企业创造价值。

(三)建立机制,规范行为,树立风格

机制就是一整套制度加方法或者一整套制度化了的方法。建立完善的学习机制,包括学习制度、激励制度、监督检查制度、效果的评价准则和方法,以此来保证学习活动的落实、推动、纠错、评价等。使学习型班组建设稳步发展,确保共同愿景的实现,使班组保持长久的活力。对于企业,看体制知成败;对于班组,看行为,知好坏。

(四)确定学习内容

本着用什么,学什么,缺什么,补什么的原则,突出学以致用。比如,学理论,树立信念;学知识,打好基础;学品德,学会做人;学法律、规范行为;学习技术、提高素质;学习管理,增加效益。

在创建学习型班组的第一阶段,班组要培育五项必要改变,即改变的需要、改变的观念、改变的决心、改变的行动、改变的愿景。当我们发现了问题的所在,而且真心想改变的时候,事情才有可能改变。当我们认为都无从改变的时候,一切便都真的无法改变。在学习型班组中需要的是积极改变的信念、态度和行动。

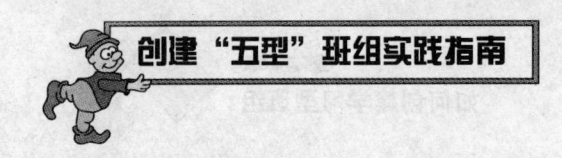

二、活动实施阶段

活动实施阶段要使员工了解自己工作的价值,充分展现自我。要通过创建活动营造健康的、积极向上的学习氛围,根据班组实际,发动员工参与,创造一种"人人是学习之人、处处是学习之所、共同追求进步"的浓厚氛围,培养员工对学习的浓厚兴趣和自觉性,从而树立和强化员工终身学习、工作学习化、学习工作化以及团队学习的理念。

(一)创建学习载体,优化学习环境,采取丰富多彩的学习形式

可供班组学习的载体有:书本、案例(是最好的学习载体)、网上大学、学习园地(走廊文化)、班组自制学习网页、宣传栏以及各类信息等。有利于班组全方位、多渠道地开展学习,进一步深化知识共享机制。

(二)开展活动,搭建平台,展现形象,提升素质

创建学习型班组,要密切结合工作实际,搭建平台,以活动为载体。可以借鉴的活动如:

(1)班组集体学习(通用知识)。

(2)各人自学活动(与个人工作生活有关的知识,个人知识结构缺失的方面)。

(3)"述学"、"评学"活动,在交流中学习,如个人可以把自己学习收获讲出来,大家讨论,共同提高。创新学习内容,引导员工学习转型和精确管理新业务、新技术、新的心智模式及管理方式;创新学习方式,形成在工作中学习、带着问题学习的良好氛围。

(4)互动学习活动,不同的工作、不同的工种之间,你教我一着,我教你一着。做到能者为师、互帮互学、共同提高;实现"精一,会二,懂三";争取一年掌握一门新知识、一项新技能,岁末进行自评。

(5)与工作相关的知识竞赛、技能比赛、岗位练兵。

(6)改革创新活动。如结合小革新、小发明、小改造、小设计、小建议的"五小"活动,广泛开展"岗位创新"活动。

(7)一岗一演练,"日学一题、日练一技",每天一练,每周一学,每月一考,每季一查活动。

(8)技能考核,以"考"促学。

(9)工作座右铭活动。

(10)职业生涯设计。

(11)标杆学习。

……

不同的班组可以根据具体情况,开展不同的活动,创造出各自班组的特色。

通过开展活动,掀起学习高潮,实现员工从"要我学"到"我要学"的转变。在工作和生活中,从零开始,认真学习各项规程、学习业务技术、学习新的理念等;结合本职岗位的实际工作,认真钻研工作中的疑点和难点问题,形成"比、学、赶、帮、超"的学习热潮,形成"勤学、勤问、勤实践"的学习氛围。通过不断的学习,使自身综合素质得以全面提高,以适应岗位工作的需要,使工作达到标准化、规范化、制度化的要求。

结合工作,合理安排时间,可以采用多种方式,多种媒体进行学习,将创建活动落到实处。

三、总结提高阶段

（一）创建工作的总结和交流

总结是提高的关键，通过总结使学到的知识逐步由少到多、由多到精，使其成为员工不断思考、补充、发问的过程，成为员工明确重点和难点、形成整体知识网络的过程。

根据学习型班组的标准，对"创建学习型班组"活动进行总结，总结在"创建"过程中遇到的问题和经验，通过总结评价结果，为自己的班组下个定义，通过反馈信息，调整行为，进入下一轮创建活动。创建是一项只有起点没有终点的长期工作，要坚持不懈，不能先紧后松。

（二）找亮点，树标杆

探讨如何更好地创建学习型班组，并对在创建活动中涌现出学习标兵、业务能手等实施奖励。

标杆人物是指班组文化的核心人物或班组文化的人格化，其作用在于作为一种活的样板，给班组中其他员工提供可供仿效的榜样，对班组文化的形成和强化起着极为重要的作用。

（三）提炼班组文化、岗位文化

通过对开展的活动进行总结，找出具有班组特色的亮点，从亮点提炼出具有特色的班组文化，形成班组工作座右铭。

（四）检查改进，总结提高

借鉴经验，查找不足，立足班组实际，创造性地开展工作，营造出一种积极向上的良好文化氛围。

（五）分享

分享是改进的过程。在创建学习型班组的过程中，强调团队学习和深度交流，要求员工具有分享的意识和胸怀，通过知识、经验的分享，加快学习速度和工作效率，从而促进工作，激发创新能力。

（六）再应用

进入下一轮的创建工作，再应用是效果的检验。只有将所学、所感、所悟再应用到实践工作中才能检验学习的效果。班组牢固树立了"学为用"的观念，以"用"的成效来检验学习、总结、分享的效果，进一步认清不足，有针对性地拓展知识面。

创建学习型班组是一项以人为本、以文化为魂的系统工程，决非一朝一夕之功。要多学习其他班组的先进经验，紧紧围绕"努力超越、追求卓越"的精神，坚持以正确的思想引导人，以安全的局面保护人，以严格的制度约束人，以科学的技术武装人，以和谐的氛围激励人，为全面提升管理水平、促进班组稳步快速发展做出积极的贡献。

其实创建学习班组的过程，就是一个 PDCA 循环过程，即 Plan（计划）、Do（执行）、Check（检查）和 Action（处理）。一个大循环中包括无数个小循环，使班组始终处在以下四种状态（如图 2-2 所示）：

（1）持续准备。班组始终处于持续的准备阶段，它并不针对某项特定的变革项目，而是广泛地关注班组与环境的协调，不断对经营行为提出质疑，时时为变革做准备，使班组在多

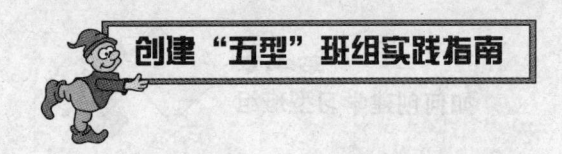

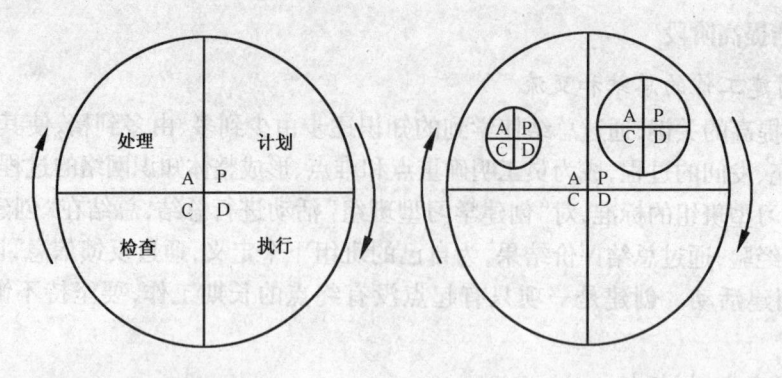

图 2-2　PDCA 循环过程图

变的环境中能随时应对各种挑战。

（2）不断计划。在学习型班组中，计划是开放的、灵活的。这就是说计划是不断修订的，战略方向是灵活开放的。同时，计划的制订是广泛地征询了参与计划实施的一线员工的意见。

（3）即兴推行。学习型班组在推行变革计划的过程中，并不要求员工按部就班，而是鼓励员工充分发挥潜力，采用"即兴创作"的原则，创造性地实施变革计划。

（4）行动学习。学习型班组不是通过一年一度的评估体系来衡量变革的成败，而是通过各种途径随时检验变革行动，并及时做出反应，从而调整班组的行动策略，提高变革效益，加快变革速度。行动学习贯穿变革准备、计划和实施的每一个阶段。

学习型班组通过持续准备、不断计划和即兴实施，完成一次又一次的变革，同时又在为下一次变革做准备。学习型班组就是这样循环不断地获得创新发展。

第六节　学习型班组的三要素

一、学习型班组生命力之根——学习力

在现实工作中，学历不如能力，能力来自学习力。学习力包括学习的动力、学习的毅力、学习的能力（熟记、巧思、活用）。

学习的动力体现了学习的目标，学习的毅力反映了学习者的意志，学习的能力来源于学习者掌握的知识及其在实践中的应用。一个人、一个班组是否有很强的学习力，完全取决于这个人、这个班组是否有明确的奋斗目标、坚强的意志和丰富的知识及大量的实践经验。当有了努力的目标，只是具备了"应学"的动力；当具备了丰富的理论和实践经验，仅仅是具备了"能学"的力量；当学习的意志很坚定的时候，不过是有了"能学"的可能性。只有将三者合而为一，才真正的拥有学习力。

当今世界唯一不变的就是变化，而且是高速变化。如果个人或企业的学习速度小于变化速度，那只能被淘汰出局。要做事，不但要做得最好，还必须要注意速度，许多事虽然做好了但你速度慢了，最后还是输掉。有这样一个故事：三个人一起散步，忽然其中一人首先发现前面躺着一枚闪闪发光的金币，眼神顿时凝固了！其中另一人大叫："金币！"话音未落，第

40

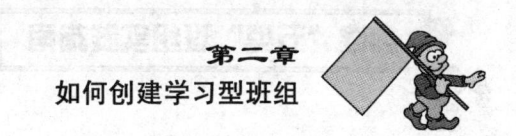

三个人已经俯身把金币捡到自己手里。可见,在机遇面前,眼快、嘴快都不如手快。

当今世界企业间的竞争在时间上已呈现为学习速度的竞争,所谓"大鱼吃小鱼"的时代已经转为"快鱼吃慢鱼"了,只要企业内部的变革速度小于外部环境的变化速度,就意味着企业末日的来临。因此,对企业的要求已不再是"居安思危"了,因为这个"安"根本不存在,而必须是"居危思进"。一句话,永远不能停止,否则你就永远停止。

本书第二单元所讲的针对创建"五型"班组的八项修炼有很多是培养学习力的内容,很多方法是作者多年学习和实践悟出来的,在其他书本上是看不到的,只要稍加关注,一定会有收获。

二、让班组成员体会到工作中的生命意义

让班组成员体会到工作中的生命意义,需要引导员工认清以下几点。

(一)为谁工作

生命本来没意义,生命的一切意义都是人赋予的。所谓体会到生命意义,也就是能够实现快乐工作,履行责任,满足需求。履行责任和满足需求是人生的两个基本问题,在工作中履行责任在前,满足需求在后,履行责任是为了更好地满足需求。

工作就是履行责任,若能在工作中找到履行责任和满足需求的平衡点,工作应该是快乐的。如果还没有找到快乐,则需要加强改善心智模式的修炼,用心灵创造快乐。德国诗人歌德有这样一句格言:"工作若能成为乐趣,人生就是乐园;工作若是被迫成为义务,人生就是地狱。"

(二)人生需要什么

心理学家马斯洛将人的需求分为五个层次(见图2-3)。

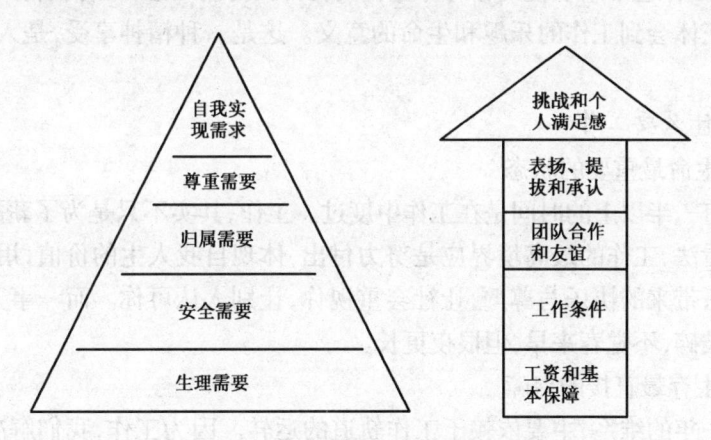

图2-3 马斯洛的需求层次理论

1. 生理需要

生理需要是指维持生存及延续种族的需要,生理需要是推动人们行动的最强大的动力。

2. 安全需要

安全需要是指希求受到保护与免于遭受威胁从而获得安全的需要。

3. 归属需要

归属需要是指被人接纳、爱护、关注、鼓励及支持等的需要。

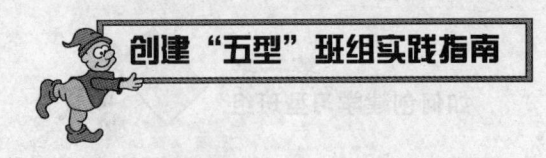

4. 尊重需要

尊重需要是指获取并维护个人自尊心的一切需要,希望自己有稳定的社会地位,要求个人的能力和成就得到社会的承认。马斯洛认为,尊重需要得到满足,能使人对自己充满信心,对社会满腔热情,体验到自己活着的价值。

5. 自我实现需要

自我实现需要是指在精神上臻于真善美合一人生境界的需要,亦即个人所有需要或理想全部实现的需要。这是最高层次的需要,它是指实现个人的理想、抱负,发挥个人的能力到最大程度,完成与自己能力相称的一切事情的需要。也就是说,人必须干称职的工作,这样才会使他们感到最大的快乐。马斯洛提出,为满足自我实现需要所采取的途径是因人而异的。自我实现的需要是在努力激发自己的潜力,使自己越来越成为自己所期望的人物。

五种需要可以分为两级,其中生理需要、安全需要和归属需要都属于低一级的需要,这些需要通过外部条件就可以满足;而尊重需要和自我实现需要是高级需要,他们通过内部因素才能满足,而且一个人对尊重和自我实现的需要是无止境的。同一时期,一个人可能有几种需要,但每一时期总有一种需要占支配地位,对行为起决定作用。任何一种需要都不会因为更高层次需要的发展而消失。各层次的需要相互依赖和重叠,高层次的需要发展后,低层次的需要仍然存在,只是对行为影响的程度大大减小。

为工作而工作的人,很少有机会满足尊重和自我实现需要,从工作中得到的报酬就显得单纯和欠缺。只有具有高度责任感和创造力的人,才能充分享受工作的乐趣和荣誉,同时,由于努力工作,工作也带给了他足够的尊重和实现自我的满足感,只有获得人们内心的尊重和佩服才能真正体会到工作的乐趣和生命的意义。这是一种精神享受,是人生追求的最高境界。

(三)人为什么要工作

1. 工作是生命最重要的状态

人的一生有一半以上的时间是在工作中度过。工作,其实不只是为了薪酬,也不只是为了别人的某种看法,工作的最高境界应是努力付出,体现自我人生的价值,用最佳的表现赢取工作成就感所带来的快乐与尊严,让社会重视你,让别人认可你。而一事无成、碌碌无为常使生命支离破碎,不觉春来早,但恨夜更长。

2. 工作是生存最直接的保障

人生年复一年的维系,主要依赖于工作轨道的运转。因为工作,我们解决了衣食住行,因为工作,我们养老育幼,工作便成为直接生存的标签,成为直面社会的窗口。

3. 工作是自我发展的平台

我们学到的各种知识、技能、应变力、决断力、适应力和协调能力都将在这样的一个舞台上得到展示。除了工作,没有哪项活动能提供如此高度的充实感、表达自我的机会、个人使命感以及一种活着的理由。

工作中蕴藏着机遇,蕴藏着潜力,蕴藏着快乐;只有尽职尽责,才能找到飞翔的翅膀,发现触手可及的目标,感受深入骨髓的快乐。所以工作的质量往往决定一个人生活的质量。

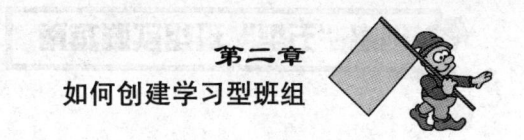

4. 工作是实现理想的依托

因为工作,才能驾驭时间;因为工作,才能拓宽空间;因为工作,才有机会超越平凡;因为工作,才有机会创造未来。

工作就是付出努力,以达到某种理想的目的。我们唯一能真实把握的便是手里的工作,只要还在工作着,就一直行走在理想的途中。只有工作才能拓宽、加深、提高我们的技能,成就自我,将身心全面发展成为一个匀称、和谐的人。

5. 只有工作,才能真正触摸到自己的使命

每个人对家庭、单位、社会都承担着某种使命,这种使命是社会认可最直接的理由,是直立人群的资格。而这一切都体现在工作中,只有通过认真工作,才能真正体会履行使命后的自豪与温暖。

6. 只有工作,才能真正感受自己的内心

工作才能点燃心底的激情,挖掘并不自知的潜力,寻找尊贵的信任,感受独立的尊严。工作才会发现在迷离的现实面前,我们并不空虚,在浩瀚的天地之间,我们并不渺小。

(四) 人应该如何工作

1. 把工作当成自己的事业一样来经营

工作是我们要用生命去做的事。只有把工作当成自己的事业一样来经营,把企业的事当成自己的事一样来负责,就能够有效地挖掘自己沉睡的潜能,达到最大限度的成功,从而激励员工自动自发、充满激情地投入到工作当中。

只要把自己的工作,做得比别人更专注、更迅速、更正确、更完美;只要调动自己全部的智力,从旧事中找出新方法来,便能引起别人的注意,从而使自己有发挥本领的机会。无论做什么工作,只要沉下心来,脚踏实地、持之以恒地去做,都能得到收获。

2. 把工作当成一种使命来完成

工作就意味着责任,每一个职位所规定的工作内容就是一份责任。做了这份工作就应该担负起这份责任。那些消极工作、投机取巧的行为就是不负责任的表现。

责任感再往上提升就是一种使命,当一个人或某个集体被赋予一种使命时,人最壮烈的一面往往就展现出来了。例如,在20世纪为追求人类自由解放事业而牺牲的无数英烈,当使命被赋予时,生命的价值已超越物质和数字的意义了。

工作中无小事,每一件事都值得我们去做,即使是最普通的事,也不应该敷衍应付或轻视懈怠,相反,应该付出你的热情和努力,多关注怎样把工作做得最好,全力以赴,尽职尽责地去完成,养成良好的职业素养,即使感到工作环境中有不公平的人和事,也应该保持良好的工作心态把工作做好。

工作中更需要忠诚,忠诚是做人的美德,一个集体的生存和发展依靠主要领导者的能力和智慧,更需要绝大多数员工的忠诚和勤奋,只有凝聚所有员工的向心力,心往一处想,劲往一处使,这个集体才能走向成功。

《致加西亚的一封信》中讲述了这样一个故事:1898年4月至12月,美国与西班牙之间爆发战争。美国第二十五任总统麦金莱急需以闪电般的速度把一封绝密信件以最安全的方式送到加西亚将军手上。经过推荐,一位名叫安德鲁·罗文的年轻中尉担当起了这一项重任。他没有提出任何问题,徒步走过一个危机四伏的国家,把信交给了加西亚。这个故事在

全世界广泛流传,它代表着敬业、忠诚、勤奋、主动、自信,成为一种承诺,一种敬业精神的荣誉象征。有许多军队和企业将这本书发给士兵和职员,以示表彰。今天,人们阅读着这本承载百年智慧的小书,强烈地震撼着久已单调枯燥的心弦,即使是最强烈的顽石,也会为之动容。

3. 喜欢自己的工作

人生不一定总是能做自己喜欢做的事情,而一定要喜欢自己所做的事。喜欢自己的工作,工作就是快乐的。

现实生活中,无论做什么工作都有苦有累,每一项工作都需花时间,每一项工作都需花工夫,每一项工作都需花气力。在工作过程中,越是尽心尽职,埋头苦干,就越感到工作有乐趣;越是叫苦不迭,牢骚满腹,就越觉得工作辛苦,工作劳累。这正印证了梁启超的至理名言:"须知苦乐全在主观的心,不在客观的事"。快乐是一种心态,自己认为快乐就是快乐,自己认为快乐就拥有快乐,自己认为痛苦就是痛苦,痛苦就会永远伴随您。想通了就是"天堂",想不通就是"地狱",是选择快乐还是选择痛苦,是选择天堂还是选择地狱,完全在自己。

4. 以感恩的心态工作

每一份工作或每一个工作环境都无法尽善尽美,但每一份工作中都有许多宝贵的经验和资源,如失败的沮丧、自我成长的喜悦、温馨的工作伙伴、值得感谢的客户等等,这些都是工作成功必须体会的感受和必须具备的财富。如果我们能每天怀着感恩的心情去工作,在工作中始终牢记"拥有一份工作,就要懂得感恩"的道理,一定会收获很多。

没有感恩的心,就是没有满足,没有满足就没有快乐,没有幸福。人生最大的快乐就是感恩。真正富有的人就是心存感谢,时时想着要施与别人;而贫穷的人则是随时想从别人那里获得。所以,一个人如果能够感恩、惜福,就是人生最大快乐的拥有者了。

一种感恩的心态可以改变一个人的一生。当我们清楚地意识到无任何权利要求别人时,就会对周围的点滴关怀或任何工作机遇都怀抱强烈的感恩之情。因为要竭力回报这个美好的世界,我们会竭力做好手中的工作,努力与周围的人快乐相处。结果,我们不仅工作得更加愉快,所获帮助也更多,工作也更出色。

任何工作都是为自己工作。要感谢给自己提供工作的机构,不管这个机构如何,老板如何。因为只有我们有了工作,才能赚到一份工资;只有赚到了工资,才能过日子。这是从最低层次上说的。从另一个层次上说,我们在任何工作中积累的经验、资历和智慧永远都属于自己。在这个世界上,名声、地位、金钱、财富,别人都可以从我们身边拿走。不管我们有多少钱,它们都可能在一夜之间消失,但是我们在工作中所积累的经验、资历和智慧,是别人永远拿不走的。任何成就都是一个积累的过程,只要我们的积累是正面的,我们的资历和经验就会越来越多,而得到的回报也就会越来越高。

有位父亲在儿子踏入社会前,告诫儿子三句话:"遇到一位好老板,要忠心为他工作;假如第一份工作就有很好的薪水,那算你的运气好,要努力工作以感恩惜福;万一薪水不理想,就要懂得在工作中磨炼自己的技艺。"

这位父亲是睿智的,所有的人都应将这三句话深深地记在心里,始终秉持这个原则做事。即使起初位居他人之下,也不要计较。在工作中不管做任何事,都要把自己的心态回归

第二章 如何创建学习型班组

到零,把自己放空,抱着学习的态度,将每一次都视为一个新的开始、一次新的经历,不要计较一时的待遇得失。

拥有健康的心态之后,不论做任何事都能心甘情愿、全力以赴,当机会来临时才能及时把握住。千万不要觉得工作像鸡肋那样食之无味,弃之可惜,结果做得心不甘情不愿,心存怨愤。

对工作心怀感恩的心情基于一种深刻的认识:工作为我们展示了广阔的发展空间,工作为我们提供了施展才华的平台,对工作为我们所带来的一切,都要心存感激,并力图通过努力工作以回报社会来表达自己的感激之情。当我们以一种感恩图报的心情工作时,就会工作得更愉快,就会工作得更出色。

真正的感恩应该是真诚的、发自内心的感激,而不是为了某种目的,迎合他人而表现出的虚情假意。感恩是自然的情感流露,是不求回报的。时常怀有感恩的心情,就会变得更谦和、可敬且高尚。每天都用几分钟时间,为自己能有幸拥有眼前的这份工作而感恩,为自己能进这样一家企业而感恩。所有的事情都是相对的,不论我们遭遇多么恶劣的情况,都要心怀感激之情。

对工作心怀感激并不仅仅有利于企业和老板。"感激能带来更多值得感激的事情",这是人生中的一条永恒的法则。请相信,努力工作一定会带来更多更好的工作机会和成功机会。除此之外,对于个人来说,感恩是富裕的人生,它是一种深刻的感受,能够增强个人的魅力,开启神奇的力量之门,发掘出无穷的智能。感恩也像其他受人欢迎的特质一样,是一种习惯和态度。

失去感激之情,人们会马上陷入一种糟糕的境地,会对许多客观存在的现象日益挑剔和不满。如果我们的头脑被那些令你不满的现象所占据,就失去了平和、宁静的心态,并开始习惯于注意并指责那些琐碎、消极、猥琐、肮脏甚至卑鄙的事情。放任自己的思想关注阴暗的事情,自己也将变得阴暗,并且,从心理上,你会感觉阴暗的事情越来越多地围绕在你身边,让人难以摆脱。相反,若把注意力全部集中在光明的事情上,就会变成一个积极向上的人。

不要浪费时间去分析和抨击高高在上的企业官僚,不要无休止地指责和厌恶在某些方面不如自己的部门主管。指责别人不能提高自己,相反,抨击和指责他人只能破坏自己的进取心,徒增莫名的骄傲和自大情绪。请相信市场永远是公平的,它会以自己的方式去实现公平,一切降低企业效益的行为和个人终将被清除,那些风光一时的不称职者终将被社会无情淘汰。

人们常常为来自一个陌路人的点滴帮助而感激不尽,却无视朝夕相处的老板的种种恩惠和工作中的种种机遇。这种心态总是让他们轻视工作,并把企业、同事对自己的帮助视为理所当然,还时常牢骚满腹、抱怨不止,也就更谈不上恪守职责了。所以奉劝那些牢骚满腹的人,将目光从别人的身上转移到自己手中的工作上,心怀对工作的感激之情,多花一些时间,想想自己还有哪些需要提高和进步的地方,看看自己的工作是否已经做得很完美了。如果你每天能带着一颗感恩的心而不是挑剔的眼光去工作,相信工作时的心情自然是愉快而积极的,工作的结果也将大不相同。带着一种从容坦然、喜悦的感恩心情工作,一定会获取

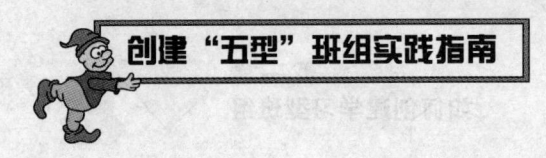

更大的成功。

（五）如何让班组成员体会到工作中的生命意义

现代管理者每天最重要的工作不仅是要与员工有所互动，而且要做到在不花费任何成本的情况下，去激励、引爆员工潜力。如何实现点燃员工的潜能，让火把变成太阳呢？有以下几个方面可以参考：

（1）让员工参与有趣而且重要的工作。每个人至少要对自己工作的一部分有高度兴趣。对员工而言，有些工作真的很无聊，管理者可以在这些工作中，加入一些可以激励员工积极性的成分。

（2）让员工离开固定的工作一段时间，也许会提高其创造力与生产力。

（3）让员工参与决策，产生归属感。让员工参与对他们有利害关系事情的决策，这种做法表示对他们的尊重及处理事情的务实态度，当事人（员工）往往最了解问题的状况、如何改进的方式，以及顾客心中的想法。当员工有参与感时，对工作的责任感便会增加，也能较轻易地接受新的方式及改变。

（4）让员工的工作独立、自主及有弹性。大部分员工，尤其是有经验及工作业绩突出的员工，非常重视私人的工作空间，所有员工也都希望在工作上有弹性，如果企业能提供这些条件给员工，会相对增加员工达到工作目标的可能性，同时也会为工作注入新的理念及活力。

（5）让员工增加学习、成长及负责的机会。管理者对员工的工作表现给予肯定，每个员工都会心存感激。大部分员工的成长来自工作上的发展，工作也会为员工带来新的学习，以及吸收新技巧的机会。对多数员工来说，得到新的机会来表现、学习与成长，是上司最好的激励方式。

三、创造——把学习力转化为创造力，扩展创造未来的能量

学习共分为三种类型：一是无效的学习。这种学习往往是一种形式主义，从开始到结束只是走一个过场，无任何效果可言。这种学习在我们很多班组和个人中存在。二是转化为破坏力的学习。三是转化为创造力的学习，这正是我们所强调的学习。一个班组仅仅有学习力、有快乐工作的氛围是不够的，我们在实际工作和学习中，不能为了学习而学习，一定要注重培养员工的创造力和把学习力转化为创造力的能力。学习型班组的核心理念就是持续创新，只有创新才能真正实现学习的目的。如何开发员工的创造力参见第十二章"五型"班组的第六项修炼——开发创造力。

第七节 学习效果定律

我们将学习系统分为智力因素系统（注意、观察、感觉、记忆、思维）和非智力因素系统（除智力因素以外的一切心理因素，主要有理想、信念、需要、动机、兴趣、情感、意志、性格、气质等）两大类。

学习是一种认识活动，是以智力因素系统和非智力因素系统的共同发展为基础的。在

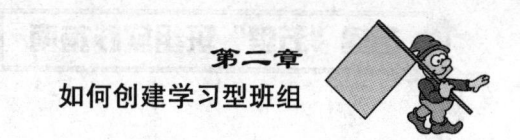

学习活动中,非智力因素系统以需要、动机要素为核心,对学习活动起着动力、定向、激励、维持、强化、调节等作用;智力因素系统主要承担对各种知识信息的获取、贮存、加工处理工作,对具体学习活动起着执行和操作者的作用。在学习活动中,智力因素系统和非智力因素系统协同作用,相互促进。如果没有智力因素的操作,学习活动无法进行,如果没有非智力因素的推动、维持等作用,学习活动不能发生或者即使发生也不能持续进行。

对于正常的学习个体来说,本身是一个高级自动系统,具有自我设计、自我控制、自我调整的功能。在给定环境下,其作用的发挥完全取决于自身。因此,在某种程度,可以这样说:在给定环境下进行学习的个体,其学习效果等于其智力因素水平和非智力因素水平的乘积。数学表达式如下:

$$X \times Y = Z$$

公式中 X 表示智力因素水平,Y 表示非智力因素水平,Z 表示学习效果。X、Y、Z 的值都是可变的,其下限是零,上限不定。乘号的含意与数学的定义不完全相同,这里我们可以广义地理解为一种作用。

学习的目的是增大 Z(学习效果)的值,这就需要同时提高智力因素水平和非智力因素水平,而提高非智力因素水平则是提高学习效果的前提。

这个定律说明,学习上的成就在很大程度上是依靠性格的伟大。其实人的一切成就在很大程度上都是依靠性格的伟大。这个定律不仅适用于个人,同样也适用于班组,班组是一个整体的"大人"。

第八节 创建学习型班组应该注意的问题

一、班组长要发挥领导作用

作为班组的管理者,班组长应该加强自身学习,努力提高自身的政治素质、技术素质;要坚持原则,主持公道,发扬民主,平等待人;要以身作则,身先士卒,落实好各项制度;认真管理,做好工作;加强班组管理的同时,要积极地与班员沟通,为班组成员营造一种快乐工作的氛围;引导员工培养工作的自主性、思考性、合作性,使班组成员形成一种积极向上的士气和凝聚力。这样才能培养出一支有战斗力的队伍,造就出一个有团队精神的班组。

二、将问题变成课题

班组长要引导员工将问题变成课题,将经验变成实验,将结果变成成果的能力。班组长要联系本班组的实际情况,在调查沟通的基础上,找出员工思想上的热点和难点问题,找出学习的阻力和问题的症结,然后确定创建学习型班组的工作思路、制定切实可行的实施方法步骤,使创建活动真正扎根于班组。

三、发挥全体员工的主体作用

广大员工是创建活动的主体。班组要开好民主生活会,做到心与心的交流,查摆思想上的误区、工作中的差距;要正确引导员工认真领会创建学习型班组的目的和意义,使员工们都能够全身心地投入到创建活动中来。

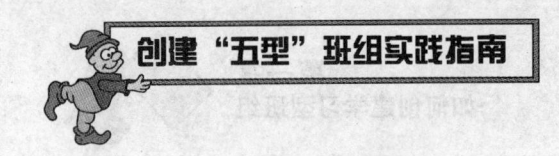

四、欢迎提问题,最好带答案

创建学习型班组是一种新的理念、新的行为,许多实际问题正在摸索当中。在创建活动的进程中,欢迎广大员工将遇到的疑问和困难,或者自己好的想法和思路与领导交流、沟通。

鼓励员工就所提出的问题给出参考答案,有利于发挥员工的主观能动作用。答案就在问题中,答案就在提问者的心中。

五、应因地制宜,将创建学习型班组的工作落到实处

根据班组各自的条件、性质、特点制定较为完善的、系统的、操作性强的、符合本班组实际的创建措施,开展体现本班组特点的创建活动。要把创建学习型班组活动摆上重要议事日程,放在心上,抓在手上,落实到工作中。要认真制订开展创建学习型班组活动的具体方案,做到目标明确、措施扎实、员工欢迎、操作性强。要做到创建学习有指导、有计划、有实施、有考核,方方面面相互结合、环环相扣,促进创建工作系统开展。了解人、尊重人、调动人积极性是我们建立学习型班组的首要任务,创建学习型班组要以激励人、满足人、提升人的素质为目的。通过创建学习型班组来强调团队合作,强调集体竞争,而不是孤军奋战。班组中要建立和谐的人际关系,要把每个人的智慧融于班组的集体中,把学习安排系统化。

六、创建活动应有的放矢

创建活动应着力解决好提高班员的业务技能和对班组管理的责任心,要联系实际,在增强能力上下工夫。创建活动的核心理念是创新和成长,即知识创新、学习方法创新、组织成长和员工成长。班组应通过组织员工认真学习,踏踏实实地更新一些本员工作急需的知识,增强创新意识,在班组完成创造性劳动、获得成长的同时,也使员工学有所得、学有所长,创新力、管理力都得到提升,从而培养一支既懂管理,同时又能熟练掌握本岗位业务技能的综合素质较高的人才队伍。要按照"专、全、新、实"要求,不仅要掌握本岗位、本专业的知识技能,还要拓宽视野、开放思维,博采众长,一专多能。特别要针对安全生产特点,重视新知识的汲取和新技术的运用,掌握新的技术、新的理论等实用知识,努力培养业务熟练、技术精湛、知识广博、素质过硬的一流员工。

七、"五型"联动

创建学习型班组是全面提升班组建设的一个重要举措和有效途径。因此,不能单一的"就创建而创建",而应将创建学习型班组活动与其他四型有机地结合起来,以此达到各项工作相互促进、共同提高,全面提高班组管理水平的目的。在标准上求领先,广度上求发展,深度上求提高,增强创建学习型班组的有效性。

"五型"班组的概念是整体的,写书时可以分开,但建设"五型"班组时必须联合建。

八、持之以恒,常抓不懈

创建学习型班组的核心是学习,它是通过学习来全面提升班组整体素质和全员素质。因此,要形成一套推动全体员工不断学习、终身学习的学习机制,促使员工不断更新知识、更新观念,形成反思、反馈、共享、互动的那种充满活力的、有效的学习。要制定能够充分反映

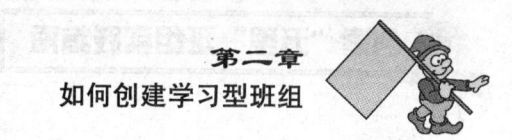

学习效果的考核办法来检验班组和班员的学习情况。

在知识和信息爆炸的今天，学习并非朝夕之事，要自觉树立终身学习、全程学习的理念，活到老学到老，让学习伴随每一天，伴随到一生。坚持把学习视为日常必修课，时时抓、处处抓、天天抓，持之以恒，常抓不懈。同时，要重视把学习考核纳入班组日常管理考核中，贯穿到生产经营中，每天每月跟踪管理、跟踪落实、跟踪考核，不断提高业务素质。

九、强调自我管理，自主管理

学习型班组的最高境界是员工可以自己发现问题，自己选择组成课题团队，自己选择变革目标，自己进行现状调查，自己分析原因，自己制定对策，自己组织实施，自己检查效果，自己评定总结。团队成员通过自我管理形成共同愿景，以开放求真的心态互相切磋。

[本章小结]

创建学习型班组的活动是企业贯彻管理理念、塑造企业文化的重要手段，只有起点，没有终点。只有可借鉴的模式，没有固定的模式。无论采用什么样的模式，以实现创建学习型班组的目的为准。

创建学习型班组的目的就是学而利于思、学而利于行。最终落实在创造、发展、提高效益的目的上。

[案例二]

辽河油田钻一修井二企业泥浆班
创建学习型班组经验

钻一修井二企业泥浆班现有员工19人。其中国有正式员工3人，市场化就业3人，其余13人全部为2005年新招的广济用工。19人中中专文化2人，大专学历2人，其余都是技校或高中学历。泥浆班的工作任务是为修井二企业7个钻、修井队提供现场泥浆技术服务。随着钻井和大修侧钻井施工难度的增加，对泥浆现场管理技术的要求越来越高。而泥浆工多数为新招工人，技能明显偏低，根本适应不了工作的需要。基于此，提升员工的技术素质迫在眉睫。2007年工会提出创建"五型五好"班组的号召，泥浆班认为自己首先要成为学习型的班组，要全员学习，提高业务素质，力争创技能素质最佳，才能适应形势的需要，更好地完成生产任务。通过两年的学习，泥浆班全班的综合业务素质有了很大的提高，19个人，人人都拿到了技术等级证书，1人获技师资格，1人获高级工。在生产中运用所学知识多次解决施工中遇到的难题，为修井二企业效益的逐年提高做出了突出贡献。

下面是他们创建学习型班组的一些具体做法：

(1) 建立切实可行的学习制度，明确学习目标。每个人都存在一定的惰性，没有规章制度的约束，光靠说教不一定能调动起学习的积极性。为了促进大家学习，保证学习时间，他们规定每星期四下午为技术学习时间，建立考勤，无故不参加，缺一次扣当月奖金的20%。对于住井人员，必须要利用休息时间补上学习内容。二是学习必须有笔记，完井有技术总结。三是每月必考一次,学习成绩与奖金挂钩。制度制订后,必须要落实。刚开始有人不当回事,学习不到,笔记不做,考试不认真。真罚几回后再也没人敢和制度叫板了。现在他们的上井人员随身都带有学习笔记本,在井上经常看到泥浆工利用工余时间在学理论、学技术,看书读报。

学习是个积累的过程,泥浆班人员状况是新工人多,基础差,必须要从最基本的操作技能学起,立足于实用。他们从练"小功"做起,先从测量泥浆性能练起,再一点点学会维护处理,再到井下复杂情况的处理,循序渐进。他们规定新工人半年内必须要能独立顶岗,一年内要拿到初级技术等级证书。老工人必须要考取相应的技术等级证书,力争提前拿到上一级等级证书。

(2)搭建学习平台,营造浓厚的学习氛围。本着"干什么学什么,缺什么补什么,用什么会什么"的原则,通过每天一练、每周一学、每月一考、每季一查搞全员培训。为了营造学习氛围,搭建学习平台,他们一是在分企业领导的支持下,班里添置了电脑,便于大家上网查资料学习。二是全班19人集体购买了《钻井泥浆工》职业技能培训教程与鉴定试题集,做到人人手中有教材。三是打破以往技术培训重理论,轻实际,纸上谈兵的教育方法,开展井场练兵。四是形式上采用现场教学方式。在同区块、同类型井施工时,一般是一个人连续施工3口井以上。第一口初步认识,探讨摸索;第二口加深感性认识,积累经验;第三口熟练掌握,总结经验,上升到理论的层面。任何一个人经过3口井以上的实践总结后,印象都特别深,记得特别扎实,再遇同类型井时必是轻车熟路。五是坚持每月一考,由班里每月出一套试卷,人人必答,以加深理论知识的学习。六是师傅带徒弟。他们规定,师徒签订合同后,徒弟在规定的时间内学不会,不能独立顶岗,师傅就不能从井上回家休息。只有师傅教会了徒弟,徒弟能独立顶岗,师傅才可以回家休班,这就增加了师傅教徒弟的压力,也增加了徒弟学习技术的动力。七是经常比赛,以赛促练。班里经常开展技术比赛活动,比速度、比质量、比操作规范,取得好名次的多拿奖金,大大激发了青年人学技术的热情。

(3)加强检查督促,确保学习成效。为了确保学习成效,班里每个月定期检查每个人的学习笔记,每个月出一份考题,不及格者当月奖金扣发。另外,他们还要求每施工一口井,都要认真做好施工学习笔记和技术总结,并对其进行讲评。每个月班里都要对学习成绩好的员工进行奖励,保证了学习的效果。

修井二企业泥浆班系统地学习了侧钻井、大修井施工中泥浆管理的相关理论知识,并将《石油泥浆工岗位技能试题库》中的题全部做过一遍。在一些施工难度大、技术含量高的井施工时,他们组织每个人都到现场学习,不放过每次锻炼的机会。通过系统的学习,全班人员的综合素质有了很大的提高,尤其是技术水平提高更为明显。牛17S井是一口小井眼侧钻井,油气层埋藏深,压力高,地层复杂,施工难度大,泥浆技术含量高,是一口重点项目井。在施工中为了让大家学到更多的知识,泥浆班19人有10人先后参与了该井施工。很多同志放弃了休息时间坚持住在井上。在施工中他们配合工程技术人员对泥浆项目进行攻关:在每次起钻前大排量洗井,增加洗井时间,裸眼段打封闭;优化泥浆性能,合理控制泥浆密度,平衡地层压力。这些措施的实施有效地保证了施工的质量和安全,缩短了钻井周期,为茨榆坨采油厂的原油上产做出了突出的贡献。同时创造了辽河油田钻井施工的五个之最:(1)创造了ϕ118mm小井眼侧钻井的最深纪录,完钻井深4045m。

第二章 如何创建学习型班组

(2)创下了ϕ118mm钻头所钻裸眼段最长纪录,裸眼段长797m。(3)创下了ϕ118mmYC单牙轮钻最深井纪录,完钻井深4045m。(4)创下了地层压力在66.9MPa高压气层下的ϕ118mm小井眼钻井施工,且安全、无事故。(5)创下了裸眼段长达797m,泥浆密度高达1.70g/cm³钻井施工记录。

水平井泥浆技术对他们来说原是一项空白,而打水平井的任务又较多,他们边干边学边总结,通过多次试验、摸索,通过各种降失水剂的匹配以及润滑剂的合理使用,使他们现在每口水平井的泥浆成本较以前降低了3~5万元。2007年他们共打水平井15口,节约成本50多万元。

通过创建学习型班组,泥浆班已形成了浓厚的学习氛围,由以往的"要我学"变成了"我要学"。学文化、学技术的积极性空前高涨。通过学习,全班人员的综合素质有了很大的提高,尤其是技能水平提高更为明显。在企业举行的技术比赛中,多人获得好名次。班组成员人人参加了技能鉴定,做到了人人持证上岗。泥浆班的新工人都能独立顶岗,并熟练掌握一般井泥浆施工技术。有多名新同志已经能够独立完成一些难度较大的水平侧钻井的施工。技能素质的提高,解决了生产中的大量难题,为修井二企业的生产经营提供了保障,创造了良好的经济效益。

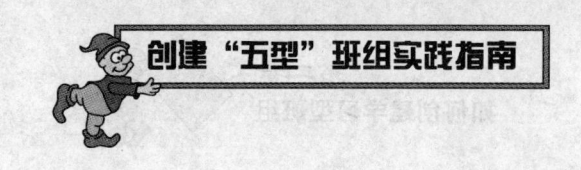

第三章　如何创建和谐型班组

和谐是世界的本质,和谐是一切事物存在的原则。

第一节　和谐的基本概念

一、什么是和谐

和谐就是配合得匀称、适当、协调。"和谐"二字用在人际关系上就是和睦协调,和好相处。

"和"是从音乐的术语中来的,乐器与声音相呼应称之为"和",可以理解成两个不同的东西相互之间有关系,让人看着听着比较舒服称作"和"。更引申一步,两种不同的东西发出的声音,放在一起不打架,不相互干扰,就是"和"。两个以上的事物因存有差异而统一的结果,就是所谓的求同存异。由此可以推断出三个、四个以至更多有着不同差异的事物因不同而统一,都称之为"和"。

《说文·口部》曰:"和,相应也。"从字形上看,"和"由"千"、"人"、"口"组成。千人一口,同声相应,同气相求。此处体现了人与人乃至人与社会的和谐。

"谐"为皆、言。"皆"为全、都;"言"为言语、思想。"谐"字从三方面体会:一是有相同的思想、共同的追求,即志同道合,以此为前提,必能达到言、行相合、统一;二是人人皆能表达自己的思想,即言论自由,畅所欲言;三是汇集所有的言论和思想,经过协调、取舍,求大同存小异,以达到和谐的目的。

"谐"就是因为不同的事物在某一方面达成一致,称之为"谐",音有五音,音调不同,但是放在一起能奏出悠扬的曲子,就是"谐"。"谐",就是兼容,因兼容而变得"和",因共存而变得"谐"。

二、和谐是世界的本质

天体的运行、阴阳的交替、寒暑的更迭都是按一定的规律进行的,所以天地是和谐的。

和谐是一切事物存在的原则,是人类的终极追求和最高境界。工作、学习、生活,它们的内在必须是和谐的,与其他事物之间的关系必须是和谐的。如果不和谐就不可能共存。比如,出现安全事故就是不和谐,一个企业大的安全事故可能让一个企业倒闭,一个人的安全事故,可能让一个人死亡。一个组织,一个团队也是如此。一切事物都是如此,无一例外,没有和谐,就没有世界。

和谐可以凝聚人心,和谐可以团结力量,唯有和谐才可以发展事业。

和谐是企业立足之本、发展之需、传世之必备条件。企业关注的核心问题是效益(包括

第三章 如何创建和谐型班组

社会效益和经济效益)。要聚精会神搞建设,不断开拓创新,提高经济效益,实现可持续发展,和谐的内部和外部环境必不可少。企业不和谐,就根本谈不上发展。商海起伏、大浪淘沙,有多少企业在名声大噪、显赫一时后,就黯然倒闭。看其表面原因,有的是因为决策失误,有的因为领导层不团结,有的因为严重质量问题引发信誉危机……但究其根本原因,都是因为出现了各种不和谐因素并累积到临界点。

企业要生存,要发展,首先必须实现企业内部的和谐。而班组是企业的最基层组织,所以抓和谐建设应从班组抓起。

《管子·兵法》曰:"和合故能谐"。就是说,有了和睦、团结,行动就能协调,进而就能达到步调一致。协调一致实现了,便无往而不胜。

三、和谐是一种动态平衡

"和谐"是一种动态平衡状态,一种极富生机活力的状态。要理解和谐的动态平衡性,最简单的方法就是想象或观察交响乐队的演奏过程。观察交响乐队的演奏过程就是一个动态平衡的过程。

系统的动态平衡性,就是说系统并非静止不动,凝固不变的,而是按照一定的节律运动变化,保持运动的一致与和谐。天地系统就是一个动态平衡的系统。人体系统也是一个动态平衡系统,世间万物无不处在动态的平衡与不平衡之中。事物发展是"平衡—不平衡—新平衡……"的永恒运动。

动态平衡的系统对人们行为的要求就是"尚中",所谓"尚中"就是"执其两端用其中"。这就是说,在处理各种事物时,都要反对两个极端,即"太过"和"不及",而对各种事物作出最佳选择或者优化处理,也就是"用中"。

四、以和谐论成败

成功其实是"一个人通过自己的行动和努力,感受到了自己的力量,看到了自己的内心,就会获得美的愉悦。"

成功包含两方面的含义。一是社会承认了个人的价值,并赋予个人相应的酬谢,如金钱、地位、房屋、尊重,等等;二是自己承认自己的价值,从而充满自信、充实感和幸福感,这就是和谐。

其实生活的乐趣并不在于成败输赢,和谐就是成功,不和谐就是失败。生活也不在于得失多少,也不在于生老病死,生活是为了体验和谐带给人的感受。

五、和谐的才是健康的、美丽的

和谐的才是健康的、幸福的、快乐的、有发展的、有生命力的。比如,人体五脏六腑必须配合适当,机体有病了,就是某一部分出现了不和谐。机体小的不和谐是生病,大的不和谐就会导致死亡。没有和谐就没有存在。

和谐的是美丽的。宇宙是和谐的,所以大美配天,天地之间有大美。自然美是美的唯一标准。音乐、书法、图画所表现的也是形象背后的无形的东西——和谐,因和谐而使人升华。

第二节　和谐价值观及创建和谐班组的三个必要条件

一、和谐价值观

和谐价值观可分为四个方面：人与自然的和谐相处、人与社会的和谐相处、人与人的和谐相处、人的身心和谐。和谐价值观的基本内容包括：互动有序、平等协调、中和平衡、共生互赢、统一发展。

（一）个人自身和谐的道德价值观

个人自身和谐的道德价值观主要是良知、诚信、尊严、人格、自尊、自立、自强、自爱、仁爱、通融、包容、礼让、和解、平和、双赢等。

自身和谐的道德价值观能够使人心态平和，人格健全，精神充实，情感丰富，能力和潜能得到更好地发挥。中国传统文化特别强调人们在人生态度上应该平和安详、达观乐天、心怀坦荡、俯仰无愧。比如，"仁者爱人"，"和气致祥"，"不忧不惧"，"泰而不骄，威而不猛"，"乐而不淫，哀而不伤"，"成事不说，遂事不谏，既往不咎"，"富贵不能淫，贫贱不能移，威武不能屈"，"平易恬淡则忧患不能入，邪气不能袭，故而德全而神不亏"，"文质彬彬，然后君子"，"君子慎其独也"，等等。这些都是强调个人行为适度、完美，其终极目的仍是要通过每个人的自我修养而达到整个社会的平衡和谐。

（二）人与人之间关系和谐的价值观

人与人关系和谐的道德价值观主要是平等团结、互相尊重、相互理解、诚信友爱、和而不同、求同存异、助人为乐、见义勇为、互惠互利、融洽相处，等等。

人与人之间关系和谐，包括个人与个人之间、个人与群体之间、群体与群体之间关系的和谐。人是社会关系的总和，人与人之间关系和谐包括家庭成员的和谐、邻里关系和谐、个人与社会中其他人之间的和谐。中国传统文化强调人和，所谓"天时不如地利，地利不如人和"。为此，提出了一系列规范，如"入则孝，出则悌"，"为人谋"则忠，"与朋友交"则信，"己欲立而立人，己欲达而达人"，"己所不欲，勿施于人"。中国古代先贤舜帝时就制定了道德规范"五伦"，即父子有亲，君臣有义，夫妇有别，长幼有序，朋友有信。中国传统文化要求人们宽大为怀，推己及人，和谐相处，社会安定有序，人人"甘其食、美其服、安其居、乐其俗"。

（三）人与社会关系和谐的价值观

人与社会关系和谐的价值观主要是公平正义、安定有序、人尽其才、物尽其用、爱国守法、明礼诚信、团结友爱、敬业奉献等。

人与社会和谐，即人与社会组织、社会制度、社会规范之间的相互作用、相互制约、相互促进。社会的经济、政治、思想、文化各个方面有章可循（这里的"章"，包括法律、制度、体制、机制、道德规范等），依法维护个人权益，尽可能多地为人的生存和发展提供各种条件和公平的机会。人们要遵守社会法律、规章制度和道德规范，承担社会责任和义务，各司其职、各守其则、各尽所能、各得其所。

（四）人与自然关系和谐的价值观

人与自然和谐，即人与所处的环境和谐共生。自然界为人的生存和发展提供外部环境和物质资料,并不断地得到改造,成为人化的自然。中国传统文化把天、地、人看做一个统一、平衡、和谐的整体,认为人是自然界的一部分,天道与人道一致,人对于自然应该"参赞化育","成物成己",主张天人合一,人与天地同化,与万物共和,达到天、地、人和谐的至美境界。"天人合一"是中国传统文化精义之一。传统文化的"天人合一"主要是指"心性",一种认知方式,但是不少人认为"天"就是存在于"人"之外的自然环境,倡导人与自然和谐相处。

倡导和谐价值观就是主张克服各种偏激的人生态度,确立平和达观、积极向上而又善于自我调适的健全人生态度;走出"非此即彼"、"你死我活"等思想认识误区,确立"互惠互利"、"双赢"、"多赢"等新观念;克服"与天斗、与地斗、与人斗"斗争哲学的偏差,形成人与社会、自然和谐共处、竞争共存的新观念;纠正人与自然对立,"征服自然"、"改造自然"等单向思维,建构人与自然和谐共处、良性互动的双向思维,等等。这样才能共建一个和谐社会。

倡导和谐价值观就是以和为贵的价值观,就是以和谐为价值取向。"贵和"在我国传统文化中源远流长,孔子说:"礼之用,和为贵。"这里的"礼"指周礼,周礼是西周初期大政治家周公旦制定的整套典章制度,包括法律、伦理、政治制度和各种行为规范,其目的是保证社会上下有序、和谐统一。"礼之用,和为贵"的意思是,"礼"要以"和"为基本精神,以"和"为宗旨,以"和"为目的。"和为贵"的思想在中国传统文化中占有极其重要的位置,"和"被广泛地应用到事物、人、家庭、国家、天下等方面。事物的"和"表现为"顺其道而行之"、"刚柔得适",其最高境界就是"万物并育而不相害,道并行而不相悖"。实现"和"的基本要求就是"和而不同",发扬包容万物、兼收并蓄、厚德载物的博大精神。中国古代先贤主张"人和",如提出"和以处众"、"爱无差等"、"和为贵"、"和无寡"、"和则一,一则多力"、"天时不如地利,地利不如人和"等。中国传统文化中的和谐思想绵延至今,人们的日常生活和社会心理方面都体现了这种愿望。"心平气和"、"和衷共济"、"家和万事兴"、"和气生财"等,已经成为挂在中国老百姓嘴边的格言和生活准则。可以说,自古至今,我国文化"贵和",崇尚太和、中和、和合、和谐、和睦、和平、和美、谦和、温和、和蔼、和善等。

和谐价值观倡导的平和、祥和、谦和、温和、和睦、和蔼、和善、和气生财、和衷共济、政通人和、内外和顺、家和万事兴等理念,能够潜移默化地影响着人们的思想和行为准则。用这种和谐文化可以培育人、塑造人,丰富人们的精神世界,提升人们的精神境界,可以缓解人们压抑、不安、紧张、孤独、失望等不良情绪,调节人们的情感和心理,实现人自身和谐,并且在此基础上促进人际关系的和谐,促进人与社会和谐、人与自然关系和谐,从而为构建社会主义和谐社会提供正确导向和精神支撑。

二、创建和谐班组的三个必要条件

(一)和谐需要有基点

不同乐器之间的和谐需要有一个基调,人与人之间的和谐也需要有一个基点,这个基点就是价值观相同。一个团队要实现和谐,团队成员之间必须有共同的价值观,否则就无法实现和谐。

在班组中要树立大家普遍认同的理念和价值观,改善和化解劳动过程中的各种矛盾,同心协力,协同作战,这是班组自身持续健康发展的需要。另外,要引导职工对和谐班组的认同,营造和谐管理的氛围,实现和谐管理的目标,最后把落脚点放在提高班组竞争力上来。

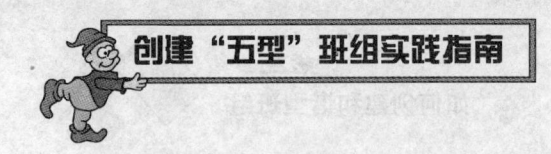

(二)和谐需要有核心

一切存在的系统必有核心,没有核心必解体。从原子到分子、雨滴,乃至家庭、班组、企业,大到国家、宇宙都是如此。有核心才有凝聚力,凝聚力来源于凝聚核心。

和谐的班组必须有好的班组长,没有好的班组长,就没有和谐的班组。企业活,在于人,更在于带头人!

(三)和谐需要有规则

没有规矩不成方圆。天地设位,日月星辰、宇宙万物运行其中,都是按照一定的规则运行的,如果月亮跑到太阳的轨道上去,也就不能再称其为月亮了。

有人的地方就一定有制度,如同是游戏就有规则,强调他人的同时,何不在自身上找找原因,和谐需要共同创造,换位思考适用所有问题的解决。企业也是如此,管理规范才有和谐。和谐企业的本质是管理规范,凡事有章可循。企业作为产生利益、分配利益的主要场所,也是各种矛盾多发地。只有制定公平、合理的分配方案、管理章程,才能做到利益分配的公平、公正,才能从根源上预防和解决各种矛盾。制度建设应当成为和谐企业的建设重点,尤其是国有大中型企业,更应以构建和谐企业为己任,努力完善资金管理、干部任用方式、方法,让国有资产优质化。构建和谐社会与构建和谐企业相辅相成。

班组和谐包括三个层次:(1)个人自我和谐;(2)个人与他人和谐;(3)个人与集体和谐。在这里,个人的自我和谐是前提,没有自我和谐也就没有个人与他人和谐、个人与集体和谐。

第三节 自 我 和 谐

一个组织要和谐,首先是这个组织的每个元素自身的和谐,就是自己与自己的和谐,没有个人自身的和谐,也就没有组织的和谐。

"和谐企业员工有责",员工是创建和谐企业的主体,创建和谐企业需要员工的积极参与,每位员工的自我和谐是建立和谐企业的基础,所以建立员工的自我和谐显得尤为重要。

一、自我和谐的概念

自我和谐是指人类个体在社会环境中保持的一种心身协调、行为合适的状态。它是以健康的心理和必要的体质作为互为根本的两个要素,以人的世界观、人生观、价值观为基础。

自我和谐具有时代性、相对性和层次性的特征。人的自由全面发展是人自我和谐的至高境界。自我和谐,就是要求每个社会成员在精神追求、需要层次、思维方式、个性特点、行为方式上都能保持一种和善、和顺的状态。人内心和谐,就是主观与客观、个人与集体、个人与社会、个人与国家都要和谐。

一个人自我和谐的程度越高,就越能保持良好心态,积极地接纳自我,有效地控制自我,较好地适应环境。从自我做起,努力实现自我和谐,是每个人不断成长进步,实现自我价值的首要任务,是构建社会主义和谐社会的重要基础。

自我和谐是一种境界,一种情操,更是一种态度。实现自我和谐的过程,是一个人不断提高思想觉悟,加强道德修养的过程,是不断改造世界观、人生观、价值观的过程。实现身心和谐关键在培育、建立健康和谐的心态。培育平常心、进取心、宽容心、责任心和服务心是构

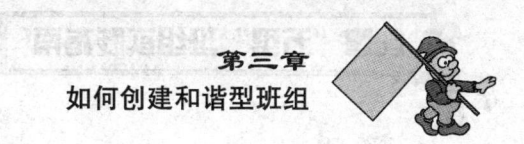

建健康和谐心态的重要内容,也是实现自我和谐的主要途径。

自我和谐是心理和谐的核心特征。全面认识自我,客观评价自我;欣然接受自我,恰当展示自我;努力塑造自我,积极超越自我,这是自我和谐的内涵。建立适当的参照系,确立恰当的抱负水平,建立社会支持网络,提高社会适应能力,塑造积极的人生观,这是建构自我和谐的有效途径和方法。

自我和谐,指的是人通过自身的不断调整,使内心活动处于平衡和谐的状态,即失败时不要气馁,要振作精神力争反败为胜;胜利时不要昏了头脑,要冷静思考以利今后再战;穷困时不要失志,要艰苦努力发愤图强;富裕时不要骄奢,要继续创业多作贡献。因为人的一生,既有顺利的时候,也有挫折的时候,既有高潮,也有低谷,上上下下,起起伏伏,心态容易出现波动甚至失衡,这就要及时调整,使之自我和谐,以适应变化着的环境。人的自我和谐,对于促进人与人、人与社会、人与自然之间的关系至关重要。

二、自我和谐需要正确认识自己

要实现自我和谐,首先要认识自己。主要有以下几个问题,我是谁？为什么活着？终极目标在哪里？怎么做？这些问题每一个都不好回答,不同的人会有不同的答案。

(一)人是什么

我是谁,人是什么？按古人的观点,人是天地(自然)的造化,物质的聚合,受天地阴阳之气而生。人与昆虫比很大,而在宇宙中其大小不过是一个微粒,其生命的长度不过就是一瞬间而已！

世间的万事万物,就其存在而言,都是一个从无到有,再从有到无的过程,依附于万事万物的理由也是一样从无到有,再从有到无的。可以看出,"无"是"有"的两个极点。对于各种事物的理由,如果不断地解释下去,终究会达到一个无法解释的地步,这时除了回答说"这是当然"以外,再也没有恰当的理由了。因此"有理由"的极点是"无理由"。那么人生意义的极点就是没意义,人生目的的极点就是无目的。但是,人生不是在极点上生活,人生是一个过程,所以人生的意义、人生的目的是在人生的过程之中。如果在极点上讨论人生,一切将无从谈起。

(二)人为什么活着

人生不过是一个从生到死的过程,人活着,没有绝对的意义,也没有永恒的理由。活着是人生第一追求,至于人生的意义、人生的目的、人生的价值,等等,一切都是人为赋予的,都是建立在生的基础之上的,所以(求)生是人生哲学的公理,无需证明。

人生既然是一个从生到死的过程,那么,在这个过程中我们要做什么,也就是说我们干什么来了？有人说:我是来玩的,玩得有个玩法,玩得有玩的规则,没有规则的游戏是进行不下去的。有人说:人生就是一场戏,我是来演戏的,演戏得有个舞台,要演就得演好自己的角色。有人说:人生是就是一场比赛,要比赛就得练好自己的技能。有人说:人生不过是一次旅行,要旅行就得准备好自己行囊,选好目标,不要迷失了方向,走好自己的路,一路的好景色一定要仔细看过。

(三)人生的终极目标是什么

人是追求意义的精灵,活就得有个活法,就得活出个样子、活出个理由、活出个价值;就

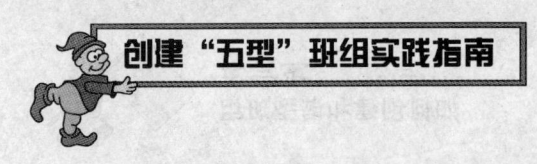

要活得幸福、活得快乐、活得充实、活得精彩。

多数人认为,幸福和快乐是人生的终极目标。健康是幸福的前提,活得长久是幸福的扩大。我们倡导的是立体化人生,长寿是人生的长度,阅历和奉献是人生的宽度,幸福和快乐是人生的厚度,幸福和快乐体现的是人生的质量。

在人生的过程中,我们只需关注自己范围内的目的就好(是非审之于己,毁誉听之于人),这样便不会感到痛苦和浪费时间了。追求伟大的人,是不会因为追求超越自身之物而感到浪费生命,因此,"凡人"与"伟人"都是应该感到自豪的。

三、自我和谐关键在修心

修心首先要立志。确定自己的价值取向、行为准则以及人生的目标链。志者,士之心也。无志者士无心也,无心则不为活也。君子不可无志。君子物穷穷一时,志穷穷一生。百事志为帅。志不立,则行不坚,思不敏,事不成。人无志,如船无舵,灯无烛。无志则无可成之事,无所求之人也无所用之人。哀莫大于心死。故曰:教知不如教智,教智不如教志。教育的全部意义在于培养一颗激动的心。

心欲静,只有抱定目标、志向专一才能心静而不乱。非宁静无以致远。治心达静,环境乱而心不乱,用心一也。天得一以清,地得一以宁,神得一以灵,万物得一以赋形,人得一以成圣。一心想做成的事,每天朝着目标不停地去努力,还愁离目标太远吗?

心静是因为有定力,有定力是因为"知止"。《大学》里说"知止而后有定,定而后能静,静而后能安,安而后能虑,虑而后能得"。可以看出心静的关键是"知止",止于何处,"止于至善"。何为至善:仁爱众生即善,唯德是行的品格、品行,就是至善。

要做到至善,我们在做事时就要顺天时、适地利、因人情、守纲纪。

心要大。心空才能量大,一个房间如果被垃圾装满了,就什么有用的东西也装不下了。心也是如此,一个人的心如果被各种偏见所充满,就什么也容不了,这样就变成了死心,也就没用了。古人曰:"哀莫大于心死"。所以我们要经常清理心灵的垃圾。使自己的心有足够的空间,接纳事物,接纳知识。生活中有的人看什么都不对,看什么都不顺眼,这样的人大概心中没有多少空地了。看别人不顺眼,是自己的修养不够。生气,就是拿别人的过错来惩罚自己。古人告诉我们要虚怀若谷,心大到能包藏宇宙,驰骋天地间。万物皆备于心。度量大到能容天下难容之事。有多大的度量,就能做多大的事,心有多大,舞台就有多大。大盖天下者容天下,容天下者德天下,德天下者仁天下,仁天下者合天下,合天下者用天下。公侯头顶堪走马,宰相肚里能撑船。泰山不让埃土而成其高,河海不择细流而成其大。宽容别人就是宽容自己,真君子宽容一切,大智者可方可圆。

心要远。站得高,看得远(着眼大局),想得深,做得细,放得开。大事做得细,小事放得开。抱大节者不拘小量,有远虑者不顾近谋。

心要善。善待一切,包容一切。善字的底部是一个口字,说明善的基础在口,修善先修口。善的上部是一个羊字,中间相当于一个容器,有奉献一只羊的含意。说明善就是一种奉献。善的上部和美相同,说明做善事是美好的。修善先修口,就是练嘴上功夫,口齿利落。好话说得好才好。常言说,好言一句三冬暖,恶语一句六月寒。施舍三千难交知己,恶语一句朋友远离。因为一句话丧命的有,因为一句话葬送前程的有,因为一句话朋友绝交的有……所以修心先修善,修善必先修口,修口不伤人。好人出在嘴就是这个道理。

如何修得善口,不说伤害别人的话。第一要经常看别人的优点,择优而学,择优而用,择优而说。优点需要别人承认,而缺点则必须自己改正,强迫只是表面。第二要顺情,顺情则通情,情通则理达,理达则事兴。对于逆情的话,一种方法是逆情话顺情说,不直接否定别人的意见,而是说换一种方法是否会更好,鬼谷子中的忤合说的就是这个道理,另一方法就是不说,等待时机。

四、自我和谐需要正确管理自己

自我管理的内容请参见第十三章"五型"班组的第七项修炼——自我管理。

五、自我和谐需要取用有度

我在为谁活着,人生就像一把伞,伞小了罩己,伞大了罩别人。人生的需求有多少,自己吃的、用的够了以后,多余的部分早晚都得留给别人,留给别人的是对社会、对他人的奉献。钱多了别人替你花,房子多了别人替你住,物品多了别人替你管,不用也不行,只是迟早的事。

人生没有所有权,只有使用权。吃到口中的食物,是人身的过客;不灭的物品,人是浏览、使用、观赏的过客。吃多了伤身,物多了伤神。认识到这些,我们就不会贪得无厌,就会很容易找到自己的平衡点(这个平衡点就是心灵的支点)。

六、自我和谐需要学会选择

(一)生活的全部艺术在于选择

学会选择(有用的),学会放弃(无用的),集中精力做最有用的事,量力而行,不做无用功,有所不为,才能有所作为。做该做的事是智慧,做不该做的事是愚蠢。做正确的事,把正确的事做正确,才会成功。

(二)世间凡是具有相对意义的事物,都是由主观定义的

人生活在相对的世界里,判断事物的标准是相对的。比如,大与小、多与少、高与低、美与丑、善与恶、得与失、好与坏、对与错、苦与甜、远与近、成功与失败、幸福与痛苦等在时间上、空间上都是相对,在不同的位置、不同角度、不同的时间上去看,会有不同的结果。自己认为怎样,就是怎样。关键是选取的参照物,或称基准点不同。在这里,心想事成的定律成立。想什么便是什么,想什么便有什么。想生病就会生病,想成功就会成功,想痛苦就痛苦,想快乐就会快乐。

我们怎么看、怎么选,应该站在对自己前进有利的角度去看,站在符合社会的主流的角度去看,对的学习,错的借鉴。合理的是训练,不合理的是磨炼。时刻关注自己的目标,才不至于困惑,才不至于迷失方向。

(三)工作中我们可以作出的主要选择

(1)改变境遇。积极进取——使自己更加适应;面对其他挑战,如参加训练和培训;改善工作环境;授权给其他人,让他们承担一些日常事务。

(2)改变自己。检查自己的真实想法——嘴上说的和心中想的是否一致;改变行为,发展在其他领域的技能和能力。

(3)改变个人与工作之间的关系。适应工作,将工作看成达到目标的方法;通过降低问题的重要性来改变看法——更注重工作之余的生活。

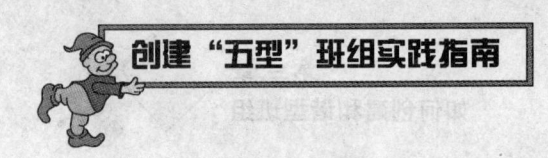

（4）离开。如果是部门中多余的人，可能没有太多的选择。在没有其他选择的情况下，最后的一个选择就是离开，再去做一些其他的事。但是，你要保证这种离开有充分的理由，而不仅仅是一种逃避。

七、自我和谐需要不断地调整自己的心态

人在很多情况下，受客观条件限制，这并不足惧。重要的是，我们拥有选择的自由，可以对现实环境积极回应，为生命负责，为自己创造有利的机会，做一个"真正"操之在我的人。

小罗斯福总统夫人曾说："除非你同意，任何人都不能伤害你。"以圣雄甘地的话来说就是："若非拱手让人，任何人无法剥夺我们的自尊。"令人受害最深的不是悲惨的遭遇，而是"默许"那些遭遇发生在自己身上。

人性本质是主动而非被动的，不仅能选择积极反应，更能主动创造有利环境。采取主动并不表示要强求、惹人厌或具侵略性，只是不逃避为自己开创前途的责任。操之在我又与积极思考有所不同。操之在我不仅承认现实，也肯定人有权选择对现实环境作积极回应。唯有逆来顺受，才是不敢面对现实。任何团体，包括公司、社团及家庭，都可以汇集各个成员的聪明才智，对环境主动出击，以达成群体的共同目标，建立操之在我的企业文化。

山不转水转，境不变心变；改变不了环境，但可以改变自己；改变不了事实，但可以改变态度；改变不了过去，但可以改变现在；不能控制他人，但可以掌握自己；不能预知明天，但可以把握今天；不能左右天气，但可以改变心情；不能选择容貌，但可以展现笑容；不可以样样顺利，但可以事事尽心；不能延伸生命的长度，但可以决定生命的宽度。

不管身在何方，从事何种工作，都应该正确对待自己、他人与社会，正确对待困难、挫折和荣誉，凡事做到冷静而不偏激、豁达而不固执、谦逊而不狂妄、踏实而不浮躁，努力保持清醒的状态。

凡事顺势而为才可为。顺天、适地、应物、因人。做事方法与时迁移，应物变化。可方可圆，能柔能刚，能短能长。接人待物亦是如此。人生的艺术就在于此。

我们要让自己时刻保持健康、阳光心态。心态是什么？心态就是性格加态度。性格是一个人独特而稳定的个性特征，它表现了一个人对现实的心理认知和相应的习惯化的行为方式。态度是一个人对客观事物的心理反应。培根说："一切幸福都并非没有烦恼，而一切的逆境也决非没有希望。顺境的美德是节制，逆境的美德是坚忍。这后一种是较为伟大的一种德性。"保持乐观向上的积极心态，自信而不固执，旷达而不放纵。牢记思想决定行动，行动决定习惯，习惯决定品德，品德决定命运。态度决定成败，性格铸就辉煌。

[案例]

掉进一口枯井里的驴

有一天某个农夫的一头驴子，不小心掉进一口枯井里，农夫绞尽脑汁想办法救驴子，但几个小时过去了，驴子还在井下痛苦地哀嚎着。

最后，这位农夫决定放弃，他想这头驴子年纪大了，不值得花费太大代价把它救出来，不过无论如何，这口井还是得填起来。于是农夫便请来左邻右舍帮忙一起将井中的驴子埋了，以免除它的痛苦。

第三章 如何创建和谐型班组

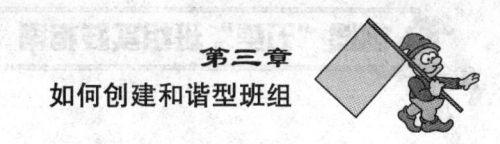

农夫的邻居们人手一把铁锹,开始将泥土抛进枯井中。当这头驴子了解到自己的处境时,刚开始叫得很凄惨。但出人意料的是,一会儿之后这头驴子就安静下来了。农夫好奇地探头往井底一看,出现在眼前的景象令他大吃一惊:当抛进井里的泥土落在驴子的背部时,驴子的反应令人称奇——它将泥土抖落在一旁,然后站到泥土堆上面!

就这样,驴子将大家抛在它身上的泥土全数抖落在井底,然后再站上去。很快地,这头驴便得意地上升到井口,然后在众人惊讶的表情中快步地跑开了。

启示:在生命的旅程中,有时候我们难免会陷入"枯井"里,会有各式各样的"泥沙"倾倒在我们身上,而想要从这些"枯井"脱困的秘诀就是:将"泥沙"抖落掉,然后站到上面去!人生必须渡过逆流才能走向更高的层次,最重要的是永远看得起自己。

八、自我和谐需要有健康的身体

体者,人之本也。没有身体也就没有了一切。如果身体是1,名利等都是1后面的0。没有这个1,后面的0都变得没有意义了。三寸气在千般用,一事无常万事休。所以自我和谐首先要保持身体健康。

锻炼身体要法于阴阳,合于术数。法于阴阳就是遵从自然法理(就是各个季节有不同的锻炼方法)。合于术数,就是每个人都要有适合自己的几种锻炼方法。身体不锻炼就不会强健。健康就拥有未来,快乐就拥有世界。健康是第一位的,没有健康便没了一切。

修身要学会休息。休息就是修整,日月交替,四时更换,是自然的修整,学习科目的交替,脑力与体力的更换,是精力的修整。

修炼身体要注意保持精力,人是天地间的精灵。精灵,精灵,无精不灵。人所做的一切事情,都要消耗精力,精力乃人之至宝,藏于肾,主生命,其华在发。不可轻易耗损。人缺精则无采,无精打采说的就是这个道理。精不足畏寒,容易感冒,抵御各种疾病的能力低下,像个病秧子。人的精气藏于内,精神显于外。精神,一是精气的外像,二是外表的装饰。一个人内强素质,外树形象。形象也是一种财富。好的外在形象是:仪表得体,举止文明,习惯良好,谈吐高雅,身体健康,体现精气神十足。

心为人生之根,身为人生之本。修心修身乃为人生之根本。

九、自我和谐要学会全面地看问题

我们把世界看错了,反说他欺骗我们。不和谐的原因是因为我们看错了世界,是因为我们没有全面地看身边的事物。这个世界上,真相只有一个,可是在不同人眼中,却会看出不同的是非曲直。这是为什么呢?其实,道理很简单,因为每个人看待事物,都不可能站在绝对客观公正的立场上,而是或多或少地戴上有色眼镜,用自己的经验、好恶和道德标准来进行评判,结果就是我们看到了假象。要提高这方面的能力,一定要阅读第十一章中的内容。

比如,交换是人生的最基本行为,也就是输入和输出的关系(见表3-1)。交换在双方共同认为合适的条件下进行,也称等价交换,或称平衡、和谐的状态。如果我们只看表3-1中列出的输出一列,我们会有很多的不平衡,我们会问许多为什么,凭什么要我做?我为什么要奉献?我为什么要帮助别人?如果我们把问题看全了,看过输入端以后,我们就会明白,我们为什么要努力工作,我们为什么要耕耘,为什么要奉献,我们就不会有许多的心理不平衡。

表 3-1　生活中的输入、输出关系

输入	输出	输入	输出
收获	耕耘	他人帮我	我帮他人
老板给发工资	给老板工作	他人立我	我立他人
父母养我小	我养父母老	满足需求	履行责任
得瓜	种瓜	心灵满足,价值提升	奉献
得豆	种豆	得到更多的奉献,使更多的人奉献	鼓励、赞美、宣传、奉献
他人爱我	我爱他人	可能收获什么	种什么
他人敬我	我敬他人	……	……

说话也是如此,如果只说后一半,就会出现许多悖论,"公"说前一半的理,"婆"说后一半的理,就会造成"公"说"公"有理,"婆"说"婆"有理的局面。一般骗子只说为他人的一半,而把自己的真实目的藏起来。

十、自我和谐需要行动起来

有人说人生就像一个陀螺,转起来,才能稳定。常言说,闲人无乐趣,忙人无是非。唯有行动才能改变现状。不要只有想法,没有行动。没有行动的想法是空想。知道不如做到,想好就要做。对投入缺乏行动的人来说,信心和勇敢更重要。不要心存等待,等待就会事久落空,就会在等待中失去。看准目标,立即行动。一个人不怕错,就怕不改过,改过并不难,关键在行动。犯了错却不肯承认,等于错上加错,自欺欺人。为已造成的错误编织各种理由加以辩解,则形同掩耳盗铃,反而越描越黑,受害的还是自己。不要一错再错,造成错误链,不要在陷坑里给自己挖井。这样会越陷越深,损失也会越来越大,唯有理智行动,改变没有纪律的生活,正确地做事,才能改变一切。对于已难挽回的错误,操之在我的做法不是悔恨不已,而是承认、改正并从中汲取教训,这样才能真正反败为胜。

朱熹在注释《中庸》中说:生而安行者,知也;学而利行者,仁也;困而勉行者,勇也。只有耕耘才可能有收获,不耕耘就一定没有收获。人的心是一畦田,田地没有播下好种子,也长不出好的果实。不怕一步走不到,只怕寸步不移。常言说,眼是懒蛋,手是好汉。

第四节　个人与他人的和谐

个人与他人的和谐是在自我和谐的基础上与他人和谐相处,在这里他人是指除了自己以外的人,就是人在社会交往中所能遇到的人,主要有亲人、朋友、同事、领导以及在社会活动中所能遇到的人。

与他人和谐的目的是实现合作双赢,在互惠互利前提下找到平衡点。没有人能孤立生存,也没有人能够独立成功。人需要相互支撑,人需要合作,这就是与他人和谐的目的。

个人与他人的关系本质是一种交换关系,既有物质交换也有精神交换。在交换中,交换双方的相互选择促成相互合作,相互承诺促进相互诚信,各取所需、各得其所实现互利双赢。一般来讲,交换范围越大,交换的对象越丰富,交换的手段越先进,就标志着个人的交换能力越强。

第三章 如何创建和谐型班组

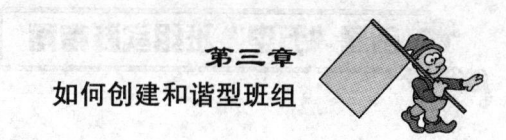

交换就是一种"人人为我,我为人人"的社会机制。通过我为人人,实现人人为我。先有付出,后有索取,先有耕耘,后有收获。即每个人只有真诚地为他人服务才能得到他人的真诚服务,才能实现为他人服务与为自己服务、对他人负责与对自己负责的统一与和谐。

个人与他人的联系实质就是交换关系的联系,个人与他人和谐本质就是交换关系的和谐。要实现交换关系的和谐,就一定要遵守交换秩序。交换秩序主要指维护交换活动得以正常进行的各种约定俗成的风俗习惯、道德判断、伦理观念、技术规范及其升华的各种成文的规章制度、法律法规等。

一、与他人和谐需要遵守道德秩序

我们知道,和谐是一种动态的、谐调的秩序。我们通过内心的修炼,把握了天地人基本规律(道是德的根据,是德得以产生之根源,而"德"是"道"的实践,是具有丰富层次与结构性的"道"的具体表征),确立了个人内心的平衡点,实现了自我和谐。而这些存于内心的基本规律在个人行动中的具体表现就是德。

德是什么,德是人与人之间交往的秩序,"循天下之理之谓道,得天下之理之谓德"(《张载·正蒙》)。遵守这些秩序的是有德,不遵守这些秩序的是缺德。遵守这些秩序的就和谐,不遵守这些秩序的就不和谐。"德之所在,天下归之。"《素书》曰:"德者,人之所得,使万物各得其所欲"。我给出的结论是:自我和谐修道,与人和谐守德。

那么德都包含哪些内容呢?中华人民共和国公民的基本道德守则是:"爱国守法、明礼诚信、团结友爱、勤俭自强、敬业奉献"。这与中国在千年所崇尚的品德"孝、悌、忠、恕、仁、义、礼、智、信、温和、善良、恭敬、节俭、忍让、自强、勇敢"等是一致的。若仔细分析,它们具有包含关系,这里我们不再详论,下面我们只解读几个关键的字。

(一)孝

古人讲,百业德为首,百行孝为先!在《吕氏春秋》中讲,治国要推行孝道,没有对父母的孝,就不能有对国的忠、对友的爱、对人的信、对事业的敬。对国家的忠,本身就是对父母的孝,因为为国尽忠,是父母的意愿。所以做人对父母要知恩、感恩、报恩。不孝之人,是无用之人。

(二)仁

仁字,从二人相处,推己及人意也。仁,人心也。"己所不欲,勿施于人"。"己欲立而立人,己欲达而达人"。所以"仁者爱人"。

"仁者爱人"包括爱自己。《家语·三恕》曰:"仁者自爱"。自爱也需要别人爱自己,要让别人爱自己,自己首先要爱别人,这就产生了"仁者爱人"的要求。

"仁"倡导的爱心(公心),本质上是私心的衍生物,是从每个人自身出发,推己及人,由私心升华而来的超越生物本能之上的"高阶爱心",具有同私心相对独立以至形式上对立的地位,以及非同小可的良性反馈和节制调谐作用。"己所不欲,勿施于人","己欲立而立人,己欲达而达人"(《论语·雍也》),总是离不开一个己字作为始发点。如果离开了每一个人自身的私利去谈仁,那个仁是不可能存在的。"爱人者,人恒爱之;敬人者,人恒敬之"(《孟子·离娄章句下》),也可以说仁本质上就是一种最高明、最优越的爱己之道。

利己与利他之心互相调谐而"两心相悦"的人间正道,并非牺牲人欲、否定个人重要性的苦行主义，实际上恰恰是每个人为自身求取可靠、长远的最大利益的无比高明的爱己之道，一种皆大欢喜、互惠互利的成功之道。《礼志》云："欲人之爱己也，必先爱人。欲人之从己也，必先从人。无德于人，而求用于人，罪也"。因此"知者利仁"（《论语·里仁》），就是说，有知识的明白人，懂得行仁爱人对自己的莫大好处。

人际关系，是从两个人开始的，或者说仁就是两个以上的人合理相处之道。"天心本仁，人心不能不仁"。要容人、爱物、惜物。仁人博爱。仁是对他人的关怀。与人相处不要比谁更怕谁，要比谁更爱谁。

爱是生命之火，有爱，心灵才会有热，爱是人生的动力，有爱，生活才得以开拓。爱是人生的鲜花，有爱生活才有声有色。爱是生命之源，有爱生命才会结出丰硕的果。爱是一种奉献，有爱才有充实的生活。爱是一种境界，有爱生命才会有歌。

（三）义

正义、道义、情义、友谊。太公曰："与人同忧、同乐、同好、同恶者，义也；义之所在，天下赴之。"君子出门在外，靠朋友、讲情义。义是对自己的约束。人靠情义相连，一个情字活一生。

在繁体字中"羊我"为义。羊即我，我如羊。古文羊祥同体，羊即祥。羊性温和，不食众生肉，却舍身千世为众生食，无怨无悔，舍生取义也。

义还有宜的意思，如因时制宜，因地制宜，因人制宜。即当做就做，不该做就不做。见得思义，不滥取不义之财物。

（四）礼

就是维系世间万物等级、秩序的规定或制度。"礼由人起"，"沿人情而制礼"。"沿人情"的意思包括"顺人情"、"节人欲"两个方面。"使欲必不穷于物，物必不屈于欲。两者相持而长，是礼之所起也。"

"礼者，人道之极也。然而不法礼，不足礼，谓之无方之民；法礼，足礼，谓之有方之士"（《荀子·论礼》）。

在我国古代，礼指礼法制度，乐指音乐制度。《礼记·乐记》曰："礼节民心，乐和民声。"孔子曰："安上治民，莫善于礼，移风易俗，莫善于乐。"礼乐职能不同：礼别异，乐求同。是指礼分别人们的贵贱等级，使之有序，乐则统一人们的心理、感情，使之和顺。

"遵行礼义之道，万事能行；不遵此道，诸事皆废"，"礼之用，和为贵"。意思就是说经由"礼"的内在手段，达到"和"的外在目的。这里所说的"和"，不仅指待人处事、进德修业要和，还指心态的中正平和。在孔子看来，"礼"是一种从天子到百姓都应该遵守的"秩序"。"礼"就像指挥棒，能够平衡人际关系，维护家、社会和邦国的稳定。在漫长的文化积淀过程中，礼成为中华民族共同的思想品格、道德规范和价值取向。"道德仁义，非礼不成，教训正俗，非礼不备。分争辨讼，非礼不决。君臣上下父子兄弟，非礼不定。……"（《礼记·曲礼上》）"人无礼则不生，事无礼则不成，国家无礼则不宁"（《荀子·修身》）。只有礼行天下，才能达到人与人之间的各安性命、和谐相处。礼是人与人、人与群体、群体与群体之间相处的方式和准则。礼蕴涵着做人和处人的道义，同时也包含着应当遵守的行为规范。礼与法在古代是相通的，礼也具有一定的法律尊严。法律实际上就是礼的延伸，它的宗旨是扼制和消除危害他人和社会的不良行为，最终目的也是为了保持社会的和谐健康。两者的不同点

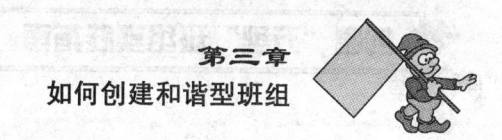

在于,礼是告诉人应当做什么,而法是告诉人不应当做什么。不敬则礼不行,不和则事不成。百事和为首,家和万事兴,和气生财。

（五）智

知人为智、聪明为智、灵活为智、精细为智、深刻为智、周密为智、巧妙为智。明白是非、曲直、邪正、真妄,即人发为是非之心,文理密察,是为智也。

（六）信

信者,不疑也,诚实也。就是言出由衷,始终不渝。信字从人言,人言不爽,方为有信也。诚心之意也,以诚居心,必然诚实。处世端正,不诳妄,不欺诈者,是为信也。

信者,诚也,说到做到是也。人言为信,信是别人对自己评价,诚是自己遵守,没有自己的守诚,就没有别人的信任。君子无信不立。中国人自古就有:言必行,行必果;人无信不立;童叟无欺;千金一诺等祖训。也有"人无信不立,商无信不盛,市无信不兴,国无信不强"的名言。大丈夫一诺千金,言而有信,给话做主。唯有笃行才能做诚信,知行合一,至诚合天。

诚信的基本含义就是:忠诚、老实、诚恳待人、守诺、践约、无欺。通俗地表述,就是说话、办事讲信用,答应了别人的事,能认真履行诺言,说到做到。诚是个人的品格,信是他人的品格;诚是以自己的本意去展现自我,信是以别人的规范来评价自我;诚体现的是个人行为,信体现的是他人评价;个人的诚延伸至他人就是信,他人的信反射于个人就是诚;诚是个人境界,信是他人境界。守信是诚实的一种表现。诚实守信是为人之本,只有诚信的人才能获得别人的信任和尊重,才能有所作为。

孔子曰"自古皆有死,民无信不立。"（《论语·颜渊》）一个人要想做到不欺人,首先必须不自欺。只有忠于自己的本质,做到言行一致、表里如一,才能使自己的行为具有稳定性和一贯性,才能最终取得他人的信任。相反,一个不忠于自己的本性、表里不一的人,就不可能忠实于他人,也就不可能取得他人的信任。古人云:"精诚所至,金石为开。"《孟子》曰:"至诚而不动者,未之有也;不诚,未有能动者也。"所以,与人交往,不自欺,以诚为本,才能最终做到人不欺,信于人。所以,有信的人,必然言行一致;而言行一致的人,也就是一个诚实的人。

在现代社会,企业或个人的信誉用践行的百分比来描述,叫做信誉度。信誉是一种积累效应。诚实守信,重在践行,贵在积累。勿以善小而不为,勿以恶小而为之,去小恶而从善,积小善成大德。信誉毁掉容易,积累难,一次不经意的失信,可能会毁了一生的名誉。所以做人应该谨言慎行。

人无信不立,人是社会型动物,正常的人一定要参与社会交往（交易和往来),只要参与社会交往你就需要获得别人对你的信任,别人对你的信任是通过你对别人守信来实现的。这是一种交换,一种互利的交换。只有首先对他人恪守诚信,才能赢得他人的信任。所以诚信是每个人必不可少的一种需求,它类似于粮食、空气、水一样不可缺少。朱熹说:"信犹五行之土,无定位,无成名,而水金木无不待是以生者。"生命这棵绿树是长在诚信的土壤上的,这就是人无信不立的道理。

诚信是无形的力量,守信是无形的财富。在某种程度上可以这样说,人若失去了诚实守信,也就失去一切。诚信是立身之本、齐家之道。孔子曰:"人而无信,不知其可也。"认为人若不讲诚信,在社会上就无立足之地,什么事情都做不成。对爱人失去了诚信,便失去了爱人;对亲人失去了诚信,便失去了亲人,对朋友失去了诚信,便失去了朋友;对同事、上司失去了诚信,也就失去了同事和上司,没有诚信则不能合作了;失去了诚信就是失去了政治生命。所以说恪守诚信就是保护自己的生命。生命无价,所以诚信无价。

诚信是做人的灵魂,立业的根本。"诚者,物之始终。"《周易》曰"君子进德修业。忠信,所以进德也;修辞立其诚,所以居业也。"(《周易·干·文言》)将诚信作为做人之本、立业之基。君子说话、立论诚实不欺,真诚无妄,才能建功立业。做事先做人,做人必守信,无信不为人。诚信是事业成功基础,也是一个人立身做人的基本原则。一个人想成就一番事业,就必须恪守诚信。"人之所助者,信也。"失去了诚信,也就不可能获得别人对自己的尊重、信任和帮助。只有诚实守信,才能实现相互交流与理解,从而建立起相互信任、相互尊重和相互依赖的良好关系,为个人的成长进步创造一种融洽和谐的氛围。

恪守诚信是自己的事,不能说别人不讲诚信,我也不讲诚信。当然别人如果对你不讲诚信,就不要与他交往了,他在你这就相当于不存在了。孟子曰:诚者,天之道也;思诚者,人之道也。即讲诚信是做人的基本准则。

(七)忠恕

曾子曰:"夫子之道,忠恕而已矣。"忠恕二字是以仁字为核心的中国儒家伦理范畴,是"仁"的具体运用,是处理人与人之间关系的基本原则之一。

忠者,心无二心,意无二意之谓;恕者,己己了人,明始明终之意。朱熹《中庸章句》注有"尽己之心为忠,推己及人为恕"。"忠",尽力为人谋,中人之心,故为忠;"恕",推己及人,如人之心,故为恕。"忠恕",是以待自己的态度对待人。

《论语·卫灵公》篇有:"子贡问曰:'有一言而可以终身行之者乎?'子曰:'其恕乎!己所不欲,勿施于人。'"由此可知,"恕"就是"己所不欲,勿施于人"。自己不愿意的事,不要强加给别人,此一言可以终身行之。"仁者恕也"。"恕"表现为推己及人的宽容和同情,是为爱人的基本表现形式,"故君子莫大与人为善焉"(《孟子·公孙丑章句上》)。

孔门所谓"忠"其实也包含"恕"的意思,因为在儒家的"推其所欲以及于人"的思想中内在地包含着"推其所不欲而勿施于人"的思想。《论语·子路》篇载樊迟问仁,孔子答:"居处恭,执事敬,与人忠。虽之夷狄,不可弃也。"此处的"与人忠"亦可理解为"与人忠恕"。也就是说,真正的"忠"是包含着"恕"为基础的。

与人交往,崇尚恕道,宽容别人,得理要饶人,理直要气和。对他人的缺失要心存怜悯,别人如何待我,并不重要,要紧的是何以待人。

崇尚恕道,要有一颗感恩的心。忘功不忘过,忘怨不忘恩。不要把阴影覆在心里,要散发光和热,生命才有意义。好事要提得起,是非要放得下,成就别人即是成就自己。

二、与他人和谐需要找准自己的位置

我们每一个人都不是孤立地存在于社会,是家庭的一员、企业的一员,是社会的一员,只有找准自己的位置和角色,明确自己的责任与权利,积极主动配合他人行动,才能求得他人的配合与支持,做事做人才能成功。

人在社会中的位置是变化的。在家中可能上有老,下有小;在单位可能上有领导,下有群众;生活状况有好的,也有差的,说好,还有更好的,说差,还有更差的。无论怎样,在某一时刻、某一位置,有时可能是红花,有时可能是绿叶,有时可能是主角,有时可能是配角,没有永恒的角色。命运赐予我们不同的角色,与其怨天尤人,不如全力以赴,再小的角色也可能变成主角。

无论是演什么角色,我们都要积极主动演好,承担自己的责任,遵守道德规范,以关心人、理解人、爱护人、尊重人,己所不欲,勿施于人的原则为出以点,就能实现与更多的人和谐相处。

三、与他人和谐需要有效的沟通

沟通是实现个人与他人和谐的有效途径。沟通是和谐的管理工具,人与人之间很多的不和谐就是因为沟通不到位。要实现个人与他人和谐,最有效的方法就是沟通。沟通到位才有和谐,与他人和谐就是处处沟通到位。

没有沟通就没有和谐,关于沟通的方法与艺术请参见第十四章"五型"班组的第八项修炼——人际沟通的艺术的内容。

四、与他人和谐需要反求诸己

需要理解的总是他人,需要改进的总是自己。孟子曰:"爱人不亲,反其仁;治人不治,反其智;礼人不答,反其敬——行有不得者皆反求诸己,其身正而天下归之。"这段话的意思是"爱别人却得不到别人的亲近,那就应反问自己的仁爱是否不够;管理别人却不能够管理好,那就应反问自己的管理才智是否有问题。礼貌待人却得不到别人相应的礼貌,那用应反问自己的礼貌是否到家——凡是行为得不到预期的效果,都应该反过来检查自己,自身行为端正了,天下的人自然就会归服。"

这就是孔子所说的"躬自厚而薄责于人,则远怨矣。"(《论语·卫灵公》)动心忍性反求诸己,深思洞察薄责于人。一切从自身找原因,不要归罪于外界,自然就和谐了。

据安徽《桐城县志》记载,康熙时期文华殿大学士兼礼部尚书张英的家人与邻居吴家在宅基问题上发生了争执,家人飞书京城,让张英打招呼"摆平"吴家。而张英回馈给家人的是一首诗"一纸书来只为墙,让他三尺又何妨。长城万里今犹在,不见当年秦始皇。"家人见书,主动在争执线上退让了三尺,下垒建墙,而邻居吴氏也深受感动,退地三尺,建宅置院,于是两家的院墙之间有一条宽六尺的巷子。六尺巷由此而来。

包容忍让、平等待人,作为一种美德,在我国古代已经提倡了,但真正能做到的人并不是很多,尤其涉及自己切身利益的时候。心胸宽广、放眼远处、恭谦礼让的人无论在何时都是受人尊敬的。六尺巷的故事所包含的道德内涵使后人受益匪浅,体现了中华民族以和为贵、尊重礼让的传统美德,闪耀着超越时空的思想光辉。

第五节 个人与班组的和谐

我们这里的班组不是一些人的凑合,而是价值观相同、目标一致、志同道合的一个团队。这个团队可以是一个家庭、一个公司、一个企业、一个企业领导班子……

团队合作是企业内部共创价值的具体要求,团队合作的目的就是创造"1+1>2"的企业整体价值最优。要实现个人与团队的和谐,必须做到以下几个方面。

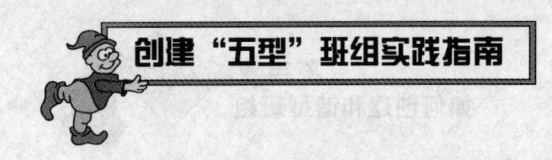

一、从心底里认可团队的核心价值观

团队的核心价值观是一个团队成员普遍认同的、持久地指导团队成员行为的一整套根本原则。团队的核心价值观集中反映了团队管理者为有效经营团队大力倡导并身体力行的主要思想理念。它既不能被混淆于特定团队文化或经营实务，也不可以向团队的财务收益和短期目标妥协。

团队的成员没有最好的，只有合适的。承认团队核心价值观的进来，不认可的出局。古亦有云："物以类聚，人以群分"，"道不同，不相为谋"，没有共同语言的人或者没有相同人生观的人，无论如何也不可能成为朋友，无论怎么努力都不可能成为一路人。真是从内心深处的排斥，无论演技多么高的人，也是貌合神离。

二、团队至上

牢固树立团队一盘棋的大局意识，没有团队的成功，就没有个人的成功。忠于团队，团队利益高于一切。

提倡共同创造、共同进步、甘于奉献的团队精神。切实把本岗位、本部门当成企业的一个部件、一个环节，认真做好本职、本部门的工作，并敢于承担责任。

三、爱岗敬业

敬业就是对自己的事业心怀崇敬，热爱并珍惜自己的事业。

敬业的表现主要有：把事业作为天职，作为信仰，工作是生命的支柱，是用生命去做的事情，时刻专注自己的事业而不被杂事所干扰；对工作心怀感激，热爱自己的工作，全力以赴地工作，接受工作的全部，甘愿做，喜欢受。比如，上班早到，下班晚归；超额完成工作；从不在工作时间做私事；工作有激情，非常勤奋，从不懒散，不拖拉，一切以业绩为导向；让工作成为一种兴趣，在工作中获得愉快，带着热情多做一些，不要对工作心存怨恨，出色地完成每一项工作；用业余时间研究与工作有关的信息。

敬业需要有敬业的信念。敬业的信念主要有：时刻不忘记自己的天职；平凡的工作用"心"去做。敬业就是敬己，糟蹋工作就是糟蹋自己。把敬业内化为一种品质，比别人多做一点点。尽多少本分，就得多少本事。请记住没有卑微的工作，只有卑微的工作态度。

与班组（团队、公司、企业）共命运，班组得到发展，个人才能发展，为班组创造利润，班组的事就是自己的事，以老板的心态要求自己，视自己为公司的老板，成为老板最好的助手，成为老板的追随者。

四、自动自发地工作

自动自发地工作也是敬业的一种表现。自动自发地工作，当工作的主人，应该做的事，不用别人交代，将困难一肩担起，团队兴亡，人人有责，不把问题留给他人，化消极被动为自动自发。

自动自发是一种主动工作的精神，主动性是优秀和平庸的分水岭，主动工作的主要表现有：主动进取，追求完美，自我激励，明确目标，勇于行动，循序渐进，坚持不懈；全方位主动工作，认真对待每一件事情，并完成关联事，站在领导的角度思考问题，永远想在老板前面；持续不断地思索工作中存在的问题，主动提出改善计划，主动处理出现的问题，主动填补模糊地带的工作；兢兢业业，恪尽职守，说做就做，坚决执行；不满足于尚可的工作表现，成为自己工作领域的专家;主动帮助别人;不要让借口成为习惯;主动汇报工作进度,永不拖拉和逃避,绝不轻言放弃等。主动的最高境界——创造性地完成任务。

五、注重细节,成就完美

老子曰:天下难事,必做于易;天下大事,必做于细。细节之中往往隐藏着决定事情成败的玄机。细节决定成败,企业抓住了细节,才能实现精细化管理,基业长青;个人把握了细节,才能防微杜渐,不因小失大,走向成功和卓越。

机遇在细节中,财富在细节中,人脉在细节中,创新在细节中。注重细节,决胜职场,积累细节,成就人生。

细节体现素质,从小事做起,才有机会做大事,打杂也是磨炼之道。小事不做,大事难成。工作无小事,用心才能见微知著,把事情做到位,养成注重细节的好习惯,凡事早想一步,多想几步,早做一点,多做一点。

细节体现责任,疏忽一点责任都要付出代价。千里之堤,溃于蚁穴。不要以为小错就不是错,要知道成功是优点的发挥,失败是缺点的累积。把每一件小事做好,就会少出或不出错,完美在细微处,注重细节,才能成就完美。

六、不断学习,努力创新

创新,是团队(企业)的活力之源,创新,让一切皆有可能,我们要用创新思维激活自己,让创新推进团队的发展。

创新在于学习,创新是智慧的积累与发挥。参见第十二章"五型"班组的第六项修炼——开发创造力的内容。

七、勇于负责

清楚责任,让履行责任成为习惯,像罗文一样自动自发。让心中永存责任感,在其位就要谋其事,承担责任,把工作当事业。对自己的工作负责,踏踏实实地把事情做好,在工作中不要说你不知道,不要不做任何决定,树立责任止于我,我对结果负责的理念。不为失败找借口,只为成功找方法。不要为错误找借口,找借口是失败的根源之一,为自己找借口的人永远不会进步。

要始终记住的概念就是,班组是一个整体,班组的事都是分内的事。一人出事,人人有责,谁也不能推卸责任。承担责任是最基本的职业精神,一个人的成功,与一个企业和公司的成功一样,都来自追求卓越的精神和不断超越自我的努力。

八、培养团队精神

团队是最佳的生存之道,团队是汇聚所有力量的精神支柱。

没有人能独自成功,培养你的团队协作精神,不要离开你的团队,让更多的人帮你成功。团队精神是人们对自己所选择职业的高度认同和热爱,它是一种职业素质,是全心全意、尽职尽责、坚定信念、探索及奉献精神的代名词。团队精神可以造就一大批具有高度职业精神的员工,是现代企业生存和发展的关键所在。

九、广泛合作,实现共创、共赢

(一)合作是硬道理

大家好才是真的好,团队要生存,合作才是硬道理,不合则不能做。已欲立而立人,已欲

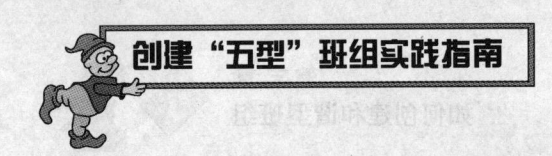

达而达人。共享利益者,共创辉煌。像蚂蚁那样去合作,只有合作才能活下去。唯有合作,才能成功。一个人在家需要合作,在单位需要合作,总之一个人只要在世上生存,就必须与他人合作。

(二)信任团队

信任是合作的前提,对团队中的成员要高度地信任。相互信任是发展的第一动力。信任是人的精神支柱。信任自己的合作伙伴,信任自己的团队,才能从团队中获得源源不断的能量。有了人与人之间的信任,才能与伙伴携手共进、努力拼搏,人生才会变得精彩,大地才会变得美丽,空气才会变得清新。

(三)停止一切抱怨是合作的条件

在团队中只有鼓励,不允许有抱怨。抱怨导致团队涣散,鼓励造就集体成功。不必怪罪别人文过饰非,不怨天,不尤人,但求尽其在我。

抱怨别人,无非是想推卸自己的责任,认为错误不在自己,而在别人。不能让抱怨成为习惯,一个喜欢抱怨的队伍,很容易使得个人把自己的意见放在第一位。牢骚和抱怨最致命的危害是滋生是非,影响团队的凝聚力,造成机构内部彼此猜疑,涣散团队士气。久而久之就会演变成个人攻击、闹义气、泄私愤、图报复,这样就会形成团队涣散、关系松散、工作消极、意见分歧的局面。

宽容是一种美德,作为团队的一员,抱怨不仅伤害别人,也伤害了团队,同时更伤害了自己。遇事多沟通、多理解。与其毫无意义的抱怨和唠叨,不如去寻找那些值得欣赏的东西,赞美它、支持它、拥护它、理解它,结果会大不相同。抱怨是慵懒、懦弱无能的最好诠释。荀子说:"自知者不怨人,知命者不怨天;怨人者穷,怨天者无志。失之己,反之人,岂不迂乎哉!"

(四)主动补台不拆台

积极推行无边界管理,鼓励不同岗位、不同专业的员工在专业分工的基础上进行有效合作,主动补台不拆台(互相补台,好事连台;互相拆台,共同垮台)。通过责任共担、利益共享,实现企业整体价值最优。

一个人如果在工作中遵照执行以上的准则,那么,不论在任何时候,不管他走到哪里,都是一名优秀的员工,一个受企业欢迎的人,他的职业生涯必将无限光明。

第六节 创建和谐班组的原则和步骤

一、创建和谐班组的原则

(一)全员参与原则

创建和谐班组是一个整体行为,离不开全体员工的共同努力,人人都是和谐系统中的一分子,其中员工是主体,班组长是核心,价值观是和谐的基点。

(二)良性互动原则

由于和谐是一种动态的协调一致,这就要求班组中的每个成员主动地配合。相互之间沟通到位,配合到位。

第三章 如何创建和谐型班组

(三)和谐创新原则

创新是一个民族进步的灵魂。企业要生存、发展、创造效益,企业必须要创新。我们提出和谐创新的原则,主要有以下三点理由。

1. 创新是适应环境的需要

在当前瞬息万变的信息时代,企业必须不断地调整自己,以便适应周围的环境。创新就是主动适应环境,提高企业的核心竞争力。

2. 创新是增强企业活力的需要

企业的创新主要在班组。班组必须不断创新,否则企业(班组)会丧失持续发展的活力。有句话说"流水不腐、户枢不蠹",班组如果缺乏活力,就会形成惰性,即使有再多的资金、再好的技术、再优秀的人员,都难逃失败的命运。唯有创新才能增强企业的活力,激发员工的激情和朝气。

要搞好班组创新,重点要做好以下几点:

(1)创新从自我开始。技术创新、工艺创新、管理创新、文化创新、体制创新等任何一种创新,都来源于自我创新。所以,要做好创新,首先从改变自己开始。创新可以使个人进步,提高工作效率、提高工作质量;创新可以提高企业竞争力,使企业更快、更好的发展。每人进步一点点,企业的业绩将提高一大块。

(2)创新从善于学习开始。学习能力是创新的原动力。我们必须善于学习,通过学习别人先进的思想、理念、技术,领会其精髓,并应用到实际工作中。再结合具体情况,做到举一反三,触类旁通。最后通过总结分析,发现原来的不足,只有了解到不足,才能更好地改进。

(3)创新从坚定信念开始。坚信"办法总比困难多"。在管理学中没有不可能。有一句话说"没有做不到只有想不到",就是要求我们做任何事情要抱有积极心态,变被动为主动,多角度去思考。或者学会整合资源,集合大家的智能,俗话讲众人拾柴火焰高。

(4)在管理中,问题的答案不是唯一的。首先有了这个意识,你就会多想,这个多想的过程不仅锻炼了自己,而且提高了效率,要让领导做选择题,而不是做问答题。

(5)立即行动。很多人没成功,不是因为其没有能力,而是因为其没有付诸行动。也就是说,一个人提出的创新,再合理、再可行,但是不把它应用到实际工作中,那也是徒劳。创新不能只在嘴上、纸上,要落实在行动上。希望每个人都能做到创新,并重视创新的实用性。

二、创建和谐班组的步骤

(一)确定班组的价值取向

班组的价值取向与企业的价值取向一致。但班组有班组的工作目标,工作计划,努力的方向,全体人员必须认同。

(二)培育和谐理念

即本章所讲的和谐理念。

(三)健全班组制度(行为规则)

俗话说:没有规矩,不成方圆。班组是企业的基础,制度则是班组建设的基础。建立、健全、细化规章制度是管理者的重要议事日程,企业要用制度管人。

班组管理制度主要有:《职工考勤管理制度》、《交接班制度》、《替班制度》、《原始记录管理制度》、《岗位巡回检查制度》、《班组学习制度》、《岗位练兵制度》、《岗位练兵奖惩条例》、《合理化建议管理制度》、《奖金分配方案》、《超产承包奖分配方案》、《安全生产责任制》、《经济核算制度》等,不同的企业,有不同的规章制度。总之,就是要做到有章可循,有规可依。

(四)选合适的人进入班组

对于新成立的班组,以班组长为核心组建班组,并且要选合适的人干合适的事。合适的标准主要有:一是承认企业的核心价值观,这是必要条件;二是品德好,能够合作;三是专业能力强。

对于已经存在的班组,要加强企业文化方面的培训,让全体人员明白如下一些道理:工作为自己,工作必须合作,不合则不能作;不能各拿各的号,各吹各的调;不能头上长角,浑身长刺;工作必须尽职尽责;不能只有需求而不负责任;任何地方都是如此,必须懂得规则和礼法,自觉地遵守规则和礼法;谁坏了规矩,谁就得承担责任。

(五)建设班组和谐文化

所谓和谐文化,是指以崇尚和谐、追求和谐为价值取向的思想文化。

和谐文化体现在思想观念、价值体系、行为规范、社会风尚、产品、制度体制等形式上,影响人们的价值选择、思维方式、心理结构、伦理道德和行为方式。追求人类和平、人际和睦、世间万物和谐共生是和谐文化的核心价值取向。建设班组和谐文化的根本任务是倡导和谐的价值取向。

和谐文化最核心的内容,就是崇尚和谐理念,体现和谐精神,大力倡导和谐的理想信念,坚持和实行互助、合作、团结、稳定、有序的社会准则。也就是以和谐理念贯穿于相关的文化形态和文化现象之中,以和谐作为基本的价值取向,并以此影响其他各种文化形式,促进整个和谐班组的建设。

和谐文化的表现形式是:一切关于人类和平的思想、观念和信仰;一切关于和平的契约、和睦的关系、和谐的互动方式;一切有利于人们和睦、和谐、和气的道德风尚、礼仪、行为准则;一切反映人们追求和平、和睦、和谐的文学、艺术、戏剧、影视作品等文化形态。

我们要构建的和谐班组主要是指班组成员相互依存、相互协调、相互促进的状态,表现为个人自身和谐、人际关系和谐、人与社会关系和谐、人与自然关系和谐、班组与外界和谐。和谐文化是和谐班组具有凝聚力、向心力和感召力的源泉,也是我们的精神家园。

倡导和谐文化有助于引导班组成员崇尚和平、和睦、和谐的理念和精神,形成共同的和谐社会理想,奉行互助、合作、团结、稳定、有序的社会准则等,直接为创建和谐班组服务。

(六)建立沟通制度

建立沟通制度,使沟通及时、有效。如何沟通参见十四章第八项修炼——人际沟通的艺术。

[本章小结]

创建和谐型班组,必须以班组长为核心,以价值观为基点,以规则为约束。和谐的必须是自动的、主动的,就像人体各主要器官之间的配合那样默契。班组各成员之间配合得像一个整体一样。自主管理、主动配合、主动工作。需求时自来,不需求时自退。实现了和谐,就

第三章 如何创建和谐型班组

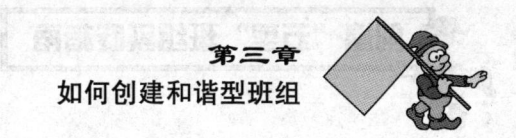

达到管理的最高境界。

和谐就是有秩序,秩序就是规则。世界是由不同的规则构成的。道德是规则,礼仪是规则,法律是规则,企业的规章制度是规则,各行各业各有规则。所以做人、做事、做学问都要按规则行事,否则寸步难行。

和谐的班组一定是安全的、节约的、清洁的、环保的、人性化的、照章办事的、遵纪守法的。所以说和谐型班组建设是"五型"班组建设的关键。

第四章 如何创建安全型班组

在某种程度上可以这样说，没有安全便没有一切。

第一节 创建安全型班组的重要性

一、没有安全便没有一切

无论是个人、班组、企业乃至社会，安全是第一位的，不安全就是不和谐，不安全是最大浪费。生存需要安全，发展需要安全，没有安全便没有了一切。

在一个危险场所中，99%的电器设备都是防爆的，只有一个开关不防爆，这个场所实际上就是不安全的。因为安全是一个特殊的领域，一个极其微小的失误，可能导致一场大的灾难。

20世纪80年代，美国"挑战者"号航天飞机在肯尼迪航天中心发射升空不久后爆炸。这突如其来的巨大惨案使所有在场的和在电视机前的观众们目瞪口呆，惘然不知所措，呆呆地眼看爆炸后的碎片在发射场上空散落达1小时之久。飞船上7名机组人员全部遇难。这场事故曾使美国的航天事业受到沉重打击，美国的航天飞机在以后的3年中停止了飞行。后来根据调查这一事故的总统委员会的报告得知，其实爆炸是一个不起眼的O型密封圈失效所致，小问题引发了大灾难。安全无小事，安全生产最根本的目的是保护生产人员的生命和健康，这是企业正常生产运营的必要保证。创建安全型班组是企业各项安全管理中一个最为重要的组成部分，是为保护员工在生产过程中的安全与健康而采取的各种组织措施和技术措施。

安全无小事，蝴蝶效应一例。法国历史上有一个典故：失了一颗铁钉，丢了一个马蹄铁；丢了一个马蹄铁，折了一匹战马；折了一匹战马，损了一位将军；损了一位将军，输了一场战争；输了一场战争，亡了一个帝国。

一个帝国的灭亡，一开始居然是因为一位能征善战的将军的战马的一只马蹄铁上的一颗小小的铁钉松掉了。正所谓小洞不补，大洞吃苦，每次一点点的小变化，最终可能会酿成一场灾难。

二、创建安全型班组是对每个劳动者负责

我们大家都希望过上更加幸福的生活，希望拥有健康，希望快乐，希望富裕。为了实现这个愿望，我们进行劳动。但是，由于劳动使我们的身体受了伤，或者健康受到损害，那怎么办呢？为了追求幸福反而遭到了不幸，这是个极大的矛盾，必须解决。消除这个矛盾，珍惜保护生命，使我们安心地劳动，创造光明而舒适的工作和生活环境，这是我们创建安全型班组的使命。

第四章 如何创建安全型班组

同时,企业中的劳动者都在班组中劳动,有一个安全型的班组,关系到每一个劳动者的切身利益,可以说这是劳动者面临的非常重要的问题之一。

三、创建安全型班组是每个企业的重要责任

企业安全工作的好坏,在很大程度上受制于班组安全管理的好坏,企业安全隐患和事故,大多是在班组及其活动场所出现的。为此,应当把企业安全工作的重点和对象放在班组。

每个企业都希望在生产过程中,劳动者能正确地使用机械或工具,在作业过程中和操作规程方面不蛮干、不徒劳无功、不随意乱动,更加迅速、更加经济地生产出精良的产品。但是在生产过程中可能会出现下列问题:

(1)作业环境恶劣;
(2)不按操作规程作业的违章作业;
(3)乱动别人的设备;
(4)未断电进入设备运行范围;
(5)精力不集中;
(6)违反劳动纪律;
(7)未确认安全使用工具;
……

如果在班组中消除了这些不利因素,就可以使企业生产和安全都向前发展。

四、创建安全型班组是对社会负责

安全型班组要解决具体的安全问题,是基于尊重生命的人道上的问题考虑,因为受伤和疾病会给社会带来很大的影响。从个人来说,会造成肉体上的痛苦,由于不能工作或工作能力减退而减少收入,有的场合会造成终生残废的痛苦。对于家属也会受到精神上的折磨、经济上的损失,如果本人死亡,将留给家属终生的痛苦。对于同事,会增加作业量的负担,增加处理灾害事故的麻烦。对于企业,劳动力的损失、工程的变更、作业效率的降低,发生治疗和赔偿等支出等都会给企业造成损失。这样一来受伤和疾病就会给社会带来不安定的因素。防患于未然,这是班组创建安全型班组的重要性之一。基于社会经济问题考虑,如果在工作中发生事故,会直接或间接导致巨大的损害,为防止这种社会性的损害,我们要创建安全型班组。

2005年11月13日,中国石油天然气集团公司(以下简称中石油)吉林石化分公司双苯厂发生爆炸事故,造成8人死亡,60人受伤,爆炸还造成约100吨苯类物质流入松花江,致使江水严重污染,沿岸数百万居民的生活受到影响。经调查,该事件定性为特大安全生产责任事故和特别重大水污染责任事件。事故教训深刻,安全与环保的经常性工作与危机处置机制一个都不能少。

2004年12月9日下午4点20分左右,山西盂县南娄镇工业集团下属的大贤煤矿三坑发生特大瓦斯爆炸,共造成33名矿工遇难。事故发生时,井下共有71人作业,有38人成功升井,其中24人受伤。

2003年12月23日,中石油管辖的重庆市开县高桥镇川东北气矿16H井发生特大井喷

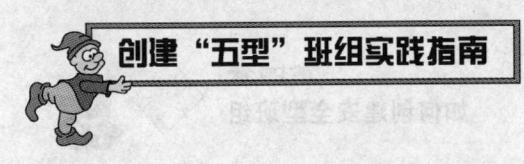

事故,造成243人死亡,人民财产受到重大损失。这是一起重大的责任事故,相关责任者都受到了惩罚。中石油将每年的12月23日作为安全生产警示日。

一个个触目惊心的事故,给多少家庭带来了灾难,也给社会造成了不可估量的损失。我们没有理由不重视安全。

第二节 创建安全型班组的主要理论依据和步骤

一、创建安全型班组的主要理论依据

创建安全型班组的主要理论依据是海因里希法则。美国著名安全工程师海因里希统计了55万件机械事故,其中死亡、重伤事故1666件,轻伤48334件,其余则为无伤害事故。从而得出一个重要结论,即在机械事故中,死亡、重伤、轻伤和无伤害事故的比例为1:29:300,也称"1:29:300法则"。这个法则说明,在机械生产过程中,每发生330起意外事件,有300件未产生人员伤害,29件造成人员轻伤,1件导致重伤或死亡。这个统计规律说明了在进行同一项活动中,无数次意外事件,必然导致重大伤亡事故的发生。而要防止重大事故的发生必须减少和消除无伤害事故,要重视事故的苗头和未遂事故,否则终会酿成大祸。例如,某机械师企图用手把皮带挂到正在旋转的皮带轮上,因未使用拨皮带的杆,且站在摇晃的梯板上,又穿了一件宽大长袖的工作服,结果被皮带轮绞入碾死。事故调查结果表明,他这种上皮带的方法使用已有数年之久。查阅四年病志(急救上药记录),发现他有33次手臂擦伤后治疗处理记录,他手下工人均佩服他手段高明,结果还是因此导致死亡。这一事例说明,重伤和死亡事故虽有偶然性,但是不安全因素或动作在事故发生之前已暴露过许多次,如果在事故发生之前抓住时机,及时消除不安全因素,许多重大伤亡事故是完全可以避免的。

海因里希把工业伤害事故的发生、发展过程描述为具有一定因果关系的事件的连锁发生过程,即:

(1)人员伤亡的发生是事故的结果。

(2)事故的发生是由于:① 人的不安全行为;② 物的不安全状态。

(3)人的不安全行为或物的不安全状态是由于人的缺点造成的。

(4)人的缺点是由于不良环境诱发的,或者是由先天的遗传因素造成的。

海因里希的工业安全理论认为:人的不安全行为、物的不安全状态是事故的直接原因,企业事故预防工作的中心就是消除人的不安全行为和物的不安全状态。海因里希的研究说明大多数的工业伤害事故都是由于工人的不安全行为引起的。即使一些工业伤害事故是由于物的不安全状态引起的,则物的不安全状态的产生也是由于工人的缺点、错误造成的。因而,海因里希理论把工业事故的责任归因于工人。从这种认识出发,海因里希进一步追究事故发生的根本原因,认为人的缺点来源于遗传因素和人员成长的社会环境。

二、创建安全型班组的步骤

创建安全型班组可以分为以下三个步骤:

(1)培育安全理念,创建良好的班组安全文化;

(2)健全安全制度,责任到人;

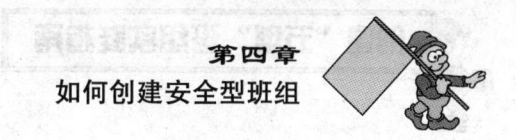

(3)实施安全目标管理。

第三节　创建良好的班组安全文化

一、安全文化的定义

(一)什么是安全文化

企业安全文化是企业文化的组成部分,是企业文化的主要分支。它既包括保护员工在从事生产经营活动中的身心安全与健康,即无损、无害、不伤、不亡的物质条件和作业环境,也包括员工对安全的意识、信念、价值观、经营思想、道德规范、企业安全激励机制、安全的精神等因素。

企业安全文化顾名思义是指企业(或行业)在长期安全生产和经营活动中,逐步形成的,或有意识塑造的又为全体员工接受、遵循的,具有企业特色的安全思想和意识、安全作风和态度、安全管理机制及行为规范;企业的安全生产奋斗目标、企业安全进取精神;保护员工身心安全与健康而创造的安全而舒适的生产和生活环境、防灾避难应急的安全设备和措施等企业安全生产的形象;安全的价值观、安全的审美观、安全的心理素质和企业的安全风貌等种种企业安全物质因素和安全精神因素的总和。

当今的企业安全文化是以人为本的"安全性管理"为中心,以员工安全文化素质为基础所形成的群体和企业的安全价值观(即生产与人的价值在安全取向上的统一),表现为员工中的激励安全生产和敬业精神。建立起"安全第一、预防为主","尊重人、关心人、爱护人","珍惜生命、文明生产","保护劳动者在生产经营活动中的身心安全与健康"的安全文化氛围是企业安全文化的出发点,也是最终的归宿。企业安全文化也是广施仁爱、尊重人权、保护人的安全与健康的高雅文化。

要使企业员工建立起自保互爱互救、心和人安,以企业为家,以企业安全为荣的企业形象和风貌,要在员工的心灵深处树立起安全、高效的个人和群体的共同奋斗意识,当今最根本的方法和途径就是对员工进行安全知识和技能教育、安全文化教育。根据企业的特点、安全管理的经验,以建立保护员工身心安全的安全文化氛围为首要条件,依靠先进的安全科技和现代安全防灾的风险控制方法,以新的安全生产营运机制,发展生产,提高效益,实现共同的安全价值观,形成具有各自特色的企业安全文化。

(二)安全文化的范畴

1. 安全文化的形态体系

企业安全文化是多元的复合体,由安全的观念文化、安全的行为文化、安全管理(制度)文化、安全的物质文化组成。

2. 安全文化的对象体系

安全文化的对象体系包括:班组长的安全文化、安全专职人员的安全文化、员工的安全文化、员工家属的安全文化。

3. 安全文化的领域体系

班组的安全文化建设涉及的领域分为:班组外部社会领域的安全文化(如家庭、社区、生

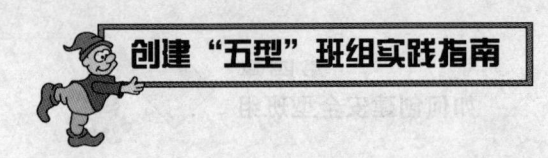

活娱乐区等方面的安全文化)、班组内部领域的安全文化(如厂区、车间、岗位等地区的安全文化)。

(三)企业安全文化的形态体系

1. 安全观念文化

当代我们需要建立预防为主的观念、安全也是生产力的观点、安全第一的观点、安全就是效益的观点、安全性是生活质量的观点、风险最小化的观点、最行之有效安全性的观点、安全超前的观点、安全管理科学化的观点等,同时需要树立自我保护的意识、保险的意识、防患未然的意识等。

2. 安全行为文化

行为既是时代文化的反映,同时又作用和改变着社会的文化。现代工业社会,我们需要发展的安全行为文化是:进行科学的安全思维、强化高质量的安全学习、执行严格的安全规范、进行科学的安全指挥、掌握必需的应急自救技能、进行合理的安全操作等等。

3. 安全制度文化

从建立法制观念、强化法制意识、端正法制态度,到科学地制定法规、标准和规章,严格地执法程度和自觉地执法行为等。同时,安全制度文化建设还包括行政手段的改善和合理化、经济手段的建立与强化,等等。

4. 安全物质文化

物质是文化的载体,又是文化发展的基础。生产中的安全物质文化体现在:一是生产技术、生活方式与生产工艺的本质安全性,二是生产和生活中所使用的技术和工具等人造物及与自然相适应有关的安全装置、用品等物态本身的可靠性。

(四)现代安全观念

安全第一的哲学观、安全也是生产力的认识观、安全表征人类生存质量的效益观、安全具有综合效益的价值观、设置合理安全性的风险观、人机环境协调的系统观、本质安全化与预防为主的科学观、遵章(法)守纪的法制观、珍惜生命与健康的情感观等都属于现代安全观念。

(五)现代安全文化建设的新特点

(1)现代的安全文化,其特点是本质化(人物本质安全)、预防型的。理念是"隐患胜于事故,隐患大于明火"。预防型是指预教、预测、预想、预报、预警、预防等"六预"。

(2)从安全原理的角度,在"人因"问题认识上,现代安全文化对人的安全素质具有更深刻的认识,即从知识、技能和意识等扩展到思想、观念、态度、品德、伦理、情感等更为基本的素质层面。

(3)安全文化建设要解决人的基本素质,这必然要对全社会和全民的参与提出要求。因为人的深层的、基本的安全素质需要从小培养,全民的安全素质需要全社会的努力。实施人类安全对策,实现人类生产、生活、生存的安全目标,必须是全社会、全民族的发动和参与。因此,现代安全文化建设需要大安全观的思想。人人安全、事事安全、时时安全、处处安全。

(4)现代安全文化建设具有宽广的内涵,既包含安全科学、安全教育、安全管理、安全法制等精神领域,同时也包含安全技术、安全工程等物质领域。因此,在人类的安全手段和对策方面,安全文化建设更具有系统性。企业安全文化建设是企业预防事故的基础性工程,其意义表现在:具有保障人类安全生产和安全生活的战略性意义;具有安全手段的系统性,不仅包括安全宣传、文艺、管理、教育、文化、经济等软手段的建设,还包括安全科技、安全工程、安全设备、工具等硬技术的建设,因此具有综合、全面性和可操作性的特点。

[案例一]

扁鹊的医术

魏文王问名医扁鹊说:"你们家兄弟三人,都精于医术,到底哪一位最好呢?"

扁鹊答:"长兄最好,中兄次之,我最差。"

文王再问:"那么为什么你最出名呢?"

扁鹊答:"长兄治病,是治病于病情发作之前。由于一般人不知道他事先能铲除病因,所以他的名气无法传出去;中兄治病,是治病于病情初起时。一般人以为他只能治轻微的小病,所以他的名气只及本乡里。而我是治病于病情严重之时。一般人都看到我在经脉上穿针管放血、在皮肤上敷药等大手术,所以以为我的医术高明,名气因此响遍全国。"

启示:事后控制不如事中控制,事中控制不如事前控制,可惜大多数的企业经营者未能体会到这一点,等到错误的决策造成了重大的损失才寻求弥补。而往往是即使请来了名气很大的"空降兵",结果仍于事无补。

(六)企业安全文化建设实践意义

(1)企业安全文化建设是预防事故的一种"软"对策,它对于预防事故具有长远的战略性意义。

(2)企业安全文化建设是预防事故的"人因工程",以提高企业全员的安全素质为最主要任务,因而具有保障安全生产的基础性意义。

(3)企业安全文化建设致力于创造一种良好的安全人文氛围和协调的人、机械、环境关系,安全文化建设除了关注人的知识、技能、意识、思想、观念、态度、道德、伦理、情感等内在素质外,更重视人的行为、安全装置、技术工艺、生产设施和设备、工具材料、环境等外在因素和物态条件。从而对人的不安全行为产生控制作用,以达到减少人为事故的效果。

(4)由于安全文化建设是一项基础性、战略性的工程,这就需要我们从长计议、持之以恒,急功近利、半途而废是不可取的。

二、培育安全文化的步骤

(一)开展安全教育,提升班组的安全意识

班组的安全教育是企业三级安全教育中最基层的安全教育。

1. 班组安全教育的内容

(1)介绍本班组的生产概况特点、范围、作业环境、设备状况、消防设施等。重点介绍可能发生伤害事故的各种危险因素和危险部位,可用一些典型事故实例去讲解。

(2)讲解本岗位使用的设备、工器具的性能、防护装置的作用和使用方法;讲解本工种安全操作规程和岗位责任及有关的安全注意事项,使班组成员真正从思想上重视安全生产,自觉遵守操作规程,做到不违章作业,爱护和正确使用机器设备、工具等;介绍班组安全活动内容及作业场所的安全检查和交接班制度;教育班组成员发现了事故隐患或发生了事故,应当及时报告领导或有关人员,并学会如何紧急处理险情。

(3)讲解正确使用劳动保护用品及其管理方法和文明生产的要求。

(4)实际安全操作示范,重点讲解安全操作要领,边示范边讲解,说明注意事项,并讲述哪些操作是危险的、违法的,使员工懂得违章将会造成的严重后果。

2. 通过安全教育,消除员工四种心理

(1)轻视心理。在有些员工心里,对于安全和生产、人身安全和周围环境之间没有清晰的概念,他们没有在心里摆正位置。这样的心态到事故出现时,才觉得后悔莫及,而这时要想办法去弥补则要付出巨大的代价。也有的班组长在工作失误出现安全隐患时,为了不让自己的工作失误被上司发现,经常采用欺瞒的手法,大事化小,小事化了,极力在自己内部摆平。可是在现实中更多的是有的班组长明明知道没办法摆平这些事情,仍是尽力设法捂住,直到事故再次发生时才发现其实这些事故是由安全管理中若干小问题累积而成,最终酿成大错。

(2)麻痹心理。很多员工觉得上班时天天穿防护用品是一件很麻烦的事情,就算有一天不戴安全帽也没多大关系;有的员工觉得这些工作我已经做了几年甚至几十年了,从来没有出过问题,这次就算不穿防护用品也不会出事;有的员工觉得天天强调安全是小题大做,完全不理会安全制度,我行我素。在很多情况下他们平日一些图省事的工作方式,一直没有出过事故,因而心里觉得安全制度、安全守则不过是危言耸听,于是就放松警惕,而这种行为又很容易被他人学习或模仿,继而在整个班组里逐渐形成自行简化的工作习惯。在大多数情况下,这种习惯作业简便易行,看上去好像也没出什么问题,从而让有的人觉得"安全管理也不过如此",并让这种思想慢慢形成。其实这种麻痹心理正是安全生产的大敌,其危害性在于有了麻痹心理就会逐渐丧失自我安全保护意识,就暴露出"无知"、"糊涂"的特点。而现实生活中,绝大部分安全事故的发生就是麻痹思想造成的。

(3)侥幸心理。有人往往喜欢耍小聪明,明知不该去做的事,也要去做。还会不自觉地走捷径,或者自己欺骗自己,"下不为例"却屡屡再犯。"凭经验办事"等行为可能有时会让我们的工作更快捷,但也会让我们犯下大错。所以说心存侥幸是安全事故的毒苗。

(4)情绪心理。员工的工作情绪是影响工作行为的重要因素之一,在工作中不良的情绪状态是引发事故的基本原因。情绪变化的起因有很多种,如经济压力、家庭问题、健康问题、人际关系问题,等等。

(二)加强舆论宣传,让安全文化融于心

企业付出巨大心血制定的员工行为规范、安全价值观、安全奋斗目标、安全形象,若没有人去宣传它、推广它,就只是个摆设,像浮云流水,怎么会深入人心呢?安全文化是全员文化,引导全员参与。通过对员工进行灌输教育、安全培训、广而告知等做法,导入安全文化;通过安全文化标语、口号、警语和安全警示标志宣传安全文化,如"以人为本、安全至上"、"员工生命高于天,安全责任重于山"、"安全为了生产,生产为了安全,没有安全就不会有生产"、"人人都是安全员"、"一切事故都是可以控制和避免的"、"一人安全,全家幸福"等在各工作现场随处可见。张贴宣传挂图、宣传消防知识、交通安全知识、安全生产知识让班组成员感到处处有安全文化,处处都安全和谐。通过安全法律法规、事故案例强化安全意识,如用安全电教演示等图文并茂、形象生动的内容,将常见安全隐患及预防、治理展示给员工,对班组成员进行安全基础感观教育。

通过开展丰富多彩的安全活动,形成浓厚的舆论氛围,开展一系列的主题教育活动。例如:以"关爱生命,注重安全,综合治理,确保平安"为主题,开展"安全生产月"活动;开展集中宣传安全教育活动;开展寓教于乐的安全娱乐活动;开展"无事故班组"月度评比活动;编发包含安全理念的《企业文化手册》,开展集中学习活动;开展安全知识测试活动;开展安全自查活动,等等。使安全理念,根植于员工内心深处,并使之转化为安全行为。又如:组织开展以安全文化价值观为主题的演讲比赛、安全文化知识竞赛、安全文化辩论赛等;工作中开展创建绿色安全生产岗位竞赛、安全技能比赛、安全工作合理化建议等活动。使员工在参与中逐渐由了解到认知,由认知到认同,由认同到成为自觉的行为。最终达到让员工潜移默化地接受新的安全价值观,并自觉地用以指导自己的行动。

(三)企业领导者以身作则,让安全文化有示范

企业舞台上的领导者是一种特殊的组织角色,企业组织领导者的地位赋予他们以领导企业文化建设的光荣使命。企业领导者是企业生产经营、制度建设的负责人,也是企业文化的倡导者和示范者,在塑造新型企业安全文化中起着举足轻重的作用。企业安全文化定格后,企业领导者在工作实践中要积极宣传安全文化,身体力行,让员工看到企业提倡什么,反对什么,以及以什么样的准则和规范从事工作。如果相反,领导者不去倡导和身体力行,企业安全文化在员工中就不会得到强化,就难以变成全员共享的文化。久而久之,只能游离于安全文化价值规范体系之外,陷入空谈,经过精心设计的积极的企业安全文化也会逐渐恢复到原有的状态中去。

(四)利用制度进行强化,让安全文化融于行

要巩固无形的企业安全价值观,不能单纯停留在口号上,必须寓无形于有形之中,将其渗透到企业的每一项规章制度、政策及工作规范、标准和要求当中,进行强势推动,使员工从事每一项经营管理活动,都能够感受到企业安全文化在其中的引导和控制作用。这种做法对企业制度的重要性,每一个员工都不会有疑义,能够达成共识。把制度建设与企业安全文化建设联系起来,并有意识地结合到管理工作的具体实践中,这是需要进一步加强的。只有让员工把那些约束行为的制度变成了自己的行动指南,从思想上接受企业倡导的安全价值理念,企业安全文化才有恒久的活力。

(五)鼓励正确行为,安全文化进岗位

企业安全价值观的最终形成是一种个性心理的积累过程,这一过程需要不断强化。当员工的正确行为受到鼓励以后,这种行为才能再现,进而成为习惯稳定下来,并逐渐渗透到员工的深层观念之中。以实现"在岗一分钟,安全六十秒"目标。不仅如此,对正确的行为进行鼓励,让员工感到我们的企业已经开始注重把企业安全文化的塑造更多地落实在行动上,也给其他员工树立了实际的榜样,从而产生模仿效应。因此,对符合企业安全价值标准的行为不断给予鼓励和强化,是巩固企业安全价值观不可或缺的重要一环。

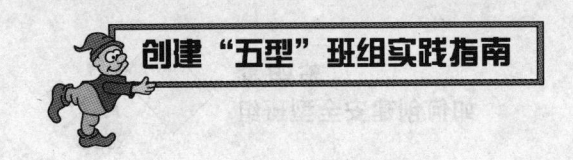

第四节　健全安全制度实施责任到人

班组要根据实际情况,制定操作性强、具有实践意义的规章制度。

健全安全制度主要有《班组职业健康安全与环境管理规定》、《班组安全生产责任制》、《班组安全事故管理办法》、《班组安全违章处罚规定》等有关安全管理制度,并严格贯彻执行。建立安全制度要做到以下三点。

一、要有健全的制度

(1)班组员工岗位责任制。在一个班组内,每位员工的工作都相对固定,有了岗位责任制度,也就明确了各自的工作职责、岗位行为。

(2)安全自检、互检、专检制度。自检、互检和专检制度是安全检查制度的延伸和拓展。

(3)安全教育与培训制度。提高员工安全意识,让员工熟练掌握业务技能是企业实现安全生产的重要一环。

(4)安全奖惩制度。奖,奖在刀刃上;罚,罚在要害处,把员工生产安全与经济利益挂钩。

二、要规范作业行为

规范员工作业行为,养成良好的作业习惯,对企业安全生产有着重要意义。规范员工作业行为要实现以下四项标准化:

(1)员工作业程序标准化,防止偷工减料或简化作业程序的行为,遵章守纪,杜绝冒险作业行为。

(2)生产设备、安全设施标准化。最大限度地发挥机械设备和安全设施的作用。

(3)安全用语标准化,班组成员心知肚明,不产生歧义或误解。

(4)员工个人劳动防护用品标准化,严格按规定着装穿戴,工作时正确使用劳保用品。

三、要有完善的监督机制

监督检查不仅是保证规章制度落实的关键,而且对班组行为形成一种约束力。班组的安全监督主要有以下几个方面:

(1)上级主管和安监部门的监督和指导。确保班组整体工作思路和方针正确。

(2)班组长负责制。明确班组长安全职责,坚决贯彻安全生产"一票否决"制度。

(3)发挥班组群监员、青岗员、安全员的作用,形成安全监督网络。

(4)明确员工参与安全管理的权利,对违章作业、违章指挥有制止和举报投诉权。

第五节　安全管理九项基本原则

在实施安全管理过程中,必须坚持以下九项基本管理原则。

一、坚持安全管理目的性的原则

安全管理的内容是对生产中的人、物、环境因素状态的管理,有效地控制人的不安全行为和物的不安全状态,消除或避免事故。达到保护劳动者安全与健康的目的。

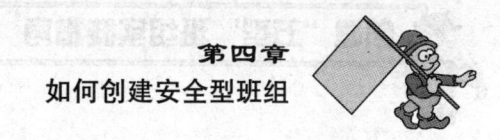

没有明确目的的安全管理是一种盲目行为。盲目的安全管理,充其量只能算作花架子,劳民伤财,危险因素依然存在。在一定意义上,盲目的安全管理,只能纵容威胁人的安全与健康的状态,向更为严重的方向发展或转化。

二、必须贯彻预防为主的原则

安全生产的方针是"安全第一、预防为主"。安全第一是从保护生产力的角度和高度,表明在生产范围内,安全与生产的关系,肯定安全在生产活动中的重要性。进行安全管理不是处理事故,而是在生产活动中,针对生产的特点,对生产因素采取管理措施,有效地控制不安全因素的发展与扩大,把可能发生的事故,消灭在萌芽状态,以保证生产活动中人的安全与健康。

贯彻预防为主,首先要端正对生产中不安全因素的认识,端正消除不安全因素的态度,选准消除不安全因素的时机。在安排与布置生产内容的时候,针对生产中可能出现的危险因素,采取措施予以消除是最佳选择。在生产活动过程中,经常检查、及时发现不安全因素,采取措施,明确责任,尽快地、坚决地予以消除,是安全管理应有的鲜明态度。

贯彻预防为主,要树立安全与危险并存意识。安全与危险在同一事物的运动中是相互对立、相互依赖而存在的。因为有危险,才要进行安全管理,以防止危险。安全与危险并非是等量并存、平静相处。随着事物的运动变化,安全与危险每时每刻都在变化着,进行着此消彼长的斗争。事物的状态将向斗争的胜方倾斜。可见,在事物的运动中,都不会存在绝对的安全或危险。

保持生产的安全状态,必须采取多种措施,以预防为主,危险因素是完全可以控制的。危险因素是客观的存在于事物运动之中的,自然是可知的,也是可控的。

三、安全与生产相统一的原则

安全寓于生产之中,并对生产起着促进与保证作用。因此,安全与生产虽有时会出现矛盾,但从安全、生产管理的目标来看,两者表现出高度的一致和完全的统一。安全管理是生产管理的重要组成部分,安全与生产在实施过程中密切联系,存在着进行共同管理的基础。

管生产同时管安全,不仅向各级领导人员明确安全管理责任,同时,也向一切与生产有关的机构、人员,明确了业务范围内的安全管理责任。由此可见,一切与生产有关的机构、人员,都必须参与安全管理并在管理中承担责任。认为安全管理只是安全部门的事,是一种片面的、错误的认识。各级人员安全生产责任制度的建立,管理责任的落实,体现了管生产同时管安全的要求。

生产是人类社会存在和发展的基础。如果生产中人、物、环境都处于危险状态,则生产无法顺利进行,因此,安全是生产的客观要求。自然,当生产完全停止,安全也就失去意义。就生产的目的性来说,组织好安全生产就是对国家、人民和社会最大的负责。

生产有了安全保障,才能持续、稳定发展。生产活动中事故层出不穷,生产势必陷于混乱、甚至瘫痪。当生产与安全发生矛盾、危及员工生命或国家财产时,生产活动停下来整治、消除危险因素以后,生产形势会变得更好。"安全第一"的提法,决非把安全摆到生产之上,而忽视安全自然也是一种错误。

四、坚持"四全"管理的原则

安全管理不是少数人和安全机构的事,而是一切与生产有关人员共同的事。缺乏全员的参与,安全管理不会有生气、不会出现好的管理效果。当然,这并非否定安全管理第一责任人和安全机构的作用。生产组织者在安全管理中的作用固然重要,全员参与管理也同样十分重要。

安全管理涉及生产活动的方方面面,涉及从开工到竣工交付的全部生产过程,涉及全部的生产时间,涉及一切变化着的生产因素。因此,生产活动中必须坚持全员、全过程、全方位、全天候的动态安全管理。

只抓住一时一事、一点一滴,简单草率、一阵风式的安全管理,是走过场、形式主义,不是我们提倡的安全管理作风。

五、安全与质量相包含的原则

从广义上看,质量包含安全工作质量,安全的概念也内含着质量,两者交互作用,互为因果。安全第一,质量第一,两个第一并不矛盾。安全第一是从保护生产因素的角度提出的,而质量第一则是从关心产品成果的角度强调的。安全为质量服务,质量需要安全保证。生产过程丢掉哪一头,都要陷于失控状态。

六、安全与速度互保的原则

生产的蛮干、乱干,在侥幸中求得的快,缺乏真实与可靠,一旦酿成不幸,非但无速度可言,反而会延误时间影响生产。速度应以安全做保障,安全就是速度。我们应追求安全加速度,竭力避免安全减速度,安全与速度成正比例关系。一味强调速度,置安全于不顾的做法是极其有害的。当速度与安全发生矛盾时,暂时减缓速度,保证安全才是正确的做法。

七、安全与效益兼顾的原则

安全技术措施的实施,定会改善劳动条件,调动员工的积极性,焕发劳动热情,带来经济效益,足以使原来的投入得以补偿。从这个意义上说,安全与效益完全是一致的,安全促进了效益的增长。

在安全管理中,投入要适度、适当,精打细算,统筹安排。既要保证安全生产,又要经济合理,还要考虑力所能及。单纯为了省钱而忽视安全生产,或单纯追求安全不惜资金的盲目高标准,都不可取。

八、安全管理重在控制的原则

进行安全管理的目的是预防、消灭事故,防止或消除事故伤害,保护劳动者的安全与健康。在安全管理的四项主要内容中,虽然都是为了达到安全管理的目的,但是对生产因素状态的控制,与安全管理目的的关系更直接,显得更为突出。因此,对生产中人的不安全行为和物的不安全状态的控制,必须看做是动态的安全管理的重点。事故的发生,是由于人的不安全行为运动轨迹与物的不安全状态运动轨迹的交叉。从事故发生的原理,也说明了对生产因素状态的控制,应该当作安全管理重点,而不能把约束当作安全管理的重点,是因为约束缺乏强制性的特点。

九、在管理中提高的原则

既然安全管理是变化着的生产活动中的管理,是一种动态行为,其管理就意味着是不断发展、不断变化的,以适应变化的生产活动,消除新的危险因素。然而更为重要的是不间断

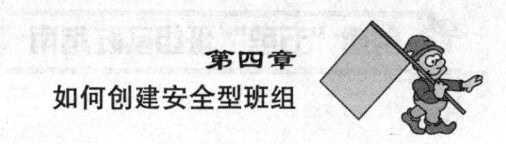

地摸索新的规律,总结管理、控制的办法与经验,指导新的变化后的管理,从而使安全管理不断上升到新的高度。

第六节 目标管理在班组安全生产中的运用

一、班组安全生产目标管理的概念

班组安全生产目标管理是指班组围绕公司、部门的总目标及安全生产所要达到的最终目标,通过层层分解,确定行动管理方案,安排工作进度和有效地组织实施,并对班组成员进行考核的一系列的组织、激励、控制活动。

二、班组安全生产目标管理的特点

安全生产目标管理具有目的性、分权性和民主性三个特点。所谓目的性,就是当前一个时期内实现安全生产的任务并使其具体化为全体班员步调一致的目标。有了明确目标也有利于部门的检查和考核。制订具体目标时应包括达到的程度、完成期限、保证体系和考核奖惩。所谓分权性,是指安全总目标在班组内部逐层分解、展开,还要逐层下放目标管理的自主权,实行分权。即在目标制订以后班组长根据目标的内容授予班组成员相应权利,使其完成相应目标。所谓民主性,是指安全生产目标管理要有全体班员的参与,并在投入过程中发现不足,纠正违章。

三、班组安全生产目标管理的意义及其功能

(一)班组安全生产目标管理的意义

班组实施安全生产目标管理能够充分调动和激励班组成员安全生产的积极性,并可提高班组的科学管理水平以及企业的经济效益。其表现为:

(1)实行安全生产目标管理有利于加强班组全面计划管理;

(2)安全生产目标管理通过企业目标和个人目标密切结合,实行有关权限下放和自我管理,采用目标、责任、权利、利益相互挂钩来充分调动广大班员的安全生产积极性;

(3)实行安全生产目标管理,有利于企业生产经营管理水平的提高,确保经济效益。

(二)班组安全生产目标管理的功能

1. 导向功能

在安全生产中对全体班员的引导作用,通过确定班组目标,明确班组安全管理的努力方向,制订相应的班组安全管理规章制度,指引每一个班员努力使自己的一言一行、一举一动符合企业的安全目标。

2. 约束功能

使每一个班员深刻认识到安全规章制度的必要性,从而能自觉地遵章守纪,自觉地帮助他人规范安全行为,做到三不伤害,提高班组整体安全水平。

3. 凝聚功能

由于班组目标显示共同的安全目标、意识和追求,故把全体班员紧紧地联系在一起,从而同心协力奋勇拼搏,使每个人对班组产生信赖感、可靠感、依赖感和归宿感。

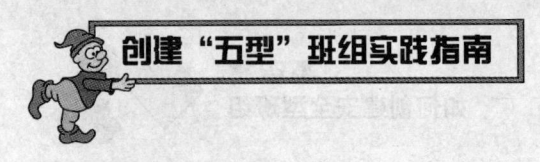

4. 激励功能

通过表彰安全先进、树立安全标兵等多种方法，激发全体班员的安全生产积极性、主动性，培养"厂兴我荣"、"同舟共济"的集体观念，使生产进入安全高效的良性循环。

四、班组安全生产目标管理的具体实施方法

班组安全生产目标管理一般可以分为制定目标、实施目标、检查效果、总结评核四个阶段。

（一）制定目标

这是目标管理的核心。这个阶段包括掌握现状、确定目标、层层分解三个环节。

1. 正确地掌握现状

正确地掌握现状，找出差距和问题点并用数据说话是开展目标管理的前提。

2. 制定目标

根据主客观条件制定目标既要高标准，又要要切合实际；既要定量，又要定性；既要反映全面，又要突出重点，然后目标值一层层地分解落实到位形成一个目标体系。如确定不发生差错及违章和在安全目标周期内合计违章扣分的控制目标、确定两票合格率、缺陷上报率、定期巡视到位率及安全工器具的完好率、配套率等。

安全目标的制定要在企业总体目标的指导下，形成个人向班组、班组向上级部门负责的层次管理。

（1）直接目标。根据上级部门下达的产量、质量、安全、环保、工艺指标、设备完好率等来确定安全直接目标。

（2）相邻目标。根据工作中上道工序和下道工序以及其他部门、班组的业务联系和服务要求来确定安全相邻目标。

（3）文化建设目标。根据企业有关部门的布置，拟定遵章守纪、文明礼貌、行为规范、文化教育等方面内容来确定安全文化建设目标。

3. 安全目标的分解

安全目标的分解要着重于展开、逐个落实。使企业对班组的各项安全管理工作都能够简便化、统一化、正规化地全面展开。

具体目标要做到量值数据化。班组的安全管理、安全教育、安全活动、隐患整改都要用数值反映，用定量为主的数据指标代替定性为主的形式内容，使班组安全目标反馈出的各种数据真实、清晰、完整、准确。

（二）安全目标的实施

这是目标管理的保证。所谓实施，主要是指实现目标的保证措施和制度。班组长可以通过制定目标推进网络图，掌握实现目标过程的方向和进度，协调方方面面的关系，保证目标的实现。要解决好人、物、环境三者之间存在的问题。人的问题，即如何提高班组成员安全意识、工作责任感和业务技术水平，如何落实三不伤害、杜绝违章；物的问题，即如何提高设备安全可靠性，如何落实工艺质量标准，提高设备的有效率；环境的问题，即如何加强现场安全和文明生产管理，如何提高班组安全设施的可靠性，做到现场不留隐患。

安全目标确定、分解以后，就必须着重加强相互之间的责任感，激发班组全员潜在的积极性、创造性、主动性。努力实现班组安全管理方法科学化、内容规范化、基础工作制度化。

(1)以安全责任制促进安全目标的落实。要把考核个人的主要经济技术指标与安全工作目标纳入岗位安全责任制中，以百分制或其他方式进行考核，其内容应该是公共性指标和班组安全方针目标；

(2)以小指标单项竞赛促进安全目标的实施。要运用激励的方法，组织班组成员开展比学赶帮超活动，如增产赛、降耗赛、连运赛、岗位练兵、安全合理化建议、查隐患堵漏洞等。

（三）安全目标的考核

为提高安全目标管理效能，目标在实施过程中和完成后都要进行考核、评价，并对有关人员进行奖励或惩罚。考核是评价的前提，是有效实现目标的重要手段。目标考评是领导和群众依据考评标准对目标的实施成果客观的测量过程。这一过程避免了经验型管理中领导说了算，缺乏群众性的弱点，通过考评使管理工作科学化、民主化。通过目标考评奖优罚劣，避免大锅饭，对调动员工参与安全管理的积极性起到激励作用，为下一个目标的实施打下良好基础，从而推动安全管理工作不断前进。安全目标的考核主要有以下两个方面。

1. 安全检查

这是目标管理的关键，主要包括信息传递和决策指导两个环节。信息是安全管理工作的基础，在生产实施过程中，情况是经常变化的，各种问题会不断出现，检查的目的在于了解下达的目标和各自承担的职责是否贯彻和执行，贯彻的结果如何。可以通过听、谈、问、查、看等方法进行检查，把成果与确定的目标值加以比较，作为考核依据。对于过程中出现的问题及时进行分析，采取有效措施加以解决和改进，以确保目标值的实现。

2. 安全考核

在考核中，一是要从严从实，二是要认真把关，对于经济技术指标和班组安全管理指标，严格按照定量要求进行考核，做到不降标准、不漏项目；对于安全文化建设方面的定性指标，则要特别注意考核知识技能、进取精神、劳动态度、团结协作等。

由于考核的标准、内容、对象不同，因此对目标的考核方法也不同，但考核方法应简单、易行，具有系统性、综合性、多样性。可采取分项计分法、目标成果考核法、岗位责任考核法等。

班组安全目标的考核要和安全责任制挂钩。要避免考核时重"硬"轻"软"的倾向，更不能以"硬"指标掩盖或取代"软"指标。

（四）总结

(1)目标的完成情况：包括完成的数量、质量和时间。

(2)协作情况：目标实施过程中班组个人间的联系与配合情况等。

这是目标管理的动力，主要包括考核和奖励两个环节。根据目标要求应该分阶段或定期地进行评比总结。具体地说就是按过程中的工作质量和实际贡献对照承担的目标进行考核记分，作为评选先进和计算奖金的依据。好的做法要肯定、发扬，不足之处要认真总结教训，以利于下一阶段的顺利循环。

五、安全型班组管理应注意的问题

再完善的规章制度不执行都是一纸空文，安全型班组管理的关键就是抓规章制度的落实,抓标准化作业的落实,从而减少"三违"(违章指挥、违章操作、违反劳动纪律)行为,杜绝事故发生。高度重视安全工作,牢牢坚持"安全第一,预防为主"的方针,严格遵守各种安全制度和操作规程,结合实际,创造性地开展班组安全管理工作。安全型班组的管理应该注意以下几个方面:

(一)要选拔安全意识强的班组长

一些企业只重视高层或中层管理人员的素质培养,而忽视了最基层管理者——班组长素质的提高,致使一些班组管理模式落后,缺乏创新精神。一名合格的班组长,不仅要熟练掌握本班组主要工作业务技能,解决一定层次的业务技术难题,还要具备一定的管理水平,才能起到模范带头作用,调动班组员工的劳动积极性。

(二)要牢固树立"安全第一、环保优先、以人为本"的管理理念

按照HSE体系的管理要求,以实现"零事故"为目标,认真落实班组岗位责任制,严格遵守劳动纪律,强"三基"(基层建设、基础工作、基本功训练),反"三违";严格执行技术标准、工作程序和操作规程,强化班组执行力;切实加强风险管理,全员参与危害识别、风险评估,制订和采取控制措施,提高应急反应和处理能力;开展全员安全教育培训,提高安全操作技能和安全意识,实现安全生产。努力把班组建设成为人人有专责、事事有人管、班班保安全的"受控细胞"。

(三)安全检查要到位

安全检查不搞形式主义,一忌无重点、无目的,走走看看,不着边际,查了之后什么结果也没有;二忌只查不改,隐患查出一大堆,十条八条照本记,过后石沉大海。这种检查只能助长歪风邪气,不利于班组安全整改。

安全无小事,细节决定成败。任何对细节的忽视都会带来难以想象的后果,必须进行科学、细致的观察和研究,才能防患于未然,百分之一的错误会导致百分之百的失败。平时的工作中,要注重细节,从小事做起。古人云:"天下大事必做于细,天下难事必成于易"。从简单的事情做起,从处理细微隐患入手,是搞好安全生产的关键。

(四)增强班组管理的亲和力,在规章制度面前人人平等

班组管理直接面对的是个性、年龄、文化层次等差异很大的员工,如果管理者板起面孔,一点人情味没有,那么班组就会失去亲和力,缺乏热情与活力。一方面,班组要严格做到用规章制度来管理和约束人,在对员工的奖惩上要行之有据;另一方面就是要积极做好员工的思想政治工作,努力化解其矛盾和不良思想情绪,帮助员工解决生活中的实际困难,让员工感到班组大家庭的温暖。

(五)要不断鼓励班组管理创新,善于消化吸收外来经验

安全型班组的建设最根本的是要以人为本、以实际为本。措施、规章都要具有针对性和可操作性,把事故消灭在萌芽状态,最大限度地发挥班组管理的作用,保证企业生产安全。同时要善于学习、吸收、消化其他班组的好经验,以此促进本班组的安全建设。

(六)安全管理奖罚分明

每月对安全隐患、劳保用品的佩戴、标准操作、不定期对设备进行维修等内容进行检查,对查出的安全问题和生产隐患,及时兑现奖罚,并限期整改复查,将安全隐患消灭在萌芽之

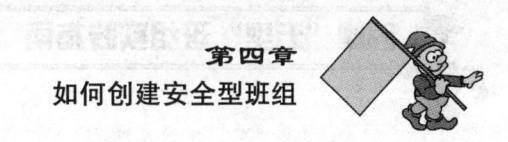

中。同时,全部实行现场标准化管理,改善作业环境,使员工产生舒适感,保持良好的工作热情。

（七）注重班前安全讲话

在安全监控的基础上,将班组安全讲话和记录作为安全管理的重要内容,作业班组,坚持每天开工前对施工作业危险点源进行安全讲话,安全员每周两次对安全讲话记录进行检查,并在记录簿上填写批语,提出改进意见。把"一切事故都是可以控制和避免的"、"不讲安全就等于犯罪,放弃安全就等于自杀"等安全理念,真正贯彻落实到员工的自觉行动中。员工从"要我安全"到"我要安全"、"我会安全",实现安全意识根本性转变。

（八）严格实行安全员制度

提高安全管理权限和权威性并逐步向监管职能分开过渡。积累经验,逐步推广,培养人才,加大安全监督力度。制作 HSE 监督牌,增强安全管理人员的威信,也监督安全人员认真履行安全职责情况。狠抓安全基础工作,加大现场监督、监护力度,挂牌并指派专人进行现场监督。完善相关管理制度,明确习惯性违章专项检查制度,HSE 监督员以此为依据开展检查,并切实抓好员工入厂安全教育和班前安全讲话制度,实现岗位操作"只有规定动作,没有自选动作"。

（九）扎扎实实做好全年安全工作总结

按照单位安全生产评选办法,组织评选安全先进集体和先进个人,并进行奖励,充分调动和激励广大员工的积极性。形成有章可循、有法可依、可操作性强的职业健康安全环境管理体系,逐步实现本质安全。

[本章小结]

安全是第一位的,没有安全便没有一切。安全工作是一切工作的基石。安全工作每一秒钟都不能忽略,必须时时处处不放松。

创建安全型班组,应把安全文化建设放在重要的位置,安全文化建设搞好了,安全型班组也就有了坚实的基础。

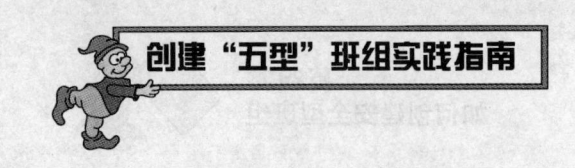

第五章　如何创建清洁型班组

清洁是和谐的需要,是安全的需要,是节约的需要,是提高生存质量的需要。

第一节　为什么要创建清洁型班组

一、不清洁的现象及危害

先对我们所在班组的工作现场情形作一下自我诊断,看看在工作中常常会出现哪些情况:

(1)急等着要的东西找不到,每次找一件工具,都要花很长时间,心烦;

(2)桌面上摆得凌乱,良品、不良品混杂,成品、半成品未曾区分,作业空间有一种压抑感;

(3)没有用的东西堆了很多,处理掉又舍不得,不处理又占用空间;

(4)工作台面上有一大堆东西,理不清头绪;

(5)地面脏污,现场设备灰尘很厚,长时间未清扫,有用和无用的物品同时存放,活动场所变得很小;

(6)作业现场物品乱放,道路堵塞,行人车辆难以通过;

(7)作业人员仪容不整或穿着不整;

(8)垃圾到处都是;

……

员工在这样杂乱不洁而又无人管理的环境中工作,就会越干越没劲,实践证明,在这样的现场作业,会产生下列后果:

(1)人们的工作情绪很坏;

(2)造成职业伤害,发生各种安全事故;

(3)降低设备的精度及使用寿命;

(4)由于标志不清而造成误用;

(5)影响工作和产品质量,大大降低工作效率。

二、建设清洁型班组的目的

清洁是和谐的需要,清洁是安全的需要,清洁是节约的需要,清洁是树立企业形象并提高生存质量的需要。创建清洁型班组有如下目的。

(一)改善情绪

清洁、整齐、优美的环境能带来良好的心情,使员工工作起来更认真。

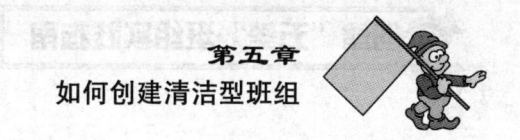

（二）减少浪费

习惯性的清洁不需要专职人员，节省人力；对物品的整理，减少占用场所、节约时间，这就是降低成本。

（三）提高效率

工作环境优美，工作氛围融洽，工作时自然得心应手。

（四）提供安全保障

工作场所宽敞明亮，通道畅通，地上没有随意摆放或丢弃的物品，墙上不悬挂危险品，这会使员工的人身安全、企业的财产得到相应的保障。

（五）营造团队精神

员工们养成良好的习惯，都变成有教养的员工，班组有凝聚力，员工有成就感，团队感增强。

（六）提升企业形象

整洁的工作环境、饱满的工作情绪和有序的管理方法，吸引更多的客户和更多的优秀人才。

第二节 推行"5S"管理，创建清洁型班组

一、"5S"的来源与发展

"5S"就是整理（Seiri）、整顿（Seiton）清扫（Seiso）、清洁（Seikeetsu）、素养（Shitsuke）5个词的缩写，"5S"起源于日本，最初是指管理的人员在现场生产管理中对生产的人员、材料、机器、工艺方法等生产要素进行有效的管理，这是日本企业独特的一种生产管理办法。因为这5个词日语中罗马拼音以"S"开头，故为"5S"。

1955年，日本的生产管理宣传口号为"安全始于整理，终于整理整顿"。当时只推行了整理与整顿前两个S，其目的仅是为了确保作业安全。后来因为生产和品质控制的需要而又逐步提出了"3S"，也就是清扫、清洁、素养，从而使得这种管理方式的应用空间和适用范围得到了进一步拓展。到1986年，日本相关的"5S"著作逐渐问世，从而对当时的整个生产现场管理模式形成冲击，并从此掀起"5S"的管理热潮。

日本企业将"5S"活动作为其管理工作的基础，推行各种有效的品质管理手法，第二次世界大战后，日本的产品品质迅速提升，奠定了其经济大国的地位。在丰田等大型日本企业的大力倡导下，"5S"对于塑造企业的形象，创造令人心旷神怡的工作场所、现场改善等方面发挥了巨大的作用。随着日本经济提升，这一管理方式也逐渐被各国的管理界所认识。随着世界经济的发展，"5S"已经成为当今世界生产现场管理的一股新潮流。

员工都希望有良好的工作环境、和谐融洽的工作气氛，"5S"是通过对现场的科学合理定置的整理、整顿，使现场人流、物流、信息流通畅，为企业创造一个文明、整洁、高效、温馨、明快的工作环境，唤醒每位员工心底的真、善、美追求，激发全体员工高昂的士气和责任感，形成优秀的企业文化，提高企业的知名度，从而塑造一流企业形象，实现共同的理想。

二、"5S"的定义与目的

——整理（Seiri）

定义：区分要与不要的物品，现场只保留必需的物品，不要的东西清理掉。

目的：将空间腾出来活用。

——整顿（Seiton）

定义：必需品依规定定位、定方法、完善、摆放整齐，标示明确。

目的：不浪费时间找东西，提高工作效率。

——清扫（Seiso）

定义：清扫现场内的脏污，并防止污染的发生。

目的：消除脏污，保持现场干净、明亮。

——清洁（Seikeetsu）

定义：将上面3S实施的做法制度化，规范化并贯彻执行及维持其成果。

目的：通过制度来维持成果，并显现"异常"之所在。

——素养（Shitsuke）

定义：依规定行事，从心态上养成好习惯。

目的：提升人的品质，培养对任何工作都讲究认真的人。

三、推行"5S"的作用与意义

（一）推行"5S"的作用

1. 提高品质

通过推行"5S"，给员工创造一个舒适的工作环境，通过经常性的清扫、点检，不断净化工作环境，避免人为失误，提高品质，使每一个员工都有品质意识，不要将不良品流向下一道工序。

2. 成本降低

通过推行"5S"，降低设备的故障率，减少各种资源的浪费，降低成本，提高企业的经济效益。

3. 效率提高

通过推行"5S"，工作能标准化和规范化，物品摆放有条理，减少查找时间，提高工作效率。

4. 减少安全事故的发生

通过推行"5S"，工作场所和环境得到改观，员工安全意识得到加强，可以减少安全事故发生的概率。

5. 员工素质得到提升

通过推行"5S"，员工素质得到提高，培养一种自律的工作习惯，形成人改变环境，环境改变人的思想观念。对员工进行"5S"教育，使员工形成一种团队合作精神，不要因小事而不为。

6. 顾客满意度得到提高

通过推行"5S"，改善各个环节的不良陋习，企业内、外部环境得到改善，企业的品牌形象得到提升。

（二）推行"5S"的意义

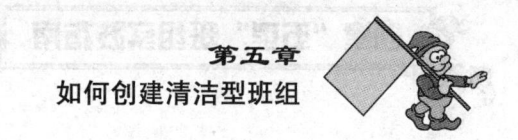

(1)"5S"是企业基础管理的重要一环；

(2)"5S"是经营战略实施的重要保证；

(3)"5S"是企业竞争战略实施的重要保证；

(4)"5S"是企业其他相关活动实施的基础，是企业管理进一步深化的保证。

四、利用"5S"的方法创建清洁型班组

（一）整理

一说到整理，往往让人误认为把散乱的东西重新排列整齐就可以了，其实这并不算是整理，整理的实际内容应该做到下面三个要点：

(1)将需要和不需要的东西分类；

(2)丢弃或处理不需要的东西；

(3)管理需要的东西。

为了"整理"，首先要对工作现场进行全面检查，制定"需要"与"不需要"的标准，然后对生产现场需要的物品按使用等级分类保管，对不需要的东西制订处理方法，清理掉不需要的东西，这样，员工不必每天因为清理和寻找不必要的东西而形成浪费。通过整理后，使用的空间远远比我们想象的要大很多，所以，整理是"5S"的基础，也是讲效率、保安全的第一步。

（二）整顿

整顿是将物品归类后定位，要求在30秒内找到要找的东西，将寻找必需品的时间减少为零；需要的物品能迅速取出；需要的物品能立即使用；需要的物品处于节约的状态。

整顿的三要素：

(1)场所。设定物品放置的场所，定点（放在哪合适）、定容（容器和颜色）、定量（合适的数量），生产现场只能存放真正需要的物品。

(2)方法。放置方法要考虑使用方便，不超出所规定的范围。

(3)标志。放置场所和物品原则上应一对一表示，标志方法要统一。

经过整顿，工作场所一目了然，工作环境整整齐齐，减少找寻物品的时间。生产现场物品的合理摆放，有利于提高工作效率和产品质量，有利于保障生产安全。

（三）清扫

清扫是将生产区域或岗位作业区域保持在无垃圾、无灰尘、干净整洁的状态。清扫的对象是脏污的工作场所和工作设备、工具等。

清扫工作必须做到责任到人与互相帮助，规定例行清扫的时间、时段及内容。对设备的清扫应着眼于设备的维护与保养，对工作场所要从根本上清扫，即杜绝或隔离污染源。

（四）清洁

清洁是使日常活动及检查工作成为制度，将整理、整顿、清扫内容进行到底，并且使各项生产管理工作公开透明。如果前面"3S"的实施半途而废，则原先设定的工作场所又会成为新的污染，从而造成困扰。所以清洁必须制度化，定期检查，制订考评方法，实行奖惩制度。

（五）素养

素养是对所有现场管理者和工作人员的要求，为了提高人的素质，将前面"4S"步骤标准化，使活动维持和推行。凡是已经规定了的事，每个员工都要认真地遵守执行，并养成严

格执行各种规章制度、工作程序和各项作业标准的良好的工作习惯和作风。

"5S"的核心是素养,没有人员素质的提高,各项活动就不能顺利开展,也难以长期坚持下去。所以,利用"5S"创建清洁型班组,要始终着眼于提高人的素质。班组长应不厌其烦的教育员工做好整理、整顿、清扫、清洁工作,其目的不只是希望他们将东西摆好,将设备擦干净,最主要的是在琐碎单调的动作中,潜移默化,改变他们的思想,使他们养成良好的习惯,进而能依照规定的事项来行动,变成一个具有高尚情操的真正优秀员工。

第三节　实施清洁生产

一、清洁生产的定义

联合国环境规划署与环境规划中心关于清洁生产的定义:清洁生产是一种创新思想,该思想将整体预防的环境战略持续运用于生产过程、产品和服务中,以提高生态效率,并减少对人类及环境的风险。对生产过程而言,要求节约原材料和能源,淘汰有毒原材料,减少和降低废弃物的数量及毒性;对产品而言,要求减少从原材料获取到产品最终处置的整个生命周期的不利影响;对服务而言,要求将环境因素纳入设计和所提供的服务之中。

清洁生产不包括末端治理技术,如空气污染控制、废水处理、固体废弃物焚烧或填埋,清洁生产通过应用专门技术、改进工艺技术和改变管理态度来实现。

中国清洁生产促进法的定义:清洁生产是指不断采取改进设计、使用清洁的能源和原料、采用先进的工艺技术与设备、改善管理、综合利用等措施,从源头削减污染,提高资源利用效率,减少或者避免生产、服务和产品使用过程中污染物的产生和排放,以减轻或者消除对人类健康和环境的危害。

清洁生产思考方法与传统的末端治理不同之处在于:过去考虑对环境的影响时,把注意力集中在污染物产生之后如何处理,以减小对环境的危害,而清洁生产则要求把污染物消除在产生之前。

二、清洁生产的目标

根据经济可持续发展对资源和环境的要求,清洁生产谋求达到两个目标:

(1)通过资源的综合利用,短缺资源的代用,二次能源的利用,以及节能、降耗、节水,合理利用自然资源,减缓资源的耗竭。

(2)减少废物和污染物的排放,促进工业产品的生产、消耗过程与环境相融,降低工业活动对人类和环境的风险。

清洁生产的基本目标就是提高资源利用效率,减少和避免污染物的产生,保护和改善环境,保障人体健康,促进经济与社会的可持续发展。

对于企业来说,应改善生产过程管理,提高生产效率,减少资源和能源的浪费,限制污染排放,推行原材料和能源的循环利用,替换和更新导致严重污染、落后的生产流程、技术和设备,开发清洁产品,鼓励绿色消费。

引入清洁生产方式是实现这些目标的关键,但是当末端治理方案构成合理对策的一部分时,也应当加以采用。

从更高的层次来看,应当根据可持续发展的原则来规划、设计和管理生产,包括工业结构、增长率和工业布局等内容。应采用清洁生产理念开展技术创新和攻关,为解决资源有限性和未来日益增长的原材料和能源需求提供解决途径;应建立推行清洁生产的合理管理体系,包括改善有关的实用技术,建立人力培训规划机制,开展国际科技交流合作,建立有关的信息数据库;最终要通过实施清洁生产,提高全民对清洁生产的认识,最终实现可持续发展的目标。

还应当说明,从清洁生产自身的特点看,清洁生产是一个相对的概念,是个持续不断的、创新的过程。

我国先后颁布了《中华人民共和国清洁生产促进法》和《清洁生产审核暂行办法》等法律法规,鼓励和促进清洁生产,以实现节能、降耗、减污、增效。要求从根本上解决工业污染的问题,即在污染前采取防止对策,而不是在污染后采取措施治理,将污染物消除在生产过程之中,实行工业生产全过程控制。这是20世纪80年代以来发展起来的一种新的、创造性的保护环境的战略措施。

三、清洁生产的意义

(一)清洁生产是企业可持续发展的必然选择

我国经济发展取得了举世瞩目的成就,GDP增长速度居世界前列,但是不能不看到,在这种连年的高速增长中存在着相当多的隐忧,正面临着来自资源和环境的严重挑战,从长远来看,这样的发展是不可持续的。

20世纪90年代以来,以淮河污染、黄河断流、长江洪水以及北方的沙尘暴为代表的频频发生的环境事件,向上至高层领导下至普通百姓发出了不容置疑的警示,凸显了我国的生态脆弱性。

统计数据表明,2003年我国创造了11.67万亿元GDP,增长率达9.1%,但仅财政支出、新增贷款、股市筹资和实际利用外资等4项资金投放量就超过5.7万亿元;消耗的能源和主要原材料增幅均超过经济增长速度。与此同时,耕地面积减少253.7万公顷,当年人均水资源拥有量比2002年下降5.6%。

严重的环境污染问题,对人类自身生存和继续发展构成威胁。人类在治理污染时发现:末端治理存在着种种弊端,不能很好解决环境与可持续发展的协调关系。联合国环境规划署提出了清洁生产概念,我国也已开始实施《中华人民共和国清洁生产促进法》。作为一个发展中国家,人口众多、资源相对不足是中国的基本国情,清洁生产的推行是走可持续发展道路的必然选择。

(二)预防优于治理

根据日本环境厅1991年的报告,从经济上计算,在污染前采取防治对策比在污染后采取措施治理更为节省。例如就整个日本的硫氧化物造成的大气污染而言,排放后不采取对策所产生的受害金额是现在预防这种危害所需费用的10倍。以水俣病而言,其推算结果则为100倍。可见两者之差极其悬殊。

清洁生产是一种全新的发展战略,它借助于各种相关理论和技术,在产品的整个生命周期的各个环节采取预防措施,通过将生产技术、生产过程、经营管理及产品等方面与物流、能量、信息等要素有机结合起来,并优化运行方式,从而实现最小的环境影响,最少的资源、能源使用,最佳的管理模式以及最优化的经济增长水平。更重要的是,环境作为经济的载体,良好的环境可以更好地支撑经济的发展,并为社会经济活动提供所必需的资源和能源,从而实现经济的可持续发展。

四、清洁生产的特点

(1)体现预防为主的环境战略。改变传统的末端治理与生产过程相脱节,先污染后治理的道路。从产品设计开始,到选择原料、工艺路线和设备以及废物利用、运行管理的各个环节入手,通过不断地加强管理和技术进步,提高资源利用率,减少乃至消除污染物的产生。

(2)体现集约型的增长方式。改变传统的末端治理以牺牲环境为代价,大量消耗资源能源的粗放型的增长方式,最大限度地提高资源利用率,促进资源的循环利用,实现节能、降耗、减污、增效。

(3)体现环境效益与经济效益的统一。改变传统的末端治理,投入多、运行成本高、治理难度大,只有环境效益,没有经济效益的状况。通过企业管理水平、生产工艺技术水平的提高,使资源得到充分利用,环境从根本上得到改善。

五、清洁生产的内容

(1)采用清洁的能源。采用各种方法对常规能源采取清洁利用的方法,如城市煤气化供气等;对沼气等再生能源的利用;新能源的开发以及各种节能技术的开发利用。

(2)实现清洁的生产过程。尽量少用和不用有毒有害的原料;采用无毒、无害的中间产品;选用少废、无废工艺和高效设备;尽量减少生产过程中的各种危险性因素,如高温、高压、低温、低压、易燃、易爆、强噪声、强振动等;采用可靠简单的生产操作和控制方法;对物料进行内部循环利用;完善生产管理,不断提高科学管理水平。

(3)生产清洁的产品。产品设计应考虑节约原材料和能源,少用昂贵和稀缺的原料;产品在使用过程中以及使用后不含危害人体健康和破坏生态环境的因素;产品的包装合理;产品使用后易于回收、重复使用和再生;使用寿命和使用功能合理。

六、实施清洁生产的途径和方法

实施清洁生产的主要途径和方法包括合理布局、产品设计、原料选择、工艺改革、节约能源与原材料、资源综合利用、技术进步、加强管理、实施生命周期评估等许多方面,可以归纳如下:

(1)合理布局。调整优化经济结构和产业产品结构,以解决影响环境的结构型污染和资源能源的浪费。同时,在科学区划和地区合理布局方面,进行生产力的科学配置,组织合理的工业生态链,建立优化的产业结构体系,以实现资源、能源和物料的闭合循环,并在区域内削减和消除废物。

(2)选用清洁原料。在产品设计和原料选择时,优先选择无毒、低毒、少污染的原辅材料替代原有毒性较大的原辅材料,以防止原料及产品对人类和环境的危害。

(3)采用清洁的工艺和设备。改革生产工艺,开发新的工艺技术,采用和更新生产设备,淘汰陈旧设备。采用能够使资源和能源利用率高、原材料转化率高、污染物产生量少的新工艺和设备,代替资源浪费大、污染严重的落后工艺设备。优化生产程序,减少生产过程中资源的浪费和污染物的产生,尽最大努力实现少废或无废生产。

（4）做到物尽其用。节约能源和原材料，提高资源利用水平，做到物尽其用。通过资源、原材料的节约和合理利用，使原材料中的所有组分通过生产过程尽可能地转化为产品，消除废物的产生，实现清洁生产。

（5）开展资源综合利用。尽可能多地采用物料循环利用系统，如水的循环利用及重复利用，以达到节约资源、减少排污的目的。使废弃物资源化、减量化和无害化，减少污染物的排放。

（6）依靠科技进步。提高企业技术创新能力，开发、示范和推广无废、少废的清洁生产技术装备。加快企业技术改造步伐，提高工艺技术装备和水平，通过重点技术进步项目（工程），实施清洁生产方案。

（7）强化科学管理，改进操作。国内外的实践表明，工业污染有相当一部分是由于生产过程管理不善造成的，只要改进操作，改善管理，不需花费很大的经济代价，便可获得明显的削减废物和减少污染的效果。主要方法是：落实岗位和目标责任制，杜绝跑冒滴漏，防止生产事故，使人为的资源浪费和污染排放减至最小；加强设备管理，提高设备完好率和运行率；开展物料、能量流程审核；科学安排生产进度，改进操作程序；组织安全文明生产，把绿色文明渗透到企业文化之中，等等。推行清洁生产的过程也是加强生产管理的过程，它在很大程度上丰富和完善了工业生产管理的内涵。

（8）开发、生产对环境无害、低害的清洁产品。从产品抓起，将环保因素预防性地注入产品设计之中，并考虑其整个生命周期对环境的影响。

这些途径可单独实施，也可互相组合起来加以综合实施。应采用系统工程的思想和方法，以资源利用率高、污染物产生量小为目标，综合推进这些工作，并使推行清洁生产与企业开展的其他工作相互促进，相得益彰。

第四节　创建清洁型班组的步骤

一、树立清洁理念，制订清洁目标

（一）树立清洁理念

创建清洁型班组，首先要从引导班组成员树立"安全生产，清洁生产"的理念入手，通过宣传教育和建立相应的制度措施，在班组内部营造自觉落实清洁责任的浓厚氛围。

通过学习，促使大家明确创建"五型"班组的重要性和最终要达到的目标。我们要结合自身清洁型班组的创建，倡导资源开发与生态环境相互和谐，增强大家自觉履行绿色责任的意识。让班组员工明确清洁工作不单纯是卫生清扫工作，更重要的是清洁素养和个人行为习惯的养成。使大家从思想上达成"清洁工作，人人有责"的共识，明确班组履行清洁责任的落脚点在岗位、在习惯养成、在执行"5S"管理标准上，必须树立"人人抓清洁"的意识。

现代人应该具备的清洁理念：

（1）清洁为自己，清洁为他人。

（2）污染环境就是犯罪。

（3）清洁是国策，清洁是一种责任、是一种习惯、是一种品质、是一种美德、是一种作风、是一种态度、是一种智慧、也是一种精神。

（4）清洁就是节约，清洁就是发展，清洁就是保护环境。

（5）清洁是职业素质的表现，倡导清洁文化、培养清洁品质、提高清洁能力，就是提升自身素质。

（6）清洁就是对企业的忠、对企业的爱，清洁就是敬业。清洁就是文明表现。

（7）清洁从我做起，从身边做起；人人有清洁、事事有清洁、处处有清洁。

（8）让清洁成为一种自觉、成为一种习惯、成为一种自然、成为一种风气。

（9）清洁从我做起，心动不如行动，从现在做起，从身边做起，从点滴做起。

（二）制订创建目标

将创建清洁型班组相关文件中提出的具体要求和标准，通过班组会组织大家学习，然后结合工作生产性质和各岗位操作内容的不同，深入分析自身及班组存在的不足之处。针对问题制订创建清洁型班组的目标和措施。以执行"5S"标准为切入点，培养全班自主清洁行为，全面治理岗位清洁隐患，提升班组工作效率，带动其他"四型"全面发展是最终目标。

二、建立清洁制度，规范清洁行为

围绕清洁型班组的标准，对各岗位所涉及的操作、工具使用、材料存放、废旧物资回收等内容进行细化后，按照"谁使用，谁负责，谁整理，谁清洁"的要求，严格执行"5S"管理标准，落实定位、定量、定置管理。对及时发现清洁隐患并根治的员工进行奖励，提高全员参与清洁型班组创建的积极性。

在实施清洁生产的过程中，要严格执行"5S"管理标准，努力使班组人员、物品、操作等实现全面受控，消除岗位操作和班组成员生活中的清洁隐患，规范大家的清洁行为。一是明确清洁责任，谁的岗位谁负责，谁的责任谁完成。全员要落实好本岗位检查和卫生清扫工作，排查随时可能出现的清洁隐患。二是严格执行"5S"清洁标准。对生产环境做到工完、料尽、场地清，及时清除现场杂物、工具，并对可能会产生污染的零部件在检修更换过程中做好铺垫，防护措施到位。落实现场工具一手清。对常用的各类手工工具、消防器材等按照班组"谁使用，谁维护，谁保养"的原则确定管理人及其摆放定位。

三、实行班组清洁讲评

对清洁生产工作做到班前有部署，班后有讲评。接班前由班组长对清洁工作注意事项做详细安排，班后会上再对当班任务完成、安全措施落实、清洁责任落实情况进行分析讲评，各自提出问题和不足，避免同类问题的重复出现，做到有的放矢、措施到位。实行岗位清洁工作周总结。

四、全员抓清洁

发挥班组成员的能动性，结合清洁激励机制，引导大家为清洁生产出点子、想办法。从源头上消除设备的不清洁和事故隐患，开展"清洁日"活动。每周利用一次休息时间组织大家重点对营地进行卫生清洁，在劳动中培养班组成员讲卫生、讲文明的清洁行为。

五、严格落实考核 提升员工素养

要将各岗位的清洁措施落到实处，依靠严格的考核，对在清洁型班组创建过程中表现突出或不积极的人员进行奖惩，最终通过落实清洁责任，达到提升班组成员素养，增强班组工

第五章 如何创建清洁型班组

作执行力的目的。考核重点主要有以下四个方面。

（1）岗位清洁的考核。重点依据"5S"管理标准。由班组长根据交班前对各岗位的巡回检查情况,在班后会上分岗位进行评价,最终评选出一名岗位清洁最好和最差的员工,每月在班务会上对所评选人员数量进行统计,累计次数最多者为班组当月的"岗位清洁明星",从班组劳动竞赛奖金中抽取一部分进行奖励,最少者指出其问题所在,并给予处罚。

（2）设备清洁的考核。重点依据当班设备卫生是否清洁,是否出现滴漏跑冒现象。对各岗位人员所负责操作的设备,如果班组人员或代班干部发现并提出存在所考核的类似问题,则相关岗位责任人要受到相应处罚,以此来提高大家的岗位责任心,随时发现问题,解决问题。

（3）隐患排查的考核。如果某一岗位存在清洁隐患,却在检查过程中没有发现或未能及时汇报整改,最终形成清洁事故的岗位责任人将受到处罚。并对检查情况做好记录,切实把检查落到实处。

（4）个人清洁的考核。重点突出个人日常行为习惯和内务卫生。随时在工作和生活中对照《员工行为守则》内容进行监督检查,对不符合标准的职工及时批评指正,培养和形成良好的日常行为习惯。

通过对全过程清洁工作的严格考核,使班组内部形成"人人讲清洁、岗位抓清洁"的良好局面。

[本章小结]

清洁是一种素养,清洁是一种习惯,清洁是一种品质。清洁为自己,清洁从个人开始,时时处处保持清洁。让清洁成为一种自觉行为,自觉保持环境的清洁、优美,活出人生的质量。

建设清洁型班组的重点是培育清洁理念,培育清洁文化,实现清洁生产。努力创造一个环境友好的清洁型班组。

第六章 如何创建节约型班组

企业节约的都是利润,节约就是创造效益,节约就是保护环境。

所有的浪费都是表面现象,究其实质是经营管理和价值观出现了问题。

第一节 创建节约型班组的基本概念

节约型班组全称应该是资源节约型班组,我们首先要明确以下几个概念。

一、什么是节约

节是省减、限制;约是节俭、约束、制约。节约是就是限制与约束,通过限制和约束减少资源的消耗和浪费。节约是由个人或组织自身而产生的一种自觉行为,是人类的一种美德。

节约就是节约资源。资源是财富的来源,人类生存所需要的一切都是资源。所谓资源指的是一切可被人类开发利用的物质、能量和信息的总称,它广泛地存在于自然界和人类社会中,是一种自然存在物或能够给人类带来财富的财富。或者说,资源就是指自然界和人类社会中一种可以用来创造物质财富和精神财富的具有一定量的积累的客观存在形态,如土地资源、矿产资源、森林资源、海洋资源、石油资源、人力资源、信息资源等。

资源主要有两大类,一类是自然资源,它主要包括阳光、空气、水、矿产、土地等;第二类是人类为了生存所创造的资源,主要有团队、文化、食物、用品、设备、环境等。对这些资源的获取、组合和利用,形成了我们今天的人类文明。

二、人类为什么要节约

(一)因为资源稀缺,所以要节约资源

资源相对人们的无穷欲望永远是稀缺的。资源的稀缺性是经济学一个最基本的出发点。因为资源稀缺,才有抢夺和竞争,才有对于如何有效利用有限资源的研究,才产生了经济学。因为资源稀缺,所以要节约资源,只有节约资源,才能提高个体或群体竞争实力,进而提高个体或群体生存质量。

(二)为提高个人生存质量而节约

人类所做的一切活动都是为了获取资源和利用资源。节约就是要更有效地利用个体或群体可以支配的资源,所以节约的本质是利己。

(三)为了省钱而节约

节约就是在提高竞争力,节约就是降低成本,节约就是在扩大利润,节约是企业的第二利润中心。节约就是财富,与发达国家相比,中国资源利用的效率依然十分低下。据统计,中国 GDP 占全球的 4%,而煤、铁、铝等的消耗却占世界的 30% 以上。所以节约是落实科学发展观的必然要求。

第六章 如何创建节约型班组

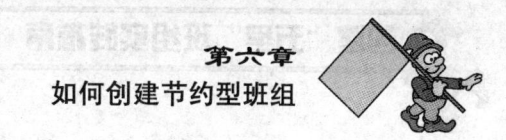

李商隐告诉我们"历览前贤国与家,成由勤俭败由奢"。无论我们有多大的家业,也不允许有任何浪费,也经不起无节制的浪费。一个国家也好,一个单位部门也罢,如果让奢侈浪费成为一种习惯,就是金山银山也有被吃光的那一天。

（四）为了保护我们的生存环境而节约

节约资源是最好的环保手段,节约是绿色环保。节约资源和保护环境,关系人民群众的切身利益和中华民族的生存发展,是每个公民义不容辞的责任和义务。浪费资源就是破坏环境,人类只有一个地球,应该同舟共济。地球能满足人类的需要,但满足不了人类的贪婪,经不起人类的破坏。人类善待自然,就是善待自己,保护环境就是保护我们自己。

幸福生活不只在于丰衣足食,也在于碧水蓝天。追求绿色时尚、走向绿色文明,选择绿色生活、健康适度消费。

（五）节约是人类的责任

早在1972年,联合国就首次召开了旨在保护人类生态环境的世界大会,并在大会上通过了斯德哥尔摩人类环境的宣言,这个宣言深刻指出,为了在自然界里取得自由,人类必须利用知识,在与自然合作的基础下,创建一个良好的环境。强调维护和改善人类环境,已经成为人类的一个紧迫的课题,号召世界各国政府和人民关怀地球这个小小的行星,保护和改善地球环境,这是人类庄严的责任。

当前,资源相对不足、环境承载能力较弱,已成为我国经济社会发展的"软肋"。历史的经验和教训告诉我们,厉行节约,不仅是为了省钱,更是经济社会可持续发展的必然要求。对个人来说,厉行节约是良好的习惯和文明行为,更是不可推卸的社会责任。

（六）节约是人类对自身的拯救

人类既是环境灾难的制造者,也是环境灾难的受害者,更是环境灾难的治理者。我们每个人都可以通过选择绿色的生活方式来参与环保:节约资源,减少污染;绿色消费,环保选购;重复使用,多次利用;垃圾分类,循环回收;救助物种,保护自然……所以,节约不仅是我们创建现代化中国的主动选择,也是人类面向未来的必然选择。我们不能吃祖宗饭、断子孙路,只有行动起来,积极参与节能减排,才能天天享受清新的空气、优质的水源、幽雅的环境,实现人与自然完美和谐的统一。

（七）节约是高品位的现代文明的标志

节约是社会文明,彰显着科学进步的现代意识。一切有限的能源资源都是人类的共同财富。珍爱这些财富应成为全人类共同遵从的公德,成为普遍的社会品质和社会价值。节约实质上就是一种文明的价值观念。

"俭则智荣,奢则愚耻"。厉行节约,就是听从现代文明的召唤;放任浪费,就是背离社会发展的潮流。节约既是德者之举,也是智者之识。在高品位的社会中,节约其实是重要的德智标志。真正有大德的人,很鄙视奢侈腐化和暴殄天物。有大智的人,尤其能看透奢侈浪费不等于幸福,而是相反。

节约是文明社会的重要标志之一,是一切文明中的大文明。让我们行动起来,真正地走向节约的大文明境界。越是文明进步,越要崇尚节约。

三、节约型班组的定义

节约型班组是指既追求班组生产成本节约又兼顾企业生产的社会成本节约,既考虑班

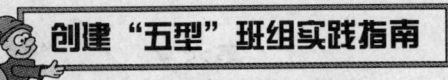

组自身效益又兼顾社会效益、生态效益,既考虑当前利益又兼顾长远利益,能使企业班组自身效益与社会效益之和达到最大值,使班组生产成本和社会因企业班组生产而必须支付的社会成本之和达到最小值的班组。

四、创建节约型班组的四要素

创建节约型班组,必须采取综合措施,建立强有力的保障和支撑体系,主要包括以下四要素。

(一)树立节约理念是先导

要不断提高员工的节约意识,创建节约文化,倡导节约文明。必须从节约原则出发,加强对资源严重稀缺的认识,全面落实科学发展观,在班组牢固树立"节约创造价值"的新理念,形成节约光荣、浪费可耻的社会风气,养成人人都乐于节约一张纸、一度电、一滴水、一粒米、一块煤、一个螺丝的良好习惯。只有每一个员工把节约当作一种理念去追求,形成一种节约文化,而不是为节约而节约,创建节约型班组才能真正落到实处。

(二)以节约制度创建为保障

白居易说过:"天育物有时,地生材有限,而人之欲无极。以有时有限奉无极之欲,而法制不生期间,则必物暴殄而财乏用矣。"道德的说服力毕竟是有限的,事实也说明并不是每个人都能将节约作为一种美德来自觉遵守,只有完善的制度才能弥补道德的先天不足,比如,节约水和电,究竟怎样节约?节约到什么程度?如果仅凭个人道德来自我判断,那是相当模糊的,要通过节约制度将节约标准化、规范化、数量化。

通过制度调控,使节约者能获得更多的利益和机会,自觉节约;使浪费者付出更大的成本和代价,不敢浪费。

(三)科技创新是关键

无论是研制、引进节能技术,还是对现有产业结构进行改造,都需要科技创新。以创新的技术,促进产业升级换代的步伐;以创新的理念,推动经济结构的转变。通过开发节约技术,选择和形成有利于节约资源的生产模式和消费模式,构建资源节约的技术支撑体系。

(四)加强生产过程监督管理

突出抓好生产创建和管理环节,以成本管理为核心,坚决制止一切浪费资源的行为,堵塞浪费资源的漏洞。坚持以调整产品结构促节约,以强化精细管理促节约,以加快科技创新促节约,以健全机制体制促节约,动员全体员工参与节约型班组创建,积极创建行业领先水平的节约型班组。

五、节约的原则

节约应遵循以下几条原则:

(1)减量化原则,即在生产和消费过程中,尽可能减少物质和能源的投入,减少废物排放,提高环境效益。

(2)再使用原则,即变物品的一次性使用为多次使用和调剂使用。

(3)再循环原则,即将使用后的物品回收利用,使之成为再生资源。

(4)替代原则,即使用无污染或再生物品,减少污染。

(5)效益最大化的原则,也称成本效益原则。节能降耗的总体目的是节约资源,使经济增长方式由粗放型转化为节约型。这个总体目标决定我们在采取节约措施时，必须考虑成本效益的比对，要有全局意识，不能只考虑表面工作而造成更大的浪费。

（6）效率优先原则，效率的高低反映了资源是否有效利用，在一定程度上也是资源节约与否的体现，对于事业单位而言，这一点尤为重要。

（7）节约意识自觉化原则，节约是关系整个社会的大事，必须依靠全民的自觉参与才能真正收到实效。在完善节约制度的同时，仍应以宣传教育为主，使上至政府部门下至普通民众都能树立起节约意识，将自发被迫式的节约转变为自觉主动式的节约，这才是治标又治本的良方。

第二节 创建节约型班组的重要意义

一、创建节约型班组是落实基本国策的需要

节约资源是我国一项基本国策，就资源的利用水平来讲，我们国家是一个资源利用的弱国，也就是说我们的资源利用水平很低，效率相当低。这几年不断出现的"电荒"、"水荒"、"煤荒"、"油荒"等更是让我们心里发慌。了解到能源的紧缺、资源的有限，我们必须倍加重视节约。节约行动迫在眉睫。

二、创建节约型班组是提高企业核心竞争力的重要措施

节约已成为企业的核心竞争力，是决定企业兴衰成败的关键。当今时代，是微利经营时代，拼的就是节约，节约是赢利的源泉，节约是赢利的关键，省下的就是赚到的，节约一分钱，就挖掘一分利，"抠门"才能出效益，节约才能成为长久的赢家。节约让我们赢得更多的资本，积聚力量去争取更大的辉煌。

企业要谋求市场竞争优势，维持企业生存与发展，就必须发扬艰苦奋斗的优良传统，坚持勤俭办企业的方针，推进发展观念，转变管理模式，以存量促增量，以集约促高效，推进经济增长方式转变，提高经济增长速度、质量和经济效益，才能保证企业发展战略目标的实现。

创建节约型班组，是实现的企业宏伟目标的重要保障，俗话说："不节，则虽盈必竭，能节，则虽少必盈。"节能降耗是每一个企业，每一个单位的目标之一。

三、创建节约型班组是减轻环境压力的有效途径

节约资源就是保护环境，我们所使用、消耗的资源、能源都是有价的，而且有些是不可再生的。爱护资源、珍惜资源，是我们每一个人的责任，我们没有权力去浪费；我们所拥有的一切资产，都是我们劳动的产物，我们没有理由去浪费。

四、创建节约型班组是重塑节约文化的迫切需要

"树立节约意识、倡导节约文明"，应该说勤俭节约是中华民族的传统美德，但是现在浪费现象比比皆是，而且呈现常态化和普遍化，社会对浪费资源的默认，实际上就是对浪费的纵容。

当节约理念融入企业文化后，人们都接受着这种良好文化的熏陶，就会自我约束，节约意识就会增强。人们把节约作为一种基本的道德要求，就会时刻注意节约、避免浪费，维护

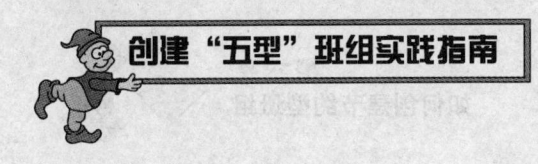

自己的良好形象。

五、创建节约型班组是企业班组的责任

创建节约型企业,没有最基层的班组积极参与是无法完成的。可以说,班组在创建节约型企业中起着前沿阵地的作用。前沿阵地即意味着责任,创建节约型企业的责任,需要作为企业细胞的每一个班组来承担。

创建节约型班组,使企业在节约资源中求发展、在保护环境中求发展、在发展循环经济中求发展,这是班组及每个员工的光荣任务和重大责任,也是每个员工的光荣使命。

第三节 树立节约理念 培育节约文化

树立节约理念是创建节约型班组的前提。观念决定行为,创建节约型班组首先要端正思想认识,形成节约光荣、浪费可耻的良好风尚。

一、树立节约理念

(一)节约理念的含义

节约理念是我们在对待社会、国家、企业(或个人)的资源、财产上,所应具有的立场、观点、态度,所要坚持的指导思想及原则,也就是节约的价值观。

(二)应该奉行的节约理念

(1)节约光荣,浪费可耻,浪费就是犯罪。

(2)节约是国策,节约是一种责任、是一种习惯、是一种品质、是一种美德、是一种作风、是一种态度、是一种智慧、也是一种精神。节约是大事,关系国家发展和民族复兴;节约又是"小事",节省一滴水、一度电,举手之劳,细小入微。

(3)少花等于多挣,节约创造价值,节约就是效益,节约就是发展。

(4)节约也是一种生产力、是一种竞争力,节约就是开辟第二利润市场,重视小钱,才有大钱。

(5)节约就是保护环境,节约能源就是生产能源。

(6)节约是职业素质的最高表现,是赢得个人职业常青的保障。树立节约意识、倡导节约文化、培养节约品质、提高节约能力,就是提升自身素质。

(7)节约就是对企业的忠、对企业的爱,节约就是敬业。节约就是文明表现。

(8)厉行节约,反对浪费,节约从我做起,从身边做起,让我们做到节约用电,人离灯熄;节约用水,珍惜粮食,健康饮食;节约用纸,有效使用。

(9)浪费没理由,我们凭什么浪费?花了钱就可以为所欲为吗?钱是你的,但资源是我们大家的。

(10)节约无止境,人人有节约、事事有节约、处处有节约。

(11)合理消费,切忌铺张。该花则花,该省则省,精打细算,精心挖潜,开源节流,合理理财,计划花钱,从一点一滴积累,消除攀比心理。

(12)让节约成为一种自觉、成为一种习惯、成为一种自然、成为一种风气。

(13)节约从我做起,心动不如行动。从现在做起,从身边做起,从点滴做起。积沙成塔、积水成河、从量变到质变,只要我们坚持长久,一点一滴的积累,就一定会是一个非常可观的局面。

节约从我做起,就要从思想上崇尚俭朴,在作风上艰苦创业,在工作上精益求精。作为一个有责任感、荣誉感和使命感的员工,每个人都应抓住点滴时间,刻苦钻研业务技能,向精细管理要效益。

(14)切实保护和合理利用各种资源,提高资源利用效率,尽可能少的资源消耗是获取最大经济效益和社会效益的基本途径。

(15)科学管理,使人尽其才、物尽其用、时尽其效,人才的浪费是最大的浪费,时间的节约是最大的节约,管理的创新是最大的增收。

[案例一]

外国人的节约

美国是资源大国,他们的国民消费水平位居世界之首。但美国学生的课本是重复利用的,一本教科书至少被8个学生使用,平均使用寿命5年。而我国课本的使用寿命却只有半年。我国现有在校中小学生2.2亿人,目前人手一册的课本若能连续使用5年,扣除成本,可节约的资金便相当可观!而在课本循环使用过程中,又将有多少森林可以幸免于难!

我们的近邻韩国人已经节约到牙齿了,为了珍惜资源,他们研制出以土豆淀粉或江米面为原料的食品牙签。像餐馆用的一次性台布、旅馆用的一次性洗漱用品等,在韩国早已没了踪影。

一次性筷子本是日本人发明的,日本的森林覆盖率高达65%,但他们却严禁砍伐自己国土上的树木来做一次性筷子。他们使用的这种木筷都是从中国进口的,用过之后,又将筷子加工生产成纸浆出口中国换取外汇。

惠普是世界知名的大企业,实力雄厚,但他们却在办公室里设了"备用箱"和"再生箱",只用过一面的纸张都放在备用箱中,其他人可以再利用那些纸的背面,两面都用过的纸则放入再生箱中回收。在全球的爱普生任何一家企业里,所有双面用的打印纸在用完之后还必须用于粘贴各种报销票据。

这些看起来锱铢必较甚至有些精细琐碎的行为背后,是一个越来越得到认同的共识:再富裕也没有权利浪费资源。

(三)树立节约理念的途径

1. 通过开展活动培育节约理念

培养节约理念,一靠制度约束;二靠宣传灌输、教育、培养和训练;三靠奖励机制。这三方面运用恰当,节约理念就会根植于人们的心中,形成一种良好的节约文化。

我们要通过培养节约理念,使全体员工充分认识做好资源节约工作的重要性,明确创建节约型班组的目标、任务,不断增强紧迫感、责任感和使命感,使增产节约、增收节支成为每个职工的自觉行动,积极投入到创建节约型班组的各项工作中来,为创建节约型班组作出应有的贡献。

在这里提出以下供参考的活动项目:

(1)通过开展节约降耗、增收节支、技术创新、小发明、小创造、提高质量、降低成本活动培育节约理念；

(2)开展盘活班组资产，坚持修旧用旧，提高设备、设施利用率的活动培育节约理念；

(3)通过开展节约从我做起、勤俭做一切事情的活动培育节约理念；

(4)通过开展节约知识培训和节约知识竞赛培育节约理念。

2．通过建立班组节约博客培育节约理念

通过建立班组节约博客培育节约理念，这也是有些班组使用的一个很好的方法。

班组节约博客可以设如下栏目：节约要闻、节约理论、节约论坛、节约之路、浪费之罪、效率、创建节约型企业、节约型产品、节约方法、节约型家庭、节约之星、节约日历等。

班组节约博客以积极的态度和创新的精神，努力建成具有中国气派、体现时代精神、品味高雅、反映企业风格的班组节约文化品牌；成为褒扬节约，摒弃浪费，提高效率，传播先进节约文化的新途径，提供节约文化服务的新平台，创建健康精神文化生活的新空间；让节约理念、节约方法、节约产品在企业中得到有效传播；让节约理念融入企业，走进班组，使节约小事情成就大事业。

二、让节约成为一种文化

我们提倡节约，要把节约作为一种必须，一种责任，还要让节约成为一种文化。将节约上升到企业文化的高度来认识。一流企业靠文化，一流企业所追求的企业文化就是规范文化，即规范的制度、规范的道德、规范的行为。节约既然是企业一项长期性的工作，那就需要建立一个长效机制，把节约纳入企业文化，并作为企业文化的基本内涵。当节约成为一种文化，成为每一位员工自觉意识的时候，班组就能不谈节约而无处不节约了。

节约不能成为一阵风。古人说："强本而节用，则天不能贫，本荒而用侈，则天不能使之富"。对企业而言，这也是一个很实际的话题，当企业大张旗鼓地进行节能降耗活动，并取得了一定成效时，必须深刻认识到：节约是一项长期性工作，不要把节约当成权宜之计，要常抓不懈，不能搞一阵风。企业为何要反复强调节约？因为企业要生存、要追求利润、要计较成本。节约就意味着用最低的成本去获取最大的效益。

三、节约行为是根本，节约资源依赖每个人的行动

人人浪费，积羽也会沉舟；个个节约，滴水亦能成河。节约的成果惠及每个社会成员，节约理应成为每个人的自觉行动。出门先关灯，下班关电脑；淘米水浇花，洗衣水冲厕。节约，就在举手投足间，就在日常生活里。节约需要13亿国人同心协力、身体力行。在我们这个13亿人口的发展中大国，如果每个人都不注意节约资源，那么我们的资源储备将无法承载中华民族的发展之舟；如果13亿人口的中国真正做到厉行节约，反对浪费，它所汇集的力量将不仅是我们国家走向未来的支撑，也是我们民族对于地球和人类的馈赠。

勿以恶小而为之，勿以善小而不为。生活中杜绝浪费之事人人可为，可以节约之处俯首即是。比如：淋浴擦擦肥皂时关掉水龙头，洗一次澡可以节约60升水；用口杯接水刷牙，只有0.5升水，如果让水龙头开着5分钟，则要浪费45升水；厕所使用节水型器具，每次可节约4～5升水；洗菜时用盆接水洗，而不是开着水龙头，一顿饭可节省100升水……全国13亿人口每人少用一双一次性木筷，就意味着成千上万亩森林将免遭砍伐厄运。全国每个家庭每

天少用一个塑料袋,可以节省大量的石油消耗,减少对环境的污染。回收1吨废纸能生产好纸800千克,可以少砍17棵大树,节省3立方米的垃圾填埋场空间,还可以节约一半以上的造纸能源,减少35%的水污染。如果采用节能光源,我们的照明用电量将下降60%,一年可节约740亿千瓦时电能,相当于节约2989万吨标准煤。如果把国内现有的1.3亿台冰箱全部换成节能电冰箱,每年可节电431.32亿千瓦时,相当于半个三峡水电站的发电量……

可以毫不夸张地说,我们每个人的手里都紧握着珍贵的"资源",掌握着对这些民族发展"命脉"生杀予夺的权力,成之毁之、爱之损之在于我们每个人的行动。选择节俭,不仅选择了一种文明的生活方式,追寻一种高尚的精神品质,更是确立了一条走向未来的可持续发展道路。

当节约的理念渗透到每一个人的心中,当节约成为一种习惯时,每一滴水、每一粒米、每一度电……都会物有所值,不会被白白浪费掉。当节约理念融入社会文化中,人们的头脑中时时处处都有一种节约意识,会把节约当作一种体面高尚的表现,自然行之。美国是水资源比较丰富的国家,但是美国人的节水意识非常强,在洗手间或浴室的墙上都会贴有提示节约用水的标语,如:如果身体不是很脏,那就用毛巾擦擦吧。类似节约提示语,无论在自己家里,还是在餐厅、商店等公共场所都可以看到。这样就很容易形成一种节约的文化氛围,大家互相影响,互相监督,让每个人都认识到节约光荣,浪费可耻,让节约成为一种自然而然的习惯。

四、培育节约文化要常抓不懈

树立节约理念,培育节约文化。节约不是权宜之计,而是百年大计,是一件长期的事,"驭一时,谋万世"。不能一蹴而就,一劳永逸,要常抓不懈。要大张旗鼓、深入持久地开展资源节约活动。要大力普及生态伦理知识,增强环境保护的观念,树立资源有限的意识,养成节约能源的习惯,搭建一个节约型班组创建的思想平台、道德平台和心理平台,促进员工环境素质、生态环境伦理、生态文明素质的提高,为节约型班组的创建提供道德支撑。

"不谋全局者,不足谋一域"。创建节约型班组,不能只看局部,要认识到能源资源是全国的、是大家的,不是哪一个地方的。在经济全球化的今天,一个国家、一个地区、一个企业、一个班组,甚至一个个体的生产生活行为,都会对环境、对社会产生影响,也会受到影响,任何地区都不可能封闭自守。资源问题相互制约,环境问题相互作用,一家搞坏大家受害。

[案例二]

一张令人汗颜的罚单

到达港口城市汉堡,公派的驻地同事为我们接风洗尘。走进餐馆,我们一行穿过桌多人少的中餐馆大厅,心里犯疑惑:一对用餐情侣的桌子上,摆着一个碟子,里面只放着两种菜,两罐啤酒,如此简单,是否影响他们的甜蜜聚会?另外一桌是几位白人老太太在用餐,每道菜上桌后,服务生很快给她们分掉,然后就吃光。

我们不再过多注意她们,而是盼着自己的菜快点上来。驻地的同事看到大家饥饿的样子,就多点了些菜。餐馆客人不多,上菜很快,我们的桌子很快被碟碗堆满。这一餐很快就结束了,还有三分之一的饭菜没有吃掉,剩在桌面上。

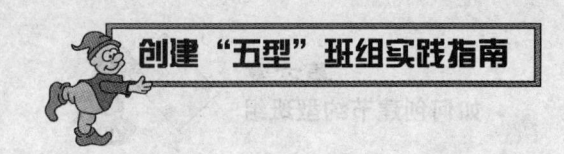

出门没走几步，餐馆里有人在叫我们："是否谁的东西落下了？"我们都好奇，回头去看看。原来是那几位白人老太太，在和饭店老板叽里呱啦说着什么，好像是针对我们的。看到我们都过来了，老太太改说英文，我们就都能听懂了，她在说我们剩的菜太多，太浪费了。"我们花钱吃饭买单，剩多少，关你老太太什么事？"同事阿桂当时站出来说。听到阿桂这样一说，老太太们更生气了，为首的老太太立马掏出手机，拨打着什么电话。

一会儿，一个穿制服的人开车来了，自称是社会保障机构的工作人员。

问清情况后，这位工作人员居然拿出罚单，开出50马克的罚款。这下我们都不吭气了，阿桂的脸不知道扭到哪里去了。驻地的同事只好拿出50马克，并一再说："对不起！"

这位工作人员收下马克，郑重地对我们说："需要吃多少，就点多少！钱是你自己的，但资源是全社会的，世界上有很多人还缺少资源，你们不能够也没有理由浪费！"我们脸都红了，但心里却都认同这句话。

那天，驻地的同事把罚单复印后，给每人一张做纪念，我们都愿意接受并决心保存着。阿桂说，回去后，他会再复印一些送给别人，自己的一张就贴在家里的墙壁上，以便时常提醒自己——钱是您的，但资源是大家的！

第四节　创建节约型班组的保障——建立节约制度

节约制度是保障。节约不仅要靠理念培养，更要靠制度约束。以法求德，德法互动。在节约理念、节约文化还没有建立起来时，制度约束往往会收到决定性的效果。在铺张浪费成风的今天，对于我们国家来说，需要建立一种强有力的约束制度，加大对浪费资源、对污染环境的惩治力度，也要加大对于人们日常生活节约行为的规范力度，形成一个法律监督、行政监督、群众监督、舆论监督和自我监督的完整体系。让人们明白：节约，不仅是为了省钱，更是为了最大限度地减少资源的消耗来保护我们的环境，保护我们的明天。充分认识资源节约工作的重要性和紧迫性，增强历史责任感和使命感，以对国家和人民高度负责的精神，把资源节约放在重要位置。这样，我们才有节约的动力。我们要加强节约制度创建，控制节约源头，开拓第二利润市场。

要建立节约制度首先要找准浪费的根源，从源头开始治理。

一、浪费的根源

人们为什么会浪费？浪费的根源在哪里？主要原因有以下几点：

（1）对浪费的危害认识不够，缺乏节约观念。节约作为一种美德，已经被相当一部分人淡忘甚至遗弃。比如，有的人认为，只要花自己的钱，节约与否是个人的事，谁也管不着；有的人认为，现在浪费现象很普遍，单靠个人节约，犹如汪洋大海中舀水，舀一瓢不见少，添一瓢不见多，白费力气。

（2）传统的好客观念以及部分群体"炫富"观念作怪。有些人认为，现在生活富裕了，再讲节约显得"小气"。

（3）浪费的资源不是自己的，浪费与自己无直接损害。比如，公款消费，不花自己的钱，

第六章 如何创建节约型班组

任意挥霍;用公家的水、公家的电、坐公家的车、用公家的油、吃公家、喝公家……一个"公"字造成的浪费了得!

(4)节约的代价大于浪费的代价。当一种节约的所得小于其他方面不节约的所失时,社会性的浪费就必然会产生。假如用节能灯比用不节能灯费钱,人们就不会去用节能灯。

(5)对于财大气粗的企业或个人,小的浪费不在乎。常听有人说:"家大业大,浪费点没啥"。实际是家大业大,浪费下来可怕。20世纪90年代,许多国有企业的亏损,主要原因就是挥霍浪费。现在市场上的生活必需品之所以涨价,主要是因为许多人挥霍无度,吃的没有扔的多。物价上涨是一个链式的连锁反应,食品涨价推动生产资料涨价,生产资料涨价反过来又推动食品涨价。

(6)决策失误造成的浪费。最大的浪费是"拍脑袋决策",最大的节约是科学决策。决策失误造成的浪费最大。全国人大常委会委员长吴邦国曾说:我们国家最大的浪费莫过于战略决策的失误。世界银行估计,"七五"到"九五"期间,我国企业投资决策失误率在30%左右,资金浪费及经济损失大约在4000亿~5000亿元,这是一个多么惊人的数字!

(7)产品质量差造成的浪费。现在的许多产品,使用寿命很短,其实产品的经久耐用,也是一种节约。"百年大计,质量第一",不能只作为口号。现在很多事故都是由产品质量差、工程质量差引发的。产品经久耐用,易于维护,避免返工,是节约资源、能源、人力的重要方面。

(8)技术水平低造成的浪费。在工作中出现废品,一是浪费时间,二是浪费材料。

(9)现场管理水平低造成的浪费。

(10)低效、无效会议形成的浪费。

二、制定节约制度的原则

(1)节约目标明确、计划可行、措施得当。

(2)责任到人,消耗定量,节约有奖,浪费重罚。非用重罚难以杜绝浪费现象。国内有一家企业,承包了一项国外工程,在工地扔了一个螺丝,被罚一千美元,最后被罚得一分钱也没挣着。据说后来这家企业从严管理,打开了国际市场。

(3)坚持节约优先、效益为本,将节约型理念贯彻到班组创建的全过程。

(4)建立从源头抓起、预防为主、全过程控制的节约能源管理体制,制定班组资源使用的定额标准及效能标准。

(5)节约制度要体现三个指标,人人节约,环环节约,事事节约,如果能做到这一点,节约型的特征就比较明显了。

(6)以提高资源利用率为核心,以节能、节电、节水、节耗材和资源综合利用为重点,将创建节约型班组的理念与措施细化落实到班组创建发展的全过程和各项日常工作中,以科技节能为支撑,以创建节约型班组为目标,强化节约理念,创建节约文化,营造节约氛围,加强制度创建,完善节约措施,全员参与,厉行节约,常抓不懈,构建节约型的管理体系,创建节约型班组。

仅有制度是不够的,还要加大监督与检查力度,建立和完善考核制度,使资源节约工作

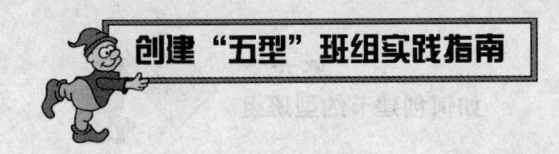

与班组年度目标考核相挂钩,形成奖惩机制,对资源节约成效显著的个人将给予一定奖励,对重大资源浪费的行为和现象,不仅要追究直接责任人的责任,而且还要追究相关负责人的责任。强化对节约工作的日常管理,保证节约工作经常化、制度化。

制度确定之后,关键在落实,执行要有力度。谁也不能坏了规矩,坏了规矩等于没规矩。更不能说在嘴上,挂在墙上,与行动无关。任何制度都有管不全的地方,关键是班组成员要把节约当作自己的事,当作一种使命,当作一种自觉的行动,节约型班组的目标就可能实现了。

第五节 开发节约技术 以技术创新推动节约

开发节约技术是创建节约型班组的重点。科技进步是经济增长的重要动力,也是促进资源节约的有效手段。要积极推动资源节约科技开发,建立促进资源持续利用和环境保护的产业技术创新体系,突破资源节约技术瓶颈,加快科技成果转化。

生产型班组节约的重点是生产全过程中的节能降耗。在生产过程中节能降耗主要靠节约技术的运用。节约技术主要包括在生产过程中改进生产技术、改进生产工艺过程应用新技术、新工艺、新设备和新材料以及修旧利废。

创建节约型班组的实质是以班组为核心的一场改革,也是一场技术革命,目的是节约资源,开辟第二利润市场。通过节约技术来改进我们的生产,实现低投入、低消耗、低排放、高效率。以求最大限度地利用资源、节约资源。

加强节约技术创建,要围绕增强职工自主创新能力,深入开展经济技术创新合理化建议活动。积极开展创建节约型企业、节约型班组、节约型职工标兵和"六小"(小核算、小革新、小改进、小建议、小节约、小经验)活动,把职工的创造力引入到科技进步、创新发展上来,充分发挥一线劳模先进、能工巧匠、技术带头人的示范引领作用,创造更多的经济型、节约型、环保型创新成果。

通过竞赛活动,促进节约技术创新。要从班组的实际出发,动员职工千方百计节约资源,最大限度地发挥职工的潜能和聪明才智,围绕资源节约广泛开展劳动竞赛、合理化建议、发明创造、技术革新、技术攻关和技术协作活动,鼓励职工改进工艺、技术和设备,大力开展和积极推广职工在节能降耗增效方面取得的创新成果,通过技术进步推进资源节约。把推广节约资源的新技术和帮助职工掌握节约资源的新技能、新方法作为职工素质工程的重要内容,积极开展职工教育培训,不断提高职工节约资源的能力。积极开展创建节约型班组、节约型岗位等竞赛活动,督促纠正浪费严重的不良行为。比如,在工作中开展比质量,赛产品优良;比速度,赛技改进度;比现场管理,赛降本增效;比技术,赛科技创新;比规范操作,赛安全无事故;比廉洁,赛遵纪守法,动员广大职工为企业建功立业。

采取各种有效措施,提高职工的节约技术。比如,通过技术培训、名师带徒、岗位练兵、技能比赛等多种形式,加快培养造就一大批知识型、技术型、复合型高技能人才,从整体上全面提高资源节约技术水平。

第六节　创建节约型班组的关键——加强班组成本管理

一、成本管理的一般方法

（一）树立现代成本理念

成本优势作为企业竞争的有力武器，关系到企业的生死存亡，是影响企业可持续发展的核心所在。对企业成本影响最大的，是职工的成本意识与降低成本的主动性，职工良好的成本意识是成本治理的必要条件，要及时、全面向员工提供成本信息，形成员工的共享价值观，借以提高员工对成本治理的熟悉，增强成本观念，通过多种渠道提高员工的主观能动性，促进治理人员采取相应的措施。要寻求新的降低成本的方法，力图从根本上避免成本的发生，为企业获得更好的经济效益。

1. 现代成本管理理念

现代成本管理的宗旨，是为了取得长期持久的竞争优势，立足于长远的战略目标，以达到企业生存和发展为目的，属于一种长期性行为。而传统的成本管理则立足于短期的成果效应，未从长远的持续的策略上考虑，属于战术性的成本管理。其次，现代成本管理具有外延性，着眼于外部宏观环境，将成本管理纳入整个市场全面运作，同时，它在企业发展战略上具有全局性和抗争性的优势，这是传统成本管理所不具备的。

实施现代成本管理是企业在残酷的竞争中与对手抗衡的战略法宝，也是企业应对市场压力的有效途径，更是企业作为市场经济的经营主体实现利润最大化的必然抉择。

2. 现代成本管理是一个系统工程

成本管理要树立成本的系统管理观念，将班组的成本管理工作视为一项系统工程，强调整体与全局，不仅要对产品生产过程的成本进行核算和分析，还要扩展到技术领域和流通领域。在管理体系上，不能偏重于事后治理，而忽视事前的预测和决策，要充分发挥成本管理的预防性作用。

3. 现代成本管理需要精细化

现代成本管理的目标不再由利润最大化这一短期性的直接动因决定，而是定位在更具广度和深度的战略层面上。它首先立足于企业长远的战略目标，是为了取得长期持久的竞争优势，以便使企业获得长期生产和发展。从广度上看，现代成本管理已从企业内部的成本管理，发展到供给链成本管理；从深度上看，已从传统的成本管理，发展到精细成本管理。精细成本管理是构建在以细化管理为前提，以产销流通成本最小为目标，从而实现对整个成本环节的管理，它的管理思想和精髓就在于追求成本管理的精细化。

要做到精细成本管理，首先制定严细、科学的成本监控制度，实施"三全"成本模式，使成本管理时刻处于受控状态，"三全"即全过程、全方位、全员参与。企业要建立以内部索赔制度为核心的责任考核机制，明确各部门之间的成本目标，然后针对各环节的监督做到横向到边、纵向到底的有效控制。首先，建立四个目标责任中心：技术部门为竞争力中心；营销系统为利润中心；生产系统为成本中心；管理部门为监督中心。明确从各责任中心到各部门、各车间管理人员的具体成本目标和职责，同时成立督查部，对包括成本管理制度在内的所有制

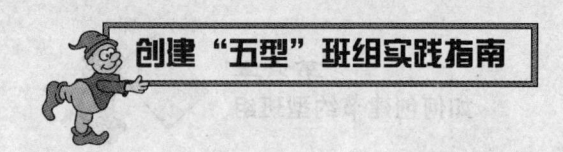

度执行情况进行不间断督查,发现问题及时处理。成本管理目标确定后关键要把目标责任落到实处,从而建立成本责任内部索赔制度,并把索赔制度和责任制度结合起来,强化控制体系和考核体系的作用,实行择优评选制,推行内部管理市场化。在企业内部形成企业与职工、企业与部门之间和上下工序之间的买卖关系,建立相应的内部市场,从而实现"管理机制市场化、经济关系买卖化",最终实现管理手段价值化。

精细成本管理的每个管理思想、每种管理方法都不是孤立的,而是互相联系、相互支持的,要把思路与举措有机地结合起来,构成一个完整的精益成本管理系统,最终发挥每种方法的功能,从而达到系统的最终目标——质量是好的、成本是低的、品种是多的、效率高是快的效果,它能随着环境的转换不断升级企业的竞争力,这是精细成本管理的意义所在。

(二)建立完善成本控制系统

成本意识的普遍建立有赖于领导的提倡、强有力的制度约束、治理人员以身作则的表率影响,需要适当的利益机制、约束机制和监督机制相配合;需要自上而下脚踏实地的务实作风,不能搞"形式主义"和"阵雨式"的治理。要职工摆脱穷于应付的心理,要杜绝目标与实际脱节、治理落后于生产的现象,贯彻技术与经济结合、生产与治理并重的原则,实行全员管理,在企业内部建立成本责任制,层层分解,落实到厂内有关职能部门,通过以成本责任为核心的管理网,建立一个以群众为基础的广泛的体系。建立和完善企业内部考核奖惩机制,使成本管理工作制度化、规范化、科学化。

由于成本控制对象不同,其控制可区分为产品成本控制、作业成本控制、责任成本控制、质量成本控制、资本成本控制、环境成本控制等。建立和完善成本控制体系,首先要依据不同行业、不同管理要求、不同的生产组织体系来确定。然后按照成本控制对象,建立和完善相应的成本控制体系。

(三)强化成本预算约束

企业在实行全面预算管理过程中,成本预算是根据销售预算、生产预算及利润目标经综合平衡后而形成的。为了使预算编制的先进合理,确保预算完成,需要建立各项成本费用的预算标准,并落实到相关部门及责任者。同时还能够根据市场环境和企业内部变化适时作出修订。为了适应市场环境的变化,应当尽可能建立弹性成本预算,并对费用预算实施定期的零基预算调整,确保成本预算发挥应有的作用。

(四)推行质量成本控制

质量成本是为了保证必要的产品质量、服务质量而发生的成本费用。通常包括:(1)内部损失成本,是指因生产出不合质量标准的产品,所发生的成本费用,以及这部分产品在出厂前所发生的修理、再加工、再检验等费用;无法利用而被废弃的弃置费用、失败原因调查费用等。(2)外部损失成本,是指将有缺陷产品转移给顾客后发生的费用,如对不合格产品的维修、回收、交换费用、补偿不合格品给顾客带来损害的费用,处理损害赔偿相关人员的费用等。(3)外部质量保证成本,是指为顾客提供特殊的和附加的质量保证措施程序和数据所发生的费用。质量成本还包括预防成本和鉴定成本等。

质量控制理念不是单纯地降低成本和片面地追求企业暂时的利益,而是从企业长远发展和市场竞争的视角,将成本控制与保证必要的产品质量联系起来,保证企业的市场竞争优势。

第六章 如何创建节约型班组

（五）实行成本定额管理

定额管理是成本控制中最普遍而又最有效的管理方式。它是利用定额（材料消耗定额、劳动定额、定员、费用定额等）控制成本的各项消耗，达到降低成本的目的。

实施成本定额控制可以和职责、考核、奖惩结合起来，从而使成本管理真正落实到全体员工和产品形成的全过程中。与此相配套的还有"配套发料制"，它是装配式企业在产品投产前，按产品投产批量及其消耗定额，由仓库全部配齐后一次全部发给生产单位，如生产过程中发生丢失、损坏等情况，需要另写申请单，报有关部门批准后处理，这样可有效控制浪费和丢失。

（六）实行全员和全过程的成本控制

"成本重担人人挑，人人肩上有指标"。在全员管理的活动中，需要按照员工的岗位责任和职责，设计出相应的成本目标。在实施全员成本控制过程中，首先要划分成本控制实体，应根据企业生产工艺的特点和职能部门、各类人员的职权范围，将企业内部划分为若干不同层次的责任实体，形成一个纵横相交的控制体系。

在落实控制责任时，首先根据费用的性质及责任实体职责，将成本费用划分为可控费用和不可控费用。可控与不可控是相对而言，从这一责任实体看某项费用是不可控的；而对另一责任实体而言就可能是可控的。就某一企业来看，其内部的各项费用都应该是可控的。就某一个责任实体而言，负责控制的成本费用，只能是自身发生的可控费用，否则他难以负责控制。

二、生产过程中的成本控制的基本程序和方法

（一）生产过程中成本控制的基本工作程序

生产过程中的成本控制，就是在产品的制造过程中，对成本形成的各种因素，按照事先拟定的标准严格加以监督，发现偏差就及时采取措施加以纠正，缩短、整合工作流程，合理组织生产要素，消除无效作业，减少不必要的生产环节和用工，使其在达到必要环节的同时减少不必要的停滞，并对产品生命周期成本进行治理，保证必要环节运作的畅通和有效。从而将生产过程中的各项资源的消耗和费用开支控制在标准规定的范围之内。成本控制的基本工作程序如下。

1. 制订成本标准

成本标准是成本控制的准绳，成本标准首先包括成本计划中规定的各项指标。但成本计划中的一些指标都比较综合，还不能满足具体控制的要求，这就必须规定一系列具体的标准。确定这些标准的方法，大致有三种：

（1）计划指标分解法。即将大指标分解为小指标。分解时，可以按部门、单位分解，也可以按不同产品和各种产品的工艺阶段或零部件进行分解，若更细致一点，还可以按工序进行分解。

（2）预算法。就是用制定预算的办法来制定控制标准。有的企业基本上是根据季度的生产销售计划来制定较短期的（如月份）费用开支预算，并把它作为成本控制的标准。采用这种方法特别要注意应从实际出发来制订预算。

（3）定额法。就是建立起定额和费用开支限额，并将这些定额和限额作为控制标准来进

行控制。在企业里,凡是能建立定额的地方,都应把定额建立起来,如材料消耗定额、工时定额,等等。实行定额控制的办法有利于成本控制的具体化和经常化。

在采用上述方法确定成本控制标准时,一定要进行充分的调查研究和科学计算。同时还要正确处理成本指标与其他技术经济指标的关系(如和质量、生产效率等的关系),从完成企业的总体目标出发,进行综合平衡,防止片面性。必要时,还应搞多种方案择优选用。

2. 监督成本形成

这就是根据控制标准,对成本形成的各个项目,经常地进行检查、评比和监督。不仅要检查指标本身的执行情况,而且要检查和监督影响指标的各项条件,如设备、工艺、工具、工人技术水平、工作环境等。所以,成本日常控制要与生产作业控制等结合起来进行。

(二)生产过程中成本控制的主要方面

1. 材料费用的日常控制

监督按图纸、工艺、工装要求进行操作,实行首件检查,防止成批报废。要按规定的品种、规格、材质领料、补料、退料。材料费的日常控制,一般由材料核算员负责,它要经常收集材料、分析对比、追踪原因,并会同有关部门和人员提出改进措施。

2. 工资费用的日常控制

主要是对生产现场的工时定额、出勤率、工时利用率、劳动组织的调整、奖金、津贴等的监督和控制。合理安排作业计划,要合理投产、合理派工、控制窝工、停工、加班、加点等。劳资员(或定额员)对上述有关指标负责控制和核算,分析偏差,寻找原因。

3. 间接费用的日常控制

管理费发生的情况各异。有定额的按定额控制,没有定额的按各项费用预算进行控制。班组由有关人员负责控制和监督,并提出改进意见。

4. 及时纠正偏差

实行"日清日结"动态跟踪管理制度,即当日的原料清、产量清、成本清。将当日的结果与指标对照查找出好、坏原因,并做出当日的处理结果。

针对成本差异发生的原因,查明责任者,了解情况,分清轻重缓急,提出改进措施,加以贯彻执行。对于重大差异项目的纠正,一般采用下列程序:

(1)提出课题。从各种成本超支的原因中提出降低成本的课题。这些课题首先应当是那些成本降低潜力大、各方关心、可能实行的项目。提出课题的要求,包括课题的目的、内容、理由、根据和预期达到的经济效益。

(2)讨论和决策。课题选定以后,应发动有关部门和人员进行广泛的研究讨论。对重大课题,要尽可能提出多种解决方案,然后进行各种方案的对比分析,从中选出最优方案。

(3)确定方案实施的方法步骤及负责执行的部门和人员。

(4)贯彻执行确定的方案。在执行过程中也要及时加以监督检查。方案实现以后,还要检查方案实现后的经济效益,衡量是否达到了预期的目标。

任何一种成本治理方式都不是一成不变的,它会随着企业的发展和环境的变化不断变化,所以,要以发展的观念去看待成本治理方式,不断创新成本治理方式,以适应形势发展的需要,确保成本信息的有效性。

第六章 如何创建节约型班组

第七节 生产现场的浪费现象及对策

生产班组所造成的浪费,主要发生在生产现场,但是产生这些浪费的深层次的原因是什么?如果仅仅关注现场存在的问题,而不解决被现象所掩盖的本质,无疑是舍本逐末,即使表面上节约活动轰轰烈烈,但实际效果也很有限。生产现场管理工作中常见的七种浪费现象如下。

一、等待的浪费

在管理工作中,等待的浪费主要表现在以下几方面:

(1)等待上级的指示。上级不安排工作下级就坐等,上级不指示下级就不执行,上级不询问下级就不汇报,上级不检查下级就拖着办。多干事情多吃亏,出了问题怎么办,听从指示没有错,再大责任可分担。很多工作是在多次检查和催办下才完成的,造成极大的浪费。

(2)等待下级的汇报。任务虽已布置,但是没有检查、监督。不主动深入调查情况,掌握第一手资料,只是被动地听下级汇报,不做核实就做决定或者向上级汇报。出了问题,责任常常往下级身上推。

(3)等待对方的回复。我已与对方联系过,什么时候得到回复我无法决定,延误工作的责任应该由对方负责,我只能等。追究责任也不怕,我某月某日把这份文件送给对方,这里记录得很清楚,对方不回复我能怎么办。

(4)等待生产现场的联系。职能部门不主动去为现场提供服务,而是坐等现场的联系,有时还很不耐烦,认为多等一会有什么了不起,却没有设身处地去为现场着想,严重地影响了生产现场问题的及时解决。

这些"等待"在工作中是大量存在的,主要是中层管理人员缺乏责任心和主动精神,不愿意承担责任。

改进方法:应该加强改善心智模式的修炼,体会工作的意义,工作为自己,不能一等、二靠、三要条件。

二、无序的浪费

"没有规矩,不成方圆",这句古语说明了秩序的重要性。缺乏明确的规章、制度、流程,工作中容易产生混乱,这是众所周知的。但如果有令不行、有章不循,按个人意愿行事造成的无序浪费,更是非常糟糕的事。

(1)职责不清造成的无序。由于制度、管理等方面的原因,造成某项工作好像两个部门都管,却纠缠不休,整天扯皮,使原来的有序变成无序,造成极大浪费。某个部门某个人,当看到一项工作比较紧急,如果不做就会影响到企业利益时,进行了补位。这时就出现了一种怪现象:那么,今后这项工作就由你们来做吧,责任部门反而放任不管了,这也是一种无序。

(2)业务能力低下造成的无序。素质低下、能力不能满足工作需要,都会造成工作的无序。应该承担某项工作的部门和人员,因能力不够而导致工作混乱无序。当出现部门和人员变更时,工作交接不力,协作不到位,原来形成的工作流程经常被推翻,人为增加了从"无序"恢复到"有序"的时间。一个有效的管理者应该是一个规范化的高手,能把复杂无序的工作标准化、规范化、简单化,从而使普通员工可以完成原本无法完成的工作。

(3)有章不循造成的无序。随心所欲,把企业的规章制度当成他人的守则,没有自律,不以身作则,不按制度进行管理考核,造成无章无序的管理,影响员工的积极性和创造性,影响部门的整体工作效率和质量。这种人为造成的无序危害更大。

(4)业务流程的无序。直线职能制的纵向部门设置,将横向的业务流程严重割裂,各部门大多考虑一项工作在本部门能否得到认真贯彻,而很少考虑如何协助相关部门顺利实施。通常以本部门为中心考虑问题,而较少以工作为中心,不是部门支持流程,而是要求流程围绕部门转。从而导致流程的混乱,工作无法顺利完成,需要反复协调,加大管理成本。

改进方法:现场管理者应该分析造成无序的原因,努力抓住主要矛盾,思考在这种无序状态中,如何通过有效的方法,使无序变为相对有序,从而整合资源,使其发挥出最大的效率。

三、协调不利的浪费

所谓协调,就是指组织中的一切要素、工作或活动要和谐地配合,以便于组织的整体目标能够顺利实现。有了良好的协调,就会出现 $1+1>2$ 的协同效应。因此法约尔把协调视为管理的一项基本职能。而如果在管理工作中协调不力,就会造成工作停滞等方面的浪费。

(1)工作进程的协调不力。由两个部门共同承担的工作出现问题,双方都不主动联系,还需要第三个部门协调,工作进度当然会受到影响。某些工作应由哪个部门负责没有明确界定,处于部门间的断层,相互间的工作缺乏协作精神和交流意识,彼此都在观望,认为应该由对方部门负责,结果工作没人管,原来的小问题也被拖成了大问题。

(2)上级指示的贯彻协调不力。对上级的工作指示及相关会议布置的工作没有传达,即使传达了却没有进行有效的协调来组织落实,形成口号接力,工作在本部门出现停滞,没有得到有效地贯彻,形成工作盲区。

(3)信息传递的协调不力。信息流转到某个部门出现了停滞,使应该得到这些信息的相关部门掌握不到,难以有效地开展工作;信息没有分类汇总,停滞在分散之中;信息没有得到充分分析、核实和利用,依旧停滞在原始状态之中;信息不准确,造成生产盲目、物资供应混乱、计划的频繁调整、没有效益的加班及库存的增加。更有甚者,把信息视为本部门或个人私有,有意不再传递,则影响更大。

协调不力是管理工作中最大的浪费之一,它使整个组织不能形成凝聚力,缺乏团队意识、协调精神,导致工作效率的低下。

改进方法:加强沟通、主动沟通,主动配合工作。

四、闲置的浪费

我们把管理工作中的库存浪费称之为闲置。职能重叠,形成人浮于事,使生产经营要素不能得到有效利用,造成了闲置的浪费。

(1)固定资产的闲置。厂房、生产设备等因开工不足而导致浪费,使企业的成本升高,利润降低,竞争力下降。

(2)工作程序复杂化形成的重叠。在某些情况下,对于一些不重要的任务,上级其实只承担签字的职能,但如果没有上级的签字或认可,则业务就无法进行,会出现等待和停滞等浪费。为什么会出现这种浪费？上级如果担心失去权力，则下级就会事事请示，长久下去，组织就会逐渐僵化，失去活力。这是每一个层级的管理者都可能犯的错误。唯有敢于授权，才能简化流程，提高效率。

(3) 人员的闲置。人多好办事，都强调本部门工作的重要性，增加人员，三个人干两个人的工作。

改进方法：推行扁平化管理、业务流程再造、组织再造、过程管理等方法，都是使工作流程化、规范化、职责化的有效措施，可以从某种程度上减少闲置的浪费。但是，更重要的是思想不能闲置，流水不腐，如果能不断地用新的管理思想去冲击旧的思维，自然会采取有效的对策去消除因闲置而发生的浪费。

五、失职的浪费

失职的浪费是管理中的最大浪费，责任心不强的表现形式之一是应付。顾名思义，应付就是工作虽然干了，但是不主动、不认真，敷衍了事，不追求最好的结果，从而缺乏实际效果，是责任心不强的一种表现形式，这种浪费在工作中是经常见到的。应付的浪费主要是由责任心不强和素质低下等造成的，它实际上是工作中的失职，这种浪费对组织的损害是隐性的，将逐步侵蚀组织的肌体，是一种慢性毒药。对这种司空见惯的浪费现象，决不能麻木不仁，听之任之。

改进方法：加强班组学习，培养责任心，建立健全以绩效为中心的监督考核机制，以减少浪费。

六、低效的浪费

低效的含义包括：

(1) 工作的低效率或者无效率。相对于管理工作的高效率而言，低效率造成的隐性浪费是非常大的。原来只要一个人承担的工作，现在需要两个以上人员来完成；应该按计划完成的任务反复拖期。

(2) 错误的工作是一种负效率。没有一次把事情做好就是最大的浪费，应该正确完成的工作被做错，会出现返工、重做、纠正等浪费，甚至影响到整体。如果是高效率地完成了错误的工作，则损失更大。最可怕的是，这种错误在某种程度上是被允许的，会被以各种各样的原因、理由来掩盖住，从而反复发生，造成类似的浪费。

我们允许的是创造性的失误，而不允许反复发生低级的错误。

低效率是由什么原因造成的呢？

(1) 管理者的低素质，学习能力的不足，危机意识的淡化，造成许多人员素质满足不了工作的需求。在每个组织中，人员的素质肯定参差不齐，抱怨是没有用的，更不能把责任推到普通员工的身上，只有低素质的管理者，而没有绝对低素质的员工。高素质的管理者能够通过培训指导，用人所长，人尽其才，有效地带领员工完成任务。

(2) 方法不当，人员安排不得当，会导致低效率；计划安排不合理，工作难以按期完成；顺序安排有问题，会造成主次不分，重点工作无人做。

(3) 故步自封的僵化思想。过去的成功经验、过去行之有效的方法，会使某些"成功"人沾沾自喜，沉湎于过去的辉煌之中，从而不思进取，不继续提高自己，仍使用原有的一套来面对千变万化的内部和外部环境,不仅导致了低效率,甚至会拖累整个组织前进的脚步,成为整个组织前进的绊脚石。

改进方法:只有不断学习新知识,加强学习型班组创建的修炼,接受新思想,学习新技术,才有可能解决新问题。

七、管理成本的浪费

管理成本是企业成本构成的一项重要组成部分,即各职能部门在生产、供应、设计、品质、财务、营销等过程中产生的费用成本。管理必须依"理"行事,来控制成本,减少浪费,否则就会受到惩罚。"理"在企业管理中具体指"目标、指标、预算、计划",但是,如果"理"本身存在问题,则危害更大。

(1)目标指标不合理。管理是要有"理"可依,但前提是"理"是正确的。如果"理"本身出现了问题,或者我们理解错了,那么结果就可想而知了。就像解一道数学题,如果已知条件不完全甚至是错误的,即使运算过程再精彩,也推导不出正确的结果。

(2)计划编制无依据。企业下达了目标指标,却不知道怎样分解,靠"拍脑子"和想当然去制定预算和计划,缺乏可执行性。对于非量化的工作,不进行细化,不具备可操作性。短期计划没有围绕中长期计划进行编制,两者之间出现脱节和背离,没考虑连续性。计划编制拖拖拉拉,事态紧急才下发,忽视了及时性。对于这种计划,如果不进行修改和调整,甚至推倒重来,将带来极大的危害。

(3)计划执行不严肃。上级没通知我,我不知道计划的内容,所以无法执行;实际情况变化过快,使计划无法执行;由于前道环节工作没有及时完成,致使计划无法完成;上级制订的目标,由于执行有困难而不予落实,按照自己想象的内容去执行;接到计划后根本不看,计划的内容是什么都不知道,或者简单看一下就扔在一边,根本谈不到执行。

(4)计划检查不认真。反正计划考核由上级统一进行,日常我就不用再进行检查了。计划出现了偏差,要么是计划报高了,要么是计划漏编了,肯定是有原因的,何必追究呢。完成得差不多就行了,逐项落实太费事。

(5)计划考核不到位。由于无法了解和掌握计划的进度和完成情况及存在问题,而难以实施考核。即使发现了问题,也不检讨反省,客观地分析存在差异的原因,而是一味强调理由,推卸责任,逃避考核。发现问题后,措施不到位,致使下期的计划中又没有体现或纠正,导致问题长期存在。

(6)投入产出不匹配。目标指标虽然完成了,但是成本是否过高?投资回报率是多少?已经知道会得不偿失,但因为已经向上级提交了计划,只能硬着头皮干到底,不愿意承认失败,使企业继续遭受损失和形成新的浪费。

这些问题在日常管理中是经常存在的,但是又是难以度量的,它不像出现废品那样直观,因此而形成的管理成本的隐性浪费经常被忽视,甚至被视之为理所当然,难以形成消除浪费的动力。

改进方法:加强班组学习,对管理工作中的浪费达成共识,要认识到消除浪费活动具有艰巨性和长期性。进行量化和细化管理,使管理真正有"理"可依。管理工作中的浪费一旦在某种程度上被消除,则可能会出现几何级数的放大效应,因此,我们要鼓足勇气,从消除点滴的管理浪费做起,向着彻底消除浪费的目标一步一步地走下去。

第六章 如何创建节约型班组

在企业班组生产的现场,只有做好人、财、物的合理配置,才能提高生产的效率和效益。基本的要求包括"物流有序、劳动有效、生产均衡、信息充分、物料节约、环境整洁"。为达到这一目的,需要班组加强对现场的管理,推行精益生产的方法,力求对生产过程中的每一个环节、生产现场的每一个角落都要做到精细、精简和精密管理。

班组的精益生产可以划分为几种不同的方法,具体到现场管理方面,目前广为采用的主要有三种,即"5S"活动、定置管理和目视管理。它们虽然名称不同,但基本思路和宗旨却是一样的,目的都在于通过优化现场环境的配置,达到为企业节能减耗、增收扩产的效果。

[本章小结]

创建节约型班组要牢记如下理念:

节约是国策、是责任、是美德、是智慧、是效益、是环保、是敬业、是文明;浪费没理由,浪费可耻! 浪费就是犯罪!

节约无止境,潜力无限,方法无穷。人人有节约、事事有节约、处处有节约。在我国有许多活动往往是大旗一竖,口号一喊,发几份文件,完事大吉。创建节约型班组应该慎终如始,节约行动只有起点,没有终点。

节约需要科学的规划,使有限的资源得到最大的利用,同时也实现最大的节约;科学的管理,使人尽其才、物尽其用、时尽其效,使社会更有序,从制度上保证社会资源的合理使用,同样是一种节约。

创建节约型班组的过程就是培育节约文化的过程。因为节约文化包括节约理念、节约制度、节约技术、节约行为和科学管理。这里给出的一些方法,只有借鉴的意义,在千变万化的工作中,如何去践行,还要靠我们每个人努力做,实现知和行的统一。

[案例三]

辽河金马油田海一联合站创建节约型班组纪实

在辽河三角洲国家级自然保护区内,坐落着已投产16年的金马油田海一联合站。这个站担负着辽河金马油田海外河油区原油外输、污水回注以及小洼油田注气用水等多项工作,每年的能耗不是一个小数目。

2006年,海一联合站通过全员降成本、挖潜力、细管理,着力打造节约型班站,闯出了一条老联合站挖潜创效的新路子。全年实施挖潜增效措施11项,实现节能降耗246.6万元,在2006年辽河油田企业"优质低耗联合站"检查评比中夺得了第一名。

一、转观念"拧"开智慧"阀"

现有员工77人的海一联合站,自2004年以来,连续两年取得了节约挖潜140万元,荣获辽河油田企业"双十双百"先进站的好成绩。

在荣誉面前,有些员工盲目乐观,认为联合站管理工作做到家了,潜力也挖得差不多了。

对此,这个站把着眼点放在转变员工观念和增强信心上,认真分析生产现状,并结合每个人的工作岗位,开展全员查漏洞、摆不足、自我揭短曝光活动。随着教育活动的深入,"管理永无止境"、"点滴之水汇成江河"的理念在员工脑海中固化下来,而且有了一个恰当的

"定位"：在全方位强化管理上做文章，在老设备工艺改造上动大手术，在日常工作中拣"小芝麻"，通过平时节一点、省一点、降一点、抠一点、挤一点、挖一点、拣一点、攒一点，这8个"一点"加起来，就是联合站创建节约型班站的不竭之源。

"尽管我们站是一个老站，但只要努力去找，挖潜降耗工作仍大有作为。"有了这样的共识，全站员工立即行动起来，从节电、节气、节水等5个方面深挖潜力，共提出各类合理化建议18项，最终采纳11项作为挖潜增效措施。

二、齐动手"堆"成效益"山"

依靠科技挖潜，减少无效消耗是海一联合站挖潜创效的秘诀之一。

这个站现有4台高压离心注水泵，日注水量为6500 m³，耗电量很大。对此，作业区副区长武斌安提出引进粘液调速离合器技术来改变负载转速的方法节约电能的建议，实施后见到明显效果，年可节约电费157.4万元。针对老式配电箱不能根据气温变化间断送电的问题，站长李长宏提出了加装电热带自动温度控制箱的建议，安装后实现了温度调节送电，4个月节电62.2万kW·h。

三、精打细算、围绕"省"字做文章是这个站挖潜创效的又一秘诀

过去，站上对采油站的来油进行一段脱水、破乳剂加药处理，每天处理液量平均在8000立方米。由于药剂的加入量全部按照这一液量计算，导致加药量大、费用高。2006年，这个站实施了预脱水工艺，将一段加药改为一段加脱水药剂两段加破乳剂药剂，对原油和污水进行预分离，破乳剂直接进入电脱水器，同时对加药比进行调整。新工艺实施后，综合年节约药剂费用130万元。化验岗平均每天要化验120个油样，以前，化验员对汽油用量不控制，擦手、刷样桶随意使用，使得汽油浪费严重。岗长孙洁经过长时间试验，对做样用汽油量进行定人定量供应，平均每天节约汽油6kg。

与此同时，这个站控制材料消耗，收到明显效果。在材料使用上，站上员工坚持能用旧的坚决不换新的，并经常利用业余时间开展修旧利废活动。供水岗员工利用料棚闲置阀门对供水岗消防池和清水池上的阀门进行更换，节约成本1.6万元。大班员工休息时间利用站内轴承，更换脱水泵轴承，仅用200元，就节约外委施工费用3000元。

[案例四]

大庆采油二厂作业三区构建节约文化

"每一个垃圾箱都变得干干净净，拾荒者过门而不入。"2007年3月12日，记者在大庆油田第二采油厂作业三区采访时，员工们用这句话表达了对作业区节约文化创建模式的认可。在创建"低耗高效"型作业区的进程中，这个作业区已累计节约成本30万元。

2007年，这个作业区以创建"低耗高效"型作业区为目标，以"人人是节约使者，处处有节约空间"为理念，以成本控制为中心，以培养节约习惯为切入点，以细节系统管理为手段，从创建节约型岗位抓起，强化了全员节约意识。实践中，这个作业区一方面用机制进行约束激励，把成本的使用细化分解到每个岗位、每名员工身上；另一方面大力开展"上产增效"活动，利用"节约光荣，浪费可耻"等传统节约文化的引领作用让节约意识深入人心。

在活动中，岗位员工把丢进垃圾箱里的破旧手套捡回来清洗干净，缝补后重新使用；各

个食堂定人、定量做饭菜;擦布反复清洗使用;废旧配件修理后检验合格再利用。这些措施从一点一滴上养成了员工的良好习惯,使员工思想的素质得到进一步提高,如今这个作业区的垃圾箱让拾荒者再也淘不出"宝"来了。

[案例五]

西北油田塔河采油一厂三队节能降耗使出"多面手"

"S72 井场外输泵有两台,理论排量为 46m³ 的多级离心泵,但在实际生产过程中,该泵每小时排量为 18~20m³,泵效使用过低。建议将目前该泵的电动机换为 45kW,提高泵效节约用电量,减少启泵次数同时也减少了机械密封磨损,保证泵正常运行。"2007 年 6 月 24 日,塔河采油一厂三队合理化建议会上,采油二班向队上提出了其中一项节能降耗建议。对于该建议,副队长王怀忠答复道:"多级离心泵实际排量比较低,目前该泵运行时间没有达到24h,有必要可以更换电动机;根据该泵输站的实际情况,有一套变频装置还没有到货,等变频装置安装好后,可以减少启泵次数"。

2007 上半年以来,塔河采油一厂三队作为 2006 年度厂级"节约型分队",在已获得节约、节能成效的基础上,再接再厉继续按照上级下达的关于"节能减排"的精神与方针,以树立节约、节能意识为理念,实施降耗举措为保障在节能降耗方面使出"多面手",努力构建"资源节约型、环境友好型企业"。

"第一手"——从"点滴"抓起

为了把节约活动以点带面的形式在全队开展起来,该队围绕班组、岗位的生产情况,培育职工"勤俭节约,人人有责"的责任意识,构建节约文化。采取灵活多样的方式,开展宣传教育,真正从思想上把职工发动起来,激发职工的节约热情,引导职工牢固树立节约意识,增强责任感和使命感。

从点滴节约做起,严格遵守有序用电、节约用电的相关规定,及时关停空调、电脑、电灯等用电设备,养成节约用电的良好习惯。办公室、值班室严格遵守国务院关于空调使用的规定,做到夏季不低于 26℃,室内温度 28℃以下不开空调、办公室无人时不开空调、杜绝"长明灯"等能耗空放现象。塔河油田地处极度缺水的沙漠地带,为切实加强节约用水,对用水管理做到细化,每月各班组凭水票领取纯净水,清洗拖把、抹布时控制出水量,每人走时及时关闭、关紧水龙头,杜绝"长流水"及"跑、冒、滴、漏"现象,在平时生活、工作中相互监督、相互提醒,养成共同节约的意识。2007 年上半年以来比去年同期节约生活生产用水合计 256m³,共节约水费 7168 元。在节约办公用品方面,严格审批和控制办公用品发放数量,每月定额发放,积极推行无纸化办公,尽量利用网络传输文件,在电脑上修改文稿,办公室人员尽可能降低纸张消耗,减少重复打印次数,实行双面用纸。

"第二手"——抓小改小革

通过开展"五小"(小发明、小创造、小建议、小窍门、小点子)技术攻关活动,鼓励职工每人想一个解决工作实际难题的金点子或是自己动手搞一项小改小革,把五小活动取得的成果纳入班组成本分析后,作为"节约型班组"的一项评价考核,在班组节能中呈现众人拾柴火焰高的局面。

在油井开采初期（特别是探井），为全面评价油井的生产情况，需在井场安装简易流程，在往运油车装油时需用装油泵通过装车鹤管装置装油，但是值班人员上下运油车不方便，尤其是冬天，天冷罐滑极易摔伤，而且试采阶段完工后，还要花费人力、物力、财力来拆除装车鹤管。在实际生产中，岗位能手杨明革对装车鹤管的不便之处边使用、边着磨，两个月后终于改造出了"移动式放油台"。其优点在于可随时搬迁，一旦简易流程撤销，可以搬移到其他井场。"移动式放油台"比固定式装车鹤管在制造成本上可省6000元费用，而且可重复利用。一个采油队每年以5个井次算，可节省财务支出3万元。

"第三手"——抓修旧利废

在"降本增效"中长期开展修旧利废活动，要求班员从一块大布、一双手套做起，使广大班员人人心中有成本，本着注重实效、循环利用的原则以最少的成本取得最大的效益。在做法上一是从盘活闲置资产实现挖潜，把"闲"的变成"忙"的。职工们人人动脑筋，想办法，争当节约"诸葛亮"，合理提高闲置设备的利用率。二是通过修复利用实现降耗。队里有个仓库，专门堆放更换下来的"破铜烂铁"，工余时间大家都钻进库房，把它们"大卸八块"，采取拆多处"东墙"补一处"西墙"的方法，把几个旧备件中的有用件拼装在一起，投入二次使用。第二季度以来采油五班拆除平板阀六个，"拼凑"四个，成功运用到现场三个，按单价365元一个共节约成本1095元，切实做到了变废为宝。

"第四手"——抓创新降耗

塔河油田地处沙漠戈壁，一部分较远的零散井没有电网，生产、生活用电靠发电机发电，每月的油料费就占18720元，加上租机等费用共38320元。在这种情况下，采油三队根据岗位人员提出的合理化建议，就地取材，充分利用单井自身的天然气作发电机燃料，将燃油发电机改为燃气发电机，通过试验，燃气发电机每台每月共节省费用22360元。这种"创新降耗"的模式自去年下半年以来逐步成为该队节能的一项重要举措。2007年伊始该队在不断优化能源结构等基础上，不断加大节能降耗管理力度，创新模式、强化节能措施，坚持"节约与开发并举，把节约放在首位"的节能工作方针，通过节能改造来提高节能效果、降低能耗。以此来提高油藏区块经营管理，深化资源综合利用，推进垃圾资源化利用，实现清洁生产。

[案例六]

公民节约行为公约

培养节约好风尚　　人人行动是保障
夏季空调26度　　　节电效果很显著
灯泡换成节能灯　　用电能省近八成
随手关灯莫忘记　　小处节电有效益
少乘电梯爬楼梯　　既省电力又健体
家用电器仔细挑　　节电省钱都重要
家电不用要断电　　省电一成看得见

第六章 如何创建节约型班组

多乘公交和地铁　既省能源又便捷
购车要买小排量　节油实惠还时尚
注意关好水龙头　宝贵淡水不滴漏
洗菜洗脸多用盆　一水多用是窍门
纸张应该两面用　物尽其用见行动
物品少用一次性　节省资源利环境
就餐剩余应打包　珍惜粮食显实效
垃圾分类不乱扔　便于利用好再生
过度包装要反对　绿色消费益社会
勤俭节约记心头　行为公约共遵守

第二单元
创建"五型"班组的工具

第七章 "五型"班组的第一项修炼——自我超越

永远追求,不停进取,不断地超越自我,就是成功。

第一节 自我超越的基本概念

一、什么是自我超越

自我超越是指突破极限的自我实现或技巧的精熟。自我超越以磨炼个人才能为基础,却又超乎此项目标;以精神的成长为发展方向,却又超乎精神层面。

自我超越在这里并没有左右其他人,它是指突破极限的自我实现或技巧的精熟。如果我们用有形的标准来看,它是指在专业上具有某一水准的熟练程度。对一名技术精湛的艺匠而言,将其巧思融合熟练的手艺而形成巧夺天工的作品,便是一种自我超越的实现。生活中各个方面都需要自我超越的技能,无论是专业方面还是自我成长。因此自我超越的精华在于创造,在于将自己融入整个世界。

超越自我就是与自己竞争,视昨天为落后。人与人的所有竞争从本质上讲都是与自己的竞争。在人生中的很多时候,人们都以为自己想要战胜的是别人,这只是因为我们把内在的某些不满意的东西投射到自己与别人的关系里而已。

自己想要超越的和战胜的其实就是自己,而阻碍自己赢得成功的仍然是自己。只有比别人有非常明显的优势时,才具有竞争优势。超过别人一点,别人会嫉妒你,超过别人一大截,别人会羡慕你。

二、自我超越的意义

自我超越的意义在于创造,以创造的现实来面对自己的生活与生命,并在此创造的基础上,将自己融入整个世界。自我超越是个人成长和学习修炼,是对真正心之所向的愿景,不断重新聚焦、不断自我增强的过程。高度自我超越的人是永不停止学习的,古人曰:"苟日新,日日新,又日新。"就是从动态的角度来强调不断创新,因为自我超越它是一个创造过程,一种终身的修炼。高度自我超越的人,会敏锐地察觉自己的无知、能力不够和成长上限,但这却不动摇他十足的自信。他学会如何在生命中产生和延续创造张力。自我超越层次高的人誓愿也高,且工作更为主动、责任心强、学习也更快。因此许多组织支持员工个人成长,他们相信这样做能够强化组织,认为这是组织生命的源泉。

三、自我超越追求的目标

自我超越虽然以磨炼个人才能为基础,却具有高于此项目标的更高境界,它虽然以精神的成长为发展方向,却又超出仅仅是精神层面的抒发。一般来说,在组织里,只有每个层次

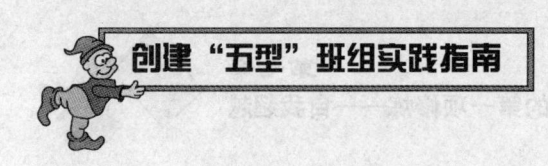

的人都学习自我超越，才能使组织成员从契约关系的观念中解放出来，才能将工具性的工作观转化为较注重精神层面的工作观。组织和个人之间也只有建立超"盟约"关系，他们才不再是互相利用，而是互相帮助的关系，才能使每个员工的潜力充分展现。

第二节 建立个人愿景

一、建立个人愿景，献上无限心力

（一）什么是个人愿景

个人愿景是发自内心的、真正关心的、一生最热切渴望达成的事情，它是一个特定的结果，是一种期望的未来或意象。当你为一个自己认为至高无上的目标献上无限心力的时候，它就是一种自然的、发自内心的强大力量。

愿景有多个方面，有物质上的欲望，有个人的健康、自由、对自己的诚实，还有对社会方面的贡献，对某个领域知识的贡献，等等，都是人们心中真正愿景的一部分。总的来说，个人愿景主要包括以下几个方面：

（1）自我形象：你希望成为什么样的人？假如你可以变成你向往的那种人，你会有哪些特征？

（2）有形财产：你希望拥有哪些物质财产？希望拥有多大的数量？

（3）家庭：在你的理想中，你的家庭生活环境是什么样子？

（4）健康：你对于你的健康、身材、运动及其他和身体有关的事情，有什么期望？

（5）工作：你理想中的职业是什么？你希望你的努力可以发挥什么样的影响力？

（6）个人休闲：在个人的学习、旅游、阅读或其他领域中，你希望创造出什么样的成果？

（7）人际关系：你希望和你的同事、家人、朋友以及其他人保持哪一种关系？

（8）社群：你对于你生活的社区或社会，有什么要求？

（9）其他：在你生活中的其他方面，你还有什么想做的事情？

（二）如何建立个人愿景

要把焦点放在真心追求的终极目标，而非仅放在次要的目标，这样的能力是自我超越的基石。人在做真正想做的事情时，就精神奕奕，并充满热忱。遭受挫折的时候，会坚韧不拔，认为自己分内的事，觉得很值得做，意愿很强大，效率也自然提高。

每个人都有自己的愿景，但在很多情况下，人们对自己的愿景往往是模糊的，或者是误解的，这样就会造成行动的盲目。因此，对于每个人来说，关键不是如何建立个人愿景，而是如何理清愿景。以下的方法可以帮你理清自己的个人愿景，记住，一定要诚实地回答自己。

方法一：形容个人愿景。

想象你正在达成你一生最热切渴望达成的愿景，这些愿景会像什么样子？请你把它们分别写下来。

请你回顾在你八岁时、高中毕业时、大学毕业时、参加工作以后、现在的个人愿景，其中哪些愿景实现了？哪些没有实现？原因是什么？

这些愿景可以包括自我形象、有形财产、家庭、健康、人际关系、工作、个人休闲、社群以及其他自己想要达到的方面。

方法二：想象实现愿景后的情景。

假如你得到了深深渴望获得的成果,那么：

这到底是什么样的情景？你怎样来形容它？

你的感觉如何？这种感觉是不是你真正想要的？

方法三：检验并理清愿景。

逐步检查你写下来的个人愿景清单,理清愿景的每个方面,从而找出最接近你内心深处的层面。

如果你现在就可以实现愿景,你会接受它吗？

假定你现在就实现了愿景,这愿景能为你带来什么？

你接受了它,你的感觉如何？

(三)理清个人愿景与价值观

在自我超越修炼中,理清个人愿景有一项很重要的基础修炼,即找出自己最想要的价值观。

价值观与个人愿景并不相同,价值观属于方向性的,比较广泛。个人愿景则是一个特定的结果,一种期望的未来或意象。价值观是抽象的,愿景则是具体的。个人愿景反映价值观。

尽管价值观与个人愿景处于不同的层次,但两者是相辅相成的,愿景如果有了价值观的基础,就更有意义和方向感,而且能永久持续。在愿景达成后,是价值观吸引你更上一层楼,驱使你设定一个新的愿景。而价值观有了愿景,就能体现得具体,能够得到落实,并容易衡量、描绘与沟通,而不至于成为海市蜃楼,虚无缥缈。

二、保持创造性张力,把现况拉向愿景

(一)什么是创造性张力

一种缩减或消除现况与愿景之间差距的力量,称为创造性张力(见图7-1)。这种由两者的差距所形成的张力,会让人自然产生舒解的倾向,以消除差距。

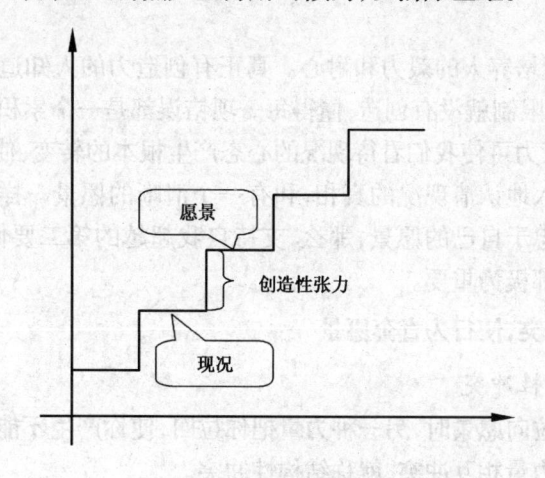

图7-1 创造性张力

在自我超越过程中,我们常常会敏锐地意识到存在于愿景与现况之间的差距。这种差距使愿景看起来好像空想或不切实际,可能会使人们感到气馁或绝望,但是相反的,愿景与现况的差距也可能是一种力量,将你朝向愿景推动。由于这种差距是创造力的来源,因此,我们把这个差距称为创造性张力。

美国音乐家兼教师弗利慈为人生的创造性导向设计了三阶段的流程:理清个人愿景;看清楚现况;作出选择(承诺要创造出你想要的结果)。这也是我们进行自我超越的三个阶段。实践自我超越的关键是学习如何兼顾个人愿景和清晰的现况。当我们真正能够这样做的时候,内心会产生一种创造性张力。在本质上,这种张力需要获得你本人的理解,而理解这种张力最理所当然的办法,就是让现实更接近我们的愿望。

(二)创造性张力是自我超越的核心原理

创造性张力是自我超越的核心原理,因为它整合了这项修炼的要素。我们把握住一个不同于现况的愿景,就有一个差距存在。这个差距能够以两种方式消除,一是采取行动把现况拉向愿景,努力使现实和将来的目标接近,这种方法就是创造性生活的手段,这是解决问题的根本方法,也是终身学习者所使用的方法。但是改变现况需要时间,这会导致创造性张力出现负面情绪,如焦虑、悲哀、气馁、绝望或担忧等感觉,所以会有第二种办法,就是降低愿景而把它拉向现实。降低愿景可以消除压力,但以这种方法化解压力,人的自尊和自信就会降低。为了减少压力而降低愿景,显然这是一个舍本求末的方法。如果我们了解了创造性张力,它将不但不会降低愿景,反而会使愿景变成行动的力量。

愿景多么高远并不是最重要的,重要的是愿景能够发挥什么作用。真正有创造力的人,会通过愿景与现况之间的差距来产生创造的能量。

(三)创造性张力的作用

创造性张力的作用有三个方面:

(1)创造性张力可转变一个人对失败的看法。失败不过是做得还不够好,是愿景与现况之间差距的表现。失败是一个学习的园地,可让人看清对现况不正确的认识,洞察策略为何不如预期的有效,检验愿景是否明晰正确。如果能够认识到这一点,那么这一次的失败就是下一次成功的开始。

(2)创造性张力能培养人的毅力和耐心。真正有创造力的人知道所有的创造都是通过重重限制达成的,没有限制就没有创造,懂得每一项错误都是一个累积最后成果的事件。

(3)精熟创造性张力可使我们看待现况的心态产生根本的转变,使真实的情况成为盟友而非敌人。正确而深入地认清现况的真相,和有一个清晰的愿景一样重要。如果追求自我超越的第一个要件是忠于自己的愿景,那么,支持自我超越的第二要件便是忠于真相,两者对于产生创造性张力都极为重要。

三、克服结构性冲突,使行为直奔愿景

(一)什么是结构性冲突

当一种力量把你拉向愿景时,另一种力量把你拉回,使你产生不能得到这个愿景的潜在想法。这种系统中的力量相互冲突,就称结构性冲突。

大多数人心中都有许多限制自己创造力的矛盾,其中较为常见和突出的有两个,其一,是大部分人心中都有一个牢不可破的信念,相信自己没有能力实现自己想要的事情;其二,是认为自己不够资格得到所想要的。我们应当时时警惕自己不要掉入这两个陷阱之中,并且让阻碍创造及实现愿景的这股强大的、结构性的负面力量,在我们心灵、智慧的强光照射之下无所遁形。

当人们在寻求一个愿景时如果有无力感或不够资格的想法产生时,结构性冲突的力量就会开始活动,阻止我们迈向成功。然而,成功的人则克服了结构性冲突的力量,以竟全功。

(二)如何看清结构性冲突的力量

当我们越是接近愿景时,把我们向后拉离愿景的力量就越大,我们常常不能察觉也没有察觉结构性冲突系统的存在,因而更增强了结构性冲突的力量,阻止我们迈向成功。

这个向后拉的力量可以从许多方面显现出来:问问自己是否真正想要这个愿景、感觉完成工作越来越困难、意外的障碍在路途中忽然冒出来,或者周围的各种人和事让我们失望,等等。然而有强烈自我超越意识的人往往会有足够的敏锐来察觉结构性冲突,并有能力和毅力克服结构性冲突的负面力量,从而迈向成功。

(三)如何克服结构性冲突的力量

一般来说对付结构性冲突的力量有以下策略:

(1)消极地让愿景被侵蚀。这是一种常见的策略,是一种制造"负面愿景"的策略,即无所作为的策略。

(2)操纵冲突。就是通过刻意制造的假性冲突张力,来操纵自己或他人更加努力,追求想要的或除去、避免我们所不想要的。操纵冲突是那些害怕失败的人所偏好的策略。

(3)意志力的运用。是指全神贯注地去击败达到目标的过程中所形成的抗拒力。多数高度成功的人具有过人的意志力,因而他们把这项特性看作与成功同义:愿意付出任何代价以击败阻力,达成目的。

处理结构性冲突的最佳策略是诚实地面对真相。结构性冲突起源于内心深藏的信念,我们只有改变自身的信念才能克服结构性冲突。首先,要诚实地面对真相,看清结构性冲突的实质。在确认了结构性冲突的起源后,就需要对这些结构做更有创意的变更,即心灵的变换,而不要去跟结构缠斗。一旦找出这个运作结构,结构本身就会变成"真实情况"的一部分。而诚实地面对真实情况的意愿越强,所看见的真实情况也越接近它的真相,创造性张力也就越有力量。在创造性张力的结构中,诚实地面对真实的情况变成一股创造性的力量,就像愿景成为一股创造性的力量一样。然后,要逐渐树立信心,改变自我的形象。所以说,处理结构性冲突的最佳策略是诚实地面对真相,说真话,根除看清真实情况的障碍,并不断对于自己心中隐含的假设加以挑战,也就是不断加深我们对事件背后结构的理解与警觉。

处理结构性冲突的首要工作,在于辨认出这种冲突和运作的模式。当我们发现自己为某个问题在责怪某事或某人时,便要注意到自己可能正处在结构性冲突中,有可能是我们自己创造了不可完成的工作,或是由于自己领导不当使工作出现了问题。

心灵的变换可以发展应付结构性冲突的能力。只要仍坚持以事件来看问题,我还是会相信自己的问题是由外部引起的,是他们害我的,一旦我认清了造成问题的结构,我就会开始思索自己能够做什么,而不是他们做了什么。

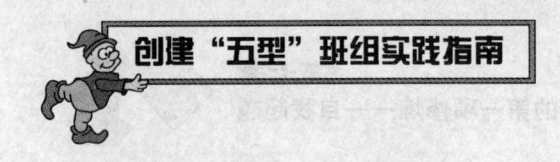

四、运用潜意识管理个人愿景

自我超越层次高的人最吸引人的一项特质是,他们在忙乱之中,仍能优雅而从容地完成异常复杂的工作,令人惊叹不已,就像芭蕾舞者令人屏息的美丽舞艺,这是经年累月修炼而来的能力。

自我超越的实践过程中隐含心灵的另外一个方面——潜意识。事实上,我们都曾不自觉地透过潜意识来处理过复杂的问题。使自我超越层次高的人与一般人有所区别的在于他们能在意识与潜意识之间发展出较高的契合关系。与一般人偶然短暂的感应不同,他们将潜意识的运用当做一种修炼来加以提升。

潜意识对于我们的学习有非常重要的作用。人自出生每件事都需要学习,只有渐进地学习才有可能学会一切新事务,一旦学会了,就变成好像天生就会的一样,把学会并熟练的部分交给潜意识来管理,而让意识专注于其他部分或新的事物上。如走路、谈话、吃东西等都是在几乎没有意识的情况下完成的,这便是潜意识的作用。自我超越并不等于潜能开发,但不断地修炼和提升潜意识,使意识与潜意识之间发展出较高的契合关系,这就是自我超越的修炼。好比学开车,在你初学开车时候,需要相当大的注意力,甚至要和坐在身边的人谈话都有困难。但是练习了几个月以后,你几乎不需要在意识上专注,就可以做同样的动作。不久之后,你甚至可在车流量很大的情况下,一面驾驶,一面跟坐在你身边的人谈话。显然,现在你对于必须监测和回应的上百个变数几乎不必在意识上加以注意了。在日常生活中我们不断训练潜意识而熟练各类技能,但是,对于我们如何熟练这些技能,我们如何能够精益求精,不断发展我们一般意识与潜意识之间的契合,多数人并不曾仔细考虑过。然而,这正是自我超越这项修炼最重要的部分。

那么如何培养潜意识呢?培养潜意识最重要的是要与发展个人愿景的修炼相结合,必须契合内心所真正想要的结果。越是发自内心深处的良知和价值观,越容易与潜意识深深契合。只依赖意识层的学习,永远也达不到最佳、最杰出的愿景。只有将高层次的潜意识与所追求的愿景相契合,愿景才会更上一层楼。以下是各种提升潜意识的技巧:

(1)调整思维方式。惯常的思维定式有:权威思维定式、从众思维定式、唯经验思维定式、唯技术思维定式、非理性思维定式。这些思维定式,都是有意识的思维。在学习的过程中,我们应将整个活动从有意识的注意,逐渐转变为由潜意识来掌管,从意识思维转变为潜意识思维,并积极训练能动性的潜意识思维。

(2)通过自我反思,不断对准焦点。学习如何更加清楚地把焦点对准想要的结果,将愿景中的一项特定目标或某一方面纳入思考,首先想象这个目标已经完全实现了,然后问自己:"如果我真的得到这个,它将带给我什么?"我们会发现,对这个问题的回答,揭开了在目标背后更深的渴望。事实上,目标是为了达成一项更重要结果的必要的中间步骤。比如,一个人的目标是晋升为副总,当他自问:"成为副总将带给我什么?"他的回答是:"同事的尊敬"或"自身价值的实现"。虽然他可能仍然热切期望升为副总的职位,但他现在看清一个他渴望的更为深层的结果,而他现在便可开始追求他愿景的一部分,与他位于组织阶层的位置无关。如果,他没有理清他真正寻求的结果,可能在达到他的预定目标时,发现更高的职位仍然无法称心如意。这个技能之所以如此重要,是因为潜意识对明确的焦点有较佳的回应能力。如果我们不能明白分辨阶段性目标与终极目标,潜意识就无法区分轻重缓急和对准焦点。

（3）廓清生命的终极目标。这一切真正有效的关键，仍然在于知道对你最重要的是什么。在不知道对你真正重要的是什么的情形下，将易流于机械式的运用潜意识。这虽然是一种使自己更有生产力的新方式，然而在没有明确和不断修正自己生命终极目标的情况下，几乎所有精神方面的传承，都反对以学习来增强心智力量的技术。

在潜意识之中去发展高度"自我超越"的关键，是与发展个人"愿景"的修炼相联结。这就是"愿景"的概念在创造性的艺术中，总是居于非常重要地位的原因。毕加索曾说："我们可以从传记或其他记录中，了解画家的心灵是经过怎样的途径，找到使他们梦想具体化的方法。但是，真正重要的是，从这些记录中看出，他们最初的愿景几乎始终如一。"

第三节　实现自我超越的五个基本原理

一、凸透镜聚焦的原理——汇聚精力，专注目标

平行于凸透镜光轴的光束，经凸透镜折射后会聚于主焦点，如图7-2所示。之所称为焦点，就是太阳光经过凸透镜聚焦后可以用来点火。古代人常用这种方法来引火。

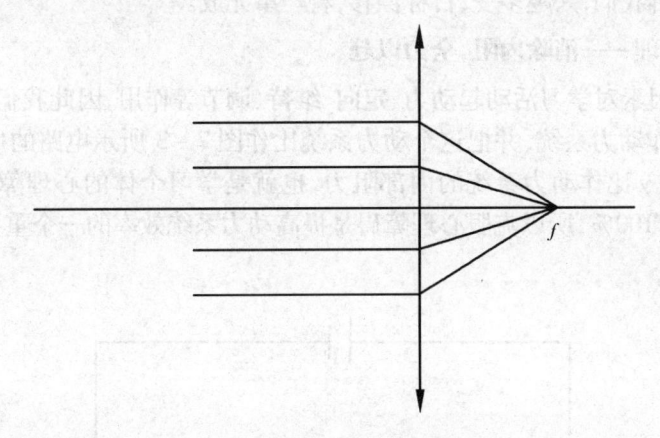

图7-2　凸透镜折射聚焦

我们把一个人比作一个凸透镜，焦点比作目标，平行入射光比作一个人的全部精力。如果一个人把全部精力对准目标，也一定会燃起生命的火花。

运用这个原理，要求个体在需要、理想、信念等因素的作用下，设计出自己生命的蓝图，再根据这张蓝图制订出各个时期所要达到的目标。重要的是制订出完善自我的计划，并将目标分成若干个小目标，形成目标链，写出书面计划，并将目标融入潜意识中，用目标指引行动，这样会使我们的行动不偏离大方向。人生就像一艘航船，方向决定着它的命运。一个人如果经常改变自己的努力方向，那无异于做圆周运动，最后总位移等于零。在生活中常见到有很多人终生碌碌，一事无成，就是因为把精力和思想浪费及分散在很多方面，没有固定目标，结果不但使其无法获得任何能力，反而使人变得优柔寡断，怯懦不前。所以说，目标是指引你走向成功的灯塔。然而仅有目标是不够的，还要有实现目标的行动。目标越远大越应该马上开始行动，拖延只能使目标离自己更远，一定要克服拖延的坏习惯。把每一天的学习

任务完成到至少自己认为较理想的程度。不要把一切事情都推到明天,如果那样的话,必然是"活在将要去做,死于一事无成。"每天朝目标全速前进,把实现的每个近期目标当作前进路上的加油站,继续向更大更远的目标前进。最后的成功需要不停的奋进,始终不渝地朝一个方向努力,永远瞄准目标。只有专心才能致志。美国总统林肯说过,一个人如果把他的全部精力用在一点上,会做出连自己都想象不到的成果来。

人因专注而专业,因专业而超越。专注目标就是用心专一。老子说"昔之得一者:天得一以清;地得一以宁;神得一以灵;谷得一以盈;万物得一以生;侯王得一以为天一正。"

意思是说,从前能掌握到"一"的要领,就如同天得一则清澈,地得一则宁静,神得一则有灵,溪谷得一则充盈,万物得一即生生不息,上位者得一则天下皆行正道。

有个人叫贾金斯,对一位姑娘一见钟情,十分坦率地向她表露了心迹。为使自己配得上她,他开始在精神品德方面陶冶自己。他去一所星期日学校上了一个半月的课,但不久便自动逃掉了。两年后,当他认为问心无愧、无妨启齿求婚之日,那位姑娘早已嫁给了一个愚蠢的家伙。不久他又如痴如醉地爱上了一位迷人的、有五个妹妹的姑娘。可是,当他上姑娘家时,却喜欢上了二妹,不久又迷上了更小的妹妹,到最后一个也没谈成功。从此孤独一生。

这个故事告诉我们,兴趣多变,目标漂移,将一事无成。

二、零内阻原理——消除内阻,全力以赴

由于非智力因素对学习活动起动力、定向、维持、调节等作用,因此我们把全部非智力因素构成的系统称作动力系统,并把这个动力系统比作图7-3所示电路的电源,电动势 ε 比作学习动力,内阻 γ 比作动力系统的内部阻力,也就是学习个体的心理障碍。当内阻为零时,电源的效率为100%,所以克服心理障碍是提高动力系统效率的一个重要条件,这是一条克己制胜的原理。

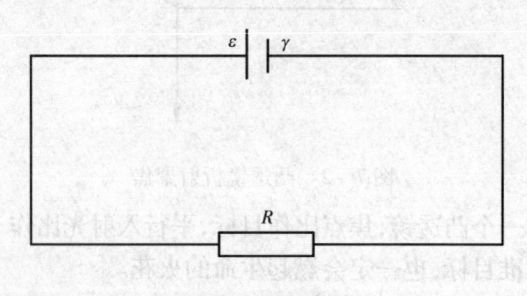

图7-3 电路图

心理障碍的主要表现有:在困难和挫折面前表现出苦恼、忧郁、悲伤、烦闷的情绪。在这种情绪的作用下,会使人的思维呆板,注意力涣散,记忆力减弱,精神不振,情绪低落,意志消沉,对未来失去信心。更有甚者,在一件事未开始之前,就认为自己不行,甚至连试一试的勇气都没有。在学习或工作上有的人悲观地认为自己智力低下,做不好,因而不求进取,使成绩每况愈下。这种自我宣判,自我打倒是世界上最可悲的事情之一。心理学上有一条规律被称做"心想事成",总想自己做不好的人,那么他一定做不好。因为他在心理上没有做好的动力,所以也就不会产生做好的行动。

欲克服心理障碍,第一,要有一点孟子的"欲拯救当今之世,舍我其谁也"的豪气,坚信自

第七章
"五型"班组的第一项修炼——自我超越

己一定能够更好。一个人只要有必胜的信心,坚强的耐心,持续的恒心,同时加上正确的努力(讲究方法,不蛮干),最后一定能够达到所希望的目标。第二,在学习和工作的过程中塑造良好的性格。人的一切成就,在很大程度上依靠性格的伟大。一般说来,良好的性格特征,如勤奋、勇敢、自信、谦虚、谨慎、细致、刻苦、顽强、乐观、进取心、探索性等,有助于学习能力的提高,促使人成才。而消极的性格特征,如怠惰、怯懦、自卑、骄傲、粗心、安于现状、墨守成规等,则会压抑人的创造能力的形成和思维潜能的发挥。学习的成功、事业的成就,都需要有良好的性格作为基本保证。人的性格不是天生的,是在自身与环境相互作用的过程中形成的。在这个过程中,起决定作用的是人本身。所以人在自己性格形成的过程中,要充分发挥主观能动作用,进行自我教育,提高自我修养。吸取他人性格中的优良成分,塑造自己的性格,并在实践中锻炼提高。以积极的态度、乐观的情绪、顽强的意志、理智的行动进行学习。当你遇到困难和挫折时,不要气馁,更不要放弃,请记住:"锲而不舍,金石可镂"。只有放弃才失败。成败只在一念之间,往往只有一步之差。当你感到自己无能为力时,需要调整一下情绪,在心里默念"只要坚持下去,一定能够成功"。重新振作精神,把内心的精神力量发挥出来。把学习中的困难和挫折作为你奔向目标的阶梯,以饱满的情绪、旺盛的斗志、探索者的精神,去寻找解决问题的办法。这样可以使你的注意力集中,头脑清醒,思维活跃,使你智力得以充分发挥。所以说,塑造良好的性格,是学习和工作活动(也是人生)中的一项重要任务。第三,积极行动是克服心理障碍的有效办法。在困难和挫折面前不要犹豫,犹豫只能使心理阻力增大。要冷静、沉着,采取果断而明智的行动。如果你担心自己学不好技术,那就应该把烦恼的时间用来学习。要知道,人的一切能力都可以在学习中得到提高。你潜在的实际能力要比你表现出来的大许多倍。只要你集中精力,尽最大的努力,扎扎实实地去做,总会有所收获。克服一分困难你就会增长一分智慧,也就增长了一分灵活运用知识的能力。如果你的每一步都能迈上一个新的阶梯,就是实现了自我,因为你没有停止对目标的追求。

[案例一]

追 求 忘 我

不要把自己当老鼠,否则肯定被猫吃。

1858年,瑞典的一个富豪人家生下了一个女儿。然而不久,孩子染患了一种无法解释的瘫痪症,丧失了走路的能力。

一次,女孩和家人一起乘船旅行。船长的太太给孩子讲船长有一只天堂鸟,她被太太对这只鸟的描述迷住了,极想亲自看一看。于是保姆把孩子留在甲板上,自己去找船长。孩子耐不住性子等待,她要求船上的服务生立即带她去看天堂鸟。那服务生并不知道她的腿不能走路,而只顾带着她一道去看那只美丽的小鸟。奇迹发生了,孩子因为过度地渴望,竟忘我地拉住服务生的手,慢慢地走了起来。从此,孩子的病便痊愈了。女孩子长大后,又忘我地投入到文学创作中,最后成为第一位荣获诺贝尔文学奖的女性,她就是茜尔玛·拉格萝芙。

启示:忘我是走向成功的一条捷径,只有在这种环境中,人才会超越自身的束缚,释放出最大的能量。

其实茜尔玛·拉格萝芙并不是真的有病,自己没有真的站起来过,所以就一直认为自己站不起来。忘掉自我,才能战胜自我,超越自我。

三、自我激励原理——给自己加油,坚持不懈

在电子线路中的自激振荡器(由调谐放大器、反馈网络、直流电源所组成)无需外加激励信号,依靠自身信号来激励,就能产生振荡而输出交流功率。人本身的行为也是受自己思想所支配的,具有自动性和自主性,这一点可以和自激振荡器类比。对于人这个自动系统,自我激励就是自我鼓励,是一种提高自信心、充分发挥人的内在潜能的有效方法。

自我激励的方法很多,常用的方法有:(1)目标激励,利用目标激励你的行动,引导努力方向,克服惰性,养成良好的习惯。(2)利用自己的成果进行自我激励,经常对自己的学习或工作的效果进行评价,找出成功的方面,并使其发展。或者利用某一时期的最佳成绩来激励自己的行动,提高自信心。(3)自我期望,即确定一个自我实行的预言,用以指导自己当前的行为。比如,把自己想象成未来的博士、专家等。这种方法在心理学上称作自我暗示。始终用这种暗示强化自己的行动,实践证明这种方法具有神奇的功效。拿破仑就是借助这个方法,使自己从出身低微的科西嘉穷人最后成为法国君主。林肯也是用同样的方法,跨越了一道道鸿沟,使他走出肯塔基山区的小木屋成为美国总统。

人必须自己鼓励自己。人生在世,有人帮助是幸运,没人帮助是常理。人生关键靠自己,自强者不息。自己不想站起来,则没人能扶起来。

古人说:"望人者不至,恃人者不久。君欲治,从身始。人何可恃乎?"意思是说指望别人的人不能达到目的,依赖别人的人不可能长久。想把国家治理好,就要从自身做起,别人怎么能够依赖呢?

四、化外力为内动力的原理——调整心态,积极奋进

在学习和工作活动中,作用于学习个体的外力有动力也有阻力,如何把这两种外力化为学习者的动力,完全取决于学习者的态度。我这里把内力和外力的关系归结为如下数学公式:

$$F_内 = kF_外$$

$F_内 > 0$ 时,$F_内$ 表示内动力,对学习起推动作用;$F_内 < 0$ 时,$F_内$ 表示内阻力,对学习起阻碍作用。$F_外 > 0$ 时,$F_外$ 表示外界动力,对学习起推动作用;$F_外 < 0$ 时,$F_外$ 表示外界阻力,对学习起阻碍作用。k 表示个人态度的作用。由于不同的人对待事物的态度是不同的,所以 k 值也不是一个常量,由上面的公式可知:积极的态度表现为 k 的符号与外力的符号相同,即 $F_内$ 为正,这时 k 的作用越大越好。消极的态度表现为 k 的符号与外力符号相反,$F_内$ 为负,对行动起阻碍作用。$k = 0$ 的情况表现外力对个体不起作用。在行动中,作用于个体的外动力主要有亲人们的期望和督促,领导(教练)的希望和鞭策,同学、朋友之间的相互激励,等等。正确利用这些外力使其转化为个体的内动力,对推动行动的进程,增强行为效果具有一定的作用。外界阻力是行动中必然存在的,有认知方面的、行为方面的和精神方面的。持消极态

第七章
"五型"班组的第一项修炼——自我超越

度的人会裹足不前,抱积极态度的人会在心理上产生一股强大的反作用力,在这股强大内力的驱动下使其迎着困难上,把克服阻力看成是磨炼意志、增长才能的机会,以乐观的精神、坚忍的耐力、明智的行动去克服前进中的阻力。19世纪初,匈牙利数学家亚诺什在创立非欧几何时,父亲认为他异想天开,教师丢掉了他用心血写成的书稿,当时的大数学家高斯对他的研究也持否定的态度,可以说孤立无援。而他个人的境遇更是不佳,先后被疟疾、霍乱等疾病缠身,他以顽强的毅力忍着病痛的折磨,继续刻苦研究。谁知车祸又向他无情地袭来,致使他身体残废,卧床不起。正当他需要人照料时,又被无情的父亲赶出家门,几乎所有的厄运一齐向他压来,然而,年青的亚诺什没有放弃自己追求的目标,没有向厄运屈服,功夫不负苦心人,亚诺什终于战胜了一切挫折,成功地创立了非欧几何学。亚诺什的故事除了告诉我们要以顽强的毅力与厄运抗争外,还告诉我们一个道理,那就是不要迷信权威,对别人的看法或做法持分析和批判的态度,别人的意见或做法只能作为你的参考。

五、共振原理——协同工作,共同超越

一个振动系统,在周期性变化的策动力作用下,当策动的频率跟系统的固有频率很接近或相等时,振幅急剧增大,这种现象称作共振。

如果把个体比作一个振动系统,振幅比作工作的动力,同事之间的相互激励看做一种策动力,这种策动力将以语言或行为的方式表现出来。能否产生共振效应,取决于个体的"频率"。而个体内部的"频率"是可变的(这一点和机械振动不同),可以经过调整使其与策动力的频率接近或相同,从而实现共振,即提高工作动力。协同共振方法是化外力为内动力的一种特殊情况。工作上的共振状态,指的是一些目标相同,步伐相近的同志在一起,互相学习,互相激励,造成一种你追我赶的工作(学习)气氛,可以在长期目标的引导下经久不衰,其效果是不言而喻的。

运用共振原理(学习)有两个要点,首先是选"频"问题,就是你与谁发生共振,就提高工作(学习)效果这一目的而言,个体应主动地向那些有进取心的同志学习,把其他人的好方法、好习惯学到手,博采众家之长,用以提高工作(学习)兴趣和工作效果。第二点就是注意调整自身的"频率",在某一时期,可能由于知识基础、知识结构、行为等方面的差异还不能进入共振状态,这时个体要主动调整自身的行为,抓紧时间补充自己的不足之处,主动进入共振状态。这种协同共振方法之所以有效,就是因为他们之间的相互激励"频率"相近,容易进入共振状态。例如:1979年诺贝尔物理学奖获得者格拉肖和温伯格就是纽约布朗克斯高级理科中学的同班同学,除他们两人外,这个班还出了六位物理学博士,何以如此呢?就是因为他们在相互协调的过程中,自觉或不自觉地采用了受激共振学习法。

自我超越强调自我,这一理念符合唯物辩证法中内因起决定作用,外因起辅助作用的原理。学习型班组进行自我超越的修炼重视以下三点:

(1)开展境界教育。境界教育就是思想教育。不要认为发展市场经济,企业的思想教育过时了。为了企业的发展,资本主义企业也抓思想教育,如日本一家钢铁公司在公司门口竖了一个很大的钢制的"人"字,这就是他们的境界教育,它告诉员工他们应把公司建设成钢铁巨人,世界的钢铁巨人。

（2）把工具性工作观变为创造性工作观。当一个员工认为工作不仅换取报酬,而是发挥自己才能,创造美好事业和美好人生时,其能量就变大了。这样,企业的竞争力就增强了。

（3）向极限挑战。学习型组织理论指出,一个人、一个公司发展的最大障碍,是自己头脑的"极限"。人们经常遇到三种极限:

① 自我极限,就是自己设定的极限。如青年人认为能力不如老年人,少数妇女总认为自己不行,等等,从而妨碍了能力的发挥。

② 常规极限,就是常规的思维方式,束缚了想象力和创新力。

③ 死亡极限,是人的最高极限。一个人要成功,即使面对"绝境"也要敢于向死亡极限挑战,突破死亡极限就成功了。

自我超越是一个人、一个组织实现组织目标不断进取的精神基础。它要求个人客观地观察现实,不断认识自己、认识外界的变化,不断理清并加深个人的真正愿望,集中精力,培养耐心,不断地赋予自己新的奋斗目标,以自己真正向往的事情为起点,为自己的最高意愿而活着。并由此不断突破成长上限,超越过去,超越自己,迎接未来。

超越自己,就是要开发自己的潜能,开发蕴藏在自己心中的金矿。超越自己,首先要征服自己。所有的胜利,与征服自己的胜利比起来,都是微不足道的。

我们在学习和工作中发掘自身潜能时,要注意做到充分地认识自我,大胆地相信自己,勇敢地挑战自己,热情地激励自己,坦然地面对挫折。只要我们有发掘自我潜能的意识与自信,就一定会唤醒心中沉睡的智慧巨人,让他帮助我们在学习中不断克服困难,实现目标。

工作、学习就是不断自我超越的过程。具有这种能力的人,对待生命的态度就像艺术创作一样,全身心投入、不断创造和超越,是一种真正的"终身学习"。组织整体的学习意愿和学习能力,就植根于个别成员的自我超越能力。

[案例二]

飞翔的蜘蛛

一天,我发现,一只黑蜘蛛在后院的两檐之间结了一张很大的网。难道蜘蛛会飞?要不,从这个檐头到那个檐头,中间有一丈余宽,第一根线是怎么拉过去的?后来,我发现蜘蛛走了许多弯路——从一个檐头起,打结,顺墙而下,一步一步向前爬,小心翼翼,翘起尾部,不让丝沾到地面的沙石或别的物体上,走过空地,再爬上对面的檐头,高度差不多了,再把丝收紧,以后也是如此。

启示:蜘蛛不会飞翔,但它能够把网凌结在半空中。它是勤奋、敏感、沉默而坚韧的昆虫,它的网织得精巧而规矩,八卦形地张开,仿佛得到神助。这样的成绩,使人不由想起那些沉默寡言的人和一些深藏不露的智者。蜘蛛本不会飞翔,但它照样把网结在空中。奇迹是执著者造成的,所以成功来源于执著地追求,正确的行动。

第七章
"五型"班组的第一项修炼——自我超越

[本章小结]

自我超越是创建"五型"班组的精神基础。它要求个人学习不断理清并加深个人的真正愿望，集中精力，培养耐心，以自己真正向往的事情为起点，为自己的最高意愿而活着。

自我超越需要的是脚踏实地的行动。不要听起来感动，说起来激动，就是没有行动。没有行动什么也不会改变。

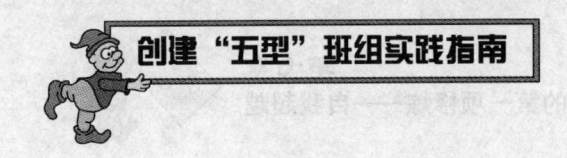

第八章 "五型"班组的第二项修炼——改善心智模式

观念决定心态,心态决定态度,态度决定行为,行为变成习惯,习惯养成性格,性格铸就辉煌!

没有人能够改变你的生活,只有自己才可以!成功是当你脱胎换骨后随之而来!

第一节 心智模式的概念

一、什么是心智模式

心智模式即存在于人们大脑中的许多设想、信念或图像、印象,被称为认识上的"心灵地图",是一种隐含很深的心理活动和思维活动。通俗地讲,心智模式就是指人们的思维方式、思维习惯和心理素质。用我们熟知的话说,人的心智模式就是一个人的世界观、人生观、价值观和思维方式。

在认知科学中,这个名词一方面是指人们长期记忆中隐含的关于世界的心灵地图,另一方面,也是指人们日常推理过程中一些短暂的理解。

彼得·圣吉说:心智模式是深植于我们的心灵之中,关于我们自己、别人、组织以及世界每个层面的形象、假说和故事。就好像一块玻璃微妙地扭曲了我们的视野一样,心智模式也决定了我们对世界的看法。假如没有认识上的心灵地图,人类无法探究这个复杂的世界,而所有这些心灵地图在本质上都有其缺陷。

二、心智模式的特点

心智模式主要有四个特点:

(1)根深蒂固存在于人们的潜意识中,极少有人能意识到它的存在。心智模式深固于我们心中,并影响我们如何了解这个世界,以及如何采取行动。俗话说"江山易改,本性难移"。心智模式一旦形成,很难改变。

(2)人人的心智模式都有缺陷。人无完人,很成功的人、很伟大的人心智模式也有不同的缺陷,但自己往往毫无察觉。因此每个人都要不断改善自己的心智模式。

(3)自我感觉良好。很多人指点别人这里不好,那里不好,却很少指点自己。

(4)心智模式有时效性。一个时期认为是正确的心智模式,到了另一个时期就有可能被认为是错误的。

第八章 "五型"班组的第二项修炼——改善心智模式

第二节 个人心智模式的形成过程及影响

一、个人心智模式形成的过程

一个人心智模式的形成需要经历漫长的时间过程,从小到大,在经历的各种各样的环境中积累了许许多多的见闻,包括书本、教师、家长、朋友们讲的故事,都会在脑海中留下深刻的印象和一幅幅色彩各异的图像,并据此经过推论而得到各种不同的假设。正是这些图像、假设和故事,促使人们对待同一件事情会有不同的想法、说法和采取各异的行为方式,因为每个人的心智模式与成长环境密切相关,而每个人的成长环境都不一样,所以人的心智模式也有所不同。影响个人心智模式的形成与改变主要有两个因素:

(1)环境因素,包括社会环境与自然环境。社会的经济文化发展水平、历史传统,以及频繁接触、关系紧密的人们的思想观念、行为习惯、生活经验等都会对一个人的心智模式的形成,以及对周边世界的看法和个人前途命运的追求产生重要影响。

(2)性格。一个人的性格对其心智模式的形成有很大的影响,性格不同的人,其心智模式也有很大的区别。俗话说江山易改,本性难移。说的是一个人的性格一旦成型后,改变是很困难的。改变心智模式同样也必须经历艰苦的过程。

二、心智模式的不良影响

心智模式不仅能影响人们的思想和对周边世界的认识,影响人们的决策,也影响人们对学习和生活的态度、处理人际关系遵循的准则,以及人们的行为方式和行为习惯。

人的心智模式的不同,就有不同的看法。有不同的看法,就会有不同的行为方式。例如:美国有两家制鞋厂,为扩大自己的业务,决定占领太平洋一岛屿上的拖鞋市场,于是各自派人去搞市场调查。调查员甲去了之后,拍回一电报说,岛屿上所有的人都不穿拖鞋,这儿没有市场。而调查员乙去了之后,却拍回另外一个截然不同的电报,说岛上所有人都不穿拖鞋,这儿有巨大的市场可以开发。面对同样一个事实,却得出两种完全相反的结论,这是因为两人的心智模式不同:

调查员甲:不穿拖鞋→不会买拖鞋→没有市场

调查员乙:不穿拖鞋→没拖鞋卖→大有市场可以开发

这就是两种截然不同的心智模式,一个看到的是障碍,另一个看到的是机会。为什么心智模式对人们的所作所为会有这么大的影响呢?因为心智模式影响我们看得见的事物。两个不同心智模式的人观察相同的事件,会有不同的描述,因为他们看到的重点不同。不良的心智模式使人一叶障目、不见泰山,当它成为组织共有的心智模式时,影响就深且广了。

从表8-1中可以看出新旧心智模式下的行为,其结果很明显是不一样的。

存在于个人和组织中的心智障碍(不良的心智现象)有:(1)局限思考;(2)归罪于外;(3)专注于个别事件;(4)缺乏整体思考的主动性;(5)无法察觉缓慢而渐近的危机;(6)从经验中学习的错觉;(7)管理团体的迷思。这些智障会影响学习型组织的学习,可能成为个人和组织发展的阻碍,阻碍了人们去发现、去改变、去创新。

表8-1 新旧心智模式对比

看待事物		旧的心智模式	新的心智模式
时间		单历程的(一时一事)	多历程的(一时多事)
理解方式		部分的理解	整体的理解
信息		最终可知的	不确定的、无边界的
增长		线性的、有序的	有机的、无序的
管理		控制、计划、预测	意味着洞察和参与
工人		分类、专业化	多面手、不断学习
动机来源		外部作用和影响	内部创造力
知识		独立的	协作的
组织		设计出了的	逐渐演变的
激励		依靠竞争	依靠协作
变化		回避的、令人担忧的	正常的、一切都是应该有的
对于工作		工作为老板,为企业	工作为自己
		工具性	创造性
		来自主管的要求和督促	来自自身的自动自发
		依赖具体的指令	通过自身的再学习
		事无巨细忙碌	轻重缓急执行
		提供需要的服务	提供潜在需求的服务
		仅仅提出问题	提出问题、解决问题
		"消极地干",表现为:重复性的事不想干;无先例的事不肯干;难度大的事不愿干;有风险的事不敢干;效益少的事不好干	"积极地做",表现为:重复性的事做得不走样;无先例的事做得不返工;难度大的事做得不拖拉;有风险的事做得不冒险;效益少的事做得不计酬
		工作是赚钱的工具	在赚钱的同时追求精神的满足

在管理过程中,许多好的新的想法无法付诸实施,常是因为它和深植于人们心中的对于周边世界如何动作的看法和行为相抵触。因此,一个以等级权力控制为特征的传统组织,要提升应变为适应知识经济发展要求的学习型组织,企业的每个员工,特别是企业的管理领导者必须检视自己的心智模式,找出其与市场竞争的主流发展趋势相符合的心智模式的差异,并运用经实践证明是有效的修炼技巧,不断改善个人和组织的心智模式。

第三节 现代人心智模式的基本要求

一、要有正确的价值观

什么叫价值观？价值观就是有价值的观点。在交换过程中，值由卖方提出，值由买方认可。人生中有价值的东西即人所追求的终极价值就是幸福生活，幸福生活包括：健康、快乐、长久，要实现这个目标需要以下条件。

（1）国家安全：和平、安定、自由、平等。

（2）家庭和谐：关爱、有序、责任、宽容。

（3）与外界和谐：博爱、正直、诚信、包容、礼貌、感恩、平等团结、互相尊重、相互理解、诚信友爱、求同存异、助人为乐、见义勇为、互惠互利、融洽相处等。

（4）自身和谐：健康、达观、良知、诚信、尊严、人格、自尊、自立（自我管理）、自强、自爱、仁爱、通融、包容、礼让、和解、平和、双赢等，事理通达，心态平和，品节详明，德性坚定。

（5）获取利益的能力：智力（理性思考、创造力）、技能（专业能力、资源整合利用的能力）。

以上这些因素构成了当今社会条件下的主流价值观体系，我们依靠这些准则做出我们的选择。关于价值观的理论参见第十三章第二节自我管理的核心——树立健康向上的价值观体系。

二、要学会立体化思维方法

立体化思维方法就是要求我们在思考问题时，多角度、多侧面、多层次地分析问题。具体内容参见第十二章第二节创造性思维。

三、要有气度

所谓气度是指暴露自己的心智模式，让别人了解你心中的真正想法。一个人必须要有气度，敞开胸怀，耐心认真听取别人的意见，特别是听取那些与自己心智偏好相反的意见，经过细心辨析而发现自己原有心智模式的缺陷。

四、要会沟通

所谓沟通是人与人之间相互交流、取长补短、互动学习、实现双赢的过程。一个沟通能力强的个人或企业必定是不断地注意改善自己的心智模式，这是今天成功人士和成功企业所具备的共同特征和重要基本条件，因为只有沟通才能消除各种误解，变竞争对手为合作伙伴，实现双赢、全赢。

五、要有较高智商、情商、逆境商

（一）智商（IQ）

智商是指智力商数。智商高的人往往悟性比较好，举一反三、触类旁通的能力比较强。当然智商与文化程度和知识水平有密切的关系。智商高的人比较容易通过实践反思来发现自己的心智模式有哪些缺陷，但是，今天的研究人员发现在成功的诸多因素中智商只占20%，而情商占80%。

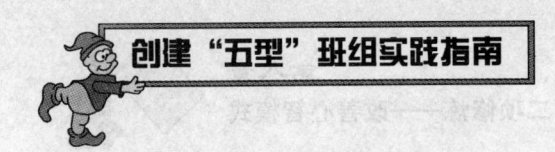

（二）情商（EQ）

情商是指情绪商数。情商就是管理自己情绪的能力。情商就是一个人认识、调整、把握自己情绪的能力，是人的综合心理能力的具体表现。

情商有五要素：(1)了解自己，自我情绪的理解；(2)管理自己，判断和控制他人情绪的能力；(3)控制自己，自我控制的能力；(4)理解别人，认识对方的情绪并与之对应的能力；(5)管理人际关系，协调人际关系的能力。

衡量情商有十个要点：(1)是否同情和关心他人；(2)是否善于表达和理解感情；(3)是否善于控制自己的感情；(4)是否具有独立的个性；(5)是否具有较强的文化适应性；(6)是否善于处理人际冲突；(7)是否具有坚韧性；(8)是否有一颗善良的心；(9)是否尊重他人；(10)能否"慎独"。

情商高的人的特点。社交能力强，外向而愉快，不易陷入恐惧或伤感，对事业较投入，为人正直，富于同情心，情感生活较丰富但不逾矩，无论是独处还是与许多人在一起时都能怡然自得。情商高的人具有较强定力，不会被恶毒的语言所伤害，不会被困难和失败所吓倒，不会被物质和金钱所利诱。

提高情商的处事法则——以反求正。

以反求正是老子的智慧，事物总是向相反的方向发展的。老子说："反者道之动；弱者道之用"（《老子》第四十章）。老子认为，事物由不存在（无）走向存在（有），然后，积小而成大，积弱而变强，以至于全盛，最终达到顶点。再一变而为走向反面，终至灭亡而消失。所以在老子的书中，反复强调这一原理。他说："物壮则老"（三十章）"强梁者不得其死"（四十二章），"天之道犹张弓也，高者抑之，下者举之。有余者损之，不足者补之"（七十七章），"人之生也柔弱，其死也坚强；万物草木之生也柔脆，其死也枯槁。故曰：坚强者死之徒，柔弱者生之徒也"（七十六章），"曲则全，枉则正，洼则盈，敝则新，少则得，多则惑"（二十二章）。实际上老子的逻辑是极其简单的，既然一切事物总是要向相反的方向发展，大者，将变为小；强者，将变为弱；贵者，将变为贱。

人生追求的是健康、幸福、快乐和长久。希望在上升通道时快点升，顶点的高度尽量高，在下降通道时慢点下。为了使大者常大，强者常强，贵者常贵，就应该反其道而求之。处大如处小，处强如处弱，处贵如处贱，即自觉地、主动地使自己经常处在小、弱、贱的地位上。这样按"道"的规律发展，结果则恰恰是相反，即转化为大、满、贵、刚、强。

依据老子的道理引出做事法则如下：

（1）处小如处大。身居低位，不忘大志，以大人物为榜样，用大人物的思想和行为方式做好本职的事，把事做大、做强，提升自己的价值，随时抓住转瞬即逝的机会，引起主宰自己官命之人的关注和重视。处小如大绝不是小人物摆大架子，摆大架子有什么用，摆大架子也空架子。还是提升实力是第一要紧的。

（2）处大如处小。家大、业大、权大，事多！不要事必躬亲，"大人做大事，大笔写大字"。不要使自己乱事缠身。要学会用权、放权和授权。自己做官，让别人做事，就是把自己的思想和规则装进别人的脑，用利益驱动，这就是"无为而治"。处大如处小要亲和，处大如处小就是不要摆大架子，摆大架子会失去追随者，没有追随者是谁的官？人因思想和利益而追随,因亲和、赏识而结合,因抱怨、指责而分手。处大如小,做人要低调。身居要职,手有实权,不忘低调处世,善待他人,赢得众人支持。处大如处小,处小能更大。

(3)处闲如忙。身闲无事,不做等闲之辈,要日夜勤勉,抓紧时间多学习,提升自己的素质,揽事不揽权,时刻等待时机,待赢得名声,使自己变得有用。有用才有价值。

(4)处俗如雅。身居俗职,忙于杂碎事务,事俗人不能俗,言谈举止不能俗,保持自己的形象,树立自己的形象。位卑人不卑,活到老,学到老,既有雅象又有雅量。不忘宏观思考,适时表现自己驾驭宏观的能力。五羊大夫百里奚,渭水渔夫姜子牙,宫廷厨师伊尹,便是例证。

(5)处满如虚。"天之道,损有余而补不足。"如果自己满了,就要招损,如果使自己保持不满足的谦虚状态,就会有所补足。这就是满招损谦受益的道理。善学者,人人是我师,事事是我师,物物是我师。蜂采百花蜜,人学百事优。一个人如果能向一百个人学习一种技艺,那么他一定会出色当行。大满如空,其用无穷。

处满如虚就是无限地扩展自己的心灵空间,量大德高,厚德载物。

如果一个人的心灵空间小到连自己都装不下了,就是死心眼了,这种人到处张扬,目空四海,眼中无人,心中无物,脑中无智,无法进步了。

(6)以曲求全。《周易·系辞》中说:"尺蠖之屈,以求伸也,龙蛇之蛰,以存身也,精义入神,以致用也,利用安身,以崇德也。"

老子的以反求正的智慧还有:以退为进,以辱为荣,以少为多,以贱为进,以缺为成,以损为益,以愚为智,以冲为盈,以柔为刚,以弱为强,以屈为伸,以掩为张,以后为先,以拙为巧,以废为兴,以下为上,以讷为辩,以予为夺。处高如低,处贵如贱。

以反求正,相反相成,是古人的智慧,也是辩证的法则。鬼谷子告诉我们"欲闻其声,反默;欲张,反敛;欲高,反下;欲取,反与。"成语中的居安思危,现代管理中的危机管理都是运用的以反求正的法则。

在现实工作中,情商比智商对人的心智模式影响更重要。情商高的人对情绪、情感的控制程度高,能够客观辩证地看待人和事,说话办事入情入理、恰如其分、让人心服口服,令人愉快,受人喜欢,口碑很好,具有很强的人格魅力。情商低的人往往是在不合适的时间、不合适的地点、说不合适的话、办不合适的事,是"哪壶不开提哪壶"、"好动机没有好效果"、"好心没办好事、好心不得好报",常常是费力不讨好、受累落埋怨。因此,智商和情商相比,不少人说,人进入社会走向工作岗位后,"智商退位,情商登场","在校念书靠智商,走入社会靠情商","智商使你学业有成,情商使你事业进步";也有些人说,"IQ诚可贵,EQ价更高","智商是生产力,情商是生产关系"。

(三)逆境商(AQ)

逆境商是指逆境中的商数。逆境商就是面对逆境的应变能力。这是美国学者提出的,它既是预测成功的指标,又是对每个人面对和超越困境能力的心理素质的量化显示。

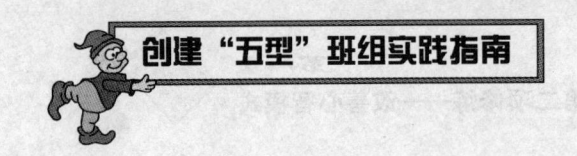

第四节 班组改善心智模式的修炼

一、改善班组的心智模式

班组的心智模式是以班组成员的心智模式为基础,起主导地位的是班组核心层的心智模式,关键是主要决策者的心智模式。改善班组心智模式的策略如下。

(一)改善班组心智模式必须推进班组的深度变革

深度变革是将班组内部改变和外部(班组的外部主要是班组所在的企业)的改变结合起来的组织变革,也就是把硬件的改变和软件的改变结合在一起。内部的改变就是指在人脑子里面的价值观、愿望、行为、习惯的改变;外部的改变包括程序、战略、实践和组织架构的改变。要求班组成员不断进行自省和反思,改变自身固有的不适应新形势要求的思想观念、思维方式、认知模式、愿望、要求等,突破思维心理的屏障,通过内部的改变发现班组存在的问题以及创新变革的阻力、机会、方向,推动和实现班组的创新变革。

(二)改善班组心智模式必须培养班组改善心智模式的能力

必须学习新的技巧,以便这些技巧能够经常练习与应用。首先,必须把隐藏在班组中重要问题背后的假设(看法)找出来。因为任何组织最核心的心智模式,就是决策者们共有的心智模式。这些心智模式如果未经检视,组织的行动将限于熟悉而安适的范围内。其次,要求管理者精通熟悉改善心智模式的技术。如果管理者不用反思和探询的技巧去处理人际问题,就无法成为创造性的学习。

二、改善班组成员的心智模式

每个人都有不同的思想、观点、气度、优缺点等,世上没有一个人的思维模式和心智模式是相同的。改善心智模式,就是要使我们的心智模式都朝着有利于班组团结、有利于班组建设这个方向来发展。我们要改变现状,要取得成功,就要先改变自己。要改变自己,先改变看待外界的观点,也就是我们所说的心智模式。

班组成员个人的心智模式是一面镜子,既反映一个人的历史,又映照出他的未来;个人的心智模式是一个人智商(IQ)、情商(EQ)、逆境商(AQ)的综合反映;个人心智模式既受主观影响,又受客观影响;个人心智模式离不开班组的心智模式,并受其制约。改善班组成员心智模式的方法主要有以下几点。

(一)学会把镜子转向自己

反省检视自己的心智模式。我们要有勇气面对自己。荀子说:"君子博学而日三省乎己,然知明而行无过矣"。反省自己可以使我们稍稍放慢思考的过程,静下心来运用系统思考对事件进行分析,从而有一个清晰的认知。每个人自己就是一面镜子,别人对你怎么样都可以通过这面镜子反映出来,因为人是互动的,你怎样对待别人,别人也怎样对待你。反省自己,也是将镜子转向自己,要反省自己在工作中、生活中为人处世如何。清楚地看到自己身上的瑕疵,并加以改正,防患于未然。

(二)学会有效地表达自己的想法

摊开自己的心智模式,主动沟通,学会沟通(沟通的责任100%在于自己)。在沟通中让别人了解你心中的真正想法,以及这些想法的依据是什么。我们要有效(别人可以理解)地表达自己的想法,说出自己的心中所想。沟通要主动,不要总是等着别人来找你沟通,主动去协调与沟通,你会发现好多事情原来并不像你想的那么困难。

克服习惯性防卫。习惯性防卫是不说出或不完全说出自己的真实想法,避免思想交锋,用来保护自己或他人不致受窘或感到威胁的一种习惯性做法。我们以前会经常见到这样的情况,讨论问题时大家都没有意见或很少有意见,但在实际操作的时候,问题往往就出现了,我们不得不承认,当时的讨论是徒劳。

(三)学会放开心灵

敞开胸怀,容纳别人的想法,耐心听取别人的意见,特别是听那些与自己心智模式不同或相反的意见,经过细心辨析来发现自己原有的心智模式的缺点。

每个人的心智模式都是不同的,生活在什么环境,就习惯用什么样的角度看事情,而每一件事情从不同的角度来看时,总会有不同的体验。所谓仁者见仁,智者见智,有些事情并不一定是对或者错,而是因为眼光不同,看法也就不一样。如果体察到了这一点,我们就会以宽容的态度接纳与自己意见、看法不同的人或事,而不会把自我的观点强加到别人的头上,做到彼此体谅和尊重,这也正是能够进行换位思考的基础。

(四)修炼大的气度,包容一切

老子说:"凿户牖以为室,当其无,有室之用。故有之以为利,无之以为用"。有物的地方给我们提供了便利的条件,无物(空)的地方给我们提供活动的空间。把房间中没用的东西清出去,我们才有更大的生活空间;把杯子清空,才能倒进去水(这就是所谓的空杯理论);把大脑清空,才能学习新的知识;把心灵清空,才能容得下别人,这就是虚心学习、虚怀若谷的道理。一个人要敢于将自己"归零"。每一天都是一个新原点,每一次工作都应从零开始,每个任务都应以一种崭新的心态去学习并努力完成。永远不要把过去当回事,永远要从现在开始,进行全面的超越。

修炼大的气度,我们要做到:大其心,容天下之物;虚其心,受天下之善;平其心,论天下之事;潜其心,观天下之理;定其心,应天下之变。

(五)学会看世界

世界是一个多侧面的镜子,有美好的一面,也有丑恶的一面,看哪面是由我们自己决定的。"万物皆备于我心",在我们的心镜中能反映出什么,是由我们自己的心态决定的。以乐观的心态去看,世界是美好的;以悲观的心态去看,世界就是丑恶的。世界是美好的,眼光敏锐的人才能看得出它的精妙;生活是幸福的,感情丰富的人才能体验到它的真谛。

(六)抛弃不合理的信念,走出认识误区

事物是动态、变化、发展、相互联系的,所以我们不能用孤立、静止、片面、表面的观点去看世界,要走出以下认识的误区:

(1)抛弃"必须"和"应该",走出绝对化误区。

从客观事物出发,而不是从主观愿望出发,对事情变故的可能性做好思想准备。对生活不用"必须"和"应该"这一种简单、幼稚、固执而任性的要求,不用"必须"和"应该"作关键

词提出对世界或他人不合理的臆测要求。如"我必须成功"、"人必须按照道德原则行事"、"我公正地对待别人，别人就应该公正地对待我"、"我努力了就应该有回报，我有成绩就应该得到提拔"……有了这样的信念，一旦事情的发展不如自己所期望时，人们便很少能够通过反省自己来与现实和解，接受现实，而是容易怨天尤人，埋怨"这该死的世界出了问题！""我怎么总是遇人不淑？"比如，我们经常听到的有些人的感叹"我这个人怎么这么倒霉，身边尽是些小人？""我们单位从上到下没一个好人！"

"必须"和"应该"的信念是不合理的信念，合理的信念是对生活充满理解和弹性的信念，即便事情的发展不如我们的期望，我们感觉到的也只是可以调和的冲突，而不是宁折不弯的崩溃。

（2）抛弃"全部"和"所有"，走出概括化误区。

不以一时一事的结果来评价自己或他人，甚至否定自己或他人的整体价值。"全部"和"所有"主要是指个体在认知自我时一种过分概括化的认知偏差，看问题以点概面、以偏概全，发展至武断专制。在这种认知方式中，个体很容易从对一件事的得与失的认识，上升到对一种能力的高与低、一种品质的优与劣的判断，进而从这种判断上升到对整个人生的成与败的推测。比如，某人在一次重要的约会中迟到了，由此判断对方是个缺乏时间观念的人，进而，一个人缺乏时间观念，注定效率低下、一事无成。如果有这样一种认知模式，那么我们做每件事岂非都要胆战心惊、如履薄冰，因为这一件事便关乎整个人生——我们不能做错任何一件事，错一件事便关乎整个人生，我们不能输掉任何一件事，输一件事便会输掉整个人生。不难想象，以这样一种心态做事，成功的概率反而会降低，没有多少人有这么好的心理素质，能够在所谓决定命运的关头还总是临危不惧、镇定自若。

"全部"和"所有"的信念是不合理的信念，合理的信念是对人生充满耐心和希望的信念，即使我们出了差错，即使我们常常失败，也能把自己当作有可能犯错误的人员，坦然接受，并在这种人性的真实展现之中获得另外一种完美无缺。

（3）抛弃"糟糕至极"，走出夸大化误区。

"糟糕至极"是对事情的后果想得过分严重、可怕。有这种思维方式的青少年遇到挫折容易因自畏、自卑而导致心理失调，甚至自寻绝路。

当一个人使用这种字眼时，通常是在说，自己遇到了恶劣到无以复加的事情，面临灭顶之灾，身在万劫不复的绝境中。其实，任何一件不好的事情发生了，我们总能在它之外找到比它更坏的境况聊以自我安慰，就像印度谚语里说的：我一直抱怨自己没有钱买鞋子穿，直到有一天，我遇到一个没有脚的人。不仅糟糕之外还有更糟糕的，任何一件糟事本身就是利弊参半，关键在于你习惯于用什么样的目光看到它的哪个部分。而习惯于对一件事作"糟糕至极"判断的人，实际上往往会对所有的事都做这样的判断——习惯于看到，而且是只看到事情消极的一面，进而总是置自己于极端不良的情绪体验难以自拔。所以，最糟糕的不是事情本身，而是这样一种思维方式。

"糟糕至极"的信念是不合理的信念，合理的信念是对生活充满原谅和感激的信念，即使一件不好的事情发生了，也总能在它之外找出或多或少的庆幸，保持感恩惜福的心态。

（4）抛弃不可能。对于现实生活中的事情，只要我们抱有积极的态度、明确的目标，加上巧妙的方法和不懈的行动去创造机遇和条件，就没有什么不可能的事。

第八章
"五型"班组的第二项修炼——改善心智模式

"没有什么不可能"是美国西点军校传授给每一位学员的工作理念。它强化的是每一位学员积极动脑,想尽一切办法,付出艰辛的努力去完成任何一项任务,而不是为没有完成任务去寻找托词。西点人相信,"没有办法"或"不可能"使事情画上句号,"没有什么不可能"则使事情有突破的可能。

科学家做过一个有趣的实验:他们把跳蚤放在桌上,一拍桌子,跳蚤迅即跳起,跳起高度均在其身高的100倍以上,堪称世界上跳得最高的动物!然后在跳蚤头上罩一个玻璃罩,再让它跳,这一次跳蚤碰到了玻璃罩。连续多次后,跳蚤改变了起跳高度以适应环境,每次跳跃总保持在罩顶以下高度。接下来逐渐改变玻璃罩的高度,跳蚤都在碰壁后主动改变自己的高度。最后,玻璃罩接近桌面,这时跳蚤已无法再跳了。科学家于是把玻璃罩打开,再拍桌子,跳蚤仍然不会跳,变成"爬蚤"了。

跳蚤变成"爬蚤",并非它已丧失了跳跃的能力,而是由于一次次受挫学乖了,习惯了,麻木了。最可悲之处就在于,实际上的玻璃罩已经不存在,它却连"再试一次"的勇气都没有。

这就是著名的跳蚤实验。玻璃罩已经罩在了潜意识里,罩在了心灵上。行动的欲望和潜能被自己扼杀。科学家把这种现象称作"自我设限"。

其实在现实生活中,上述跳蚤实验里的现象是很多人的人生折射,那就是碰到一些困难,遭到外界的一些打击、责难、批评就开始慢慢丧失信心和勇气,甚至颓废起来。

(七)学会面对逆境,培养逆境商

合理情绪理论认为,引起情绪变化的诱发性事件只是引起情绪和行为反应的间接原因;而个人对诱发性事件所持的信念(看法、解释和评价)才是引起情绪及行为后果的直接原因。诱发心理问题事件的本身没好坏、没大小、没对错,例如,作为"塞翁"的个体,"失马"是不良的诱发性事件,但"塞翁"对这一事件的解释是"焉知非福"。

对诱发性事件看法、解释和评价是由价值观和思维方法是所决定的,所以价值观和思维方法是引起心理问题的根本原因,也是解决心理问题根本途径。

人生无处不竞赛。往前看(人上有人)是输;往后看(人下有人)是赢。怎么看能给自己带来前进的动力,就怎么看。灰心(失意)时,向后看一看,给自己以信心;顺境(得意)时,向前看一看,还有奔头。人在挫折(困境)中,应看到什么是我们自己决定的,强者看到的是财富(光明),弱者看到的是深渊(黑暗)。传曰:"君子两进,小人两退"。真君子百事可乐,大英雄永远向前。

直面逆境,反省自己,不要归罪于外,不要抱怨别人。把找借口的时间用于找方法。面对逆境要勇敢顽强,乐观向上,坚忍不拔,自信而不固执,旷达而不放纵。

人生在世,没有最好,只有更好。从不同的角度、依据不同的标准去评价,差中有更差,好中有更好。不在于你有多好,有人比你更好;不在于你有多差,有人比你更差;不在于你有多强,有人比你更强。常听人说,人生不如意十有八九,之所以有诸多不如意,其原因之一就是只顾往前看了,也要学会往后看,给自己的心灵找个支点;其原因之二就是用自己的尺去量世界,万事万物不可能全合自己的理。请记住合理的是训练,不合理的是磨炼。

人生所有的失败,与失去自己的失败比起来,更是微不足道。人只要不失去方向,就不会失去自己。人生重要的不是所站的位置,而是所朝的方向。

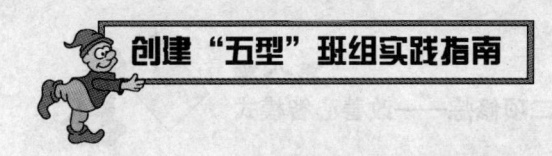

人的一切成就在很大程度上取决于性格的伟大。人生最大的成就是从失败中站起来，最大的敌人是自己。自己不倒下，没人能打倒你。如果我们能在困难中看到希望，在悲哀中看到喜乐，在成功中看到不足，在失败中看到前途，在柔弱中看到刚强……这就是成功，这就是伟大！

[案例一]

大海里的船

在大海上航行的船没有不带伤的。英国劳埃德保险公司曾从拍卖市场买下一艘船，这艘船1894年下水，在大西洋上曾138次遭遇冰山，116次触礁，13次起火，207次被风暴扭断桅杆，然而它从没有沉没过。

劳埃德保险公司基于它不可思议的经历及在保费方面带来的可观收益，最后决定把它从荷兰买回来捐给国家。现在这艘船就停泊在英国萨伦港的国家船舶博物馆里。

启示：在大海上航行的船没有不带伤的。虽然屡遭挫折，却能够坚强地百折不挠地挺住，这就是成功的秘密。

（八）要学会调整自己的心态

态度决定成败，性格铸就辉煌。有什么样的观念，就会有什么样的行为；有什么样的行为，就会有什么样的命运。人的观念决定了心态，心态决定态度，态度决定相应的行为和结果。在这根链上，观念是起始点，乐观的人能够积极面对各种困难，消极的人不敢也不会积极地解决矛盾、问题和障碍。所以要改变现状，要取得成功，就要先改变自己；要改变自己，则要先改变看待外界的观点。

发光并非太阳的专利，你也可以发光。与其说诅咒黑暗，不如让自己发光。让自己发光不但照亮了自己，同时也照亮了别人。与其怨天怨地，不如主动努力。明天的希望，会让我们忘了今天的痛苦。有希望在的地方，痛苦也成欢乐；有理想在的地方，地狱就是天堂。不要让昨日的沮丧令明天的梦想黯然失色。让我们用最少的浪费面对现在，用最多的梦想面对未来。不做就永远不会有机会，不论你在什么时候开始，重要的是开始之后就不要停止；不论你在什么时候结束，重要的是结束之后就不要悔恨。

[案例二]

雨后，一只蜘蛛艰难地向墙上已经支离破碎的网爬去，由于墙壁潮湿，它爬到一定的高度，就会掉下来，它一次次地向上爬，又一次次地掉下来……

第一个人看到了，他叹了一口气，自言自语："我的一生不正如这只蜘蛛吗？忙忙碌碌而无所得。"于是，他日渐消沉。第二个人看到了，他说："这只蜘蛛真愚蠢，为什么不从旁边干燥的地方绕一下爬上去？我以后可不能像它那样愚蠢。"于是，他变得聪明起来。第三个人看到了，他立刻被蜘蛛屡败屡战的精神感动了。于是，他变得坚强起来。

启示：有成功心态者，处处都能发觉成功的力量。自我超越的人永远不会停止学习，他们对生命的态度就如同艺术家对艺术作品一样，全心投入，不断创造和超越，这才是一种真正的自我学习,这就是智者行为。

(九)要自信

有人面对挑战,总是以一种"我不行,我做不好"的态度,自我设限,面对种种难题不去尝试就轻言放弃,于是机遇就在指间流失。不相信自己的意志,永远也做不成将军。自己要先看得起自己,别人才会看得起你。

只要心存自信,总有奇迹发生,希望虽然渺茫,但它永存人世。信念是一种无坚不摧的力量,当我们坚信自己能成功时,必能成功。很多时候成功并不像我们想象的那么难,并不是因为事情难我们不敢做,而是因为我们不敢做事情才难的。

[案例三]

为生命画一片树叶

只要心存自信,总有奇迹发生,希望虽然渺茫,但它永存人世。

美国作家欧·亨利在他的小说《最后一片叶子》里讲了个故事:病房里,一个生命垂危的病人从房间里看见窗外的一棵树,树叶在秋风中一片片地掉落下来。病人望着眼前的萧萧落叶,身体也随之每况愈下,一天不如一天。她说:"当树叶全部掉光时,我也就要死了。"一位老画家得知后,用彩笔画了一片叶脉青翠的树叶挂在树枝上。

最后一片叶子始终没掉下来。只因为生命中的这点绿,病人竟奇迹般地活了下来。

启示:人生可以没有很多东西,却唯独不能没有希望。有希望之处,生命就生生不息。

(十)勇于创新,不安于现状

今天,对我们企业生存的主要威胁,并非来自突发的事件,而是由缓慢、渐进、不便于察觉的过程所形成的威胁。部门工作效率的下降,从来都是渐进的、缓慢的,在不觉察中慢慢的进行,最终导致工作的重大失误。等到出现了问题,再去寻找根源,一切都是徒劳,不能怪其他,要怪也只能怪这个逐渐退化的过程。

(十一)心存善念,学会感恩

在人生的初期,我们接受父母的养育、国家的培养、亲朋的关怀,等等,没有这些,我们何能存于天地之间?这些恩情我们还没有回报,所以我们必须知恩、感恩、报恩。

恩是恩情,恩情是利益,别人对我有恩,就是我获得了别人给予我的利益,我欠了别人的恩情,欠了别人的恩情就是欠债。欠债还钱是最普通的道理,这就是我们为什么要知恩、感恩、报恩的原因。在某种意义上可以这样说:不报恩就是欠债不还。

报恩是一种美德。父母生我养我,是父母对我有养育之恩,是我欠父母的恩情,父母养我小,我养父母老,这就是报恩。许多动物都有报恩的行为,乌鸦和燕子都有反哺行为,常言说,人没有报恩之行,不如禽兽。所以,感恩不但是美德,而且是一个人之所以为人的基本条件。

报恩也是一种责任,知恩图报,有恩必报,不仅是一种情感,更是一种人生境界的体现。"滴水之恩当涌泉相报",此君子也;"以怨报德,忘恩负义",此小人也。感恩是一种人生境界、精神风貌、工作作风和生活态度,报恩是一种责任。我们不能只有需求而不负责任。只有用感恩之心回报他人的帮助,才会使我们所处的社会更和谐。

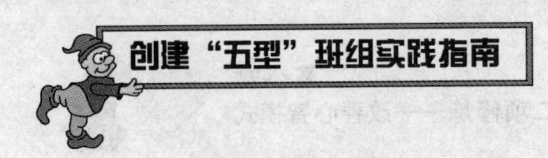

报恩是一种社会规则,报恩的行为既受道德约束也受法律约束,大的知恩不报要受法律约束,小的知恩不报要受道德谴责。比如,不养父母就要受法律制裁。

报恩就是讲究诚信,施恩是因为施恩者对受恩者信,受恩者不报恩就会失去施恩者的信。失信则无信,人无信则不立,信是做人的灵魂,是立身之本、齐家之道、立业的之基。孔子曰:"人而无信,不知其可也"。常言说:"人无信不立,商无信不盛,市无信不兴,国无信不强"。诚信是每个人必不可少的一种需求,它类似于粮食、空气、水一样不可缺少。诚信是无形的力量,守信是无形的财富。在某种程度上可以这样说,人若失去了诚实守信,也就失去一切。

感恩作为和谐社会的基本道德价值取向,是道德价值的源泉,家庭、社会和谐的根基。让我们以"学会感恩,学会回报"为荣,以"不知感恩,不懂回报"为耻。

天地有情,人间有恩。恩以心为底,报恩需要有心、用心,更要有报恩之行。人从出生至终老,无不时时生活在恩德的庇护下。细思之,我们可以将所受之恩,归纳为五种:

(1) 报父母恩,不可怠。父母恩重如山,他们日夜操持,不计劳苦,抚育我们成人。今日的成长无疑是父母心血凝聚所换来的,这其中的养育之恩,你可曾细细体会和深深感怀?是否在父母健在时,尽心地侍奉过他们?切莫待到"子欲养而亲不待"的遗憾,悔恨终生!

(2) 报师恩,不可忘。老师培植我们智慧人生,我们从一个冥顽无知的婴孩,到长大成人,可以奉献社会,是历经多少老师辛勤培育、无私浇灌的结果。

(3) 报国家恩,不可无。我们能生活安定,享有各种便利条件,无不是国家统筹规划的恩惠。例如:我们有学校可以接受各种教育;有各行各业的服务设施,使得我们衣食住行都无匮乏;有国家的各种保卫组织,使我们的切身利益不受威胁,安居乐业。我们应奉公守法、力尽国民的义务,让国家更兴盛、百姓更幸福。

(4) 报人类互助之恩,不可冷。人是需要相互支撑的。今日我们所用所需,无不经众人努力而成。古人常训勉子弟:"一粥一饭,当思来处不易;半丝半缕,恒念物力维艰"。然而,在物质丰厚的今天,钱是多了,可人心却冷漠了。人们早已淡忘了,他人为此所付出的心血和体力。人离不开群体,唯有彼此互助,和谐相处,才能双赢共荣,缔造更文明的社会。

(5) 报大自然的恩惠,不可少。大自然为我们创造供我们生存的万物,我们要心存感恩,我们要保护环境,不能无节制地索取,不能任意地去破坏,破坏自然环境就是破坏我们共同的生存空间。我们要力行节约保护环境,进一步促进人与自然之间关系的和谐。

我们就是这样,生活在浩大弘恩之中。感谢这一切的一切,每个人都将是幸福而快乐的人。

感恩是因为心中有爱。懂得感恩别人的爱,甚至是自然之爱,那么自己也定当永远活在阳光中,并懂得如何去珍惜这份爱,并学习着去爱别人。有爱生命才会有歌。学会感恩,常怀感恩之心是我们要做到的;懂得感恩,常怀感恩之心,才是我们来到这个世界最需要做的事情,因为不论这个世界如何变迁,都需要人与人的关爱。

(十二) 凡事感激,感激一切

人生最大的快乐就是感恩。真正富有的人就是心存感激,时时想要施与别人,而贫穷的人则是随时想从别人那里获得。所以,一个人如果能够感恩、惜福,那就是世上拥有最大快乐的人了。

感激帮助过我的人,因为他使我克服了重重困难;
感激单位提供的岗位,使我有了实现人生价值的平台;
感激领导的信任,使我有了展示才能的机会;
感激同事的合作与支持,使我取得了事业上的成就;
感激伤害我的人,因为他磨炼了我的心态;
感激所有打击过的人,因为他砥砺了我的勇气;
感激绊倒我的人,因为他强化了我的双腿;
感激所有批评过我的人,因为他使我看到了自己的缺点;
感激欺骗我的人,因为他增进了我的智慧;
感激所有坑害过我的人,因为他磨炼了我的意志;
感激蔑视我的人,因为他醒觉了我的自尊;
感激遗弃我的人,因为他教会我独立;
感激所有的朋友,因为他们使我摆脱了寂寞和孤独;
感激失败,因为它使我获得了教训;
感激成功,因为它使我生命美丽精彩;
感激天地创造了万物,使我欣赏到了精妙的自然。
凡事感激,学会感激,感激一切使我成长的人和物!

第五节　改善心智创造幸福

　　幸福是人的一切行为的终极目标,追求幸福是人生永恒的主题。人人都渴望幸福,但在物质生活日益充裕,社会生活急剧变化,学习、工作压力增大的情况下,人们的幸福感却越来越少。据国家有关部门的调查显示:我们的幸福指数每年都在下降。人们往往注重追求感官享受,而忽视了对幸福的追求。物质文明的进步为名利的创造奠定了基础,而物欲的横流却使精神文明的发展处在了一个尴尬的境地,以至于逐渐落后、低迷。为提升生命质量,丰富人们的精神生活,我们应改变观念,加强幸福观的培养。

　　幸福是人生的目标,幸福是人的某种需求得到满足后的感觉。人生的满足需要两种粮食,一种是物质粮食,一种是精神粮食,这两种粮食缺一不可。因此,这里我给出一个类似于经济学上的公式,在某一环境下,"一个人的幸福等于该人所能支配的物质财富和精神财富的总和除以个人的欲望"。其表达式如下:

　　幸福=(个人所能支配的物质财富+精神财富)/个人的欲望

　　公式中的三个自变量的取值,一不能取零,二不能取无穷大,执两端而用中。欲望可大可小,但不能为零,也不能为无穷大。没有需求欲望的人,也就没有满足感;没有满足感,也就没有幸福。另外欲望为零时,幸福出现极大值,幸福的极点就是不幸福(南极无南,北极无北)。我们现在有的孩子太幸福了,没有追求,没有欲望了,所以他们感受不到幸福。

　　幸福的奥妙在于"心理平衡"。一个人要获得幸福,就是要在物质财富、精神财富和个人欲望三者之间找到一个动态的平衡点,这个点就是心灵的支点、生命的支点。人们常说给心灵一个支点、给生命一个支点、安人先安心,这个点在哪,把心安在哪里,很多人并不清楚。

这个点就是物质财富、精神财富和个人欲望三者之间的平衡点，如图8-1所示。

图中的原点无生命，生命必须有满足其存在的最低条件，所以人必有欲，有欲必有私。常言说，君子爱财，取之有道，取之有度，用之有度。这些道理都可以从这个图中悟出来。

物质上富有的人不一定幸福，物质贫穷也不一定不幸福。物质财富富口袋，精神财富富脑袋，"富口袋"不如"富脑袋"。物质财富是有限的，相对人们无穷的欲望永远是稀缺的，但我们的精神财富是无形的、变化无穷的。

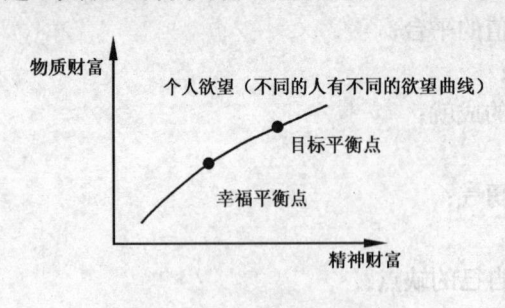

图8-1 幸福关系示意图

幸福与权力无关，官有官的潇洒，民有民的乐趣，任何人都有享受幸福的权力，任何人都可以获得幸福。

对于个人来说，精神财富是他的人生境界，包括天赋才能、思维能力、意志品行、人格修养，以及心理素质等。不怨天、不尤人、通达洒脱、宽容大度、乐观开朗、明智仁爱等也是精神财富。在这个锱铢必较的时代精神财富也是难得的、可贵的，它们可以使人生变得快乐而有意义。一般而言，精神财富是无法剥夺的财富，除非财富的拥有者自己要将它抛弃，这是精神财富和物质财富明显不同的地方。人们常说，钱是身外之物，但精神财富不是这样，它们往往与人的生命相始终，是生命的一部分。比起物质财富，精神财富更为幸福所必需。在幸福公式中的三个自变量中，有两个是心理因素的变量，所以说幸福和快乐不仅可以用双手去创造，也可以用心灵去创造。因此我们不仅要教会人们用双手去创造幸福，更重要的是要教会人们用心灵去创造幸福。学会幸福主要体现在四个方面，即察知幸福、体验幸福、追求幸福、创造幸福。

一、察知幸福

在生活中不乏使人产生幸福的物质条件和精神条件。但人们要知道自己是幸福的，否则就是"生在福中不知福"了。在相同的环境下，每个人对幸福的感受是不同的，有人感受的是幸福，有人感受的可能是痛苦。察知不到自己是幸福的，往往会产生某种痛苦和烦恼。察知幸福是一种心理能力，从幸福的定义中可知，察知幸福首先察知满足点，知足才有幸福，知足才有快乐。容易得到满足的人，察知幸福的能力就高。察知幸福在于比较，一是纵向比较，如果一个人在童年时期（在家庭、老师等的呵护下）物质丰富、事事满足，使幸福几乎达到了最大值，起点太高，难以复加。那么到了成年，在社会里需要靠自己的努力获得所需要的财富，而且生活中不如意的事会十有八九，这种情况下就不容易察知幸福了，这就是"有十分幸福的童年，常常有不幸福的成年"的原因。二是横向比较，就是与自己周围的人比较，可支配的物质财富总有比自己多的，也有比自己少的，向多的看全是不足，就不容易察知幸福，向少的看就全是满足，就容易察知幸福。另外可以通过丰富精神财富来获得幸福感。察知幸福的能力与个人的幸福起点的高低成反比，一个什么食物都吃够了的人，吃什么都不香了，就很难在食物的获得中享受幸福。有人说要让孩子在"三分饥和寒"中成长，看来真是为孩子着想的明智之举。

二、体验幸福

察知幸福的目的是为体验幸福,从满足中产生愉悦、美好、快乐、幸福的感觉。有人说"世界是美好的,眼光敏锐的人才能看到她的精妙;生活是幸福的,感情丰富的人才能体验到她的真谛。"唯有心理健康、人格健全的人才能体验到真正的幸福。任何通过不正当的方式、不理性的手段体验到的快感都是假幸福、畸形的幸福。

福由心生,所以幸福是可以重复体验的。使人幸福的事物或情景,可以通过心灵的作用使其再现,再一次使人的身心感到愉悦。常看见有人在没有任何外界刺激的情况下,脸上却露出愉悦的笑容,这往往是沉浸在过去的幸福之中。过去的幸福越想越幸福,所以想想过去的好事是有益的,过去的不愉快就让它过去吧,这也是一种大智慧。

福由苦生,苦为福根。福是苦根上长出的甜果,没有苦就没有福,求福先求苦。如果你想真真切切的感受一下你现在有多幸福,那就去一个环境不好的地方,比你现在所处的环境糟糕很多的地方,待上一段时间,最好自己一个人去,在那里生活,然后你就能明白,其实你现在所处的环境是已经很幸福了。

福由爱生。世界因为有爱而变得美丽,生活因为有爱而变得精彩。用心去生活,全心去爱生活的点点滴滴,生活会让你天天快乐。用爱心去关照那些需要帮助的人,看到他们苦的同时,也体验到了自己的福。爱本身就是一种快乐,只有懂爱的人才能真正享受生活。

体验幸福的目的是为了享受幸福,给生活以动力,追求更大的幸福。

三、追求幸福

追求幸福是人生的目的,体验幸福的目的是为了追求更高品味的幸福。从某种意义上说,人的一切正当(在法律和道德允许的范围内)追求都是对幸福的追求,人生的历程也是对幸福追求的历程。幸福在于追求,求则有,不求则无。追求幸福必须在法律和道德伦理的范围内,否则就会导致人行为的堕落、人格的扭曲、人性的丧失、人伦泯灭、社会责任感沦亡。幸福教育不在于给人以幸福,而在于引导人们去察知幸福、体验幸福、追求幸福、创造幸福。引导人们去创造、享受高档次的精神生活,而不是沉迷于肉体上的满足等低级趣味。

追求幸福就是追求向上,所以追求幸福需要一种求上的心态,积极进取、奋发向上的人生态度是一个人生存发展向上的立身之本,也是追求幸福的动力。个人追求幸福的轨迹就是个人不断向上的轨迹。

幸福是美好的,追求幸福也是美好的追求。美好的事物都是合乎理性的、有秩序的。所以追求幸福一定要合乎理性,并且要遵守一定的秩序。

追求幸福的过程,也就是道德人格完善的过程。《礼记·大学》开篇即说:"大学之道,在明德,在亲民,在止于至善。""至善"就是道德人格的最高层次,而对至善的追求过程就是对幸福的追求过程。在对道德人格的追求过程中,也是人自我完善的过程,同时也是幸福感的滋生过程。如果一个人没有对自身道德人格的塑造,没有"止于至善"的最高境界,他就不可能有真正的幸福感的体验,也就更谈不上形成正确的幸福观了。

四、创造幸福

从幸福的公式中可以看出,创造幸福就是要在创造物质财富和精神财富的同时,通过心灵的作用,使自己的身心达到一种和谐,在满足现实的平衡状态时,追求理想的平衡状态。

这种状态称之为幸福状态。创造幸福就是要使自己的身心始终趋向或者保持在幸福状态。为了使个人的身心长期处在幸福状态，创造幸福也要讲究一些原则和方法，否则获得的幸福就可能是暂时的，往往一时的幸福可能会带来终生的痛苦。

(一)创造幸福的原则

(1)珍爱生命的原则。生命(身体)是幸福的载体，失去了生命，便失去了一切幸福。所以在创造幸福的同时，要注意保护身体、锻炼身体、珍爱生命。健康是人生的最大的财富，创造幸福应以不失去健康为原则。现在有些年轻人，遇到一点小的挫折，稍不如意就轻生，这是不敬畏生命、不尊重生命、不珍爱生命的表现，也是不负责任的表现。

(2)自己创造的原则。幸福是个人心灵的感受，所以幸福要靠自己去创造，自己去体验。别人可能对你有所帮助，但不一定使你体验到幸福。只有如陶行知所说："滴自己的汗，吃自己的饭，自己的事自己干，靠天靠地靠祖上，不算是好汉"。通过自己的努力却创造幸福，这时对幸福的感受才是最真切的。

(3)共同幸福的原则。人是社会性的动物，总要归属于某个群体。人具有双重属性，即个体的自然属性和群体的社会属性。作为自然属性的个体在很多的时候应该是原本的我，而作为社会属性的群体之一却需要的是道德的我，道德的我是在原本的我的基础上的超越。这就需要我们具备包容性和宽容性，更需要自律、自尊、自重，无论是在现实生活当中还是在虚拟的网络世界，都必须遵守着大家公认的游戏规则。个人的幸福不能建立在群体的痛苦之上，应该以不影响他人或者群体的利益为原则。"我为人人，人人为我"才是共同幸福的基本原则。

(4)不断追求的原则。人生的过程就是追求幸福的过程，要不断地追求，终生地追求。让生活在幸福中延续，生命在追求幸福的过程升华。从对个人幸福的追求向对群体幸福的追求过渡，从注重物质幸福向重视精神幸福(如对善和美的追求)方向提升。获得了一个层次的幸福，还要追求更高层次的幸福。在追求幸福的过程中，眼前的幸福要与长久的、终生的幸福相结合。

(5)现实性的原则。生活是现实的，追求幸福、创造幸福不能脱离(个人的、社会的、历史的)生活实际。

(6)合乎理性的原则。追求幸福、创造幸福只有在理性的控制下才是可取的。脱离了理性的幸福必然是暂时的，最终一定会导致痛苦结果。追求幸福要有道，创造幸福要有法，享受幸福要有度，这就是合乎理性。

(二)创造幸福的方法

从幸福的公式中可以看出，一切幸福都可以归结为两大方面，一是物质方面的幸福，二是精神方面的幸福。这里物质是幸福的基础，是必要条件，但不是充分条件。幸福的确不在于外在物质的占有，而在于一种心态。中国人以前常说的知足者常乐，其实也间接说明了这个道理。精神财富与物质财富不同，它不但是幸福的必要条件，而且也是幸福的充分条件。创造幸福的方法有很多，这里只给出几种心理方法，仅供参考。

(1)学会满足。幸福是一种感觉，它不取决于人们的生活状态，而取决于人的心态，所谓知足者常乐就是这个道理，所以人要学会自我满足。这里所说的满足主要是生活上的满足，工作上还是要不断地进取。幸福需要不断地创造，幸福的平衡点是一个动态的平衡点，如果

第八章 "五型"班组的第二项修炼——改善心智模式

永远停在一点上,人就没有进步了。理想的幸福状态是,满足现实的平衡点,追求理想的平衡点,不断地追求,不断地满足,不断地幸福。幸福就在不断地追求理想的过程中。

(2)学会适应。物竞天择,适者生存,适者幸福。要创造幸福,一方面要学会改变环境,更重要的是学会适应环境。凡事顺势而为才可为,人生的艺术就在于此,这才是大智慧。创造幸福也需要顺天、适地、应物、因人,这是人生存的能力。你不可能是世界上最幸运的人,但是你也不是世界上最不幸的人,比上不足,比下有余,找准自己的位置,也就可以了。

(3)学会选择。幸福由己不由人,生活的全部艺术在于选择。学会选择(有用的),学会放弃(无用的),才会成功,才会有幸福。思路决定出路,凡事皆在一念,态度决定成败。

(4)不抱怨生活。幸福的人并不比其他人拥有更多的幸福,而是因为他们对待生活和困难的态度不同,他们从不问"为什么",而是问"为了是什么",他们不会在"生活为什么对我如此不公平"的问题上做过长时间的纠缠,而是努力去想解决问题的方法。

(5)不贪图安逸。幸福的人总是离开让自己感到安逸的生活环境,幸福有时是离开了安逸生活才会积累出的感觉,从来不求改变的人自然缺乏丰富的生活经验,也就难以感受到幸福。

(6)感受友情。广交朋友并不一定带来幸福感,而一段深厚的友谊才能让你感到幸福。友谊所衍生的归属感和团结精神让人感到被信任和充实,幸福的人几乎都拥有团结人的天分。

(7)勤奋工作。专注于某一项活动能够刺激人体内特有的一种荷尔蒙的分泌,它能让人处于一种愉悦的状态。研究者发现,工作能发掘人的潜能,让人感到被需要和责任,这给予人充实感。

(8)规律的生活。幸福的人从不把生活弄得一团糟,至少在思想上是条理清晰的,这有助于保持轻松的生活态度,他们会将一切收拾得有条不紊,整齐而有序的生活让人感到自信,也更容易感到满足和快乐。

(9)珍惜时间。幸福的人很少体会到被时间牵着鼻子走的感觉,另外,专注还能使身体提高预防疾病的能力。因为,每30分钟大脑会有意识地花90秒收集信息,感受外部环境,检查呼吸系统的状况以及身体各器官的活动。

(10)心怀感激。抱怨的人把精力全集中在对生活的不满之处,而幸福的人把注意力集中在能令他们开心的事情上,所以,他们更多地感受到生命中美好的一面。因为对生活的这份感激,所以他们才感到幸福。

(11)喜欢自己所做的事。不是做自己喜欢的事,而是喜欢自己所做的事。快乐的秘诀,不是朝思暮想薛宝钗,而是珍惜身边的女朋友;不是想着吃不到的熊掌,而是品味正拿在手中的烧饼。幸福快乐的秘诀之一就是感激,是悦纳,是重视现在。不要假设,因为假设是没有意义的,要重视现在。所有过得幸福快乐的人,都是重视现在的人。用最少的浪费面对现在,用最多的梦想面对未来。

(12)开辟需求空间。当一个人精神追求不高,欲望的满足趋于饱和时,就会郁闷、厌腻、疲倦、懒怠、萎靡、消沉、堕落,不知道干什么好,不知道往哪个方向走,经常饱食终日,无所事事。这时应该寻找一个新的、高层次的、适合自己能力的需求目标。欲望是社会进步的一种原动力(人之所向,利之所趋),没有欲望就不能前进,没有欲望就没有幸福。古人说"寡欲以清心",但不能无欲,更不是欲望横流,毫无禁忌。过度放纵内心的欲念,必然导致自我毁灭。就是说人生追求幸福的欲望是不能停止的,但不能无限大,凡事要适度,中庸(适度)为其最高的准则。

　　人只要不失去方向,就不会失去自己。幸福的人总是不断地为自己树立一些目标,通常我们会重视短期目标而轻视长期目标,而长期目标的实现更能给我们带来幸福感受,你可以把你的目标写下来,让自己清楚地知道为什么而活。

　　人的生活是多领域、多方面、多需求的,幸福也是多元、多样、多向的,如物质幸福、精神幸福、政治幸福、文化幸福、家庭幸福,等等。追求友情的纯真、亲情的珍贵,爱情的甜蜜、婚姻的美满,工作的顺利、事业的成功……其间都蕴含着幸福。幸福没有物化的形式,也没有量化的标准。在饥饿人眼里,吃饱饭是幸福;在病人眼里,健康是幸福;在受难者眼里,平安是幸福……得到中有幸福,失去中也有幸福;成功中有幸福,失败中也有幸福;简单中有幸福,复杂中也有幸福;顺境中有幸福,逆境中也有幸福……无论哪一种幸福,都得靠自己去创造,享受幸福也是没人能代替的。

　　只有当人察知幸福、体验幸福,追求幸福和创造幸福的能力变成了自身内在素质时(幸福能力的内化,形成一种良好的心理定式),他的幸福才是自由的、终身的。

[本章小结]

　　改善心智模式就是要改变我们看待周围事物的方式和方法。改什么?怎么改?改到什么样是好?现在我们将其归纳如下:

　　(1)由求人改为求己。

　　(2)由斗争改为合作。与天合作,其乐无穷;与地合作,其乐无穷;与人合作,其乐无穷。人不能胜天,也不能胜地。龙卷风、地震谁能控制?谁能把冬天改为夏天?只有适应它,利用它。与周围的人也不能斗,要合作,不合则不能作,人字的写法就是相互支撑。

　　(3)由利己改为双赢。

　　(4)由指责改为沟通。

　　(5)由气馁改为自信。

　　(6)由消极改为积极。

　　(7)由悲观改为乐观。

　　(8)由懦弱改为坚强。

　　(9)由浮躁改为安稳。

　　(10)由心小改为大度。

　　(11)由偏见改为公正。

　　(12)由局部改为整体。

　　(13)由无序改为有序。

　　(14)由无度改为有节。

　　(15)由责人改为律己。

　　(16)由他管改为自管。

　　(17)由守旧改为创新。

（18）由无聊改为幸福。
（19）由冷漠改为热情。
（20）由无情改为报恩。
（21）由与同事竞争改为超越自我。
（22）由工作为他人改为工作为自己。
（23）由归罪于外改为找自己的问题。
（24）由相互抱怨改为相互鼓励。
（25）由面对问题找借口改为面对问题找方法。
……
怎么改，前面已经介绍了一些方法，改不改，关键在自己。

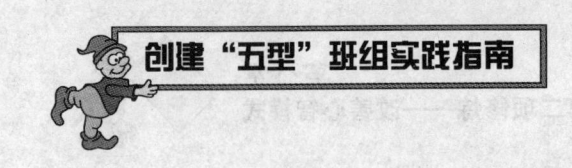

第九章 "五型"班组的第三项修炼——建立共同愿景

没有正确的目标就没有正确的行动,没有正确的行动就没有成功。

第一节 共同愿景的概念

一、共同愿景的含义

共同愿景是指大家共同的愿望与远景,也是组织中人们所共同持有的、发自内心的景象。共同愿景最简单的说法是:我们想要创造什么?共同愿景表达的是人们内心共同的渴望,它是企业之魂,是班组之魂。它在人们心中产生一股令人深受感召的力量,创造出众人一体的感觉,并遍布到组织全面的活动中去,从而使各种不同的活动融合起来。个人愿景的力量源自个人对愿景的深度关切,共同愿景的力量源自共同的关切,让人难以抗拒,以至没有人愿意放弃它。人们寻求建立共同愿景的理由之一,就是内心渴望能够归属于一项重要的任务、事业、责任或使命。

一般来说,愿景是大家愿意看到的(期望的)、大家愿意为之努力的(主动的)、通过努力可以步步接近的(可接受的),一个"胆大包天"的梦想。

愿景的意义不是"你能成为什么,所以你想成为什么",而是"你想成为什么,所以你能成为什么"。

企业需要愿景领导。愿景领导就是通过高远的抱负目标来激发人的潜能,沿着充满野心的、似乎胆大妄为的理想不断地去前进。

没有愿景,就没有灵魂。为了赚钱而赚钱,就不会赚钱。为了追求理想,就要不断地学习,向前走,才会成长。人没理想是很痛苦的事,企业也像人一样,先要有一个理想等着你。企业是一个实现理想的地方,让所有的人成为一个团队,实现共同的梦想。

愿景让所有的员工知道每天在忙什么,热情从哪里来。愿景是理想,让人被认可,觉得在做了不起的事情,而不是只知道每天做具体的事。愿景是方向,比如,一群大雁,不断地克服阻力向前飞,隔一段时间,第一只总要换一下,但始终有一个方向。

二、修炼共同愿景的三要素

共同愿景不是一种抽象的东西,而是具体的能够激发所有成员为之奉献的愿望和远景。它由以下三个要素组成。

(一)目标——我们期望达到的里程碑

目标指组织究竟要追寻什么样的共同愿景,即建立在人们心目中真正想要实现的组织具体景象。目标为个人成长和组织发展指出明确的方向。

第九章 "五型"班组的第三项修炼——建立共同愿景

所有的共同愿景都不只是广阔的愿景,而是具体可行的目标,通常是指我们为了实现愿景而必须克服的障碍。

愿景是我们想要创造的未来的构想,而且必须用现在的情况来描述,就好像发生在目前一样。

（二）使命——组织存在的理由

使命的原意是使者奉命出行完成重大任务,后来引申为肩负重大的任务和责任。一般说来,使命是最根本性的任务和责任。使命是崇高的、是神圣的、是伟大的、是必须完成的。

使命是实现愿景的手段,回答的是"我们该做什么"、"我们如何走"才能实现人生的目标。在想做、可做、能做的三个环节中找到一个真正该做的事,来回答我们的业务为什么只能做这个而不做那个。

班组的使命是什么,班组的使命就是维护企业形象,为企业创造利润;班组长的使命就是在生产现场组织创造利润的生产活动。班组长的使命通常包括四个方面:提高产品质量、提高生产效率、降低成本、防止工伤和重大事故。还要告诉员工"我们目前的事业是什么?"、"我们的事业将变成什么?"以及"我们未来的事业应该是什么?"班长最重要的责任,就是带领班组员工创造更加美好的明天。

使命是一个组织存在的理由,也是我们要共同完成的任务。虽然我们总是无法真的达到组织的最上层目标,但在这个过程中,我们将会实现许多愿景。使命反映的是个人和组织对社会、国家和世界应负的责任是什么、希望贡献的是什么,使命是个人和企业肩负的重任,坚守使命是一种境界,一个没有使命感的企业是不会成功的。

（三）价值观——引领我们如何到达目的地

价值观是对好坏、善恶、美丑、成败、贵贱、贫富、是非、对错的一种基本价值信仰。

价值观是提倡什么、反对什么、弘扬什么、抑制什么、遵循什么、如何对待彼此、如何对待顾客的一种价值态度,是在实现愿景的过程中人们一切行动的最高依据和全体成员在日常生活中的共同行为准则,也是企业识人、选人和用人的准则。

班组的核心价值观是班组精神的灵魂。核心价值观看起来是"虚"的,其实是"实"的,它是为实现使命而提炼出来并予以倡导,指导公司员工共同行为的永恒准则;它是深藏在员工心中,决定影响员工行为,并通过员工日复一日表现出来的处事态度。

如果说愿景要描述的是到哪里去,使命要描述的是去干什么,那么核心价值观要回答的则是我们为什么只能这样做而不能那样做。

核心价值观不在多而在精,一般不会多于6条。比如,"创新"、"奉献"、"诚信"、"团结"、"艰苦奋斗"等词语。

三、愿景的三个层次

(1) 组织大愿景。

(2) 团队小愿景。它是组织大愿景的支撑(团队指企业中的各个部门、子公司乃至班组)。

(3) 个人愿景。这很重要,因为共同愿景是由个人愿景汇聚而成,也只有将个人愿景汇集起来,才能使共同愿景获得能量,才能朝向个人及团队真正想要追求的目标。如果个人没有愿景,不仅个人没有创造力,团队也不可能有创造力。

四、建立共同愿景的原则

一个好的愿景,它必须具有前瞻性、想象力、震撼力、清晰度。共同愿景的建立,要努力遵循以下原则。

(1)要让共同愿景与企业现存实际相连。实际上,共同愿景的建立无不和企业的现实存在相联系,无不和策略、模式、思维方式相联系,它是科学的,也是艺术的。

(2)团队愿景必须是未来目标。人无远虑,必有近忧。伟大的团队一定是长跑冠军的团队、做长线的团队、经营未来的团队、做百年企业的团队。因此,设定团队愿景必须站得高、看得远、想得深,具有前瞻性。

(3)要让愿景保持动态发展,滚动前进。最理想的状态是制定阶段性发展目标。

(4)要整合所有员工的归属感,保持一致,要让共同愿景像一块巨大的磁铁把大家吸引带往共同的未来,所以愿景必须激动人心。愿景是生命的旗帜、是心灵的亮色、是希望的呈现、是命运的召唤,它能使你热血沸腾、热泪盈眶、彻夜难眠;它能激励人、打动人、震撼人、感召人;它能使人为它生、为它死、以它忧而忧、以它乐而乐。

(5)团队愿景必须简单清晰。愿景要成为吸引人、感召人、鼓舞人的一个口号,就必须简单、清晰、形象、生动。简单:几个字、一句话概括,容易记;清晰:不含糊、明确、突出要点,好记;形象:看得见、摸得着、记得住,给人印象深刻;生动:语言精美,振奋人心,让人相信,让人感动。如索尼的"娱乐全人类",联邦快递的"使命必达",迪斯尼的"生产快乐",麦当劳的"成为全世界每一个社区的最佳雇主",都是人们耳熟能详的愿景。

(6)要实现愿景共享。要在深度会谈的基础上,使团队每一个成员都明确,我们一定要这么做,大家一起创建共同向往的未来。

共同愿景如同大海航行的灯塔,团队就像一艘大船,有了共同愿景,才能风正气顺扬大帆,乘风破浪行万里。

第二节 共同愿景对创建学习型班组的重要性

共同愿景带给班组的绝不是一针兴奋剂,而是溶入组织血液里的能持续产生创造性力量的肌体能源,建立共同愿景大体有以下六方面的作用。

一、真正的共同愿景能使员工产生一种前进的"引力"

共同愿景令人欢欣鼓舞,它使班组跳出庸俗产生火花。如苹果公司老总史考利在一篇关于苹果公司电脑产品愿景时说:"不论公司内忧外患有多严重,一旦步入麦金塔大厦,我马上就神采奕奕。我们知道自己即将目睹电脑史上一项重大的改变。"

二、共同愿景对班组成员具有导向、凝聚、激励和规范作用

共同愿景是使互不信任的人一起工作十分关键的一步,共同愿景使班组成员的意愿凝聚在我们的事业之中,使班组成员与班组共荣辱。只有群体成员协同作战,形成强有力的联盟,才能发挥团队的整体作用。事实上,班组成员所拥有的目的、愿景与价值观是构成共识的基础。

第九章 "五型"班组的第三项修炼——建立共同愿景

三、共同愿景为学习型班组的学习提供了焦点与能量

在缺少愿景的情形下,人们充其量只会产生适应性的学习,只有当人们致力于实现某种他们深深关切的事情时,才会产生创造性的学习。事实上,除非人们对他们真正想要实现的愿景感到振奋,否则整个创造性学习的概念——扩展自我创造的能力将显得抽象而毫无意义。

四、共同愿景孕育无限的创造力

共同愿景能激励班组成员为实现愿景而百倍努力,发挥创造性的劳动,使班组的创新活动达到从单项创新到系列创新、从一次创新到持续创新、从能人创新到群体创新的境地。

五、共同愿景规范班组成员的行为,使之为实现愿景作出奉献

就如弗利兹所形容的:"伟大的愿景一旦出现,大家就会舍弃琐碎的事。"若没有一个伟大的梦想,则整天忙的都是些琐碎之事。另外,共同愿景还将培育出承担风险与实验的精神。赫门米勒家具公司的总经理赛蒙说:"当你努力想达成愿景时,你知道需要做哪些事情,但是却常不知道要如何做,于是你进行实验。如果行不通,你会另寻对策、改变方向、收集新的资料,然后再实验。你不知道这次实验是否成功,但你仍然会试,因为你相信唯有实验可使你在不断尝试与修正之中一步步地接近目标。"

六、通过沟通愿景规划,可以授权他人实施愿景规划

共同愿景是一个班组中各个成员发自内心的共同目标,来源于员工个人的愿景而又高于个人愿景,它是班组中所有员工共同愿景的景象,是他们的共同理想,所以可以授权班组成员实施愿景规划。

有了共同愿景,才会有学习型班组。愿景建立一个高远的目标,以激发新的思考与行动方式。共同愿景是一个方向舵,能够使学习过程在遭遇混乱或阻力时,继续循着正确的路径前进。有了班组的共同愿景,我们将更容易发现思考的盲点,放弃固守的看法和承认个人与组织的缺点。

建立学习型组织要求组织有明确的愿景,帮助和激励组织成员主动而真诚地奉献和投入,引导和规范组织成员的学习行为,从而保证组织成员学习目标的一致性。

第三节 共同愿景的修炼

一、共同愿景及其描述

建立共同愿景是学习型组织的一项修炼,共同愿景对于企业的转型和维持现状都有重要意义。在学习型组织的开始阶段,组织中个别人持有相同的愿景,但是只有人人都衷心向往的愿景,才能成为组织的共同愿景,这需要一个培养的过程。

共同愿景的描述:根据奋斗目标描述愿景,可以是定量的也可以是定性的,也可以依据"共同问题"描述愿景,或依据"角色榜样"描述愿景,以及依据内部转型的构想描述愿景。

对愿景的描述必须尽可能的简单、诚实而中肯,不可夸张好的一面而藏匿有问题的部分。

二、班组成员对共同愿景的支持程度

按照五项修炼原著阐述的,组织成员对共同愿景的支持程度有以下几个层次:

(1)冷漠。对共同愿景,既不关心也不感兴趣,既不支持也不反对,到点上班,到点下班,而且总是期盼着下班的到来。

(2)不遵从。看不到愿景的好处,也不愿做被期望做的事情,无论你怎么说给他听,晓之以理,动之以情,他就是不听你的。任你苦口婆心,我就是不干。

(3)勉强遵从。未看到愿景的好处,但是也不想打破饭碗,不得不做刚好符合期望的事,但也会让人知道,他不是真正愿意做。

(4)适度遵从。大体上看到愿景的好处,做所有被期望做的事,但仅仅是如此而已。

(5)真正遵从。看到了愿景的好处,能去做所有被期望做的事情或做得更多,并能遵从各种明文规定。

(6)投入。衷心向往共同愿景,并愿意在"精神的法则"内做任何事情,以实现共同愿景。

(7)敬业奉献。衷心向往共同愿景,并愿意创造或改变任何必要的"法则",以全心全意来实现它。

奉献的人不会只是墨守游戏规则,他们要对这个游戏负责,如果游戏规则妨碍他们达成愿景,那么他们就会设法改变规则。当一群人真正奉献于一个共同愿景时,将会产生一股惊人的力量,他们能完成原本不可能完成的事情。

三、共同愿景的修炼方法

(一)鼓励个人愿景

在建立共同愿景的修炼中个人愿景是基础,因为共同愿景是由个人愿景汇聚而成的,通过汇聚个人愿景,共同愿景获得能量和培养行动的愿望。就如同汉诺瓦保险的欧白恩所观察到的:"我的愿景对你并不重要,唯有你的愿景才能够激励自己。"这并不是说人们只需在乎自己个人的利益。事实上,个人愿景通常包括对家庭、组织、社区甚至对全世界的关注。欧白恩之所以强调个人对周遭事物的关注,是由于真正的愿景必须根植于个人的关切与热望中。这就是为什么共同愿景真诚的关注是根植于个人远景。这个简单的道理却被许多领导者给忽略了,他们往往希望自己的组织能够在短期内建立一个共同愿景。

共同愿景是建立在个人愿景层次之上的,一为组织大愿景,二为团体小愿景,三为个人愿景。作为学习型班组必须鼓励其成员发展自己的个人愿景。如果人们没有自己的愿景,他们所能做的就仅仅是附和别人的愿景,结果只是顺从,决不是发自内心的意愿。这种遵从至多是适应的、勉强的。如果众多的具有强烈目标感的人结合起来,就能发挥巨大的创造力,并为实现个人及组织的愿景而努力。

自我超越是发展共同愿景的基础,这个基础不仅包括个人愿景,还包括忠于真相和创造性张力。而共同愿景能产生远高于个人愿景所能产生的创造性张力。那些能献身去实现崇高愿景的人,都是能够掌握创造性张力的人,也就是对愿景有明确的了解,并持续深入探询真实情况的人。正是因为体会过创造性张力的力量,他们深信有能力创造自己的未来。

在鼓励个人愿景时,组织必须注意不要侵犯到个人的自由。没有人能将自己的愿景给

第九章
"五型"班组的第三项修炼——建立共同愿景

别人,也不能强迫他人发展自己的愿景。然而,有些正面的行动却能鼓励创造个人愿景。最直接的是由具有愿景意识的领导者,以鼓励其他人分享自己愿景的方式沟通。这是愿景的领导艺术:从个人愿景建立共同愿景。

(二)塑造整体愿景

当一群人都能分担组织的某个愿景时,每个人都有一个最完整的组织图像,每个人都对整体分担责任。当有更多人分享共同愿景时,愿景本身决不会发生根本的改变,但是,愿景会变得更加生动、更加真实,因而人们能够真正想象愿景逐渐实现的景象。当他们尚在孕育个人愿景时,人们可能会说那是"我的愿景",但是,当共同愿景形成之时,就变成既是"我的愿景"也是"我们的愿景"。

(三)改进愿景总是由高层宣示的官方说法

改进高层做法,抛弃原有的从高层开始的做法,要从告知、推销、测试、协商和共同创造五个阶段,建立组织的共同愿景。

共同愿景绝非官方说法,因为由高层管理者宣示的愿景常常令人失望:一是这样的愿景通常是纸上谈兵,高层通过一次建立愿景的努力,写下来后,管理者就认为建立共同愿景的职责卸下来了。事实上,写下愿景宣言只是建立共同愿景的第一步,愿景在纸上陈述而非发自内心,这就很难在组织内扎根。二是最高管理层写下愿景的宣言,并非是由个人愿景汇聚而成的。在追寻策略性愿景时,个人愿景常被忽略,而这种愿景所反映的仅是一两个人的个人愿景。这种愿景很少在每个阶层内进行探询与检验,因此无法使人们了解与感到共同拥有我的愿景,结果新出炉的官方愿景也无法孕育出能量与真诚地投入。

如果愿景未被广大群众所接受,或有相当数量的人对愿景抱怀疑态度,不予认同,并认为自己不可能分享这个愿景,那么,这些人就不可能为愿景而奋斗,更不可能激发起创造力,甚至会采取冷漠、不遵从、勉强的态度。

(四)愿景不是单一的问题解答,而是永无止境的工作

如果把愿景当成问题的解答,一旦士气低落或策略方向模糊不清,愿景背后的动力也会跟着消逝。领导者必须把建立共同愿景当成日常工作的中心要素,是持续进行、永无止境的工作。实际上这也是经营理念的一部分。

(五)重视沟通和协同

彼得·圣吉说:聆听往往比说话更难,尤其对有城府、意志坚强的管理者更是如此。聆听需要不凡的胸襟与意愿来容纳不同的想法,这并不表示我们必须为他人而牺牲自我,而是必须先让多样的愿景共存,并用心聆听,找到能够超越和整合所有个人愿景的正确途径。就像一位成功的企业领袖所言:"我的工作,基本上是在倾听组织想要说些什么,然后以清晰有力的方式把这些话说出来。"

善于建立共同愿景的管理者,并非四处去演讲鼓舞人群,而是在处理日常问题时,心中不离愿景,建立共同愿景的修炼是持续进行、永无止境的工作。这样,共同愿景既是令人兴奋又不是遥不可及的缥缈的东西,它让人感受到亲和力、感召力。

随着共同愿景能量的扩散,人们谈论愿景的分歧也越来越大,人们表达的愿景也互有冲突,如果不及时矫正就会降低共同愿景的清晰度,就会抑制人们的热忱。所以协同、探求是至关重要的,通过探求来扩散愿景,并不意味着必须放弃自己的观点。相反,愿景需要强有

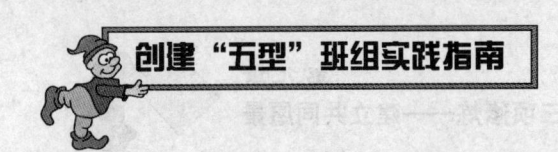

力的辩护者,而辩护者也应以开放的态度融合他人的愿景,才可能逐步将个人愿景汇集到更大的共同愿景。

学习聆听其他人的梦想,在聆听之间逐渐融会出更好的构想。由于共同愿景是由个人愿景互动成长而形成的,因此在团体中,要达到彼此的愿景真正能分享及融会,并不是一蹴而就的。经验告诉我们,愿景要做到能够真正共有,需要经过不断地交谈,并与日常生活联系在一起,增强互动性。这样个人不仅能自由自在地表达他们的梦想,而且也可以学习如何聆听其他人的梦想,在聆听之间逐渐融会出更好的构想。

（六）融入企业理念

建立共同愿景是企业基本理念的一项,其他理念还包括:目的、使命与核心价值观。企业的基本理念要回答三个基本问题:追寻什么、为何追寻、如何追寻。追寻什么:追寻愿景,追寻一个大家共同创造的未来景象;为何追寻:为企业的目标和使命,这是组织存在的根源;如何追寻:在达成愿景的过程中,核心价值观是一切行动、任务的最高依据和准则。

这些价值观包括正直、开放、诚信、自由、机会均等、精简、实质成效、忠实等。这些价值观反映出组织在向愿景迈进时,期望全体成员在日常生活中遵守的行事准则。这三项企业基本理念合而为一,便是组织上下全体的信仰,它引导企业向前运作。

第四节　愿景夭折的原因

一、愿景没有真正达成共识

不同的见解会使愿景的焦点分散,并产生无法掌握的冲突,建立的愿景可能在日益增强的极端化作用冲击之下,分崩离析而终告停止。

二、缺乏探询与调和分歧的能力

建立愿景的过程是一连串探询的过程,主要目的在廓清我们真正想要创造的未来。如果只是透过一个不断倡导与辩护而缺乏探询的过程,它至多只会产生遵从,决不是奉献。

三、遇到困难,信心不足

愿景的实现过程中,会遭遇到一些不易解决的困难,而使人们感到气馁,这也是造成愿景凋谢的原因之一。当人们越能看清共同愿景的特性,越能察觉愿景与目前现况之间的差距很大。人们可能会变得沮丧、不确定,甚至对愿景采取嘲讽的态度,因此造成热忱的衰退、组织气馁。

四、专注于愿景的时间不足

当汇集愿景所需时间及处理目前问题所需时间过多时,会相对的使可用于实现愿景的时间减少,从而失去对于愿景的专注,也会使愿景在萌芽阶段夭折。此时限制因素是专注于愿景的时间与精力不足。

五、出现分歧,整体协作力不够

如果大家忽略彼此连成一体的关系,愿景也会凋零。这也就是为什么愿景的追求必须

第九章
"五型"班组的第三项修炼——建立共同愿景

通过共同探询的理由之一。一旦员工不再问"我们真正想要创造什么?"并在原本的愿景之外产生另一种愿景时,以后继续进行的交谈品质,以及想要通过交谈提升的关系,都会受到侵蚀。在共同愿景背后最强烈的渴望之一,是来自希望同属于一个更大的目的以及彼此连成一体的关系。需要注意的是,这样的联结需要时时悉心照应,否则它是非常脆弱的。只要我们对彼此的见解失去尊重,团体的凝聚力便会分崩离析,导致共同愿景的破灭。当发生此种现象时,团体成员便不再产生对愿景的真正热忱。

六、对行为的调整不够

最讲求效益的人能够坚持愿景,同时看清现况的真相。学习型组织的建立并不是去追逐一个高远缥缈而动人的愿景,而是力行毫不留情的、不断检验愿景及其发展现况的真相。根据外界的变化,调整实现愿景的步骤和行为方式。

如果说改善心智模式的修炼针对的是那些既有的假设或观念,那么建立共同愿景的修炼则是指向未来的奋斗目标。改善心智模式和建立共同愿景,都不是组织刻意而为之的行为,既然称为"修炼"就不是靠强制力量能达到的,必须有技巧和艺术,操之过急的结果只能是拔苗助长。

[本章小结]

建立共同愿景,简单地说,就是我们想要创造什么。建立共同愿景是真正值得长期献身的目标以及不断学习与创造的动力。这一修炼发掘出共有的愿景,使组织成员对组织产生归属感,成为有良好默契的工作伙伴。

共同愿景的修炼一定要把价值观的统一放在第一位,没有统一的价值观就没有共同的愿景。同时要重视使命感的培养,没有使命感也无法实现共同愿景。

第十章 "五型"班组的第四项修炼——团体学习

人的一切能力来源于学习,唯有学习才能改变我们的一切。

第一节 团体学习的基本理论

一、什么是团体学习

团体是整个组织学习的一个学习单位。团体学习是发展团体成员整体搭配与实现共同目标能力的过程。它是一项集体修炼,其作用是发挥团体智慧,使学习转化为现实生产力。

团体学习是建立在发展共同愿景这项修炼上,也建立在自我超越的基础上,但只有共同愿景和才能还不够,还需要团体学习。因为现在几乎所有重要决定都是直接或间接通过团体讨论决定才付诸行动的。因此,今天的组织迫切需要团体学习,组织中众多的团体都是整个组织的学习单位,并建立起整个组织的团体学习,进而构建成学习型组织这一组织管理模式。

二、团体学习与个人学习的关系

个人学习是团体学习的基础,因为团体学习毕竟是由个人学习的成员所组成,但每个人都在学习的团体并不等于团体学习。因为学习的主体不一样,个人学习以个体为主,团体学习是将团体这个整体作为主体来看待的。

三、团体学习的目的

团体学习的最初目标是取得更高层次的共识,即以大家提出的意见为基础,取其精华,集思广益,形成向上发展的共识。

团体学习的核心目的是创造。通过团体学习使团体智商大于个人智商,使个人成长速度加快,更聪明地工作,并使学习力迅速转化为生产力。

四、团体学习的意义

(1)使团体智商远远大于个人智商。团体学习是发展团体成员整体搭配与实现共同目标能力的过程,不但能帮助团体形成良好的整体搭配状况,而且能形成团体的知识共享,产生新的组合,使团体智慧超过个人智慧的总和,对复杂问题做到比个人更有洞察力。

(2)可以激发创造性,又能产生协调一致的行动。有效的团体学习能导致有效的决策与行动,这是因为团体学习可以形成"向上发展型"的高层次共识,产生团体共享的新知识、新智慧,以及富有改革和创造性的新策略、新决策,同时化共识为行动,达到动作上的默契。

（3）团体学习的成果可以扩散到其他团体中去。如果把一个企业作为组织，那么企业的班组、工段、车间、分厂等都是组织中的一个团体。一个团体的学习成果，特别是高层的团体学习成果，可以扩散到其他众多的团体中去，并通过传播团体学习方法与技巧，不断培养更多的学习型团体。

（4）团体学习可以建立整个组织的学习风气和标准。在某些层次上，个人学习与组织学习无关，即使个人始终都在学习并不表示组织也在学习。如果是团体在学习，团体变成整个组织学习的一个小单位，他们可以将所得到的共识化为行动，甚至可将这种团体学习的技巧向别的团体推广，进而建立起整个组织一起学习的风气和标准。

第二节 团体学习的模式——立体化学习模式

一、立体化学习模式的理论论据

人的学习活动是在一定环境下进行的。学习就是人从周围环境中吸取对自己有用的部分（知识、方法等）。环境对于学习个体来说具有立体形状，其外延是无限的，不同的学习个体对环境的利用半径不同。一般来说，对环境的利用率随着半径的增大而减小，现代化的手段大大地扩展了人们对环境的利用范围。学习个体也是一个立体化的人，所以学习是立体化的学习个体在立体化的环境中进行的，其模式如图10-1所示。

图10-1 学习个体与学习环境的关系图

从信息论的角度看，学习在本质上就是知识信息的传播与接收。知识是反映客观世界的信息，客观事物都具有立体化的特征，所以作为反映客观事物的知识也具有立体化的结构特征。因此，学习知识的方法也应该是立体的，而且这种方法应该是最佳的，"至法在于天然"，因为它符合客观实际。员工若掌握并运用这种方法，一定会取得良好的学习效果。

在现代社会，由于传播信息媒体的多样化，信息的传播也呈现立体化的形式。因此，我们根据开放学习的特点和学习实践，提出了立体化学习模式的概念。

其实立体化学习是一种大学习观，我们认为善学者人人是老师（人人皆学生），事事是老师，物物是老师，处处是学校。资源就在身边，学习无处不在。比如：

（1）向鸟儿学习，我们飞上了蓝天。

（2）向蚂蚁学习，我们知道团结、合作所产生的力量。

(3)向蜜蜂学习,我们知道辛勤劳动创造出的甜蜜,甜蜜了自己,也甜蜜了别人。

(4)了解沙尘暴,我们知道了人与自然必须和谐统一。

(5)向农民学习,天文学家知道了自己知识的局限性;向学生学习,老师知道自己在某一方面的优越性和优先性,同时也知道了在其他方面的无知;向小孩学习,大人知道了纯真、简单的重要性。

(6)通过一棵松树、一朵玫瑰都可悟出人生的道理,悟出班组建设的方法。

(7)从别人的错误中学到经验。

(8)向同事学习,会获得更多的技术。

(9)向领导学习,会有更多的方法。

……

总之,到处都有可以学习的知识。

二、立体化学习模式的功能目标

总体目标是使员工学会求知,学会做事,学会合作,学会创新。具体目标是:改善心智模式,培育新型职工,铸造团队精神,提升班组实力。

三、立体化学习模式图及其表述

立体化学习模式图见图10-2。

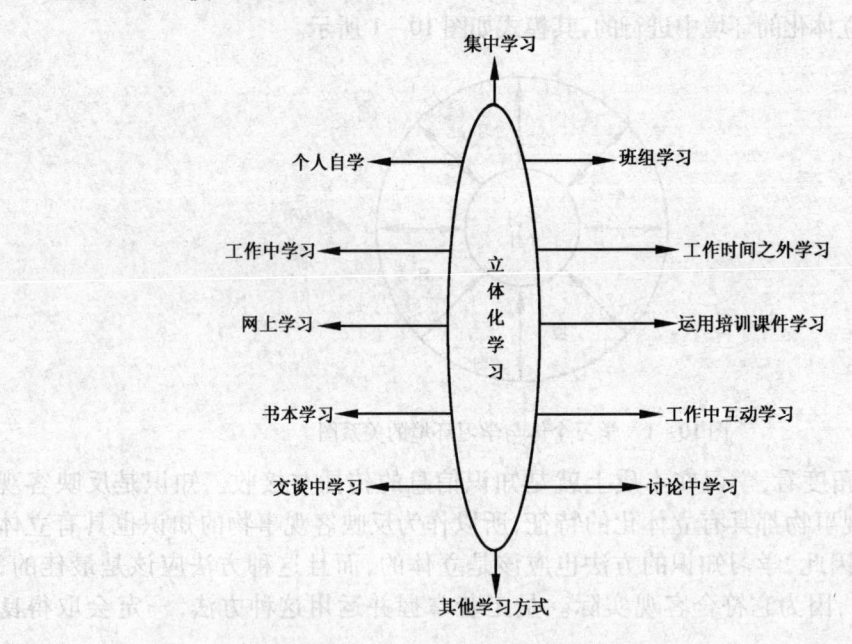

图10-2 立体化学习模式图

立体化学习模式的表述如下:

(1)学习方式。

① 个别化学习与工作中互动学习相结合;

② 个人自学与团体学习相结合;

③ 工作中学习与工作之外学习相结合;

第十章
"五型"班组的第四项修炼——团体学习

④ 讨论学习与沟通学习相结合。

(2) 学习手段。在学习过程中,我们要根据员工的具体情况和条件优化学习材料、优化学习手段、优化学习方法。

(3) 互动关系。充分合作,以学习目标为中心,实现无边界沟通。

(4) 学习导向。体现工作,贴近问题;体现素质,追求实用;体现创新,追求卓越。

四、立体化学习模式的学习原则

(1) 案例学习,简明及时的原则;

(2) 明确意义,增强兴趣的原则;

(3) 循序渐进,主动发展的原则;

(4) 把握重点,重在应用的原则;

(5) 整合条件,最优化的原则。

五、立体化学习模式的实现条件

请不要误认为学习模式就是学习的模式化,这样会限制班组学习活动的创造性。其实,学习模式本身并不束缚或限制班组学习主动性与创造性的发挥。首先,班长在学习过程中怎样运用学习模式组织和开展学习活动,并没有什么统一的规定或现成的答案。而是要求班长根据学习实际灵活变通。其次,学习模式本身只为班组的学习提供了一个学习活动框架,还需要班长确定相应的学习组织形式、学习方法、学习手段等,以配套进行,这离不开班长主动性、创造性的充分发挥。再次,构成学习模式的各种学习变量、学习程序在学习过程中的排列、组合以及具体操作方法,并不是固定不变的,而是允许班长灵活掌握,这就为班长学习创造性的发挥留下了广阔的天地。总之,学习模式的使用并不意味着学习工作模式化,而要想改善和优化学习过程,真正提高学习质量,还有大量具体而又实在的工作要靠班长自己去做,班长学习的主动性与创造性永远具有不可替代的价值。

从人的行为动力、学习的心理因素和学习规律及现代学习手段的利用等方面考虑,员工主动学习是前提,抓住重点是关键,科学管理是保障,提高素质是目的。对员工和班长的具体要求如下。

(一) 对员工的要求

(1) 树立为提高素质而学,为生存而学的观念。通过学习,提高工作能力;通过学习,提高自己的生存质量;通过学习,丰富自己的精神生活;通过学习,提高自己的行为档次;通过学习,改变自己的命运。

(2) 主动学习。员工自己做学习的主人,必须主动学习,不能被动,就是我要学。员工只有以创业者的精神,探索者的姿态进行学习才有可能学好,才能够向我乐学、我会学、我善学的境界转化。

(3) 自我管理。班组学习员工要自选学习目标,自我管理。

员工在学习时要有自己的目标和追求,制定出自己的学习计划和学习方法,同时也要有时间概念和质量概念。员工自选目标、自我管理的好处在于目标是员工自己定的,因此就有实现目标的愿望、动力和方法,目标也就有了实现的可能性。员工自己设计的目标绝大多数

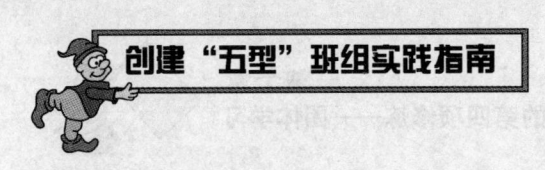

都实现了,会增强员工的自信心,向更大目标挑战。主动学习、自主学习、自选目标、自我管理,它体现了以人为本的思想。

(二)对班长的要求

(1)班长不仅要做班组学习的带头人,而且要做教练。班长的角色由单一角色向多重角色转变。班长从原来的班组管理者转变为班组学习的组织者、协调者、管理者和员工学习的指导者、促进者。

(2)班长的知识由单一型向综合型转变。班长不仅要懂专业,还要会学习、会管理、会利用现代学习技术,还要懂学习艺术。

(3)在学习实践中创新并完善学习模式。对于业务水平较高、学习经验比较丰富的工作者来说,不仅要高水平地使用学习模式,而且更应该根据学习的客观需要,创造出新的更具特色的学习模式。

班组中常用的创新学习模式的方法有:① 经验归纳法。学习者可从学习的实际出发,将自己在长期学习实践中积累的丰富经验和探索、研究的成果进行提炼、加工,使其升华为学习模式。其起点是经验,形成过程是归纳。② 合理移植法。学习者将其他班组的学习模式移用到本班组的学习中去,从而在合理借鉴、巧妙嫁接的基础上形成新的学习模式。③ 集优创新法。学习者自觉吸收多种学习模式的思想、策略和结构方式等,集中优势、综合创造,从而形成一种新的学习模式,体现出整体最佳特色。

班组学习方式要善于变换:要从书本中学变换到从工作中学,从工作中学变换到从案例中学;从个人自学变换到互动互学;从探索中学习,从评价中学习,从经验中学习,等等。学有法而无定法,法法而成者为之师,铸法而成者为之圣。运用之妙,操之在我。

第三节　团体学习的常用方式

团体学习没有固定的方式,不同的团体有不同的学习方式。团体学习的一般形式是交谈,下面介绍四种常用的方式。

一、信息交换会议

信息交换会议就是团队成员在一定时间内聚在一起,将学习所得、工作所获公布出来。这是团队通常采用的学习方式,有利于信息共享。

二、特别会议制度

特别会议制度是对信息交换会议的有效改造。对急需交换的信息或工作方案的研讨,采用召开特别会议的方式。

三、讨论

讨论是提出不同的看法,并加以辩护。可以有客套的辩论和针锋相对的辩论,通常用讨论来达成事情的决议。

班组讨论法的功能主要有以下几个方面:

(1)深化员工的认识。"水尝无华,相荡乃成涟漪;石本无火,相击而生灵光。"在班组讨论过程中,班组成员仁者见仁,智者见智,各抒己见,相互交流感知和见解,集思广益,拓宽思路,从而深化认识,顺利解决问题。

(2)发展言语理解能力与表达能力。在班组讨论过程中,言语的交际功能进一步加强。为了互相交流感知与见解,员工一方面要充分理解别人所说的话,同时又要寻找确切的语言表达自己的意思,因而可以促进言语理解与表达能力的发展,并进而更新思维方式。

(3)培养员工的合作精神。班组任务的完成有赖于班组成员之间的相互合作,合作成了班组的基本活动,这有助于推动员工深刻地认识合作的价值,发展员工对后进员工或体残员工的良好态度,养成合作精神。

在组织班组讨论时,应注意以下几点:

(1)规定恰当的讨论时间,以诱发员工的紧迫感,活跃员工的思维,提高效率,深化讨论。

(2)在讨论的后阶段要求班组的员工总结自己班组的讨论结果,并做好记录,以加强讨论的目的性,使员工意识到讨论是达到目的的手段。

(3)对讨论认真、意见中肯、适用的员工及时进行鼓励。

(4)避免跑题。不要把讨论变成"侃大山",这样的讨论是无效的,时间久了会使员工失去兴趣。讨论要注重方法,注重实效。

四、深度会谈——团体学习的关键

(一)深度会谈的要求

深度会谈是自由和有创造性地探究复杂而重要的议题,先暂停个人的主观思维,彼此用心聆听。提出不同的看法以发现新观点,人人都是赢家,个人可以获得独自无法达到的见解。通常用深度会谈探究复杂的问题。

深度会谈是每个人全部摊出心中的设想,并自由地交换想法,真正地一起思考。在一种无拘无束的探讨中,人们将深藏的经验与想法完全展现出来,而超过他们各自的想法,使他们对思维的不一致性更加敏感,并可以减少面对思维不一致时的不安。

(二)深度会谈的目的

深度会谈的目的是要超过任何个人见解,而非赢得对方。如果深度会谈进行得当,人人都是赢家。深度会谈的目的还在于揭露我们思维的不一致。

现代物理学者海森堡认为:"科学根源于交谈。在不同的人合作下可能孕育出极为重要的科学成果。"海森堡的经验说明,合作学习具有令人吃惊的潜能,集体可以做到比个人更有洞察力、更为聪明。团体的智商可以大于个人的智商。

深度会谈使人们变成自己思维的观察者。大家以多样的观点探讨复杂的难题,每个人摊出自己的设想,并自由交换各自的想法。增加集体思维的敏感度。团体学习对于发挥人类智力的潜能至关重要。通过深度会谈,人们可以互相帮助,觉察彼此思维中不一致的地方,这样集体思维才能越来越默契。

(三)深度会谈的技巧

(1)交互运用深度会谈和讨论。

在团体学习中,有效的讨论是深度会谈必不可少的搭配。讨论是提出不同的看法并加以辩护,可能对整个状况提供有用的分析。通常用讨论来达成事情的决议。如果团体必须

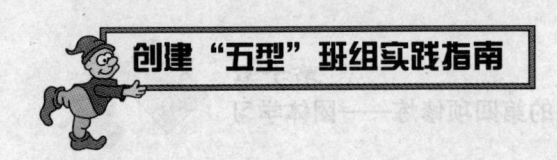

达成协议,并必须做出决定,讨论是需要的。讨论具有集中性,在讨论中,大家依据共同意见,一起来分析、商量各种可能的想法,并从中选择一个较佳的想法,用作事情的决议。如果真有成效,讨论将汇集出结论或行动的途径。

深度会谈则是再提出不同的看法以发现新看法,通常用深度会谈探究复杂的问题。深度会谈是发散性的,它寻求的不是同意,而是更充分掌握复杂的议题。

(2)反思、探询是深度会谈的基础。

在深度会谈过程中,反思、探询的技巧是不可缺少的。正如个人愿景提供建立共同愿景的基础那样,反思、探询的技巧也提供了深度会谈与讨论的基础。建立在反思与探询技巧上的深度会谈,将是一种非常可靠的团体能力,因为它不依赖于像团体成员之间某种良性关系这类特定的先决条件。

第四节　团体学习的障碍——习惯性防卫

一、习惯性防卫的危害

习惯性防卫是根深蒂固的习性,用来保护自己或他人免于因为我们说出真正的想法而受窘,或感到威胁。

习惯性防卫源自我们内心的假设,它在我们四周形成一层保护的壳,保护我们免受痛苦,但是也使我们无从知道痛苦的真正原因。习惯性防卫的根源是惧怕暴露出我们想法背后的思维。对多数人而言,暴露自己心中真正的想法是一种威胁,因为我们害怕别人发现它的错误。

习惯性防卫使成员受困,并损耗他们的心神和精力。

二、习惯性防卫的表现形式

习惯性防卫主要表现为四种妥协:

(1)为了保护自己,不提没有把握的问题。一旦出现困难的议题时,便改变议题,表面上显得很有风度,若无其事的样子。

(2)为了维护团结,不提分歧性的问题。故意不说明别人某个构想行不通,而真正的想法却是不想再考虑这个构想。

(3)为了不使大家难堪,不提质疑性的问题。当我们无意认真接受某一个想法时,我们会说:"那是一个非常有趣的构想。"

(4)为了使大家接受,只发表折中性的意见。我们假装支持他人的某项论点,以免让自己类似的论点也遭到批评。

三、怎样消除习惯性防卫

(1)反思与探询的技巧。以探询的方式讨论问题的原因时,个人应毫不隐瞒地提出自己的假设和背后的推理过程,并鼓励别人也如此做。这样,习惯性防卫就难以发生作用。

(2)以整体的观点来处理习惯性防卫。一般总把防卫看做是别人的行为造成的,然而,习惯性防卫是共同造成的,要找出自己在产生和持续习惯性防卫时所扮演的角色。如果我们只在外面找寻习惯性防卫,而未能看清它们是在里面,那么,我们越是努力对付它们,只会越激起更强烈的防卫。

(3)降低习惯性防卫反应对情绪的威胁。因为习惯性防卫只有在禁止讨论的环境中才会强而有力,或只有团体假装自己没有习惯性防卫,才会受困于习惯性防卫。所以我们要先降低习惯性防卫反应对情绪的威胁。例如,在主管面前坦然承认自己没有把握,或主管对自己坦然说出心中的疑问。

(4)用讨论的方法降低习惯性防卫。有经验的人的做法是,自我揭露,并以询问的方式探讨自己和别人防卫的原因。如,"我觉得这个新提议不妥,你或许也有这样的感觉,能否帮我看看这样不妥的感觉从哪来的?"这样我们可以对现状有一个更加客观的看法。这两句话都承认讲话的人感到不妥,并邀请别人一起探询原因,这种讨论使习惯性防卫降低。

(5)学会辨别信号。如果我们将习惯性防卫当成一种团体学习停滞了的信号,当我们在防卫时,我们的实用技巧可以用于辨认下列问题:
① 别人是否对自己的假设加以反思?
② 是否探询彼此的思考?
③ 是否先提出自己的想法以鼓励他人探询?

当我们感觉自己在防卫、逃避问题或思考如何保护某人或自己时,则表示我们应该重新努力学习的时候到了,但是我们必须学习如何辨别这些信号,和学习如何承认防卫而不会激起更多的防卫。

第五节 组织学习的三大要素

学习型组织强调学习,突出三大要素:信息反馈、组织反思、成员共享。

组织学习 = 反馈 + 反思 + 共享

一、第一要素——信息反馈

系统依靠反馈信息进行调整和控制。系统控制论认为:"及时取得反馈信息是系统优化的重要条件"。对于管理系统,反馈信息影响决策行为,所以对反馈信息的要求是及时、准确(不失真)、全面、适用。

减少信息失真的方法:
(1)组织结构扁平化管理,可以减少信息失真;
(2)建立信息传递制度,以保证反馈信息的畅通、及时;
(3)班组学习中加强沟通,深度会谈。

根据系统的方法,我们将学习系统的反馈控制过程画成如图10-3所示。

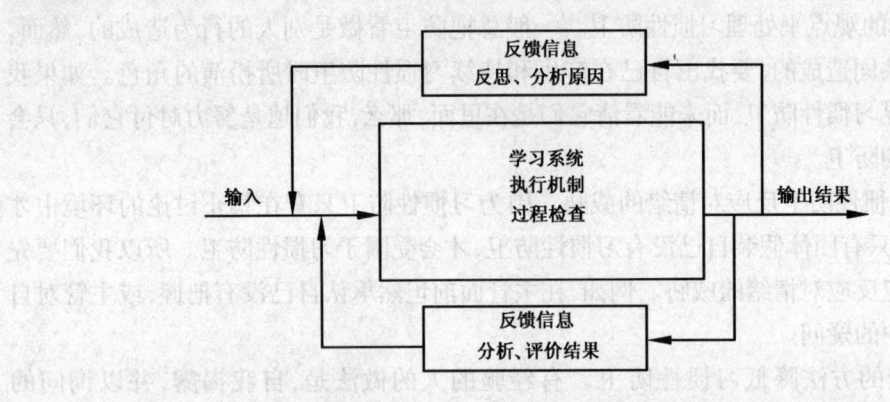

图 10-3　学习系统反馈控制过程图

二、第二要素——组织反思

（一）什么是反思

反思指的就是个人（或组织）对自己的认知加工过程的自我观察、自我剖析、自我调节。人是积极主动的机体，能够计划未来、监视未来，并有效地控制自己的行为过程。工作、学习出现偏差并且达到一定的程度，通过反思则可以纠正偏差，或者暂时中止行为，避免做无用功。反思是处理问题的重要方法。

（二）古人重视反思

曾子曰："吾日三省吾身——为人谋而不忠乎？与朋友交而不信乎？传不习乎？"意思是："我每天多次反省自己——替人家谋虑是否不够尽心？和朋友交往是否不够诚信？传授的学业是否不曾复习？"孔子强调"温故而知新"。温故就是对过去事物进行审视与反思，知新就是在反思中知道新的事物、新的方法。"举一反三"是反思过程中横向联想的结果，所以反思的过程也是创造的过程。

（三）反求诸己

孟子曰："爱人不亲，反其仁；治人不治，反其智；礼人不答，反其敬。行有不得，皆反求诸己"。意思是说，我爱别人而别人不亲近我，应反问自己的仁爱之心够不够；我管理别人而未能管理好，应反问自己的知识能力够不够；我礼貌地对待人而得不到回应，要反问自己态度够不够恭敬。任何行为得不到预期效果，都应反躬自问，好好检查自己，从自己身上找原因。从别人身上找原因，永远不能提高。

（四）反思的作用

组织和个人一定要学会反思。

（1）反思有利于个人保持健康平和的心态，顺境中反思使人清醒，逆境中反思使人现实。当你学会用反思去解决问题时，你就会变得乐观而自信。

（2）反思有利于缓解各类矛盾，有利于处理各种关系，反思使人谦虚，有利于个人的提高，有利于集体的团结，有利于各项事业的发展。反思自己未必全是，细想他人未必全非。

（3）反思是学习的必要过程。《礼记·中庸》曰："博学之，审问之，慎思之，明辨之，笃行之。""慎思、明辨"这一环节蕴含的就是"反思"的含意。它要求读者深入思考，不满足肤浅之识，而应明辨是非优劣，慎重择取正确的判断、分析和理解。

第十章 "五型"班组的第四项修炼——团体学习

(4)反思使人精细与深刻。在学习过程中经过不断反思,会发现知识的深刻内涵与外延,会发展知识的联系与结构。达到精细与深刻才是高档次的聪明。

(5)反思可以使人进步和升华。当我们在工作中因取得一些成绩而受到表扬和认可时,往往在欣喜之余忽略存在的问题和瑕疵,而事故正是由于被这样忽略才最终酿成的。如果能够换一个思维角度,当掌声过后,我们能够例行一次反思,想一想,我能够做好这件事的主要原因是什么?还有哪些地方没有做好?如果改进一下是不是能够做得更好?如果能够这样思考的话,我们就得到了进步和升华,这才是最棒的!

(6)反思有利于改变思维定式。当你在工作中遇到委屈或者出现失误时,面对批评和处罚,或多或少会有一些抵触情绪,并会把情绪带到工作中去。如果不及时加以纠正,久而久之形成思维定式,那是极其危险的,带着这种思想,那是干不好工作的。

(7)反思是收获的过程。人们常说"失败是成功之母",失败中如果不进行反思,总结经验教训、找出失败的原因和行动的方法,失败就不会是成功之母。工作中出现一些问题本身并不可怕,可怕的是当事人不能正确对待。如果能够及时反思自省,找出问题的原因和症结,并加以排除,则善莫大焉,无论是集体还是个人都是向成功迈进了一大步。表10-1中反映了反思与成败的关系。

表10-1 反思与成败的关系

	正确反思	错误反思
成功	成功是成功之母	成功是失败之母
失败	失败是成功之母	失败是失败之母

(8)反思是人类成长中的必不可少的过程。没有反思就没有进步,没有反思就没有创造,没有反思就没有成功。美国学者提出了"经验+反思=成功"的观点,指出了没有经过反思的经验是狭隘的经验,具有一定的局限性,经过深刻反思的经验才能使人在广阔的领域中得到进步和发展,进而走向成功。

国家反思则邦昌,企业反思则厂兴,个人反思则业成。反思不难,难在容易被忽视;反思一次不难,难在不易坚持。朋友们,如果我们有过反思,那么请你一定坚持下去;如果还没有过反思,那么请马上行动,去收获反思带给我们的快乐、成功、幸福和满足。

(五)组织反思中常见的四种情况

(1)感觉良好,不肯反思。这种情况是满杯子装不进水。

改进方法:应该加强改善心智模式的修炼,敢于将自己归零。深刻体会一下虚心才能学习、谦虚使人进步的道理。

(2)水平局限,不会反思。其实每个人都有过反思,只是多少和深刻的程度不同而已。

改进方法:加强学习,特别是思维方法的学习。反思运用的方法就是思维方法,比如横向反思、纵向反思、逆向反思、辩证反思等。

(3)片面反思,得出错误结论。这种现象也是常见的。

改进方法:修炼立体化思维方法。从多角度、多层次、多侧面去观察、分析,去反思,会得出多种结论,从中选出本质的、正确的结论。

例如:某位有实权的处长,喜欢唱歌,实属业余水平。可是他每次登台唱歌,都获得经久不息的掌声,周围的人都说好,可以和蒋大为媲美。这位处长忘乎所以,错误地认为自己是唱歌的天才,辞职下海唱歌,结果是根本没人用。最后不得不靠卖小商品度日。其实大家鼓掌的真正原因是因为他是处长,周围的人赞美他,是因为有于求他。这位处长可能没听过《邹忌讽秦王纳谏》的故事。

(4)系统思考,正确思考,在反思中运用系统的方法进行思考。由小到大、由近及远、由点到面、由现在到未来的方式进行反思,一定会得出深刻而正确的结论。

有员工问我,这么思考下去,还有工作的时间吗?我的回答是,如果掌握思维方法,在处理具体问题时,往往只是一瞬间的事。《文心雕龙·神思》中说"文之思也,其神远矣。故寂然凝虑,思接千载;悄然动容,视通万里;吟咏之间,吐纳珠玉之声;眉睫之前,卷舒风云之色"。有比思维还快的事物吗?

(六)反思的要点

反思不仅仅是花上几分钟的时间想某件事情,也不仅仅是换一种方法去做某件事情。要让反思发挥作用,需要做到以下几点:

(1)对工作学习进行理性和实际的思考。

(2)认识到情感和直觉的重要性。

(3)思考表象后面的真实含义。

(4)思考与他人讨论和交换意见。

(5)思考主观努力的方式、方法是否需要改进。

……

[案例]

相传四千多年前,正是历史上的夏朝,当时的君王就是赫赫有名的大禹。

有一次,诸侯有扈氏起兵入侵,夏禹派伯启前去迎击,结果伯启战败。部下们很不甘心,一致要求再打一次仗。伯启说:"不必再战了。我的兵马、地盘都不小,结果反倒还吃了败战,可见这是我的德行比他差,教育部下的方法不如他的缘故。所以我得先检讨我自己,努力改正自己的毛病才行。"从此,伯启发愤图强,每天天刚亮就起来工作,生活俭朴,爱民如子,尊重有品德的人。这样经过了一年,有扈氏知道后,不但不敢来侵犯,反而心甘情愿的降服归顺了。

启示:只有正确地反思自己,不断地调整自己的行为,才能使事情向着有利的方向发展。

三、第三要素——信息共享

共享文化是学习型组织的基本特征之一。学习型组织为什么这么强调共享?因为今天仅靠一个人打天下已经不行了,必须依靠团队打天下。凡事经过反思,再来进行决策,形成文字,进行共享,就可使得整个组织的素质水平大大提高,这时的决策就是更高水平的决策。所以学习型组织不是简单的读书看报,重要的是知识信息共享。

著名文学家萧伯纳说过,你有一个苹果,我也有一个苹果,我们相互交换一下,每人还是只有一个苹果。但是如果你有一个思想,我有一个思想,我们相互交换一下,则每人就有两个以上的思想。他用的是两个以上的思想,因为交换碰撞后甚至产生三个、四个思想。我们创建学习型组织,首先需要把学习型组织文化建立起来,一个团队学习的过程,就是团队成员思想不断交流、智慧火花不断碰撞的过程。如果团队中每个成员都能把自己掌握的新知识、新技术、新思想拿出来和其他团队成员分享,集体的智慧势必大增,就会产生 $1+1>2$ 的效果,团队的学习力就会大于个人的学习力,团队智商就会大大高于每个成员的智商,整体就会大于部分之和。

要建立学习型班组,一定要把共享系统建立起来。一个优秀的学习型班组,一定会有许多共享文化的机遇和场所,一定要创造很多生动活泼、行之有效的共享活动。

要实现班组成员信息共享,应重视以下几点:

(1)建立班组信息管理制度,制度中应包括信息采编、信息报送、信息发布、信息保管、信息工作考评等内容;

(2)确定一个班组信息员,由专人负责;

(3)加强班组成员间的沟通,及时交流相互的信息;

(4)建立班组信息发布平台,及时发布,实现共享。

有条件的班组可以建立一个班组的博客,在博客里发布信息,省钱、省事、存留时间长、便于共享。

第六节 如何实现工作学习化

学习型组织"学习"的特点之一是学习与工作不可分离。所谓"不可分离",就是工作学习化、学习工作化。

(1)工作学习化,就是把工作的过程看成学习的过程。学习型组织认为,这是一个人、一个企业成长、发展、成功最重要的学习。

要实现工作学习化,应建立反思文化。学习型组织认为,反思是学习的基础,反思是最重要的学习。反思就是在发现问题的时候,不是互相推诿和埋怨,而是找出自己的责任,认真总结教训。只找方法,不找借口,找借口就是推卸责任。成功的人一定是非常善于反思的人;始终自我感觉良好、从来不肯反思自己的人可以断定做不了大事业,因为他缺少学习的基础。

学习型组织理论告诉我们,一个组织不怕出问题,就怕不能正确对待问题。所以,创建学习型组织首先要把反思文化建立起来,反思以后修正决策、开始行动。行动也要有行动反思,学习型组织认为决策反思、行动反思是最重要的决策。

反思要文字化,就是反思的总结写成文字,文字化是为了共享。学习型组织理念提醒我们,今天打天下靠个人已经不行,必须靠团队。共享就不只是一个人提高,而是整个团队提高。所以共享之后的决策就是提高基础上的决策、更高水平的决策。

这样,决策→反思→行动→再反思→共享→决策的不断良性循环,就把反思的决策系统建立起来了。

(2)学习工作化,就是学习不离工作,学习的课题是工作中的问题。世界第六次继续教育管理大会得出一个结论,当今世界的企业是三位一体的组织,员工不仅是一个生产、工作者,同时还是科研的主体,是学习型组织成员。这就是说企业的员工要努力生产,积极工作,

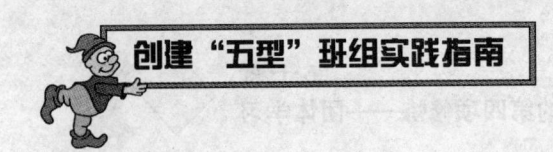

同时还必须学习、研究、创造。学习型组织理论认为，员工的岗位工作由两部分组成：一是完成它，二是改进它。工作不仅是生产过程，同时也是学习过程，研究创造的过程，这就是学习工作化。

第七节 团体学习的基本要求

团体学习要求班组成员首先要抓好自身的学习，因为团体学习是基于个人的学习，没有个人的学习，团体是无法学习的；团体学习要求把个人的学习组合到团体中来，与人共享，以产生新的设想；团体学习要求在班组内运用、传播知识并创造新的知识，以增强班组自身能力，改善班组的行为和绩效。检验学习成效的标准是班组绩效的提高。团体学习要求在掌握知识，建立知识架构、知识内容、知识系统的同时，更注重提高班组的学习能力。

要将团体学习落到实处、见到实效，做到以下两个方面至关重要。

一、落实"八有"

（一）有规划，有安排

如今，新知识、新经济、新理论、新科技、新技术日新月异、层出不穷，为团队学习提出了新目标、新任务、新内容。班组员工要适应新时代、新技术的要求，就必须与时俱进，不断地加强自身学习。这就要求我们的团体学习必须立足当前、着力长远，对班组员工的学习既要有统一部署、制定出长远规划，同时也要始于足下、做好近期安排。唯有如此，团体学习才能做到有的放矢、有章可循。

（二）有形式，有内容

要想真正发挥团体学习对班组建设的促进作用，一方面，其形式应该从班组工作的实际出发，坚决克服以往生硬教条、死搬硬套、传统说教等方式，力求易行、有效、实用、不拘一格、喜闻乐见、丰富多彩。另一方面，其内容要主题突出、重点明确，做到既新颖又有侧重，紧紧围绕启发、教育、激励、锤炼、提升人这一目标，认真组织、精心实施每一次学习。

（三）学习有检查，有考核

团体学习的效果如何，能否达到实现员工政治理论水平、技术业务能力、法律法规意识、思想作风建设等方面的提高，有效推动班组的生产、质量、绩效、安全等各项工作。必要的检查少不了，相应的考核更是不可或缺。只有通过检查，才能发现团体学习中所存在的问题和不足，以及暴露出的缺点和毛病，使问题早日得到纠正，不足有效地得到弥补，缺点尽快地得以克服，毛病及时地给予纠正。只有通过考核，才能不断地总结和推广团队学习中的好经验，并使其转化为生产力。

（四）有奖惩，有落实

近年来，团体学习的重要性和作用显而易见，于是，许多班组的学习计划、安排是详之又详；相关的学习内容、各项制度也是细之又细；学习过程中应有的检查、考核也基本到位。然而，要想使团体学习真正发挥作用，除相应的检查、考核不可少外，还要有必要的奖惩和落实。这就需要我们在加强团体学习的同时，一定要严格按照团体学习的部署安排、布置的内容，对照检查考核的结果，不留情面，不留死角，当奖则奖，该罚则罚，真正让落实掷地有声，

第十章 "五型"班组的第四项修炼——团体学习

不含糊、不打折。

在学习型班组的创建活动中,只要每个班组能严格按照"八有"去做、去落实,同时要克服一些基本的学习障碍,如:局限思考,学而无用;照搬照套,学而不懂;额外负担,无从下手;习惯过去,与己无关;依赖上级,归罪于外;缺乏整体思考的主动积极性;专注于个别事件;行动缓慢,推一推,动一动;经验错觉,对于缓慢而来的威胁视而不察,等等。产生这些障碍的原因就是五项修炼不够好,这些障碍都可以通过深化五项修炼来解决。

二、重视"四贵"

(一)学贵用心

学习必须用心,既要"眼"到又要"心"到,既要多看又要多悟,要结合实际学,带着问题学,边学边思,勤学深思,真正学深学透,入脑入心。孔子说:"学而不思则罔",意思是说只埋头读书而不进行思考,就会产生迷惘,最终徒劳无益。学习应当坚持学思结合,做到静心、专心、用心和精心。静心,就是排除干扰、抵挡诱惑,能够沉住气、坐得住;专心,就是聚精会神、全神贯注,能够学得进、有所得;用心,就是舍得下力气、花工夫,不能心不在焉、敷衍了事;精心,就是深入细致、精益求精,防止浅尝辄止、半途而废。精心还需要用心去"悟","学贵心悟",达到熟读、精思、广悟、深悟,悟到精细与深刻处,才能读出真知、悟出真谛。

(二)学贵得法

学习是一种复杂的脑力劳动,须讲究方法。虽然学习方法因人而异,但也有规律可循。比如,应重记忆、多反复。任何人要学习知识、获得本领,都不能单纯依靠电脑储存和抄录记载,而必须通过大脑记忆,把书本上的东西转化为自己的认识。重记忆,就要多反复。再如,应重交流、多研讨。通过沟通交流和研讨磋商,可以相互启发、取长补短,达到知识共享、同步提高的目的。又如,应重运用、多实践。学习的目的是为了应用。坚持边学边用、学用结合、以用促学,把满足现实需要作为重要指向和强大动力,可以大大增强学习的效果。

(三)学贵有恒

学习必须坚持不懈。要有恒心和毅力,日积月累,持之以恒,不能一日暴,十日寒!一个人如果放弃了学习,就等于放弃了未来,就会被时代发展的潮流所淘汰。从油田发展的现实需要来看,随着近年来勘探开发领域的不断延伸,内外部市场环境的发展变化,尤其是新时期高科技新会战的全面打响,我们需要学习的东西越来越多。广大石油人一定要自我加压,坚持学习,靠循序渐进的积累,打牢发展和进步的根基。

学习是一个永无止境的过程。时代在前进,社会在发展,新情况新问题层出不穷,新知识新技术不断涌现。唯有勤奋学习、不断学习,使学习成为常态,才能跟上时代步伐,做好各项工作。

我们要坚持学习、孜孜以求,勤奋学习、终身学习,刻苦钻研、执著求知。在向书本学习的同时,注重向实践学习,向身边的模范人物学习,坚持知与行的统一,努力把自己培养成为适应百年油田需要的知识型、复合型、实用型人才。

(四)学贵创新

创新是团体学习的核心目的。学贵创新,守旧无功。只有切实地将学到的知识,创造性地运用到生产实践中去,提高经济效益,才真正实现了团体学习的目的。

创建"五型"班组实践指南

知识经济催生出学习型社会。现代科技特别是信息技术的不断发展,推动着学习形式与内容的创新。这就需要人们树立终身学习的理念,把学习作为相伴终生的习惯与兴趣,真正做到活到老、学到老。树立团队学习的理念,把个人的学习融入团队的学习之中,推动大家都来学习,通过学习形成团队共同的知识价值系统。同时,树立全民学习的理念,把学习作为强国富民的根本方略,形成全民学习的良好氛围。

学习是提高素质、增长才干的重要途径,是做好各项工作的重要基础。发扬勤奋学习、学以致用的良好风气,尽可能地减少应酬、克服惰性,争取每天都拿出一定的时间去读书学习。持之以恒地这样做,定会受益无穷。

[本章小结]

学习型组织从根本上说是人类智力进化的工具,学习型组织永远不是一个终结的概念,而是一个进行着的概念。因此没有凝滞的组织,只有永远处在形成中的组织。只要人类在求索进步,它就在发挥作用。

团体学习是发展成员整体搭配与实现共同目标能力的过程。团体学习是由一个团体所有成员的深度会谈开始,每个人都提出自己的设想,自由交流,以发现远较个人深入的见解。团体学习的核心目的是融合智慧,开发创造潜力。

第十一章 "五型"班组的第五项修炼——系统思考

运用系统思考会使人看问题全面、精细而深刻。

第一节 系统的基本概念

系统一词,来源于古希腊语,是由部分组成整体的意思。系统思想源远流长,但作为一门科学的系统论,人们公认是美籍奥地利人、理论生物学家 L. V. 贝塔朗菲创立的。他在1925 年发表《抗体系统论》中提出了系统论的思想。1937 年提出了一般系统论原理,奠定了这门科学的理论基础。但是他的论文《关于一般系统论》到 1945 年才公开发表,他的理论于1948 年在美国再次讲授"一般系统论"时,才得到学术界的重视。1968 年贝塔朗菲专著《一般系统理论——基础、发展和应用》的发表,确立了这门科学的学术地位。该书被公认为是这门学科的代表作。系统思考的方法被受到广泛的重视主要因为《系统论》的问世。

一、系统的定义

(一)定义

人们从各种角度上研究系统,对系统的定义不下几十种。一般系统论则试图给人们一个能描述各种系统共同特征的一般的系统定义,通常把系统定义为:系统是由相互联系、相互作用的若干要素结合而成的、具有特定功能的有机整体。它不断地和外界进行物质、能量和信息的交换而维持一种稳定的状态。每一个整体也称为一个子系统,而且它又是另一个更大系统的组成部分。

在这个定义中包括了系统、要素、结构、功能四个概念,表明了要素与要素、要素与系统、系统与环境三方面的关系。其本质包括:

(1)万物皆成系统。系统是物质世界存在的基本方式和根本属性,无论在自然界或人类社会,世界上任何事物都可以看成是一个系统,系统是普遍存在的,万物皆成系统。大到浩瀚的宇宙,小到微观的原子、一粒种子、一群蜜蜂、一台机器、一个工厂、一个社会团体……都是系统,整个世界就是系统的集合。

(2)要素是系统的基本组成部分,也称单元、组件或子系统等。任何一个系统都由两个以上要素构成,即承认系统内部应具有可分析的结构,单个要素不能成为系统,必须两个以上的要素构成的系统才有意义。

(3)结构是系统内部各要素之间相互联系和相互作用的方式。系统内部诸要素之间、系统要素与系统整体之间的相互联系、相互作用,形成了特定的结构,系统诸要素彼此之间联系成一个统一的有机整体。它表现为各要素在时间和空间上的组合形式,简单地说,系统的结构是系统内部要素的秩序。

（4）功能是系统在与外部环境相互联系和相互作用过程中所具有的行为、能力和功效，是系统对外的总体表现。系统与环境有互动关系，即环境影响着系统，同时系统也影响着环境。

（二）整体与部分的关系

整体与部分的关系表现为：整体包含部分，部分影响整体，部分代表整体，部分蕴含整体的全部信息（这就克隆生物的理论依据）。

系统论的核心思想是整体观念，贝塔朗菲强调，任何系统都是一个有机的整体，它不是各个部分的机械组合或简单相加，系统的整体功能是各要素在孤立状态下所没有的新质（整体大于部分之和）。

（三）基本思想方法

系统论的基本思想方法就是把所研究和处理的对象当做一个系统，分析系统的结构和功能，研究系统、要素、环境三者的相互关系和变动的规律性，并优化系统观点看问题。

（四）任务

研究系统论的任务不仅在于认识系统的特点和规律，更重要的还在于利用这些特点和规律去控制、管理、改造或创造一个系统，使它的存在与发展合乎人的目的需要。也就是说，研究系统的目的在于调整系统结构，协调各要素关系，使系统达到优化目标。

二、系统的属性

系统论认为，整体性、相关性、层次与等级结构性、动态平衡性、时序性等是所有系统共同的基本特征。此外系统还有功能性和目标性、复杂性和随机性、适应性、类似性等特征。这些，既是系统论所具有的基本思想观点，也是系统方法的基本原则。

（一）整体性

整体性即非加和性。系统不是各部分的简单组合，而是有统一性，通过各组成部分或各层次的充分协调和连接，提高系统的有序性和整体的运行效果。一般而言，系统总体大于部分之和，然而一个失去组织的系统的总体也可能小于部分之和。例如：钢筋混凝土结构的强度就大于钢筋、水泥、沙石的强度之和；人们常说"三个臭皮匠等于一个诸葛亮"；反面例子如"三个和尚没水吃"，其原因是他们的能量消耗在内耗上。

（二）相关性

相关性是指系统整体与部分、部分与部分、系统与环境之间的普遍相互关系以及单元、运动、信息之间的相互关系。

系统中相互关联的部分或部件形成"部件集"，"集"中各部分的特性和行为相互制约、相互影响，这种相关性确定了系统的性质和形态。

在复杂系统中，存在着一因多果、一果多因，甚至多因多果相互交叉的因果关系链。在系统动力学中采用反馈因果关系代替已往的单向因果关系，这无疑是对系统相关性的进一步认识。

（三）层次与等级结构性（有序性）

由于系统的结构、功能和层次的动态演变有某种方向性，因而使系统具有层次与等级结

第十一章 "五型"班组的第五项修炼——系统思考

构性(有序性)的特点。系统结构的层次性、等级结构性决定了系统功能的层次性、等级性。

根据系统的这种层次性与等级结构性,可以将系统加以划分,从而使无从着手解决的问题,按系统的层次与等级逐级分解。系统论的一个重要成果是把生物和生命现象的有序性和目的性同系统的结构稳定性联系起来,也就是说,有序能使系统趋于稳定,有目的才能使系统走向期望的稳定系统结构。比如,行政系统分为科、处、局、部、委……军事系统分为班、排、连、营、团、师、军……都是系统表现出的层次性。

(四)动态平衡性

世界上的一切事物都在运动、发展、变化着,这就决定了系统的动态性。系统通过正、负反馈协同作用使自身达到平衡。比如,人的成长、团队的发展都是不断地从一个平衡态到另一个平衡态。平衡是系统协调一致的过程。系统动态平衡性决定了事物的发展。系统在动态中发展,在发展中平衡。

(五)时序性

系统的时序性,是指系统的状态随着时间的变化而变化。系统的动态性,决定了系统的时序性,变化是必然的,只是不同的系统其变化有快有慢而已。

(六)功能性和目标性

大多数系统的活动或行为可以实现一定的功能,但不一定所有系统都是有目的的。根据有目的行为的程度,系统应该有等级之分,即有低级和高级之分。目的性行为是通过反馈控制实现的。生物比非生物高级,是因为有机体内的联系比无机物体复杂(自然情况下);动物比植物高级,因为动物有神经系统;高等动物比低等动物高级是因为低等动物神经系统比高等动物分散;人比动物高级是因为人的大脑最发达。同样一个社会一个集体也有等级之分。一个球队在一段时间内能保持全胜,往往是因为管理有方、训练有素,功能比别的球队强。人造系统或复合系统都是根据系统的目的来设定其功能的,这类系统也是系统工程研究的主要对象。例如,经营管理系统要按最佳经济效益来优化配置各种资源;军事系统为保全自己,消灭敌人,就要利用运筹学和现代科学技术组织作战,研制武器。

(七)动态性

物质和运动是密不可分的,各种物质的特性、形态、结构、功能及其规律性,都是通过运动表现出来的,要认识物质首先要研究物质的运动,系统的动态性使其具有生命周期。开放系统与外界环境有物质、能量和信息的交换,系统内部结构也可以随时间变化。一般来讲,系统的发展是一个有方向性的动态过程。

(八)适应性

一个系统和包围该系统的环境之间通常都有物质、能量和信息的交换,外界环境的变化会引起系统特性的改变,相应地引起系统内各部分相互关系和功能的变化。为了保持和恢复系统原有特性,系统必须具有对环境的适应能力,例如反馈系统、自适应系统和自学习系统等。

系统的适应性有时也称自寻目的的适应性。系统能在系统和环境的条件、信息不完备的情况下改变自身特性来保持良好工作品质,这样的系统又称自适应控制系统。这不就是适者生存和进化论的理论依据吗?这里的自寻目的不就是自己树立愿景吗?改变自身的特

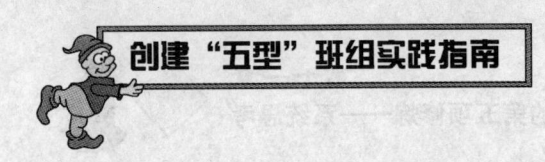

性不就是告诉我们为了适应环境要改善心智模式、改变行为方式、改变系统的结构吗？许多生物不是为了适应环境已经改变自身的形状了吗？作为个人、团队和企业，面对变化的环境还能一成不变吗？

（九）类似性

系统动力学认为，在自然界与人类社会等不同领域里，各种类型的系统都存在着结构与功能上的类似性，即系统是相似的。这就是说可以用类似的规律和行为模式来描述看来似乎属于截然不同领域内的事物与现象（类比法、类推法）。系统的类似性，决定了不同的系统之间存在着相同的研究模式与方法，这就是结构—功能模拟方法。这也是系统动力学用建立规范化模型的方法去研究和模拟真实系统的一个基本依据。

中医的药理中有一条"以类比相，相形药理"，"吃什么补什么"，利用的就是系统的类似性。利用系统的类似性进行学习和发明创造是非常有效的。

（十）自组织性

系统的自组织是指在一定条件下，系统内部自动地由无序走向有序，由低级有序走向高级有序，比如，人体的有些病症是会不治自愈的。

在某种程度上可以说系统的自组织性是系统自适应性的延伸，一个具有自适应性的系统一定具有自组织性。

这里的组织二字是指系统内的有序结构或这种有序结构的形成过程。德国理论物理学家 H·Haken 认为，从系统的进化形式来看，可以把它分为两类：他组织和自组织。如果一个系统靠外部指令而形成组织，就是他组织；如果不存在外部指令，系统按照相互默契的某种规则，各尽其责而又协调自动地形成有序结构，就是自组织。自组织现象无论在自然界还是在人类社会中都普遍存在。一个系统自组织功能越强，其保持和产生新功能的能力也就越强。例如，人类社会比动物界自组织能力强，人类社会比动物界的功能就高级多了。

三、系统论的原则

（一）整体性原则

系统论的核心思想是系统的整体观念。贝塔朗菲反对那种认为要素性能好，整体性能一定好，以局部说明整体的机械论的观点。这种观点主要体现在以下三个方面：

（1）整体的性质不是要素具备的，如 H_2O 的性质与 H 或 O 都不同。

（2）要素的性质影响整体，如一台机器中，一个部件出错，机器就会不正常。

（3）要素性质之间相互影响（如从众与协同现象），如班级上一个同学对科学感兴趣可能会带动其他同学也感兴趣，反之一个同学不按时完成作业，会影响其他同学向他学。系统中各要素不是孤立地存在着，每个要素在系统中都处于一定的位置上，起着特定的作用。要素之间相互关联，构成了一个不可分割的整体。要素是整体中的要素，如果将要素从系统整体中割离出来，它将失去要素的作用。正像手在人体中它是劳动的器官，一旦将手从人体中砍下来，那时它将不再是劳动的器官了一样。

（二）结构功能原则

系统功能不是各要素功能的简单叠加，而是等于要素功能加结构功能。因此有：

（1）要素不变时，结构决定功能，如种类无数的有机物几乎都主要是碳、氢、氧、氮组成，

第十一章 "五型"班组的第五项修炼——系统思考

常常是组成结构不同;又如电子元件不同的组合可以形成各种家电。当然反过来,结构相同,要素不同,功能也不同。

(2)结构、要素都不同也可以有相同的功能,如人脑系统和计算机系统在部分功能上相似,利用这一原则,可以设计各种仿真系统。

(3)同一结构可能有多种功能,如一付中药可能有多种疗效,一个企业可以生产多种产品。

(三)目的性原则

确定或把握系统目标并采取相应的手段去实现,这是反馈控制的方法。

(四)最优化原则

为最好地实现目标而通过改变要素和结构使系统功能最佳,如田忌赛马的故事,战争时的布阵,材料的人工设计以及决策论、分配论的优化问题。

系统论追求的是 1+1>2 的效果。根据系统功能等于要素功能加上结构功能,优化功能无非有两种方法,即改变要素和改变结构。改变要素则要求必须是开放系统。一个系统通过有选择的吸收系统所需的元素和排出不必要的废物就能让系统进化。当然不同的系统须要不同的元素,一种元素相对某系统是废物,相对另一系统则可能是重要元素,可见废物是相对的。在某些条件下,要素不能改变,这时要优化系统,就只有改变结构了,也就是说,改变元素与元素之间的作用方式或联系方式,经过周密的组织使系统进化。对一个社会集体来说,除了宣传必要的道德法律知识外,就是建立各种联系方式,让社会成员参加各种有益的组织,并制定各种行之有效的规章制度。

另外,对系统中无法排除的负数,学会反过来利用是非常重要的,即设法让其负负得正。对人类社会来说,人性本来就有善恶两方面,教育和宣传只能改变其比例关系,但无法消灭恶。因此如何将人性恶的一面反过来利用,就是社会学要考虑的问题。如今发达国家开的股票市场、赌场等就是对人的自私自利一面的一个很好的利用。当然必须恰当地利用,否则弄巧成拙,给社会带来难以收拾的负面作用。

四、系统的分类

(一)按系统的规模分类

按系统的规模,系统可分为:小型系统、中型系统、大型系统和巨型系统。

(二)按组成要素的性质(按人类干预的情况)分类

按组成要素的性质,系统可分为:自然系统、人造系统和复合系统。

(1)自然系统。原始的系统都是自然系统,如天体、海洋、生态系统等;又如呼吸系统、消化系统、循环系统、免疫系统等。自然系统是一个高阶复杂的均衡系统,如季节周而复始地变化形成的气象系统、食物链系统、水循环系统等。自然系统中的有机物、植物与自然环境保持了一个平衡态。在自然界中,物质流的循环和演变是最重要的,自然环境系统没有尽头,没有废止,只有循环往复,并从一个层次发展到另一个层次。原始人类对自然系统的影响不大,但近几百年来,科技发展很快,它既造福于人类,又带来危害,甚至灾难,引起了人们极大的关注。例如,埃及阿斯旺大坝是一个典型的人造系统,水坝解决了埃及尼罗河洪水泛滥问题,但也带来一些不良影响,如东部的食物链受到破坏,渔业减产,尼罗河流域土质盐碱化加快，发生周期性干旱，影响了农业；由于河水污染使附近居民的健康受到影响等。但如能运用系统工程方法来全面考虑，统筹安排，有可能得到一个既解决洪水问题又尽量减少损失的更好方案。

(2) 人造系统。如人造卫星、海运船只、机械设备等；交通系统、商业系统、金融系统、工业系统、农业系统、教育系统、经济系统、文艺系统、军事系统、社会系统，等等。

(3) 复合系统。既包含人造系统又包含自然系统。

（三）按系统与环境的关系分类

按系统与环境的关系，系统可分为：开放系统、封闭系统和孤立系统。

(1) 开放系统。指在系统边界上与环境有信息、物质和能量交互作用的系统。例如商业系统、生产系统、生态系统、人体系统，这些都是开放系统。在环境发生变化时，开放系统通过系统中要素与环境的交互作用以及系统本身的调节作用，使系统达到某一稳定状态。因此，开放系统常是自调整或自适应的系统，只有动态的、开放的系统才是有发展的系统。

(2) 封闭系统。是一个与外界无明显联系的系统，环境仅仅为系统提供了一个边界，不管外部环境有什么变化，封闭系统仍表现为其内部稳定的均衡特性。封闭系统的一个实例就是密闭罐中的化学反应，在一定初始条件下，不同反应物在罐中经化学反应达到一个平衡态。从物理上讲，还有严格划分，往往仅把没有物质来往的系统称封闭系统；而把没有物质、能量和信息来往的系统称为孤立系统。

(3) 孤立系统。与周围环境没有任何相互作用的系统称作孤立系统。孤立系统与外界没有能量、物质和信息的交换，系统的演化和发展主要是由系统内部相互作用引起的、自发进行的。

此外系统还可分为：实体系统和抽象（概念）系统；按学科领域可分成自然系统、社会系统和思维系统；按范围划分则有宏观系统、微观系统；按状态划分有静态系统和动态系统；稳态系统和非稳态系统。还有平衡系统、非平衡系统、近平衡系统、远平衡系统，等等。

五、系统反馈控制的原理

系统每时每刻所处的情况称为系统的状态，系统状态随时间的变化称为系统的行为，系统对外界环境的作用称作系统输出，环境对系统的作用称为系统输入。

系统结构和系统环境决定了系统的功能。环境对系统的需求，主要是功能的需求，而不是系统结构本身的需求。系统丧失了功能也就失去了其存在的价值。系统功能是通过系统输入—输出关系表现出来的，即作为一个系统，一般具有将某种输入经过转换处理产出某种输出的功能。

请记住如图 11-1 所示的系统反馈控制原理图，它可以用于人生、工作、学习、班组、企业、工程项目的管理。本书所讲的五型班组建设方式、方法都可以从这个原理图中得到。

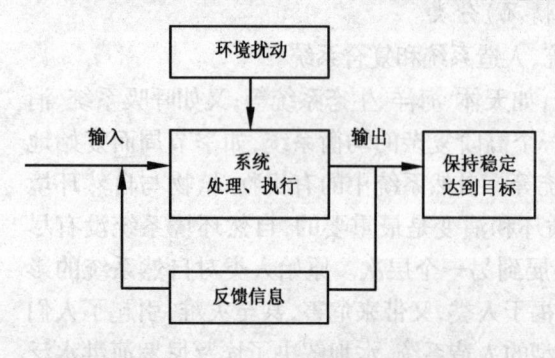

图 11-1 系统反馈控制原理图

输入通过系统转化为输出，输出的结果在环境中产生的信息又反馈给输入，以调节输入使输出达到要求,这种方法称反馈控制法。反馈信息能够对系统产生自我强化的作用机制的称正反馈,反馈信息能够对系统产生自我抑制的作用机制称负反馈。正、负反馈信息的交叉作用机制决定着复杂的系统行为。比如,生产系统是输入人、机、料、法,经过加工转换,得到产品、利润和服务的输出;企业管理输入的是企业决策、计划等信息,经过指挥、执行等职能并通过反馈控制,输出的是经营所期望的结果。

反馈控制是利用反馈的原理来进行管理控制的一种控制方式。反馈控制的基本含义和过程可以用图11-2中的流程来表示。

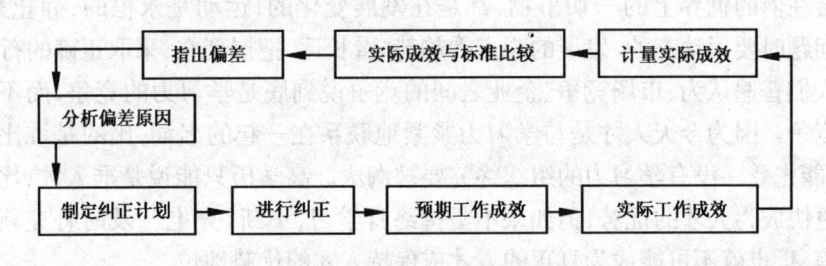

图11-2 反馈控制流程图

从图11-2中我们可以看出,在评定实际工作绩效与采取纠正措施之间实际上可以进一步细分出一些重要的环节来,每一个环节的工作质量都对控制工作的最终结果有着重要影响。

反馈控制即可以用来控制最终的成果(称为端部反馈),如产量、利润等,也可以用来控制系统的中间结果(称为局部反馈),如生产过程、工序质量控制等。其中局部反馈可以及时发现问题,排除隐患,避免造成严重后果,因此要注意运用反馈控制去改善管理控制系统。

在实际管理工作中,输入的是工作计划,由系统执行,反馈的是检查结果与理想目标的偏差,处理就是分析偏差原因,制定修改计划再输入系统执行。在现代管理学中将计划(Plan)、执行(Do)、检查(Check)和处理(Action)这四个过程称作PDCA循环过程。

一个大循环中包括无数个小循环,系统始终处在这四种状态中。这就是全过程管理的理论依据。

第二节 系统思考的方法

系统思考就是运用系统的特征和原则进行思考。它告诉人们把所处理的事情看做一个系统,不仅要看到其中的组成部分,还要看到这些部门之间的相互作用,并以总体的角度把系统中的人、物、能量、信息加以处理和协调。因此,按照系统思考的方法观察、分析、控制、管理、协调某一个事物时,不能只见树木,不见森林,也不能只见森林不见树木,应该是既见树木又见森林。因此,为了真正有效地研究解决包括企业管理在内的各类实际问题,应做到既有分析,又有综合;既有分解,又有协调。在实践中,人们用系统思考求解实际问题时,通常有以下三个主要方法:

（1）要整体思考，多方观察看全貌。这与辩证唯物论所提倡的要全面看问题，切忌片面性是一致的。正如毛泽东所说，辩证唯物论认为，世界上的问题是复杂的，是由各方面因素决定的。看问题要从各方面去看，不能只从单方面看，要从整体想到局部，从局部想到整体；从整体想到环境，从环境想到整体。这样才能得出实事求是的结论，经得起历史的检验。

（2）要动态思考，看到长远把握现在。动态思考就是要用发展的眼光看问题。按照系统论的观点，一个人、一个组织、一件改革的事件都是在一个动态系统中运转的，即包括自然界和人类社会在内的世界上的一切事物，都是在发展变化的，运动是永恒的，静止是相对的。我们在看问题时要用动态的、发展的观点看趋势、看长远，把握现在，采取正确的行动。

今天人们普遍认为，市场竞争、企业之间的竞争说到底是学习力的竞争，而不是以前说的人才的竞争。因为今天人才是与学习力紧紧地联系在一起的名词，比的是谁比谁学得更快，捷足才能先登。没有学习力的组织终究要被淘汰。高学历只能说是准人才，比具有低学历的人有更快成为人才的优势，但如果不坚持终身学习，不断"充电"，及时补充新的知识和掌握最新信息，也就不可能成为真正的人才或保持人才的优势地位。

（3）要本质思考，看见森林想到木材。本质思考就是我们在看问题时，要辩证地看问题，要透过现象看到本质。通过观察事物、分析事物的全貌，准确地掌握它的本质。如果仅在一时、一事、一地观察一个系统，我们看到的仅仅是这个系统丰富多彩的一个小小的侧面，有时这个小小的侧面所反映的现象我们还不足以把握事物的本质，我们要通过多个角度、多个侧面、从外到内、立体化地去观察、分析、最后归纳出事物的本质。本质存在于现象之中，这就要求我们把现象看做是入门的向导，一进了门就要透过现象抓住本质，这才是科学的分析方法。

系统思考不仅是一种思维方式，实质上系统思考更重要的是一种组织管理模式。它要求将组织看成是一个具有时间性、空间性并且不断变化着的系统，考虑问题时要整体而非局部、动态而非静止、本质而非现象的思考。就像中医治病的理论，把人体看成一个有机的系统，五脏六腑气血脉相通，任何一个部位出现异常，都有可能是其他因素引起而不仅仅是该部位问题所致的。

系统思考也不是万能的思维方法，我们在进行系统思考时，也要用到辩证思维、逻辑思维等其他思维方法。

第三节　秩序化修炼　扁平化沟通

一、秩序化修炼

系统是有序的，系统的运行必须遵循一定的秩序，有序能使系统趋于稳定。秩序就是规则，是行为规范，是企业高效运行的保障。秩序包括多个层面，如道德、法律、公司章程等，建立秩序，是管理者的重要职责。

秩序是企业的健康卡。秩序不仅仅是约束的过程，更是通过实践使员工达到自我管理与自我控制的结果。规范员工的行为，使其养成良好的工作习惯，这是管理的目的，管理的

第十一章
"五型"班组的第五项修炼——系统思考

过程是形成秩序的过程,管理实践是将企业组织内形成正常而合适的规律,这个规律就是企业的秩序。

秩序帮助员工养成习惯。秩序影响并规范着人们管理的意识和行为方式。秩序管理使管理对象由混乱转变为秩序,使人们对管理的认识从生疏变成熟练。秩序对于员工而言,会逐渐形成员工工作中的一种习惯,一种不由自主的行为趋势,或是在工作中的一种需求。

秩序与企业文化相辅相成。秩序的形成,伴随着企业文化的形成。同时,秩序发展的过程,除了管理的规律发挥作用外,还与企业文化的影响分不开。这种文化是一种价值观,是企业根深蒂固的传统,渗透到员工内心的思想和观念,是一种能够直接对人产生积极影响的文化氛围。在管理实践中,秩序和管理文化,两者相辅相成,互相促进,为管理目标的实现创造了积极有利的环境和条件。

二、扁平化沟通

根据系统控制的理论,系统的层次相对越少,反应越灵敏,其功能也就越强。

随着经济全球化的不断深化,层次繁多、臃肿笨拙、反应迟缓的垂直式组织结构已经不能适应日益激烈的市场竞争,因而近些年来,改变传统的垂直组织结构,建立扁平化组织,成为企业改革中的重要一环。

从本质说,建立扁平化组织,主要是为了解决组织中的信息传递问题,缩短高层与基层的信息传递链,打破部门沟通障碍,使组织信息流通畅达,使管理更加灵活,使控制更加及时,使协调更加高效。

[本章小结]

系统思考要求人们用系统的观点对待组织的发展。以动态的眼光与思维来把握全局,有效地掌握变化,开创新局面。

系统思考是一种试图看见整体的思考方式。它能让我们看见相互关联而非单一的事件,看做渐渐变化的形态而非瞬间即逝的一幕。系统思考的精义在于:

(1)观察环状因果的互动关系,而不是线段式的因果关系;
(2)观察一连串的变化过程,而非片断的、一幕一幕的个别事件;
(3)从看部分转为看整体;
(4)从把人们看做无助的反应者,转为把他们看做改变现实的主动参与者;
(5)从对现状只作反应,转为创造未来。

系统思考指出世界的复杂性有两种情形:一种是包含许多变数的细节性复杂,另一种是动态性复杂。当出现动态性复杂时,表示我们正处于一种因果在时空上不相近的状态,而原先以为是正确的解,实际并未产生预期的结果。管理者的生活总是忙于应付天天发生的事件和没完没了的活动,往往看不见事件背后的结构和行为变化形态,系统思考有助于我们看清结构与变化形态,帮助我们了解惯用的解决办法为什么无效,以及效果较好的关键点可能存在于何处。

学习本章,只需记住系统的十大属性和四个原则的标题,然后把自己的身体看做系统,去悟这些属性和原则,就容易理解了。

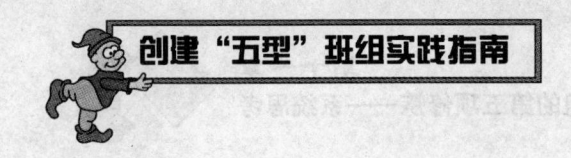

[案例一]

由小引大的"蝴蝶效应"

蝴蝶效应是气象动力学家洛伦兹在建立地球天气计算机模型时发现的。1979年12月29日在华盛顿的美国科学促进会主办的一次演讲中,他说:"可以预见,一只蝴蝶在巴西扇动翅膀,可能会在美国的得克萨斯州引来飓风。"这是说一个小幅的扰动,透过系统的加乘作用,结果无法想象。

蝴蝶效应所描述的对初始条件有敏感依赖性的事件,在现实生活中是广泛存在的。学习型组织理论告诉我们,有些小事可以糊涂,但有些小事如经过系统会被放大,对一个企业、一个国家会带来重大影响,这时一定要保持清醒的头脑。

蝴蝶效应一例:

有一道"脑筋急转弯"式的小智力题:荷塘里有一片荷叶,它每天会增长一倍。假如30天会长满整个荷塘。请问,第28天荷塘里有多少荷叶?

答案要从后往前推,即有"1/4荷塘"的荷叶。这时假如你站在荷塘的对岸,你会发现荷叶是那样少,似乎只有那么一点点,但是,第29天就会长满一半,第30天就会长满整个荷塘。

荷叶每天的变化速度都是一样的,然后前28天只不过增长到"1/4荷塘"的结果,而后第29天一天,就长满2个"1/4",而第30天就是前29天的总和,能增长荷塘的一半面积。

另外,还有许多"蝴蝶效应",如:量变到质变;谎言说了一千遍就成了真理;千里之堤,毁于蚁穴;星星之火,可以燎原……

所以,如果想最后能有"翻天覆地"的变化,其实,并不需要每一次都来一些"翻天覆地"的大举措,而是只需要持续稳健地每天进步一点点。

成功不是快,而是因为有步骤,只要步骤是正确的,结果一定是快的。最正确的步骤是:持续每天进步一点点,持续每次进步一点点,持续在每个环节上进步一点点。如果仅仅是快,而缺乏清晰、稳健的步骤,最后常常会因为太快而失去控制。一旦败下阵来,那你可能就是最慢的一个。

[案例二]

由近见远的"煮青蛙现象"

19世纪末康奈尔大学的几个教授把一只青蛙扔进沸腾的油锅里,青蛙非常敏捷地一下跳出来,没有被煮死。随后,教授们又把这只青蛙放进一只装了温水的大铁锅里,下面点着小火。这只青蛙感觉暖洋洋的,很舒服。温度在逐渐升高,它毫无感觉,仍然悠然自得。直到温度已经升得很高了,青蛙才开始感到有点烫,但是它体内能量已经耗尽,肌肉已经僵硬,所以它跳不出来,被煮死了。

这个实验告诉我们,一些突变事件往往容易引起人们的警觉,而易置人于死地的却是在自我感觉良好的情况下,对实际情况的逐渐恶化没有清醒地察觉,没能及时作出反应,当感觉危机临头了,再想挽救已经来不及了。

这个故事比喻有的组织,不顾市场竞争之激烈和市场环境的变化,没有危机意识和预警机制,对于缓慢而来的致命威胁视而不见,不考虑防患于未然,总是自我感觉良好。一旦风云突变,就会措手不及,甚至出现严重危机,走向衰落或破产。通过学习系统思考,我们要看出缓慢渐近的过程,并特别注意那些细微以及不太寻常的变化。察觉细微变化构成最大威胁的渐进过程,否则无法避免被煮的命运。

[案例三]

看见树木,想出森林——买东西悟出的道理

从前面关于系统的介绍中可知,系统和环境的关系是输入和输出的关系,就是一种交换关系。我们在日常生活中,去商店买东西是最常见的活动。我们首先选好自己所要的东西,先交钱,再取走。老子将这一过程概括为"将欲夺之,固必与之",后来儒者们觉得"夺"带杀气,就演化成"将欲取之,必先与之"。取就是获取、获得的意思,与就是给、付出的意思。换个角度说,我不想要的,我也不给别人。下面我们将这句话的意思推而广之:

(1)我要获得别人对我的"爱",我必先"爱"别人(孔子说:"仁者爱人");

(2)我要别人对我有情有"义",我必对别人有情有"义";

(3)我要别人对我有"礼",我必先对别人有"礼";

(4)我要别人对我"忠",我必先对别人"忠";

(5)我需要别人对我"恕",我必先对别人"恕";

(6)我需要别人对我"诚信",我必先对别人"诚信";

(7)我要别人对我"温、良、恭、俭、让",我必先对别人"温、良、恭、俭、让";

(8)我要树立自己,我必先树立别人;

(9)我要获得别人的尊重,我必先尊重别人;

……

感悟一:请看上面这些话的后一半,就是孔子的思想核心。可见孔圣人的思想就是老子道德经中的半句话的扩展而已。

感悟二:孔子的思想之所以为众人所接受,主要是因为他只说了为别人的一半,把为自己的一半不说或少说,有时孔子也露一点为自己的思想。众人可能认为圣人只为别人,其实圣人不否定个人私欲。

回过来看一看,"我不想要的,我也不给别人",这不就是孔子所说的"己所不欲,勿施于人"吗?有人问我,那奉献收获的是什么呢?奉献有时收获的是名,名是获利先着,如果名也没有,那收获的是心灵的满足(可为至善)。

感悟三:"将欲取之,必先与之"还告诉我们一个经济学的道理,任何行为都是有代价的,天下没有免费的午餐。

感悟四:"将欲取之,必先与之"告诉了我们做人的道理、做事的准则,教会了我们如何与别人沟通。我们经常讲的沟通原则、沟通方法、沟通秘诀等,仔细想来,都是"将欲取之,必先与之"的发挥而已。

感悟五:世界的本质是简单的,因变化而复杂,因变化而多彩。有人说现在是信息爆

炸、知识爆炸的时代,其实就是将简单的事变繁杂了。将简单变为繁杂是简单的,华罗庚说:"神奇化易是坦道,易化神奇不足提"。将繁杂变为简单才是透过现象看到本质,才是真功夫。

  感悟六:孙悟空无论怎样变,其本质还是一个猴。现在的竞争比的是谁比谁学习得更快。为什么有的人学习非常快,一看就懂,一学就会,就是因为抓住了本质。如果我们把握了变化的规律,把原来的知识迁移过来以后,就没有多少新东西了,所以学习就会特别快。这里我要特别提醒的是"系统是相似的",运用知识迁移,是提高学习力的有效方法。

  学习,往往不仅在于能记住多少,而更在于能悟出多少。竞争有时是一个悟性的赛跑。拥有深厚的知识底蕴固然重要,但善于运用知识才是更重要的。

  举这个例子主要是再次强调系统是相似的,道理是相通的。不要认为书读得越多越好,重要的是主动反思、品味和感悟。悟出道理、悟出希望、悟出方法、悟出行动,其顺序是知道、悟道、行道、做道、得道、达道,达到融会贯通,圆融无碍的境界。

  只要不是自己觉到、悟到的,别人给不了你,给了你也拿不住。只有自己觉到、悟到的,才有可能做到,做到的才是得到的。

第十二章 "五型"班组的第六项修炼——开发创造力

创造是发展的最有效动力,没有创造就没有人类社会的进步。

当今是创造发明的时代,是知识爆炸的时代,国家之间、企业之间的竞争越来越激烈,从现象上看是产品竞争,从实质上看是智力竞争,归根到底是创造力的竞争。现代社会具有三个特性:新奇性、多样性、暂时性。如果说,过去落后于社会的是文盲,现在落后于社会的将是缺乏创造意识、创造力低的人。所以说,不断创新就是卓越。

第一节 创造的基本概念

一、创造的含义

何谓创造?人们对其有多种多样的解释。在《辞海》中,"创造"一词被解释为"首创前所未有的事物"。在《现代汉语词典》里,创造被解释为:"想出新方法、建立新理论、做出新成绩或东西。"这些,是有关创造的最一般的解释。

创造,一般是指人们发现或提出了新问题、新思想、新理论、新方法、新技术。

二、创造的意义

人类的本质就在于创造,人类本身就是创造的产物,人类发展的历史实际上是一部创造史。创造发明是人类劳动中最高级、最活跃、最复杂,也是最有意义的一种实践活动。创造推动着历史的不断进步,创造使人类社会不断向文明迈进;创造使科学技术不断更新;创造使国家兴盛;创造使世界发展;创造是衡量人才的重要标准;创造改善人类的生活环境、劳动环境;创造丰富了个人的生活;创造提高了人生价值;创造提高了企业的竞争实力。创造是人类最宝贵的财富。

三、创造的特点

创造与其他人类活动相比具有以下特点:

(1)创新性。前所未有的、与众不同的新奇性,是创造的最主要的特点。例如,审批各种创造发明专利的首要标准便是看其发明创造是否是尚未被人发现的,尚未公开的,前所未有的和与众不同的。

(2)普遍性。"人类社会处处是创造之地,天天是创造之时,人人是创造之人。"这是我国著名教育家陶行知先生的一段名言。而事实也的确如此,创造不仅存在于各个比较正规的、集中的科研领域,也存在于人类活动的一切领域,其中包括人们的日常生活领域。

(3)永恒性。人类的许多活动会随着创造而改变,人类的很多成果会随着创造而淘汰,而唯有创造与人们永远相伴。可以说,创造具有永恒性。

（4）超前性。如前所述，创造就是首创前所未有的事物。所谓首创就是"第一个"，作为第一个，它永远超前于他人的认识，也可谓超前于社会的认识。创造超前于社会的认识，社会认识滞后于创造，这也是客观规律。

（5）社会性。创造包括创造设想与实施创造，都离不开社会。例如，一项新产品的出现，除科学家的创造发明之外，更需社会各方投入一定的物力才得以产生。此外，创造的目标也都联系着一定社会效果，即使是自然科学的创造，也是离不开社会的。例如，人们探测太空的几大行星，也都是为了更好地有利于人类社会的发展。

（6）求异性。要产生具有前所未有的具有社会价值的发现、发明、创造，还必须不苟同于传统，注意找出其不同之处，即求异。科学史上的重大突破，可以说都是求异的成果。牛顿力学建立以后，研究宏观物理现象的各学科，如光学、热学和电磁学等相继建立。正是由于人类思维的求异性，才使科学不断发展，人类社会不断进步。

（7）艰巨性。创造是一种与众不同的艰苦的劳动。例如，居里夫人花了4年的时间按化学的要求，投入大量的体力劳动，才证明出镭确实是一种新元素。其次，社会认识的滞后性与创造必需的社会性，更显现出创造确实是人类最艰巨的社会活动。例如，哥伦布花了14年的时间才实现他计划中的航行；当贝尔一开始要卖他所发明的电话时，因为有人认为无此需要而被拒绝了；盘尼西林的原始配方早在公元1929年已经有了，但是过了好几年，仍然没有被继续研究。可见，要把构想转变为行动是需要相当的毅力的。正如爱迪生所说的，社会永远没有准备好去接受任何新发明。每样东西都会遭到抵制，通常要花几年时间，使人们听进发明家的话还要等上几年，才能让发明的东西正式上市。

（8）实践性。创造是一种实践活动，从实践中来，并受实践检验，这是创造的共性。

（9）实用性。创造是为了实用，这是创造的根本目的。不实用的创造是无用的创造。

四、创造的原动力

不满足才有创造，有需求才有创造。所以不满足现状和需求是创造的原动力（如图12-1所示）。

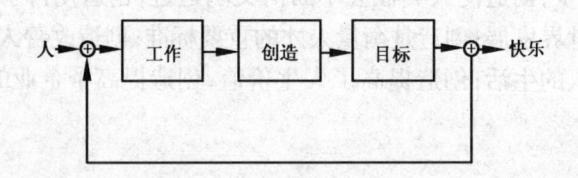

人 ⊕ → 工作 → 创造 → 目标 ⊕ → 快乐

图12-1 创造的原动力

人类的需求用马克思的话说，就是生存、享受和发展。美国心理学家马斯洛认为，人的需要可分为生理、安全、社交、尊重与自我实现等五个层次。

五、创造精神

创造精神是人们的意识或创造欲望的反映。

创造精神 = 创造意识 + 创造性格

创造意识 = 创造愿望 + 创造的动机

创造者必须具有以下五种精神：(1)造福于人类的精神；(2)敢想、敢干、敢于实践的精神；(3)达不到目的誓不罢休、百折不挠的精神；(4)善于发现问题、敢于创新的精神；(5)坚持不懈、虚心好学的精神。

创造意识：就是指主动地想去创造的欲望和自觉性。自觉地进行创造性思维，发挥创造潜能，力求产生创造性成果的思想观念。创造意识是创造力发展的灵魂和动力。

一个人创造意识的强弱，与他的人生观、世界观、知识结构、能力结构、思维水平密切相关，与他所处的社会环境、学习和工作环境也有直接的关系。

培养创造意识主要就是通过保持好奇心，增强积极性、主动性、建设性，以及对问题的敏感性，发展探究性等个性品质，来激发创造动机，培育创造兴趣，产生创造热情，形成创造习惯。如果一个人对身边的事物司空见惯而漠然处之，不能在平淡之中发现新奇，不能在常规之中有所突破，再好的创造机会也会从身边溜掉。

创造性格：有责任心、充满自信、勇敢坚强、独立性强、意志坚决、积极主动、有恒心、一丝不苟、好奇、兴趣广泛、思考深刻、追求完美、态度直率、坦白、感情开放等良好的人格特征。

创造的动机：创造动机是创造的原动力，创造的动机来源于需求。

六、创造的基本原理

（一）人人都有创造力

创造力是人人皆有的一种潜在的自然属性，人的创造力可以通过教育、学习和训练而激发出来，并且可以得到不断提高。

人们的创造力可以通过科学的教育和训练而不断被激发出来，转化为显性的创造能力，并不断得到提高。一些所谓"无创造力"的人，其实他们并不是真的没有创造力，而是其创造力没有得到应有的开发，只要进行科学开发，人们的创造力是完全可以被激发出来并转变为显性创造力的。

（二）事事都有创造

人类社会的任何事物都是人创造的产物，一切现存的东西都不是十全十美的，都可以通过人的再创造改变得更好，并且可以创造出现实世界还不存在的更加完善的东西。

（三）创造方法是多元的

实现同样的目的，可以有许多种创造方法。

创造的基本原理告诉我们：人人都有创造的才能，只要努力，路就在脚下，创造成果就在手中。

第二节 创造性思维

一、立体化思维模式

思法决定做法，有什么样的思维模式就有什么样的行为。比如，佛教的思维模式是"零空图"，道家的思维模式是"太极图"，在生活中我们常见运用这两种思维模式的人，其行为方式是大不相同的。

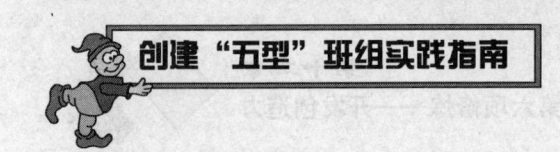

思维模式是学习和工作的工具。良好的思维模式,使我们的学习和工作更加有效,正如巴甫洛夫所说:"方法是最主要和最基本的东西,有了良好的方法,即便没有多大才干的人,也能做出许多成就。""科学随着方法学获得的成就而不断跃进。方法上再前进一步,我们也就仿佛上升了一个阶梯。于是我们就能放开更加广阔的眼界,看见从未见过的事物。"上面的论点,说明了方法的重要。

"工欲善其事,必先利其器。"所以只有掌握思维科学这一锐利的武器,自觉地运用思维规律指导学习、工作、创造,才能使其更有效。良好的思维方法能使我们更好地发挥运用天赋的能力,而拙劣的方法,则可能阻碍才能的发挥。那么,什么是良好的思维方法呢?现代最佳思维模式是一种多层次、多维度、多角度、全方位、开放式的立体化思维。其模式可用图12-2来表示。

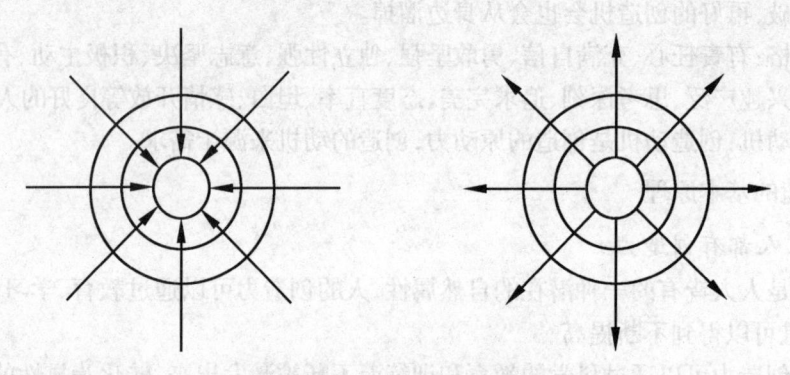

图12-2 立体化思维模式

这种思维模式图类似于点电荷电场中电力线和等位面的示意图。图中各球形面表示系统思维,各射线表示不同角度的思维途径,箭头向外的可称作扩散思维,箭头指向中心的可称作集中思维。美国心理学家吉尔福特在论《智力的三维空间》一文中指出:"扩散思维和集中思维是二类创造思维过程,它们能从已知的信息和回忆信息中生成新的信息,在扩散思维中,我们是沿着各种不同的方法去思考的,即有时去探索远景,有时去追求多样性。在集中思维时,全部信息仅仅只是导致一个正确的答案或一个人们认为最好的、合乎惯例的答案。"扩散思维就是让思路向各个不同方向探索新路子,不受原有知识圈和条条框框的束缚,提出更多的新设想。集中思维是对扩散思维提出的多种设想进行整理、分析、选择,缩小探索区域,再选出其中最优的设想加以深化、具体化、现实化。其余设想中的可行部分也拿来补充进去,最终取得一个最佳方案或决策。

无论是系统思维还是创造性思维,都以原则思维、辩证思维、逻辑思维为基础。现代立体化思维是系统思维与创造性思维的有机结合,运用系统思维使系统保持动态平衡,运用创造性思维使系统不断向前发展。立体化思维方式系统如图12-3所示。

二、思维方法简介

(一)原则思维

原则思维是以某种既定的立场、理论、规律、观点来规范思维的导向。这种思维方式在生活经常用到,因为做每一件事都要以公认的理论为依据。

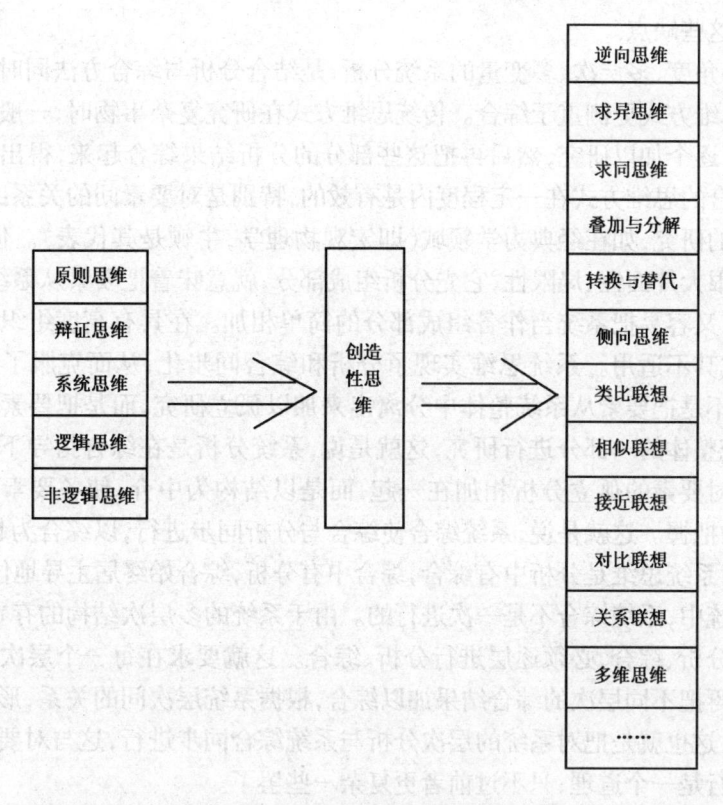

第十二章 "五型"班组的第六项修炼——开发创造力

```
┌────────┐      ┌────┐      ┌────────┐
│ 原则思维 │      │    │      │ 逆向思维 │
├────────┤      │    │      ├────────┤
│ 辩证思维 │      │ 创 │      │ 求异思维 │
├────────┤      │ 造 │      ├────────┤
│ 系统思维 │ ──→ │ 性 │ ──→ │ 求同思维 │
├────────┤      │ 思 │      ├────────┤
│ 逻辑思维 │      │ 维 │      │ 叠加与分解│
├────────┤      │    │      ├────────┤
│非逻辑思维│      │    │      │ 转换与替代│
└────────┘      └────┘      ├────────┤
                            │ 侧向思维 │
                            ├────────┤
                            │ 类比联想 │
                            ├────────┤
                            │ 相似联想 │
                            ├────────┤
                            │ 接近联想 │
                            ├────────┤
                            │ 对比联想 │
                            ├────────┤
                            │ 关系联想 │
                            ├────────┤
                            │ 多维思维 │
                            ├────────┤
                            │ ……    │
                            └────────┘
```

图 12-3　立体化思维方式系统

(二) 辩证思维

以辩证法为核心的思维为辩证思维。运用辩证思维,要求把研究对象看做是运动的、变化的、有联系的或处于联系中的有机体,全面地、综合地、动态地、系统地考察事物。

(三) 系统思维

系统思维的理论基础是系统论,系统思维最基本的方法是系统方法。这种方法就是从系统观点出发,始终从整体与部分、部分与部分、整体与环境的相互联系和相互作用中,进行多侧面、多角度、多层次、多变量的考察对象。所谓多侧面的考察,就是对系统的纵向与横向、动态与静态、功能与结构进行交叉分析,以掌握系统的总体。所谓多角度的考察,就是对系统与环境的多种联系中所呈现出来的各方面特征进行研究。由于系统与环境(其他系统)的多方面联系,系统就存在着不同的特征。通过对系统与环境多方面联系的考察,就可以从不同的角度掌握系统的特征。所谓多层次的考察,就是在不同层次上来研究系统的性质。系统的不同层次各有其独立性,又统一于系统整体中。只有对系统层次进行具体分析,才能具体地了解整个系统的性质。所谓多变量地考察,就是废除静止的、孤立的研究,在系统的变化中具体地掌握各要素,在环境的变化中来掌握系统。每一事物的变化总要引起其他事物的变化,因此要研究一事物就必须考虑到其他事物的变化,而不能孤立、静止地进行分析。掌握了系统的参量,就可以考虑到一事物与其他许多事物的动态联系,从而在多种因素的作用下来研究对象,这就是多变量的研究。总之,系统思维具有立体化、多向动态化的优点,使研究对象作为完整、清晰的模型呈现出来。传统思维难以摆脱平面性、单向性、静态性,系统

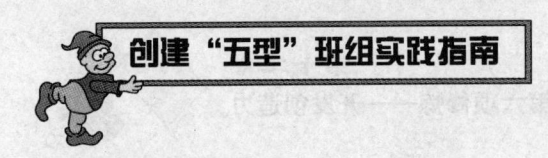

思维则克服了这些缺点。

多侧面、多角度、多层次、多变量的系统分析，是结合分析与综合方法同时进行的系统思维方式，这种思维方式更侧重于综合。传统思维方式在研究复杂事物时，一般是先把它分成几个组成部分，逐个加以研究，然后再把这些部分的分析结果综合起来，得出总体认识。这种先分析后综合的思维方式在一定程度内是有效的，特别是对要素间的关系比较简单、带有机械性的事物的研究，如在经典力学领域（即宏观物理学，牛顿是其代表）。但是，这种传统的思维方式有很大片面性、局限性，它先分析组成部分，就意味着把要素从系统中割裂开来；然后加以综合，又容易把系统当作各组成部分的简单相加。在具有高度组织性的有机系统中，这种方法尤其不适用。系统思维实现了分析和综合同步化，从而克服了传统思维的缺点。系统思维不是把要素从系统整体中分离出来加以孤立研究，而是把要素置于系统结构之中，作为系统整体的一部分进行研究，这就是说，系统分析是在综合指导下的分析。系统综合也不是把对要素的孤立分析相加在一起，而是以结构为中介，使各要素联结成一个整体，加以综合的把握。这就是说，系统综合使综合与分析同步进行，以综合为起点，又以综合为归宿。总之，系统思维是分析中有综合，综合中有分析，综合始终居主导地位。

在复杂系统中，系统综合不是一次进行的。由于系统的多层次结构的存在，不能直接对系统要素进行分析、综合，必须逐层进行分析、综合。这就要求在每一个层次平面上进行分析、综合，然后再把不同层次的综合结果加以综合，根据系统层次间的关系，形成系统总体的认识。实际上，这也就是把对系统的层次分析与系统综合同步进行，这与对要素的分析与系统综合同步进行是一个道理，只不过前者更复杂一些罢了。

系统论认为，系统无处不在，万物皆成系统。系统是处在一定相互联系中与环境发生关系的各组成部分的整体。任何系统都是由一定部分（要素）组成的整体，而这个系统整体往往又是更大系统的组成部分，系统方法要求我们把研究对象看作一个系统，分析它的构成，从而掌握其本质。同时又要把研究对象置于更大的系统中，考察它与环境的多种联系，与其他系统的多种关系，以达到完整的、深刻的认识事物的目的。

（四）逻辑思维

逻辑思维形式主要指抽象概念、判断、推理等，逻辑思维的方法主要指归纳、演绎、分析、综合、比较、概括等。逻辑思维是一种高级思维形式。

（五）非逻辑思维

非逻辑思维包括想象、联想、灵感等。

1. 想象

想象是头脑中对已有知识（表象和概念）进行加工、改造、重新组合，形成新形象的心理过程。爱因斯坦说："想象力比知识更重要。因为知识有限，而想象力概括世界上的一切，推动着进步，并且是知识进化的源泉。"想象是自由的，没有边界的，不受时空及条件的限制。"寂然凝虑，思接千载，悄焉动容，视通万里。"想象具有思想实验的功能，人们想要做的事情，可以先在头脑中演习一遍。人们想做而没有做到的事情，可以通过想象在头脑中完成。通过想象，可以把不同的形象联系、组合起来，创造出一个自然界没有完全与之对应的事物。想象以形象的形式认识世界，而形象具有直观性，便于思维"观察"。物理学中的电力线、磁力线都是想象的产物。想象还可以填补思维的"空白"。在认识过程中，由于缺乏必要的材料、信息,从而导致认识的破缺、断层。这种情况下,要实现认识的完整性,往往需要想象。有些事物、概念很难用语言描述完整、清楚,想象具有直观性、生动性、具体性、形象性,便于认知、易于传达。因此想象可以弥补语言在这方面的不足。

想象的类型可以分为再造性想象和创造性想象。

(1)再造性想象是根据语言的描绘或图形、符号的示意,在头脑中构成相应形象或情境的过程。

(2)创造性想象是基于某种目标在头脑中塑造新形象的心理活动,或者完全不依据现成的描述和引导而独立地创造出新形象的认知心理过程。

想象力是知识的翅膀,是获取新知识的工具,学习活动离不开想象。

2. 联想

联想就是联系起来想。由一个事物想到另一个事物或由一个概念想到另一个概念的思维形式称为联想。联想中的事物可以是客观存在的,也可以是虚构的、假的、想象中的。按照联想物之间关系,一般把联想分为以下几种类型:

(1)接近联想。是从一个事物想到与之接近的事物。接近是指事物之间的时间上前后伴随,或在空间上有密切的联系。

(2)相似联想。一件事物的感知或回忆引起对和它在性质上接近或相似的事物感知或回忆,称为相似联想。世界上许多事物之间存在着各种各样的相似性,如几何形状相似、运动相似、物理过程相似、数学形式相似、功能相似等。人们对这些相似性质的认识和利用,极大地扩展了科学技术研究和探索的领域。例如,依据不同事物之间的物理相似和数学相似,人们设计了各种各样的物理实验;依据生命和非生命物之间的功能相似,人们开辟了一门新学科——仿生学,如雷达是对蝙蝠的模仿,潜水艇是对鱼的模仿。相似联想和类比有某些共同之处。类比是根据两个事物在某些方面相似或相同,从而推断出在其他方面也相似或相同的思维方法,类比的特例是等效。

(3)对比联想(也称相反联想)。是指由某一事物的感知或回忆引起对和它具有相反特点事物的感知或回忆,例如由拉伸想到压缩,由上升想到下降。运用对比联想可以提高识记的效果。促进思维的广阔性、灵活性,从而深入全面地认识事物。

(4)关系联想。由事物之间的各种关系所形成的联想。例如因果关系——因为疏忽大意导致安全事故;部分与整体之间的关系——个人与班组,等等。事物之间的关系是多样的,反映事物间关系的联想也是多样的。

联想和想象都具有扩散性和动态跳跃性的特点,可以自由地、全方位地进行思维活动。此外联想还具有多层次、多方位、多角度、多方式性,不拘一格、不守一式的特点。从一个形象变到另一个形象可以是连续的,也可以是不连续的,可以无中生有,可以由静变动,把死的东西想活。

3. 灵感

人们在学习或创造活动中,为找出问题的解决办法或一个满意的答案而长期冥思苦想,忽然有朝一日,得到某个事物、语言或信息的启示(中介物也可以是记忆中的或想象中的),恍然大悟,茅塞顿开,问题迎刃而解。这种现象称为灵感,也称顿悟。灵感的特点是:(1)来得突然、直接(未经逻辑推理),去得迅速。要注意捕捉,不能让它白白溜掉。(2)你不追求,

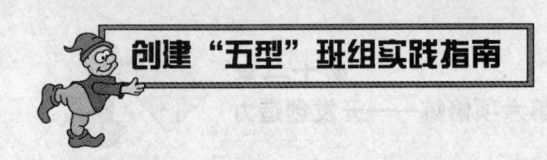

它不会出现。钱学森说："人不求灵感,灵感不会来。"(3)一般说来,灵感思维的结论具有不确定性,需要用逻辑的方法将其推展开,加以验证,使之臻于完善。

灵感是长期辛勤思考的结晶。只有经过长期全神贯注地思考、探索、实践,在头脑里有大量的信息输入、贮存和加工,这些知识信息一旦受到某种刺激,才能像闪电一样,迸发出思想的闪光。有道是:"成功应使身先醉,顿悟亦需专与痴。"在科学的征途上,或大或小的成功都需要神迷魂驻的精神。

(六)创造性思维

创造性思维是在其他思维基础上发展和形成的,它是各种思维形式的最佳结合,具有一般性思维的全部特点,但又不同于一般性思维。具体表现有以下两个方面。一方面,一般性思维是建立在已有的经验和知识的基础上去发现问题,而创造性思维对提出问题、解决问题的要求是必须有开创性,追求新颖、先进、实用、巧妙,而不受已有的经验和知识所形成的定式的束缚,所以它能给已有的经验知识带来新的成分;另一方面,一般性思维是以严密的逻辑推理为基础的思维活动,这样极易使知识固定化,创造性思维则以想象、灵感、猜测等非逻辑思维形式为核心,而不受逻辑思维所形成的某种固定的、先入观点的影响,使创造性思维在那些似乎不合理逻辑的地方发现了新现象,创造了新价值。下面再介绍几种常用的创造性思维方法。

1. 逆向思维

逆向思维就是从逆向去探求,从相反的方向去思考。这种思维方式改变人们通常只从正面去探求问题的习惯。从反面去认识事物,容易引出新思路,往往产生超出常规的构思和不同凡响的新观念。在思考问题时,如果从正面不易突破,就改从相反的方向去探求,常常可以收到意想不到的效果。

2. 求异思维

求异就是寻找不同点。在解决问题时,从新的与众不同的角度看问题,独出心裁,另辟蹊径。求异思维也具有扩散性,可以从多方面、多角度去求异。

3. 求同思维

求同就是寻找共同点。求同思维属于相似联想的范畴,相似联想是一种应用较普遍、创意较高的联想方式。它的创造性不在于通过比较找出两个相似事物的共同点,而在于从表面看来差距很大,姻缘甚远,甚至风马牛不相及的事物中找出本质上的相似或相同之处。

4. 合成与分解

合成的含意包括联合、组合与叠加。合成就是把相同或不同的事物按照一定的规律或方式组合起来。合成的便于利用,运用合成的方法进行发明创造的例子非常多,如带电子表的圆珠笔、带橡皮的铅笔,等等。

分解是合成的逆过程。分解的目的很多,有时为了求得新发展或将分解部分进行新的组合。通过分解,可以看清整体的内部结构,找出各部分的本质属性和彼此之间的关系,以实现认识整体、改造整体、利用整体(或其中一部分)的目的。

5. 转换与替代

转换与替代指的是思维的通变性。解决问题时,要以多路思维代替单路思维,这种办法不行,用别的办法,不要钻进牛角尖,要及时转换思维的角度,寻找替代方法,做到通权达变,

第十二章 "五型"班组的第六项修炼——开发创造力

不死守常规,采取灵活多变的方式寻找解决问题的办法。转换一般有三种类型:

(1)元素转换。元素转换一是更换元素,使问题得以解决,如员工的调入和调出是换元法;二是改变元素的位置,如内部轮岗制。

(2)方法转换。采用新的方法解决问题,追求实用、巧妙。利用方法转换寻求一题多解较有效。

(3)目标转换。目标转换包括放弃原目标和将原目标扩大或缩小。事物的发展往往有多种可能,但人们常习惯于只看到一种可能,而看不到其他可能,更看不到相反的可能。目标转换要求开阔思路,从各种角度分析事物的各种可能性。

6. 侧向思维

侧向思维是指在研究或思考过程中,把注意力转向外部因素。在局外信息的启发下,进而产生创新设想的思维方法。侧向思维常用形式有三种:侧向移植、侧向外推和间接注意。

(1)侧向移植。侧向移植就是要移植某种原程序,解决我们面临的问题。当在给定条件下,问题得不到解决,或虽然能解决但不十分理想时,通过把注意力引向其他领域,或移植其他因素(方法、规律等),从而使问题得到理想解决。简而言之,就是利用他山之石来攻玉。只要好用,不妨拿来用之。在用的过程中要注意改造和升华,不提倡完全照搬。

(2)侧向外推。是侧向移植的逆过程,将取得的好方法、好技术,向其他领域推广,扩大应用范围。侧向外推与侧向移植的原理相同,都是立足于跳出本领域,克服线性思考,将思路向空间扩展开去。所不同的是前者是自外向内收敛,后者是向外扩散。这里要说明一点,领域的划分是相对的,可大可小。就知识、方法的利用率而言,当然是范围越大越好。

(3)间接注意。间接注意就是把注意力从既定目标中移开的一种侧向思维方法,比如,你在研究一个问题的解法时,意外地发现了其他现象,使另一个问题得以解决。

前面介绍了开放式立体化思维方式,可以看出开放式立体化思维是一种动态思维。其动态性主要表现为以下三个方面:

(1)思维运行的流动性。世界上的一切事物都在运动、发展、变化着,这就要求在思维运行的过程中,对思维进行动态调节和控制。也就是说思维的目标、方向、程序都具有相对意义,因而当情况发生变化时,人们应该立即作出自己相应的反应。思维运行的流动性强调思维在运动中协调,在变动中择优。

(2)思维角度的灵活性。运用动态思维一般是首先输入新的信息,加以分析、比较,依据变化了的情况形成新的思维目标、思维方向,确立新的方案对策,然后输出改造了的信息,对事情、工作实施新的方案,再把实施方案的情况、信息反馈回来,再次进行分析、调整,不断缩小思维的目标差,以实现人们对客观事物的控制和改造。这里关键环节是思维的角度要机动灵活。普遍联系和辩证发展是客观事物的本质属性,在思维运行的过程中,有各种各样的可能存在,有各种各样的情况出现,也有各种各样可供选择的方案,面对这许许多多的各种各样,必须选择最佳者,才能达到预定的思维目标,要做到这一点关键是不断调整思维的角度,从各个方位、各个角度去考察问题、分析情况、研究动态,才能实现认识世界、改造世界的目的。当然这种灵活性不是主观的随意性,而是客观事物本身相互联系、相互作用的辩证过程在思维中的反映。

(3)思维程序的变动性。动态思维的基本程序是输入信息——输出信息——实施方

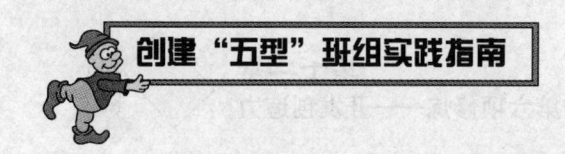

案——实现目的。这一程序的变动性体现在反馈、控制、变动三要素上。反馈就是把输出信息的后果再收集回来,以此确立下一步的行动方案。反馈要素如同思维的指示器,它要求思维在总结经验的基础上,不断校正自己思维的偏差度,在变动中求得调整和修正,不断地逼近目标。控制是通过信息的输入、输出和反馈,不断地对思维结构进行改造,使思维能力不断扩大,使思维活力得以充分发挥,使其更有效地控制周围环境的变化,使自己获得主动权。控制要素形成了思维程序处于不断的变动中,不断地调整各方面的关系,不断地调节各环节的联系。使之在各种不同变化的情况下都能做出自己相应的反映。通过神与物游,达到思随境迁状态。

思维是一开拓未来的艺术。恩格斯把思维的精神称为"地球上最美的花朵。"为了获得更加丰硕的思维之果,让我们精心浇灌培育思维之花吧!

第三节 发明创造技法统宗

一、发明创造技法统宗

有人问彼得·圣吉,究竟什么是学习型组织?他回答两个字:创造。如果是四个字,就是持续创造。可见创造是学习型组织本质特征。

创造学在20世纪30年代末已经成为一门学科。有人把创造学称为聪明学,把创造技法称为点金术,目前流行的创造技法有数百种,名称也不统一,使学习者感到创造技法繁杂,难于把握创造技法的整体结构。用系统观点看,这些技法都是互相包含的,"一切法都不孤起,都是相互圆容无碍的"。"随举一法可统一切法","一即一切,一切即一"(《六祖坛经·般若品第二》)。一法即是一切法,一切法即是一法。这些技法只是看起来不同,而实际上却有着共通的道理,或者说有一个共同的本质,这个本质可归结为一个"变"字,"变"字是发明创造技法的核心,所谓创造就是一种变化而已。天地的创造是自然物质的变化,人的创造是人为的变化。变化只有分与合两种形式,因此说,所谓创造不过分合而已。

基于这种需求和理解,为了便于学习和应用,本人将这些创造技法归纳为一个系统图,称它为发明创造技法统宗。这些创造方法的演变过程如图12-4所示。

二、发明创造技法统宗的解读

(一)合

可以理解为增加、扩大、延长,还有组合、联合的意思。组合类的创造技法有功能组合法、原理组合法、构造组合法、材料组合法、成分组合法、同物组合法等;合还可以理解为增加,增加类的发明创造技法有扩展法、延长法、扩大法等。

组合创造法是指将两种或两种以上的学说、理论、技术或产品的一部分进行适当的叠加和组合,以形成新学说、新技术或新产品的发明创造方法。组合的思维基础是联想思维,因此通常又称为理想组合。组合原理属于应用最多、效果最好的发明创造原理之一。

常用的有以下几种:

(1)主体附加组合。主体附加组合又称主体内插式组合,是在一主体事物内插入另一事物的技术因素,使原来主体事物的技术因素增加的发明方法。

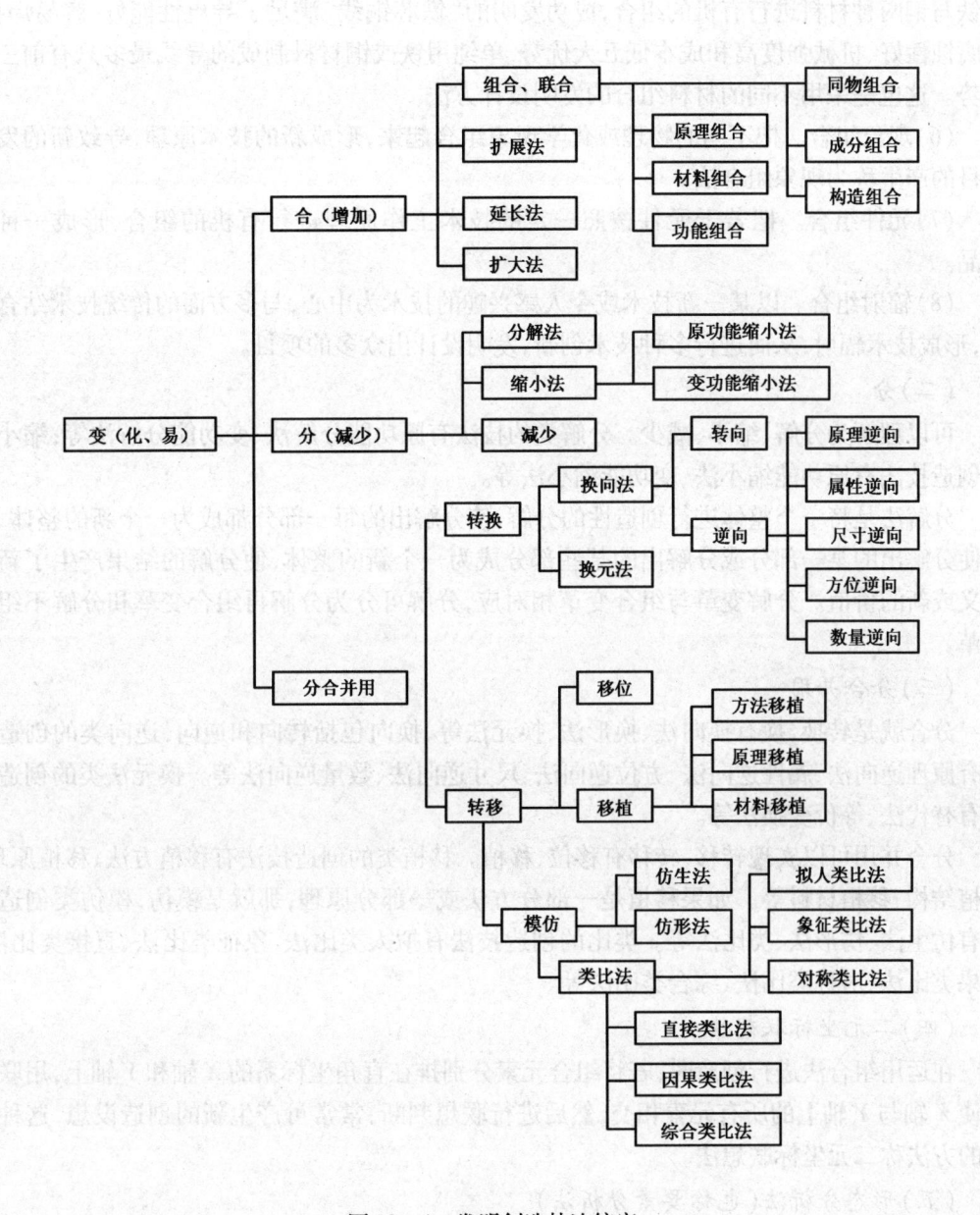

第十二章
"五型"班组的第六项修炼——开发创造力

```
                    ┌─ 组合、联合 ─┬─ 原理组合 ─┬─ 同物组合
                    │              │            ├─ 成分组合
                    │              │            └─ 构造组合
         ┌─ 合(增加)┤              ├─ 材料组合
         │          ├─ 扩展法       └─ 功能组合
         │          ├─ 延长法
         │          └─ 扩大法
         │
         │          ┌─ 分解法 ─┬─ 原功能缩小法
变(化、易)┤          ├─ 缩小法 └─ 变功能缩小法
         ├─ 分(减少)┤
         │          └─ 减少    ┌─ 转向 ── 原理逆向
         │                     │         ├─ 属性逆向
         │          ┌─ 换向法 ─┤         ├─ 尺寸逆向
         │   转换 ──┤          └─ 逆向   ├─ 方位逆向
         │          └─ 换元法            └─ 数量逆向
         │
         ├─ 分合并用
         │
         │          ┌─ 移位    ┌─ 方法移植
         │   转移 ──┤          ├─ 原理移植
         │          └─ 移植 ──┴─ 材料移植
         │
         │          ┌─ 仿生法  ┌─ 拟人类比法
         │   模仿 ──┤          ├─ 象征类比法
         │          └─ 仿形法  └─ 对称类比法
         │   类比法 ┬─ 直接类比法
         │          ├─ 因果类比法
         │          └─ 综合类比法
```

图 12-4 发明创造技法统宗

(2)同物组合。将若干技术因素不同的同类事物进行组合,使产生的新事物的技术因素等于或大于被组合事物的技术因素之和。

(3)异物组合。将若干技术因素不同的异类事物进行组合,使产生变革的新事物的技术因素等于或大于被组合事物的技术因素之和。

(4)功能组合。通过功能引申、功能渗透或功能叠加,设计出新事物的方法称为功能组合法。

(5)材料组合。把几种不同的材料组合在一起,研制出一种很有优势的新材料。例如,

205

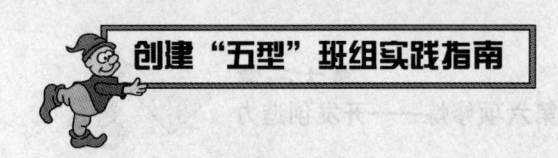

将铁与铜两种材料进行有机的组合,成功发明的"铁芯铜线"满足了导电性能好、容易焊接、耐腐蚀性好、机械强度高和成本低五大优势,单纯用铁或铜材料制成的导线最多只有前三项优势。这也是采用不同的材料组合的发明设计方法。

(6)现象组合。把不同的物理或化学现象组合起来,形成新的技术原理,导致新的发明项目的产生称为现象组合法。

(7)元件组合。把若干元件按照一定的技术工作原理进行有机的组合,形成一种新物品。

(8)辐射组合。以某一新技术或令人感兴趣的技术为中心,与多方面的传统技术结合起来,形成技术辐射,从而进行多种技术创新,发明设计出众多的项目。

(二)分

可以理解为分解、缩小、减少。分解类的技法有原功能分解法、变功能分解法等;缩小类的创造技法有原功能缩小法、变功能缩小法等。

分解法是将一个整体进行创造性的分解,使分解出的每一部分都成为一个新的整体,也可使分解出的某一部分或分解出的某些部分成为一个新的整体,使分解的结果产生了新的意义或新的价值。分解变革与组合变革相对应,分解可分为分解再组合变革和分解不组合变革。

(三)分合并用

分合就是转换,换有换向法、换形法、换元法等,换向包括转向和逆向,逆向类的创造技法有原理逆向法、属性逆向法、方位逆向法、尺寸逆向法、数量逆向法等。换元法类的创造技法有替代法、等价变换法等。

分合并用可以实现转移,转移有移位、移植。移植类的创造技法有移植方法、移植原理、移植结构、移植材料等。如果移植是一部分方法或一部分原理,那就是模仿,模仿类创造技法有仿生法、仿形法、类比法等。类比的创造技法有拟人类比法、象征类比法、直接类比法、因果类比法、对称类比法、综合类比法等。

(四)二元坐标联想法

在运用组合法进行创造时,若将组合元素分别排在直角坐标系的 X 轴和 Y 轴上,用联想线使 X 轴与 Y 轴上的所有元素相交,然后进行联想判断,常常可产生新的创造设想,这种组合的方法称二元坐标联想法。

(五)形态分析法(也称要素分析法)

若把需要解决的问题(即发明创造的对象),分解成各个独立的要素(又称变数),再列出各个要素的可能形态,然后将这些要素可能形态进行排列组合,由此可以产生许多解决问题的方案或发明设想,这种先分解再组合的方法称形态分析法。我们熟悉的最典型例子有少儿看的卡通小人书,还有我们看的爱情小说、爱情电视剧、武打小说都是要素形态的变化后的重新组合而已,其本质都是相通的。

(六)智力激励法

若5~8人在一起,在严禁批评和评价的状态下,互相激励,运用前面的方法,共同提出创造设想,创造学中把这种方法称为智力激励法或头脑风暴法。

(七)检核表法

若在创造过程中,运用整个技法表来启发思维,那么,我们前面所列创造技法系统宗表就是一个启发思路的检核表,这种发明创造技法称检核表法。

(八)综合法

这里综合法就是综合利用各种方法进行创造。

在创造技法系统中,所列的一些基本技法,还可以经过分合变化后产生一些新的技法,而这些技法不过是基本技法的变化而已。有时尽管称呼不同,但万变不离其宗。在运用这些技法进行创造时,有时需要两种以上的技法综合运用。有时我们在分析一个创造实例时,会发现说它运用的是这种技法可以,说它是运用的另一种技法也通。其原因就是这些技法是相通的。

我们看过发明创造技法统宗之后,抬起头来,看看我们周围的事物,如果能对每一种技法举出三个以上例子,那么我们就初步学会了发明创造技法。如果能将这些技法运用到工作中去,那就再好不过了。

大道至简至易。简则易知,易则易从。世界的本质是简单的,大到天体的运行,小到原子的结构都是一样的行星模型,由于分合的方式不同而产生万物。

世间的道理也是如此,都可以由一个最基本的道理推导出来,比如,我们在系统思考一章中举的由树木想出森林的例子。现在管理的书籍多得让我们看不过来,也不知道看什么好,其实我们只悟透管理二字深刻意义就好了,方法就在其中。先悟"管"字,再悟"理"字,结合反馈控制图去悟,也能写出一本书来。

把复杂的事变为简单的是复杂的,把复杂的事变为简单是大智慧。系统思考的方法为我们提供了把复杂变为简单的途径,让我们努力去践行吧!

第四节　发明创造技法应用举例

一、组合法的应用

(一)主体附加例子

(1)摩托罗拉公司在20世纪30年代生产收音机,并濒临破产,后来他们把收音机的体积缩小并装在汽车上,因此获得成功。

(2)照相机加闪光灯。

(3)录像机加遥控器。

(4)汽车加里程表。

(5)日本人改造马桶的目的是为了节约用水。他们在马桶右上方设计了浅腰的洗手盆,洗手水通过排水管流入到马桶的储水桶里,通过整合洗手盆与马桶,实现了节约用水,也实现了工艺的创新。

(二)同类组合例子

(1)双管猎枪。

(2)鸳鸯共枕。

(3)情侣表。

(4)龙凤笔。

(5)松下公司的起家产品:单联插座改进为双联和三联插座。

(三)异类组合例子

(1)可视电话。

(2)可以计数的刮胡刀。

(3)日历式笔架。

(4)闹钟式收音机。

(5)CT扫描仪(X射线+计算机)。

(四)重组组合例子

重组组合就是在同一事物上施行的,分解原来事物的组合关系,使用新的技术思想重新组合起来而产生新的功能获得新的成果的创造方法,简单说是重新组合的意思。如:

(1)组合家具。

(2)电话机(送话机+收音器)。

……

二、分解法的应用

(1)将一个整体创造性的分解后,再组合成为一个新的整体就是分解再组合。

例如,长筒靴能使人身材修长,潇洒挺拔,但穿脱都非常不方便。运用分解再组合创造法,就很容易解决这个问题。思路是:将长筒靴分解成靴和靴筒两部分,再由靴和靴筒组合成长筒靴。靴筒展开后近乎一张皮革,靴和靴筒分别穿脱,可不分先后。该靴较传统长筒靴更易擦拭、上油和保存。

(2)将一个整体创造性的分解后,其中某一部分或某些部分可自成体系,成为一个新的有意义或有价值的整体。这样的创造称为分解不组合。

例如,1825年美国一位妇女为了让丈夫的衣领经常保持干净而又不用经常洗衣服,于是,她把衬衫的衣领拆下后,使衬衫成为两个独立的部分——衬衫领和无领衬衫。在穿的时候无领衬衫不必每天都换,而衬衫领却可以方便的每天一换,这就达到了发明创造的初衷。又如,将房中地毯分割成面积相等(如都是0.5平方米)的若干块,每一块都有独立的意义,可像铺瓷砖一样方便地进行拆分组合,经常走动的地方如有磨损,只需换一块就行了,不必整张都换。隔一段时间,还能重新排列组合成新的图案,并使地毯磨损均匀。

三、分合并用法的应用

分合并用,就是先分后合,就是移植。移植法就是把某一事物或领域的原理、结构、功能、方法、材料等转移到另一事物或领域中去。利用这种更换载体启发发明创造的方法称为移植法。如:

(1)果树嫁接。

(2)人体器官移植。

(3)将系统论、控制论的知识用在管理学中。

俗话说:"一个和尚挑水喝,两个和尚扛水喝,三个和尚没有水喝"。现在完全可以让三个和尚也有水喝了。

第一种办法：让三个和尚开展接力赛，每人挑一段，大家都不累，水很快就挑满了，这是协作的方法，称为"机制创新"。

第二种办法：老和尚立了新庙规，谁水挑得多吃饭加一道菜，谁水挑得少吃白饭，结果三个和尚都拼命去挑水，这个办法称为"管理创新"。

第三种办法：三个和尚商量着天天挑水太累，就用山上竹子做成管道引水到庙里，这称为"技术创新"。

"创新"可以让三个和尚不再为吃水发愁。其实，作为管理者或者当家人就是要不断进行创新，要让"懒和尚"们变成"勤快和尚"。

四、类比(模拟)法的应用

类比的本质也是一种移植，类比法利用的是系统的相似性。既然系统是相似的，道理是相通的，何不拿来用之。

类比(模拟)方法很多，常用的有拟人类比法、直接类比法、象征类比法、因果类比法、对称类比法、综合类比法等。如：

(1)根据海豚的定位系统发明了声呐。
(2)根据鸟巢的结构建造的北京2008奥运会主场馆。
(3)根据变色龙遇到危险变色逃生的启示人们发明了用与不同地理环境的特种军服。
(4)船和潜艇来自人们对鱼类和海豚的模仿。
(5)根据野猪的鼻子测毒的奇特本领制成了世界上第一批防毒面具。
(6)通过蜻蜓发明了直升机等。

五、创造新理论

(一)"恕"字概念的演化

孔子之道，一"恕"字而已。"恕"字的原意是：恕者如心，意为将心比心。人心如己心，己心如人心，自己不喜欢，切勿施加于人。即如他人之心，站在他人的角度来看东西，考虑问题。下面我们看"恕"字蕴含的道理在后世的创造与演化：

演化一：移情。将心比心就是移情。移情、感情移入、同理心，用词不同，内涵基本一致。移情是为了通情，情通则理达。

移情还有转移情感的意思，当一个人的心情不好时，用另外一种情感取代它，这时的移情就变化为换情。

演化二：换位。将心比心就是换位思考，就是设身处地理解、体验受众的认知、情绪情感和需要等。

演化三：移情换位。移情换位是移情和换位的组合。

演化四："推心置腹"。推己之红心，置他人之腹中，以喻真心待人之意。可见"推心置腹"是深层次的移情。如果沟通双方都能做到"推心置腹"，则说明移情已通情，换位已到位。

这就是语言的创造，这就是理论的创造。创造是丰富多彩的，生活中处处有创造。

(二)内外因的作用

在哲学上说事物的运动是内外因共同作用的结果。内因与外因是相互影响的，有时是

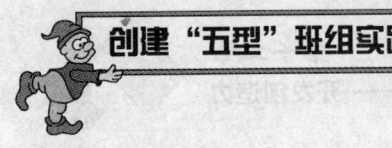

内因决定外因,有时是外因决定内因。在人的为人处世中,一般来说,人的内因是主要的。请看内外因原理在应用过程中的演化:

演化一:心理学上说,一个人不在于你经历了什么,而在于你感悟到了什么。就是说同样一件事,发生在不同的人身上,会有不同的结果。请看下面两个真实的案例:

一个企业家说,我非常感谢我的父亲在我童年时对我管得严,才有我今天的成就;一个没有什么成就的人却说,我非常恨我的父亲在我的童年时对我管得非常严,使我胆小,畏缩不前,至今没有任何成就。

同一个老师对一个淘气的学生说,你要是能读好书,我都倒着走。这个学生不服气,于是发奋读书,没过一年,这个学生就成为全班第一,到了第二年,这个学生就成了全校第一;同一个老师,同一句话,对另一个学生说了同样的话,另一个学生想,老师说我学不好,我肯定不是学习的材料,于是他就不学了,没过一年,这个学生就退学了。

演化二:在拓展训练上说,不在于你做了什么项目,更重要的在于你在做这个项目时,感悟到了什么?

演化三:教育家说,不在于你学到了什么,而在于悟了多少,你用了什么?

演化四:合理情绪理论认为,引起情绪变化的诱发性事件只是引起情绪和行为反应的间接原因;而个人对诱发性事件所持的信念(看法、解释和评价)才是情绪及行为后果的直接原因。就是说情绪的好与坏是自己造成,给人带来不适应的不是事情本身,而是自己对事情的看法。

演化五:梁启超说,须知苦乐全在主观的心,不在客观的事。

演化六:老百姓说,困境是自己制造出来的,脚上的泡是自己走的。

演化七:经济学家说,不在于你有多少钱,而在于你如何使用这些钱。

演化八:养生学家说,不在于你吃了什么,而在于你的身体吸收了什么。不在于你吃得多,而在于吃什么对你的身体更有用。

演化九:社会学家说,不在于你拥有多少知识,而在于你的知识有多少是有用的。

世间的许多道理,都是由几个基本的道理演化而来的。

(三)管理定义的演化

管是约束,理是引导,一手拿着制度的皮鞭督促,一手拿着利益的橄榄引导。如果鞭策不动,引导不前,冥顽不化,只有淘汰。其实管理的本质就是"把规则装进员工的脑,让他自己去做好"。

演化一:泰罗认为,管理就是要"确切地知道要别人干什么,并注意他们用最好最经济的方法去干。"

演化二:法约尔认为,"管理就是实行计划、组织、指挥、协调和管制。"

演化三:西蒙认为,管理就是决策。

演化四:姜子牙说,治理国家就像钓鱼一样。

演化五:伊尹说,治理国家就像做菜一样。

演化六:杨朱说,治理国家就像牧马一样。

演化七:管理就是服务。管理的服务是做教练。

演化八:管理就是沟通,就是"把规则装进员工的脑,让他自己去做好"。

演化九:管理如治水,疏和堵。

演化十:管理就是赏和罚,惩罚不需要的行为,奖励需要的行为。你奖励什么,惩罚什么,无疑就是向世人昭示你的价值标准。

演化十一:管理就是控制,及时反馈调整偏差。

无论怎样定义,管理就是一方面要管,一方面要理。大道至简至易,易则易知,简则易从。管理是人世间最高的学问,最富有魅力,最能驰骋才华,奥妙无穷。

举这几个例子的另一目的是想让大家知道,知识就是这样爆炸的。无论学习知识还是学习技术,只要抓住了本质的东西,就会学习的快。

六、方法移植,精一法而通万法

根据系统论的观点,一个人就是一个开放的系统。依据系统控制的理论,自我管理的科学步骤都是:

(1)树立理念:强调重要性和意义;
(2)确定目标:确定行为方向和行动计划;
(3)建立规则:规范行为的一套机制;
(4)打造平台:执行计划,比如,企业是实现人生目标的一个平台,社会是一个大舞台;
(5)评价结果:对执行以后的效果进行评价;
(6)调整提高:对不理想的结果找出原因,确定新的行动计划,对理想的结果想新的方法,使其更好,继续执行下一轮计划。

现在我们运用系统的观点和创造学的方法进行演变如下:

演化一:将自我管理改为自我学习管理,步骤相同,平台有所变化。学习的平台是,人生处处是学校,人人、事事、物物为我师。比如,我看一朵玫瑰花,能悟出班组怎样建设、人与人之间的关系应该是什么样的、文章的结构应该是什么样的……

演化二:将自我管理改为自我时间管理,步骤相同,平台在个人的一切活动之中。

演化三:将自我管理改为家庭管理,将家庭看作一个由家庭成员组成的系统,目标变为家庭的目标,步骤相同,平台在家庭每个人的一切活动之中。

演化四:将自我管理改为班组管理,将班组看作一个由班组成员组成的系统,目标变为班组的共同目标,步骤相同,平台在班组的一切活动之中;至于建设学习、和谐、安全、清洁、节约班组的步骤也是如此,只是具体细节有所不同而已。

演化五:将自我管理改为企业管理,将企业看作一个由许多班组组成的系统,目标变为企业的共同目标,步骤相同,平台在企业的一切活动之中。

演化六:将自我管理改为国家管理,将国家看作一个由许多省、市组成的系统,目标变为国家的总目标,步骤相同,国家的平台在国家的一切事物之中。

随着系统的扩大,管理越来越复杂,但道理是相通的,都是以自我管理为基础的,如果每个人都能实现自我管理,那么家庭、企业乃至国家就达到大治了,就会呈现和谐、有序、动态发展、文明祥和局面。这不就是《大学》里讲的欲治国先"齐家",欲"齐家"先修身(自我管理)的道理吗?

以上我们是由自我管理一直推论到国家的管理,是向扩大的方向推,如果运用逆向思维反推,比如,我们可以从国家建设和谐社会方法悟到建设和谐企业的方法;从建设和谐企业的方法悟到建设和谐班组的方法;从建设和谐班组的方法悟到建设和谐家庭的方法;从建设和谐家庭的方法悟到自我和谐的方法。前面是逐渐扩大,这里是逐渐缩小。

还可以横向移植,把别人的好方法,适合自己的,改造后使用。拿来用之,起到"他山之石,可以攻玉"的效果。

有的员工说,既然这么简单,那么为什么不同的家庭、企业管理的结果会有很大差异呢?

其原因有二:其一是人不同,价值观不同、目标不同、行为方式、方法不同,所以结果不同;其二是不知道这样的道理,知道了也不做,即使做了也没尽心尽力,做的不到位。

同样的工具,同样的材料,同样的方法,交给不同的人,会做出差别很大的作品,这就是手法不同,这就是创造的魅力。

越是简单的道理,越是容易被人忽视,越是简单的道理,其奥妙往往无穷。运用之妙,在心中,在手上。

关于发明创造的例子不胜枚举,比比皆是。可以说,我们生活中的每一件物品,在它第一次出现时,都是创造,都是分与合的变化而已。《孙子兵法》之势篇曰:"声不过五,五声之变,不可胜听也。色不过五,五色之变,不可胜观也。味不过五,五味之变,不可胜尝也。战势不过奇正,奇正之变,不可胜穷也,奇正之相生,如循环之无端,孰能穷之?"

通过以上几个例子,我们已领略到了分与合是创造技法的核心,也看到了分与合的妙处。巧用分合之变,创造无穷尽矣。正可谓"天机云锦用在我,剪裁妙处非刀尺"。人间万物本相似,妙悟勘破分与合。创造有法而无定法,"法法而胜者为之明,铸法而胜者为之神"。从学用成法到创造新法,要"与时迁移,应物变化"。运用之妙,存乎一心。

长空的闪电,大漠的惊雷,是风云变幻的结果。创造的灵感,工作的业绩,是日积月累的结果。只要我们每个人勤奋工作,努力实践,一定会创造出一个更加美好的班组。

创造与和谐兼美,工作与享受同在。让我们一起努力创造,共同享受美好的明天!

[本章小结]

事物本身具有立体化特征,所以立体化思维方法符合事物的本质,是一种科学的思维方法,是发明创造过程中最有用的方法。立体化思维运用了所有思维方法的精华,对我们的工作、学习和创造都非常有用。如果我在学习时,能将所学的知识依据知识间的联系和变化建立起立体化的知识结构,既便于记忆又便于应用。

本章所给出发明创造技法统宗,本身就是一个创造,如果我们能将所学的知识也列出一个相互关联的体系,那将对我们的学习和工作是非常有用的。

第十三章 "五型"班组的第七项修炼
——自我管理

一流的管理靠文化。21世纪的管理是以价值观为核心的企业文化管理,重点是员工的自我管理。

人性的最大弱点是贪图安逸和放纵自己的行为。

凡人和伟人的最大差别就是伟人会管理自己。

没有正常的生活,就没有真正卓越的人生。

自我管理就是为达到人生的理想目标(或特定目标)而合理地、有效地充分利用自己的时间、金钱和精力,对自己的思想、心理和行为的调节、控制或约束。

自我管理的内容包含人生的全部活动,主要有个人思想、情绪和行为。自我管理以价值观为核心,以法律和道德规范为准则。

自我管理是一切管理的基础。班组的管理、企业的管理乃至国家的管理无不以个人的自我管理为基础。企业的一切效益来源于管理,企业的一切管理最终要通过员工的自我管理来实现。人生的一切成就来源于自我管理,没有自我管理,没有正常的生活,就没有真正卓越的人生。员工自我管理的好坏,决定人生的成败,决定企业的兴衰。在生活中,有很多人终生碌碌,一事无成,就是因为没管理好自己。因此说:学会生存首先要学会管理自己。

第一节 人生目的

一、什么是人生目的

人生目的就是人生的总目标。它包括人为什么活着、怎样生活才有价值、什么样的生活才是有意义的等内容。

人生的总目标支配和制约着具体目标的形成和发展,人生的具体目标是总目标的具体体现。总目标的实现要求并决定着具体目标的实现。人生目标离不开人生的具体目标。人生目的决定人生的道路和方向,决定人生价值,决定人生态度。

人生目的是指人们在人生实践中逐步确定的,并终生奋斗追求的结果或境界。人生目的是人在社会生活中对于生命意义的不断体验,与人生理想有密切的联系。由于人们所追求的目标和对象有着巨大的差异,人生目的也有高尚和低下之分。

二、人生目的是动态的

人生目的在人生的过程之中,是动态的,是变化的。人生目的是随着各个具体目标的实现而发展的。林肯在没鞋穿的时候其人生目的绝对不是总统。人生目的是在不断的完成具体目标之后才开始谋求更大的目的。人生就像登山,是一步一步爬的。即使到不了顶峰,但总是登得越高,能欣赏到的风景就越辽阔、越壮丽,可以仰望并见到它们的美丽。相信它们,并设法追随它们的引领。

三、人生目的究竟是什么

对于人生目的是什么,这也是一个"仁者见仁,智者见智"的事,不同的人,有不同的目的。

有人说人生目的就是追求现世的幸福,幸福就是快乐、爱情、荣誉和自己所要求的一切;人们之所以追求幸福,是由人与生俱来的本性决定的。有人说人只能通过个人奋斗,依靠热情、智慧和力量,才能获得幸福。也有人说人生目的就是"自我保存"、"趋利避害"、"趋乐避苦",等等。

无论怎样,在人类文明的今天,至少应该以履行责任、享受生活、实现自我为目的。在道德秩序范围内追求健康长寿、完美人格形象、创造性地实现、自由地表现,实现自我和谐、与他人和谐、与社会和谐、与自然的和谐。人类只能向终极目标靠近,而不能真正全部实现。

四、人类因梦想而伟大

一个人生活不能没有目的,人生没有目的就会迷失方向,没有目的就会误入歧途,没有目的心理就会失衡。

生命的悲剧不在于目标没有达成,而在于没有目标。目标指引人工作的总方向。有志者每天的生活与工作,其实都可以理解为一个不断地提出目标、不断追求目标并实现目标的过程。

第二节　自我管理的核心——树立健康向上的价值观体系

一、什么是价值观

价值观是指一个人对周围的客观事物(包括人、事、物)的意义、重要性的总评价和总看法。像这种对诸事物的看法和评价在心目中的主次、轻重的排列次序,就是价值观体系。价值观和价值观体系是决定人的一切行为的心理基础。价值观与其他行为的关系如图13-1所示。

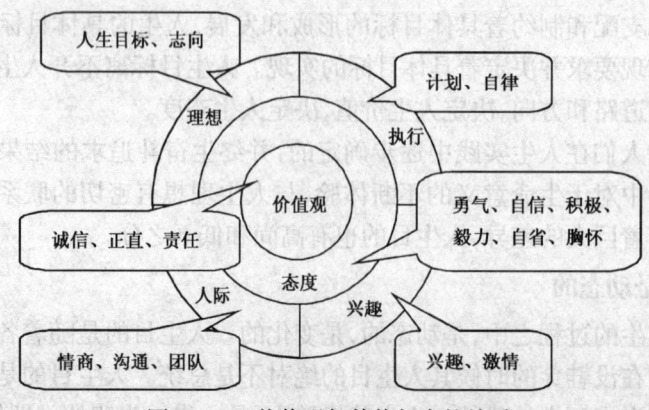

图13-1　价值观与其他行为的关系

价值观是社会成员用来评价行为、事物以及从各种可能的目标中选择自己合意目标的准则。价值观通过人们的行为取向及对事物的评价、态度反映出来，是世界观的核心，是驱使人们行为的内部动力。它支配和调节一切社会行为，涉及社会生活的各个领域。

确立健康向上的价值观体系，就是要确立正确的信仰、理想、信念，努力克服人们精神生活空虚、道德滑坡、行为失范的现象。价值观是自我管理的核心内容。

二、价值观的特性

（1）价值观是因人而异的。由于每个人的先天条件和后天环境不同，人生经历也不尽相同，每个人的价值观的形成会受到不同的影响，因此，每个人都有自己的价值观和价值观体系。在同样的客观条件下，具有不同价值观和价值观体系的人，其动机模式不同，产生的行为也不同。

（2）价值观是相对稳定的。价值观是人们思想认识的深层基础，它形成了人们的世界观和人生观。它是随着人们认知能力的发展，在环境、教育的影响下，逐步培养而成的。人们的价值观一旦形成，便是相对稳定的，具有持久性。

（3）价值观也处于发展变化之中。价值观在特定的环境下又是可以改变的。由于环境的改变、经验的积累、知识的增长，人们的价值观有可能发生变化。

三、价值观的类型

（1）理性价值观；
（2）美的价值观；
（3）政治性价值观；
（4）社会性价值观；
（5）经济性价值观；
（6）宗教性价值观等。

四、价值观的作用

（一）标准作用

价值观决定着人类行为的取向，决定着人们以什么样的心态和旨意去开创自己的新生活，因而它对于人类的生活具有根本性的导引意义。人们做事说话经常要考虑"有没有用"、"有没有利"、"值不值得"。这"用"、"利"、"值"就是一种价值判断。也就是说，价值观从由来、实质和运用角度定义，就是指对人的社会实践行为和活动的评价与判断。在一定历史条件下，多次反复的实践和评价过程，使人们逐渐形成了相对稳定的判断人的行为与活动的好坏、美丑、利害、善恶、荣辱、得失等的观念。价值观决定着人们对价值目标的追求。人们对目标是有取舍和选择的，选择的是能够满足其需要、被认为是最有价值的目标；舍弃的是被认为没有价值和价值不大的目标。

（二）动力作用

价值观通过人们的行为取向及对事物的评价、态度反映出来，是驱使人们行为的内部动力。它支配和调节一切社会行为，涉及社会生活的各个领域。

价值观时刻发出内心指令，为人类生活提供精神力量和行为动力，它具有创造与毁灭的能量。正确的价值观是成功的起点,是托起人生大厦的坚强支柱,是承载人生理想的诺亚方舟。

(三)调节作用和定向作用

价值观是一种内心尺度,它凌驾于整个人性当中,支配着人的行为、态度、观察、信念、理解等,支配着人认识世界、明白事物对自己的意义和自我了解、自我定向、自我设计等,也为人自认为正当的行为提供充足的理由。

价值观不仅影响个人的行为,还影响着群体行为和整个组织的行为。在同一客观条件下,对于同一个事物,由于人们的价值观不同,就会产生不同的行为。在同一个单位中,有人注重工作成就,有人看重金钱报酬,也有人重视地位权力,这就是因为他们的价值观不同。对于同一个规章制度,如果两个人的价值观相反,那么就会采取完全相反的行为,将对组织目标的实现起着完全不同的作用。

价值观是人生的引航灯,所以我们要改变现状,先得改变自己;要改变自己,先得改变我们看待外界的观点。

五、价值观的形成

价值观是后天形成的,是通过社会化培养起来的。家庭、学校等群体对个人价值观的形成起着关键的作用,其他社会环境也有重要的影响。个人价值观有一个形成过程,是随着知识的增长和生活经验的积累而逐步确立起来的。个人的价值观一旦确立,便具有相对的稳定性,形成一定的价值取向和行为定势,是不易改变的。但就社会和群体而言,由于人员的更替和环境的变化,社会或群体的价值观又是不断变化着的。传统价值观会不断地受到新价值观的挑战,这种价值冲突的结果,总的趋势是前者逐步让位于后者。价值观念的变化是社会改革的前提,又是社会改革的必然结果。

价值观是人们对社会存在的反映。人们所处的自然环境和社会环境,包括人的社会地位和物质生活条件,决定着人们的价值观。处于相同的自然环境和社会环境的人,会产生基本相同的价值观,每一社会都有一些共同认可的普遍的价值标准,从而发现普遍一致的或大部分一致的行为定势,或曰社会行为模式。

六、如何树立正确的价值观

凡是符合发展规律,符合人类根本利益的价值观都是正确的价值观。树立正确的价值观主要有以下几种方法。

(一)正确认识自己

1. 正确认识个人的人生价值

人生价值是指一个人的存在和实践活动对于满足社会、他人和自身需要的有用性。它是人生观的重要方面,也是价值观的重要内容。人生价值包括两方面,一是个人对社会的责任和贡献,即个人的社会价值;二是社会对个人的尊重和满足,即个人的自我价值,亦即贡献与索取,贡献与索取是互相联系密不可分的。个人对社会作出了贡献,推动了社会发展,就为个人索取打下了基础;个人从社会那里得到了生存和发展所需要的东西,又会激发起更大的积极性和创造性,为社会作出更大的贡献。

人生的价值首先在于对社会的贡献,这是因为:

(1) 个人对社会的贡献是社会存在和发展的基本保障；

(2) 个人对社会的贡献是人生价值的基本标志。人生的价值是在创造中提高,在奉献中升值。一切先进人物的主要特色就在于他们对社会的贡献。

衡量一个人的人生价值,既要看他在物质方面对社会的贡献,又要看他在精神、思想道德方面对社会的贡献。在一定条件下,精神贡献可以转化为物质贡献。

2. 知道自己的优势和不足

做一个冷静的现实主义者,做到"知己",就是知短知长,知短为避短,知长为用长。人的眼睛是向外看的,所以看别人容易,看自己难。这就是"不识庐山真面目,只缘身在此山中"的道理。

3. 找准自己的位置

找准自己的位置,一是要依照角色行事,角色地位决定个人的行为,正确认知自己的角色并依此正确确定自己的行为表现,是一个人走向成功的重要环节。违背角色、叛逆会降低一个人的协调能力。二是要把自己定位在常人位置上,思想一定要开放,胸怀大度,虚怀若谷,谦虚谨慎,平易近人,敬业乐群。乐于接受别人。一定要意识到集体智慧的重要性,尤其是信息时代,这一点尤为重要。

4. 正确对待自己

要愉快地接纳自己。不能欺骗自己、排斥自己、拒绝自己,更不能烦恨自己。不能自苦、自危、自惭、自卑、自惑乃至自毁。对自己做过的不尽如人意的事情不去一味的自责。相信金无足赤,人无完人,自己当然也不例外。正视人的成长过程就是和错误失败作斗争的过程,或者是由否定到肯定再到否定的过程,能从错误中吸取教训,积累经验,以后就能少犯错误。

5. 正确对待毁誉、得失

正确对待赞许、称颂、批评、责怪,甚至歧视得失、谤毁、嘲弄、忧虑、喜乐。对错由己定,好坏任人评。走好自己的路,做好自己的事。让别人说去,让别人看去,让别人想去。找准自己的平衡点,心灵就会有定力。

[案例]

八风吹不动,一屁过江来

宋朝苏轼在江北瓜洲地方任职,和江南金山寺只隔着一条江,他和金山寺的主持佛印禅师经常谈禅论道。有一天,苏轼觉得自己修禅大有进步,立即提笔赋诗一首,派遣书童送给佛印禅师看,诗云:

稽首天中天,毫光照大千。八风吹不动,端坐紫金莲。

说明一下,所谓"八风"在佛教里指的是"得、失、谤、扬、赞、嘲、忧、喜"等八种影响人的情绪。佛印看到诗后,只批了两个字"放屁"就叫人将诗送了回去。苏学士一看这两个字的评语,火起无名,立马过江到金山寺,要当面和佛印禅师论道。没想到佛印禅师早站在江边等待了。苏轼气呼呼地说:"禅师! 我一直拿你当好朋友。我的修行,你不赞赏也就罢了,怎可骂人呢?"禅师若无其事地说:"骂你什么呀?"苏东坡把诗上批的"放屁"两字拿给禅师看。

禅师哈哈大笑："哦！你不是说自己'八风吹不动'吗？怎么'一屁打过江'了呢？"

苏东坡惭愧不已。后来"八风吹不动，一屁过江来"，就成了被人们传诵的对联。

启示：苏东坡之所以被佛印说中，还是定力不够。其实一个人做出来的事，写出来的作品，一千个人会有一千种评价。就像厨师做菜一样，不能满足所有人的口味。说出的话就能挑出错，想让所有的人都说好是不可能的。毁誉只有听之于人。

总之，正确认识自己，是为了有效地管理自己。控制自己的欲望和行为，这样才能重塑自己，做自己幸福的缔造者，从而成为一个理想的自己。

(二) 正确认识个人与环境的关系

自我管理的过程简化成为如图 13 - 2 所示的系统控制图。

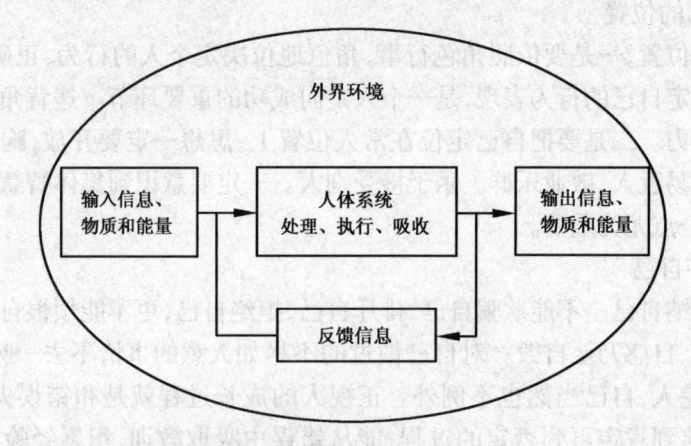

图 13 - 2　系统控制图

从图 13 - 2 可以看出以下几个方面的内容。

1. 个人与环境关系就是输入和输出的关系

输入和输出的关系，即交换关系。交换在双方认为合适的条件下进行，这里起决定作用的是个人的价值观，也就是每个人心中的那杆称。你我交换，他人观看，对错自己定，好坏他人评。就是古人说的"是非审之于己，毁誉听之于人"的道理。

输出为别人，输入为自己，这就是"我为人人，人人为我"的道理所在。

交换的原则是双方的相互选择促成相互合作，相互承诺促进相互诚信，各取所需、各得其所实现互利双赢。具体如下：

(1) 输入输出不能失衡。个人从环境中吸收信息、物质和能量(能量也是物质，以后只用物质一词)，经过人体系统处理的吸收，向环境输出信息、物质和垃圾。吸收是索取以满足个人需求，输出对环境有用的东西是付出，是对外界环境的回报，是必须履行的责任。人体通过反馈信息，对自己的思想和行为进行控制，索取与付出不能失衡。

(2) 输入必须是对个人有用的。个人从环境中吸收信息和物质，不是没有选择的吸收，必须是有用的，这就是人生的全部艺术在于选择的道理所在。其原则为输入选择有用的，淘汰无用的。

(3) 输出必须是对他人有用的。个人输出的信息和物质必须是对环境(他人和社会)有用的，这就是人生的价值所在。原则为输出对他人有用的，尽量减少无用的垃圾。

第十三章
"五型"班组的第七项修炼——自我管理

不曾拥有，如何输出。要使自己有用，应具备身体健康能力、技术能力、学习能力、沟通能力、心理承受能力。用这种五种能力来换取世界上自己所需要的资源，包括物质财富资源和精神财富资源。

（4）取用有度。人体是一有限的系统，对物质和信息的需求也不能是无限的，也就是说人的欲望不能是无穷的，也不能是没有的。人体所需物质和信息少了不能维持系统运转，多了破坏系统平衡，这就是"过犹不及"、"中庸（适度）"的道理。

2. 人是受环境制约的

从图13-2可以看出，人是受环境制约的。人生没有绝对的自由。世界是由不同的规则构成的，人类的一切活动（游戏）都要遵守一定的规则。火车在轨道上运行才有自由，人生在道德、法律和自然规则内行动才是自由的。我们应该做的就是认识规则、掌握规则、适应规则、运用规则。按规则行动，就会像庖丁解牛一样，游刃有余。自由的本意是自我驾驭，也就是自我管理。

人在自然界中生活，一是改造环境适应自己，改造环境是为了利用环境；二是改变自己适应环境。人改变环境的能力非常有限，更重要的是适应环境。

如何适应，"唯变所适"，就是"变通"。"化而裁之谓之变，推而行之谓之通"，"变则通，通则久"，"通其变，遂成天地之文"，"通其变，遂晓世人之情"，"通其变，遂用万物之利"。大自然、社会在按固有的规律不停地运转着，君子也只能以自强不息的态度，不断改变自己、完善自己，才能达到与自然、社会、天人和谐共处的境界，这是对自身的变通要求。

如何适应，适者，顺也。顺从自然法理才是大道。适应环境要做到：与天相合，察知天时，利用天时；与地相合，察知地利，利用地利；与人相合，察知人情，顺应人情。

变化是世界的本质，适应是生存的法则，调整是人生的必然，选择是人生的艺术。人生的艺术成分就是识变、知变和应变。不知通权达变，必尝败果。识变是认识事情的诸多变化，知变是知道事情怎样变化，应变是变化来临时如何应对，思变求变就是事件变化未来临时，审时度势，以变应变，与时俱进，及早变化，就是水没来先修坝，才能在变中取胜。

以变应变，常变常新；以变应变，以变制变。以不变应万变，不变的是大方向；以万变应不变，变的是技术、方法、手段和行为。看问题、解析问题、对事情的了解，有更灵活的"万变"，俗语说，山因势而变，水因时而变，人因思而变。孙子曰："故将通於九变之利，知用兵矣。将不通於九变之利，虽知地形，不能得地之利矣。治兵不知九变之术，虽知五利，不能得人之用矣。"

兵有兵经，但兵无常势，弈有弈谱，但弈无定型，管理有法，但无定法，没有最好的，只有合适的。改变自己，适应环境。山不过来，我就过去，我过去了，我登上山顶了，我就是山峰了。树的方向，由风决定，人的方向，自己决定。凡事操之在我。

3. 向环境学习

人体从外部吸收信息，吸收信息的过程也就是学习的过程，学习的目的是为了认识环境、适应环境、利用环境。这就是"适者生存"的道理所在，也说明了学习对个人和社会系统是必须的。学习是人类生存与发展的推动力，人不是生而知之，而是学而知之，知识和能力是从学习和实践中来的。人最重要的能力是什么？是学习能力，人的竞争力就表现在学习

力上。我们处在一个激烈竞争的时代,具备"比他人学得快的能力"是唯一能保持的竞争优势。

4. 个人影响环境

影响环境的能力就是个人的影响力,个人通过输入输出影响环境。个人对环境的影响主要有物质的、精神的、行为的三大方面。要提高个人的影响力一是要提高个人的能力,就是要提升自己的人生价值,提高对社会的有用度;二是要让他人知道自己的能力和用处。简单地说,就是一要自强,二要推销自己。

人与环境的关系是相互影响的。个人是内因,环境是外因,内因与外因相互作用造就了人。究竟是内因起决定作用,还是外因起决定作用,要看势态。个人处在强势时,内因起决定作用,环境处在强势时,环境起决定作用。这也是人要自强的道理所在。

个人与环境的基本关系就是适应,通过改变、调整实现和谐。如何实现和谐,就是改变能够改变的,适应不能改变的。

5. 人必有私

从图13-2还可以看出,人必须从外界获得信息和物质,这是一个人要生存、享受和发展的必要条件,所以人必有私。万物的本质是自私。如果地球不自私,牛顿看到的苹果不会掉到地上,而是飘向无垠的太空,地球也会物质散尽而消亡;动物界如果没有自私的基因,那么达尔文《物种起源》中的适者生存就站不住脚;人类如果不自私,那么每个人都宁愿承受贫困和一无所有,人类的发展也无从谈起。所以自私是个人(群体)得以存在和发展的前提。从个体(群体)生存的意义上讲,大公有私,公字的下一半刚好就是古体的私字,不管打着什么大公的幌子,也至少有一半是出于私心。"天下熙熙,皆为利来,天下攘攘,皆为利往。"人是利益的人,团体是利益的团体,社会是利益的社会。无私,公无所由。无公,私无所托。大公就是大私,大公是以群体的私,成就个人的私。没有群体的大私,也就没有个人的私,因为只有以群体的形式去争,才能更容易成就个人私利。

自利的原则,就是其行为以不损伤他人的利益为底线。

6. 工作为自己

由图13-2可知,人不能只有输入,而没有输出。古人早就告诉我们"将欲取之,必先与之",要买东西,必须先付款。工作成果就是付出,只有我们付出了劳动,取得了成果,然后才能满足个人的需求。所以工作是为自己,不是为老板,也不是为经理。

工作为自己。每个人工作都是在成就自己的梦想,都是为自己的理想与未来而工作。有谁是在为企业、为老板而工作?如果现在的老板不支付你薪水,你会继续工作下去吗?为金钱工作,工作让人无味;为老板工作,工作让人疲惫;被动工作,工作让人受罪。为自己工作,工作让人不怕苦累,艰难困苦,无怨无悔;为自己工作,工作让人心甘情愿,在工作中体验快乐的滋味。

工作为自己。由"为他人工作"转为"为你自己工作",由"要我做"转为"我要做",我会做,我善做,我乐做。心态转变了一下,对企业才有了主人翁意识,才有了高度的责任心,才有了神圣的使命感,才会充分发挥自己的主观能动性,才会挖掘自己的最大潜能,为企业、自己创造可观的经济效益。只有真心地把工作当作自己的生意去经营,去投入,心甘情愿地为它付出,当你感觉不再只是为老板打工,而是为自己工作时,所有的劳累、辛苦,就真的都无所谓了。

第十三章
"五型"班组的第七项修炼——自我管理

在很多时候我们是否能把工作做好并不是我们具备不具备做好工作的能力，而是在于我们在做那件事情时所持有的是什么样的态度。当我们在工作的时候，抱着一种做好做坏都无所谓的态度，我们又怎么会认真、尽力地去把工作做好呢？如果我们以愉快的心情对待工作，便会在工作中得到乐趣；如果我们充满了热情，积极、主动地工作，工作便会给予我们成功的喜悦。

工作为自己。为自己的使命，为了实现人生的理想、提升自己的价值而工作。不要仅仅为薪水而工作，应该为梦想而工作，为自己的前途而工作。只有对自己工作的目的有了正确的认识，才能激发出责任心、自尊心和上进心，才能以饱满的热情，自动自发的态度，积极开拓进取的精神，顽强拼搏的斗志投身到工作当中去。

工作为自己。就会有事业心，就会时时严于律己，处处以身作则，事事精益求精，以敬业的虔诚去恪尽职守，不断提高自己的专业水平，不断提升自己的工作能力，不断提升自己的人生品位。

工作为自己。就不会在乎别人的说法，积极工作，从工作中获取快乐与尊严。这就是一个非常有意义的工作，也能实现你人生的价值。这样，我们的人生会更辉煌，生命会更有价值。

工作为自己。不需要别人督促，不论身在哪个机构，都是自己的机构，自己主宰自己，自己监督自己，自己对自己负责，自己想办法完成自己的任务。一切都是自己的，怎好去问别人该如何做，怎好让别人替自己做，怎好找借口不给自己做。

工作为自己。就不会懒惰、不会报怨、不会消极、不会怀疑、不会马马虎虎、不会推诿塞责、不会投机取巧，更不会存在跳槽的情况。因为你要生存，你做的一切都是为了生存，一切恶习都会成为你生存的障碍，你不会放纵恶习而断掉自己的生路。你无槽可跳，因为一切都是你的，跳到哪都是一样，每个槽里都放着同样的足够的食物，你知道都属于自己，何必辛苦地跳来跳去不知选择哪个？

工作为自己。忠诚是为自己，敬业是为自己，服从是为自己，信用依然是为自己。

工作为自己。我们就会自动自发、自管自治、自愿自觉地工作。工作无须做给老板看，自己就是自己的老板，我们在为自己努力。你的品质、你的行为、你的精神，都是你提高生存质量的必须。有谁为了自己的事情不全力以赴，还要在别人的监督下才去做？抱着恶习不放，只能把自己推进灾难。

工作为自己。我们将会发现工作中有许多个人成长的机会。通过工作，我们能学到更多的知识，积累更多的经验，能够充分挖掘自身的潜能，展现自己的才能。

工作为自己。我们可以把自己的能力看做是一件商品来经营，因为劳动力本身就是商品，而我们的老板、所在的企业则是自己的顾客。商品有利用价值，顾客就会花钱购买。商品的利用价值高，顾客支付的薪水就会高。所以，如果你目前的薪水不高，原因只有一点，那就是你的利用价值太低。

不要问企业能为你做什么，而要问你能为企业做什么。有的员工年薪达到十几万、几十万甚至上百万，而有的员工年薪只有几千或者一、两万，为什么？因为他们的利用价值不一样。利用价值高，得到的回报就大。所以，要增加自身的财富，只有不断提高自身的利用价值，不要怕自己被利用，只怕自己没有用。

每个人的价值可以分为两部分：第一部分是绩效价值，即凭借自己的技能与态度为企业创造的劳动成果；第二部分是情感价值，即与同事、上级之间是否有和谐的人际关系。两种价值缺一不可。

工作为他人。在工作中会一直处于被动状态，我们将会发现，每天有一大堆的工作等着我们去做，总有做不完的事。这时你会感到工作十分艰辛、烦闷。情绪不佳，工作自然很难做好，不能做好本职工作的人会错过工作中个人成长的机会。

工作为他人。所以自然会抱怨，对一切不满。抱怨学校、父母、单位、工作、婚姻甚至社会。其实问题是出在我们自己身上，出在我们对工作看法的心态上。

工作为他人。把这一切都当作别人的，总以为是在为别人做，所以我们心理有太多的不平衡，所以总有借口不去做，所以要怀疑一切，带着恶习准备着攻击别人，以为这样就会得到想得到的。让别人耕耘，你来收获，还窃喜我有多聪明。不劳而获的思想，违反了社会交往的最基本的规则，没有规则的游戏还能进行下去吗？

工作为他人。会对什么工作都无所谓，什么工作都是应付，什么工作都打折扣，会磨工、会浪费。久而久之，自己本来应有的工作能力都下降了，本应有能力做好的工作都没有做好，结果一事无成。再与同行相比，无论是职称还是待遇，无论是名还是利，差距越来越大，于是愤愤不平，怨天尤人，总认为同行没有帮助他，领导没有关心他，甚至心理失衡，行为偏激，产生嫉妒、报复等灰暗心理，不但害人，而且也害了自己。

工作为自己。一个人活在世上只有首先确立工作为自己，为自己而工作的思想，确立为自己谋生而工作，为自己在世间立足而工作，为提高自己的生活质量而工作，为实现自己的人生理想、人生价值而工作的理念，才会以积极的姿态投入到工作中去，焕发自己的工作热情，发挥自己的主动性和创造性；才会真正理解领导提出的要求是自己做好工作的前提，企业的规章制度是自己做好工作的基础，企业的督查考核是自己做好工作的保障，领导的批评建议是自己提高工作效率的法宝；才会不断地反思、反省，不断地挑战自我，超越极限。人一旦进入了这样的境界，就会守得住清贫，耐得住寂寞，挡得住诱惑，管得住小节；就会专心工作，精心工作，恒心工作；就会有益于自己，有益于他人，有益于社会。

当工作不再成为一种负担而是成为一种享受时，再多的困难也就不在话下了。为别人工作永远是被动消极的，而为自己工作是积极的，快乐的。树立积极快乐的工作观应该是每一个员工的原则。每天我们走进单位的时候不应该是愁眉不展的，我们应该微笑着，享受着工作带给自己的成就感。心态不同，工作的效果就不相同，当你带着愉悦的心情去工作时，你将会有意想不到的收获。

7. 人是背负责任来到这个世界的

在人生的初期，由于创造价值的能力有限，输入价值往往大于输出价值，所以此时人生是处于一种"负债"的状态。

一般说来，我们每个人都是带着父母的希望、家人的希望、社会的希望来到这个世界的。我们应该明确自己的责任，承担自己的责任。责任是一种使命，责任是对自己所负使命的忠诚和信守，责任是人生中所必须履行的义务。工作就意味着责任，承担责任就是将自己工作出色地完成，责任就是忘我的坚守，承担责任就是人性的升华。承担责任，是自尊自信的具体表现，是自力自强的必然选择，是走向成熟的重要标志。唯有对自己负责的人，才有益于

第十三章 "五型"班组的第七项修炼——自我管理

社会。

人之所以要对自己的行为负责任,是因为每个人的行为都会产生一定的后果,这后果或者对他人和社会有好处,或者对他人和社会造成损害。做人应该对自己的行为负责。一个人有了责任感,就会去关爱别人,关心社会,做事前就会自省自律,使自己的行为产生好的后果,对他人和社会有益,避免做损害他人和社会的事。

当自己的行为已经造成了某种不良后果,无论是自己的错误还是无意中的过失,都应该勇敢地、老老实实地承担责任。逃避或推诿自己的责任,如果是小事,至少有损人格;如果是大事,还可能给自己带来更严重的后果。

责任不是你的重负,也不是你的悲哀,更不是苍天对你的偏爱,它是每个人都要完成的一种使命。人一生下来就享有权利,享受权利的同时就要履行义务。人可以放弃权利,但无权丢弃责任。社会学家戴维斯说:"放弃了自己对社会的责任,就意味着放弃了自身在这个社会中更好生存的机会。"放弃承担责任,或者蔑视自身的责任,就等于在可以自由通行的路上自设路障,摔跤绊倒的也只能是自己。

人生有四大责任。第一对自己负责,第二对他人负责,第三对职业负责,第四对社会负责。我们每一个人都在生活中饰演不同的角色。无论一个人担任何种职务,做什么样的工作,都要负起自己的责任,这是社会的法则,是道德法则,也是心灵法则。

(1) 对自己负责是真正的生存原则。只有自己能够决定自己的一切,改变自己的一切。对自己的行为负责,对自己的生活方式负责,敢于对自己负责,承担自己所做的一切,才是坚实的人生、成熟的人生。

人对自我负责,即是对自己的人生历程负责,其基本的要求就是珍惜生命,并追求有价值的生命。具体来说,可概括为以下几点:

① 自爱。就是爱惜自己的身体、名誉。如自虐、自残、自杀就是对自己不负责,不爱自己不可以原谅,不爱自己,还能爱别人吗?

② 自尊。就是尊重自己,不向别人卑躬屈节,也不容许别人歧视、侮辱自己。尊重别人就尊重自己,所以自尊的一个重要方面就是尊重别人,而不是自己端个架子让别人看。

③ 自律。就是给自己立规矩,自己去遵守。自律就是自觉对自己的感情、言行进行管束。不放纵自己的行为,按照一定的规律、原则做事,为了达到人生的特定目标,合理地、有效地充分利用自己的时间、金钱和精力。放纵是对自己身心的残害,以致年华空耗,终生碌碌,一事无成。美国总统林肯说过,一个人,如果把他的全部精力用在一点上就会做出连自己都想象不到的成果来。所以说,对自己负责,首先要学会管理自己。

④ 自强。是努力向上,是奋发进取,坚韧不屈,永不言败,是对美好未来的无限憧憬和不懈追求,是狂风暴雨袭来时的傲然挺拔。内心坚定强大的人,才能够真正强大起来。

⑤ 自立。自己能做的事,尽量自己去做,不期待别人的帮助,因为有别人的帮助是你的幸运,没有别人的帮助也是理所当然,所以人必须学会独立。如果一个人不愿意对自己负责,或者对自己的责任心不强,外人无论如何是帮不了你。

⑥ 诚信。诚信的基本含义就是:忠诚、老实、诚恳待人,守诺、践约、无欺。通俗地表述,就是说话、办事讲信用,答应了别人的事,能认真履行诺言,说到做到。守信是诚实的一种表现。诚实守信是为人之本,只有诚信的人才能获得别人的信任和尊重,才能有所作为。

⑦ 不抱怨和指责别人。人因亲和、赏识而结合,因抱怨、指责而分手。抱怨别人,无非是想推卸自己的责任,显示自己,认为错误不在自己,而在别人。抱怨只能使朋友疏远,同事怨恨,别无他用,抱怨只会让自己颓丧,打倒自己。一个对自己负责的人是永远也不会去找借口的人,他永远要去找答案而不是想问题,是解决问题而不是抱怨问题。遇到逆境,立刻停下来说:"我负责",然后,不会继续去想那些已经发生的事,而是去想下一步该怎么做。负责任的人会把精力集中到未来的机会而非过去的问题上。

⑧ 胜不骄,胜如果骄,成功就是失败之母。成功之时将心态归零,总结经验继续努力。从成功走向更大的成功。

⑨ 败不馁。对自己负责任的人不会为过去的失败而气馁,他们非常了解已经发生的事情是无可挽回的。他们会把每一次挫折或失败当成是珍贵的教训,而且会说:"下一次,我就会更加努力"。一个负责任者的座右铭是:"如果问题不可避免,我就必须对自己负起全责。"

⑩ 三思而后行。要养成三思而后行的习惯。三思而后行是负责任的表现,是良好的行为习惯。这就要求懂得控制自己的情绪,不头脑发热,鲁莽行事;不糊里糊涂,盲目行事。要学会全面考虑问题,减少盲目性,对自己将要做的事情的后果有正确预测,争取好的结果,避免不良后果。如果意气用事,盲目行事,最后造成了恶果,即使事后自己愿意负责任,可能也难以挽回后果。

(2)对他人负责。对他人负责的基本要求是诚实、守信和关爱,更不要用语言和行为去伤害他人。

对他人负责首先对家庭负责。家,是踏进人生的起点;家,是在受到挫折时,给予温暖的驿站;家,是获得成功时,提醒你戒骄戒躁的航标;家,是人生航船修整和加油的港湾。作为家庭的一员,虽有权享有家庭的快乐,但也需要对家庭付出。

对他人负责,要对集体负责。个人的成长离不开集体,集体给我们友情、支持与荣誉,自己是集体中的一个成员,对集体是有责任的。对集体负责,包括维护集体的利益和荣誉,为集体做一些力所能及的事,不损坏公共物品,不影响公共卫生,等等。

(3)对自己的工作负责。工作就意味着责任,岗位就意味着任务。在这个世界上,没有不需承担责任的工作,也没有不需要完成任务的岗位,工作的底线就是尽职尽责。企业需要的优秀员工,不是说他要有多高的学历、多好的经验、多高的技术,而是他对工作是否具有认真负责的精神。

责任胜于能力,没有做不好的工作,只有不负责任的人。责任承载着能力,一个充满责任感的人才有机会充分展现自己的能力。爱默生说:"责任具有至高无上的价值,它是一种伟大的品格,在所有价值中它处于最高的位置。"科尔顿说:"人生中只有一种追求,一种至高无上的追求,就是对责任的追求。"责任,从本质上说,是一种与生俱来的使命,它伴随着每一个生命的始终。事实上,只有那些能够勇于承担责任的人,才有可能被赋予更多的使命,才有资格获得更大的荣誉。一个缺乏责任感的人,或者一个不负责任的人,首先失去的是社会对自己的基本认可,其次失去了别人对自己的信任与尊重,甚至也失去了自身的立命之本——信誉和尊严。

如果一个人,无论是在卑微的岗位上,还是在重要的职位上,都能秉承一种负责、敬业的

第十三章
"五型"班组的第七项修炼——自我管理

精神,一种服从、诚实的态度,并表现出完美的执行能力。这样的人一定是我们企业的最佳选择。如果一个人不能对自己的工作负责,又何谈什么谋求自我发展、提升自己的人生境界、改变自己的人生境遇、实现自己的人生梦想呢?

(4)对社会负责。人生活在社会中,与社会存在着不可分割的关系。由于人依赖社会才能够生存与发展,因此人必须对社会负责。社会是一个大集体,他需要每个人都具有高度的责任感。我们要做有责任感的人,要让责任在我们心中扎根。

人生的社会责任是一个人对祖国、对民族、对人类的繁荣和进步,对他人的生存和发展所承担的职责和使命。在社会生活中,个体承担对社会的责任是一种客观必然。社会责任和社会权利是对应统一的,享受一定的权利,必须尽到相应的责任;尽到一定的责任,才能享有相应的权利。一个人只有充分承担、履行了自己的责任,尤其要社会责任,才称得上是一个合格的公民。

承担责任既意味着付出代价也意味着收获回报。一般情况下,付出的代价与收获的回报是统一的。没有只有代价而没有回报的责任,同样,也没有只有回报而没有代价的责任。如果只有利益,而没有责任,那是造就疯子。承担责任,伴随着获得回报的权利,如果只有责任,而没有利益,那是造就傻子。所以责任,是每一个生活在一定社会关系之中的人必须承担的,作为确定的人、现实的人,无论是何人,都对自身、对他人、对集体、对国家和社会负有一定的责任。

承担责任是人生成就的基石,责任决定成功,履行职责才能让个人能力展现最大的价值。没有责任,就没有速度,就没有效益,就没有全面、统筹、健康的发展。责任是创造卓越的原动力,尽职尽责才能缔造完美工作,负责任的精神可以让一个人出类拔萃,可以让一个人在所有的员工中脱颖而出,成为不可替代的员工。

责任让人坚强,责任让人勇敢,责任也让人知道关怀和理解。因为当我们对别人负有责任的同时,别人也在为我们承担责任。

我们要清醒地意识到自己的责任,并勇敢地扛起它,无论对于自己还是对于社会都将是问心无愧的。人可以不伟大,人也可以清贫,但我们不可以没有责任。任何时候,我们都不能放弃肩上的责任,扛着它,就是扛着自己生命的信念。

无论我们所做的是什么样的工作,只要我们能认真地、勇敢地担负起责任,所做的就是有价值的,就会获得尊重和敬意。有的责任担当起来很难,有的却很容易,无论难还是易,不在于工作的类别,而在于做事的人。只要我们愿意为履行责任想办法,不为推卸责任找理由,就会做得很好。

这个世界上所有的人都是相依为命的,所有人共同努力,郑重地承担起自己的责任,才会有生活的宁静和美好。任何一个人懈怠了自己的责任,都会给别人带来不便和麻烦,甚至是生命的威胁。

我们的社会需要责任,因为责任能够让社会平安、稳健地发展;我们的家庭需要责任,因为责任让家庭充满爱;我们的企业需要责任,因为责任让企业更有凝聚力、战斗力和竞争力。

在这个世界上,每一个人都扮演着不同的角色,每一种角色又都承担着不同的责任,从某种程度上说,对角色饰演的最大成功就是对责任的完成。正是责任,让我们在困难时能够坚持,让我们在成功时保持冷静,让我们在绝望时懂得不放弃,因为我们的努力和坚持不仅

仅是为了自己,还为了别人。

8. 人生的两大要务——满足需求和履行责任

从图13-2可以看出,输入和输出是人生两个基本行为,输入就是满足需求,输出就是履行责任,所以满足需求和履行责任的关系问题是人生的基本问题。人在一生中,从事各种各样的活动,但是,概括起来,人生就干这两类事情。

(1)满足需求。例如,吃饭、穿衣、住房、睡觉、休息、娱乐、审美、学习、锻炼、修养,等等,都是满足需求(对应图13-2中的输入部分)。

(2)履行责任。责任有两个方面的基本含义:一是指分内应做的事,二是指因没有做好分内应做的事而应承担的过错(对应图13-2中的输出部分)。

满足需求和履行责任的关系问题是人生活动成败的关键。二者不可偏废。不能只强调履行责任,否认满足需求;也不能只强调满足需求,而不履行责任。对此有以下三点要求:第一,满足需求要正道。要在履行责任的基础上,努力满足自己的需求。幸福和美好是人类的不懈追求,履行责任是为了更好地满足人类的需求。人在履行责任的情况下,满足自己的需求是无可非议的,但一定要在道德和法律允许的范围内满足需求,不能搞歪门邪道。第二,履行责任要积极。要在基本满足自己需求的基础上,积极地履行各种责任。人的需求是无限的,在一定的条件下,需求的满足只能达到一定的程度。人的需求又是不断发展的,满足需求贯穿人的整个一生。因此,不能等到自己的需求完全满足了,才去履行责任,而应当在需求基本满足,有能力履行责任的基础上,就要积极地履行责任。第三,要在履行对自我的责任的同时,积极地履行对自然和社会的责任。要在对自己负责的同时,努力为自然的保护和利用,为社会的稳定和发展作出更大的贡献。

(三)正确处理个人利益与他人利益的关系

一个人工作生活在一个单位要想做事顺利、成功,光靠个人的力量不行,因为事物都是彼此关联的,没有一样是纯粹的个人行为能办到的。人是需要相互支撑的,人人为我,我为人人,个人与他人的关系,也是一个贡献与索取的关系。要想得到必须付出,必须利他。这是全面客观的生活方法,是生活的原则,是天道。反之,那些不善于为别人着想的人,自私自利、损人利己的人会失去别人的信任,失去友谊、朋友和真正的幸福。这样的人可悲、可耻、可恨。所以,我们在个人利益与他人利益发生矛盾时,应让利在先,得利在后。我们只有平时多关心他人,在原则允许的范围内,在条件具备的情况下,行善积德,多做好事,我们在困难时、关键时,才能得到别人的帮助。

(四)正确处理个人利益与集体利益的关系

个人利益与集体利益(包括社会、国家利益)是辩证统一的关系。一方面,个人利益与集体利益互为前提而存在;另一方面,个人利益与集体利益互相促进而共同发展。集体主义原则要求个人把集体利益放在首位,为了集体利益,必要时牺牲个人利益,同时集体应当更好的完善自己,以便更好地满足个人的正当利益。

(五)正确处理个人与社会的关系

个人与社会是辩证统一的关系。

(1)个人与社会相互区别,不能等同。个人与社会相比较,社会起着根本的、决定的作用。

第十三章 "五型"班组的第七项修炼——自我管理

（2）个人与社会相互依存，密不可分。个人的生存依赖于社会生产。个人的生活依赖于社会规范。个人的发展也依赖于社会进步。人的生存离不开社会，人的发展更需要社会提供种种条件；任何一个社会的存在和发展，都是所有个人及其集体努力的结果。个人对社会具有能动性，个人通过参加社会劳动创造一定的社会生产力，推动社会的发展；个人通过参加变革生产关系的实践，推动社会的发展；个人通过参与政治活动和精神生活，促进社会上层建筑和意识形态的发展和变化，推动社会的发展。我们不能把个人与社会对立起来，甚至把个人凌驾于社会之上，过分夸大个人的需要和意志。

（3）天下兴亡，匹夫有责。负责任的公民，就是认真践行我国《公民道德建设实施纲要》提出的基本道德规范："爱国守法，明礼诚信，团结友善，勤俭自强，敬业奉献"的人。

（六）正确处理理想和现实的关系

理想来源于现实，理想是社会现实存在的反映。任何理想都是一定的社会历史条件和社会经济关系的产物，不可能脱离当时的客观条件。理想高于现实。理想虽然来源于现实，但它并不是停留在现实的水平上，它比现实更高、更美好。理想可以转化为现实。理想不等于现实，理想高于现实，但又可以转化为现实。

我们必须把理想植根于现实之中，才有可能实现自己的理想。对理想的追求既要符合社会发展的趋势，顺应历史发展的潮流，又要符合自己的实际，从自己的实际条件出发。要把理想转化为现实，从主观方面来说，特别需要艰苦奋斗。

（七）树立主动奉献精神

1. 什么是奉献

奉献是指义务性地为国家、人民、社会、集体或他人无偿地付出或给予的自我牺牲行为。由于奉献是无偿的，所以人们总是把无私与奉献联系在一起。无私奉献作为一种情操、一种美德、一种境界、一种精神，它是人生观、价值观的体现。这种无私奉献精神，是中华民族的传统美德，也是时代的呼唤。一个民族是需要奉献精神的，没有奉献精神，是不可能自立于世界民族之林。

奉献是自愿的付出行为，离开了"自愿付出"，就不能算是奉献。奉献是不求回报的无私给予，奉献就意味着牺牲自身利益，不管是对社会还是对他人，奉献都是无偿的。奉献是高出市场规则的行为，是超越个人功利性的追求。奉献是一个广义的范围，它不只是物质的给予，更是精神上的付出。其具体形式有：超报酬地为社会工作，自愿坚守艰苦低薪的社会岗位，义务承担社会公益性事业，为社会急需慷慨解囊，为维护社会正义或为保护公共财物而不惜流血牺牲，以及扶弱济困、舍己救人，等等。

对社会来说，奉献是义务性地为国家或社会公众所做的事，即列宁所说的"是一种为社会进行的无报酬的劳动"。对个人来说，是对他人无偿地援助和帮助，爱心是奉献的原动力，也是一个人无私奉献的前提。一个人不管对社会、对他人奉献的是什么，归根结底是出自于他的爱心，是爱心的具体体现，没有爱心的奉献是不可思议的，责任感是奉献的内在约束力量。比如，一个人具有"国家兴亡，匹夫有责"的崇高责任感，才能做到"先天下之忧而忧，后天下之乐而乐"，也才能在国家和社会需要的关键时刻挺身而出。

责任是分内应做的事情，是应当承担的任务、完成的使命和应该做好的工作。"苟利国家生死矣，岂因祸福避趋之"，是志士仁人对履行职责的坚定信念；"好汉做事好汉当"，是老

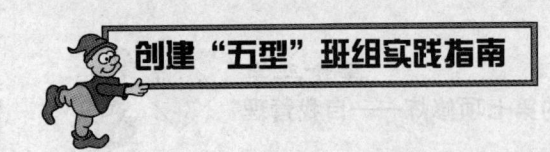

百姓对担责最快意的回答。责任在我们每一个人身上都有,责任在我们每一个人身上又各有不同。有的人有大责任,有的人有小责任。在本职岗位上恪尽职守、爱岗敬业、持之以恒、埋头苦干,这些都是尽责的表现。

责任无处不在,存在于生命的每一个岗位。白衣天使救死扶伤、人民教师教书育人、公务员为民办事,军人保家卫国等这些都是本职工作,都是有薪水和报酬的,因而不能一概地说他们的行为都是奉献。

尽职尽责不是奉献,而是一种工作认真的态度。奉献只能是完成本职工作之后、不计报酬的额外付出。敬业是奉献的基础,尽责不能算奉献,履行责任与奉献的关系如图13-3。

奉献是我们提倡的一种美德,但只有在高质量地完成本职工作以后,才有资格谈奉献。所以我们倡导的奉献精神应以"责任"作为底线。

一个人充分承担、履行了自己的责任以后的劳动、资金等各种投入,才能称得上是奉献,其行为、其精神才算得上是崇高。

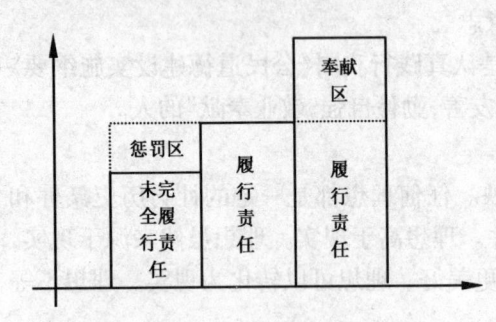

图13-3 履行责任与奉献的关系图

2. 人为什么要奉献

奉献是提升人生价值一种重要方式。比如,领导要求一个员工完成的是一,他却做到了二,那么这超出部分就是奉献。这样他在领导心中的价值不再是一,而是提升了一步。这样提升下去,他的人生价值会不断地增值,他也会因此而不断地获得重用。如果没有奉献行为,其价值就不会提升。所以提升人生价值在于奉献。

奉献的本质也是为自己,为了自己心灵的净化和人生价值的提升。奉献者收获的是一种崇高的精神满足,收获的是一种幸福、一种情操、一种爱心、一种美德、一种境界、一种灵魂的升华。

第三节 自我管理的原则

做好自我管理要坚持以下"十项基本原则":

(1)目标原则。每个人都曾有一个愿望或梦想,也会有工作上的目标,但经过深思熟虑制定自己生涯规划的人并不多。生涯规划的实现,需要强有力的自我管理能力。

(2)效率原则。浪费时间就等于浪费生命,这道理谁都懂得。但是,我们每天至少有1/3的时间做着无效工作,在慢慢地浪费自己的时间和生命。所以,要分析、记录自己的时间,并本着提高效率的原则,合理安排自己的时间,在实践中尽可能的按计划贯彻执行。

(3)成果原则。自我管理也要坚持成果优先的原则。做任何工作时,都要先考虑这项工作会产生什么样的效果,对目标的实现有什么样的效用。这是安排自我管理的工作顺序的一个重要原则。

(4)优势原则。充分利用自己的长处、优势积极开展工作,从而达到事半功倍的效果。这是自我管理的一个非常重要的原则。

(5)要事第一原则。做工作分轻重缓急,重要的事情先做。

(6)决策原则。一是决策要果断。优柔寡断是自我管理的大忌,想好了就要迅速定下来。二是贯彻要坚决。不管遇到多大阻力,都要坚定不移地贯彻到底。三是落实要迅速。定下来就要迅速执行,抓住时机,努力工作。

(7)检验原则。实践是检验真理的标准,自我实践的目标正确与否,需要实践来检验。要坚持"以人为镜",及时收集、征求同事们的意见和建议,检查自我管理的实际效果。

(8)反思原则。自我管理也要定期进行反思。检查自己的目标执行情况,分析自我管理中存在的问题,制定调整和修正方案。从落实的实际出发,保证自我管理健康地向前发展。

(9)和谐一致原则。个人的理想与使命、角色与目标、工作与健康、计划与变化、欲望与自制之间,应和谐一致。

(10)知行合一原则。知行合一是明代思想家王守仁提出来的,他认为"知者,行之始;行者,知之成。圣学只是一个功夫,知行不可分作两事","知是行的主意,行是知的功夫"。知就是通过"学、问、思、辩"四个侧面知道行动的目标、方式、方法。有了"知",指导的行动具有自觉性、主动性、持久性。行就是行动,身体力行。知是行的主导,行是知的实践。有知无行是纸上谈兵,有行无知是盲目行动。所有的成功都来自行动,只有行动才能改变自己。知行合一就是明白了事理而坚持不懈地去做。强调知行合一就是强调笃行诚信,严谨务实,反对言行不一,口是心非。知行合一就是要言必信,行必果,说到做到。不能只是心动,没有行动。行,努力做才行。我们现在有许多人,道理明白,就是不用、不做,真可谓"天雨虽大不润无根之草,方法虽妙难济不用之人"。强调知行合一就是强调既要善于学习,又要勇于实践、艰苦奋斗、百折不挠。所有的耕耘都是辛苦的,只有想到收获的甜蜜才是快乐的。能做到知行合一是人格的高尚,是成功的保障。

第四节　自我管理的方法

一、自我认识,自我评价

自我认识是指对自身的反省和认识,自我认识的内容是十分广泛的。构成自我的一切方面,包括自我的机体及其活动状态,以及自我的地位力量、价值需求、权力、义务、责任,等等,都是自我认识的对象。

自我评价,明确认识到自我的优点和缺点、长处和不足,以及自我的行为习惯、个性特征等,才能达到以正确的方法和途径发展自我的目的。

自我认识、自我评价主要通过以下几条途径。

(一)通过别人的评价

每一个体都处在一定的社会关系中,是社会的一员。别人对自己的评价、态度就像一面镜子,通过这面镜子,即从别人的评价中看到自己的形象,形成对自己的认识和评价。

(二)通过自己与别人的比较

人的自我认识、自我评价并不是单线的运动过程,它是把自我与其他众多个体加以比照而形成的一种自我感知意识。

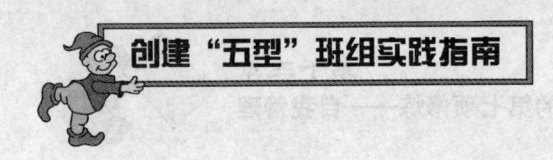

（三）通过自我反思，达到自我认识和评价

反思是成功的加速器。人经常反思自己，可以去除心中的杂念，可以理性地认识自己，对事物有清晰的判断，也可以提醒自己改正过失。人只有全面地、正确地反思，才能真正认识自己，只有真正认识了自己并付出了相应的行动，才能不断完善自己。因此，每日反思自己是不可或缺的。"反思自己"就应该成为人工作的一个重要组成部分。不断地检查自己行为中的不足，及时地反思自己失误的原因，就一定能够不断地完善自我。

自我反思包括对自己的认识能力、实践能力的评价，以及对自己的性格特征、情绪状态的总体把握和评价，并由此产生自信心、自我优越感、自我平衡感。

人生必须经常反思自己，反思的过程是总结经验的过程，反思的过程也是觉悟和提高的过程。

（四）通过实践结果形成的自我认识和评价

实践结果是人的本质力量的体现，人在实践过程中按照预定的目标，通过一定的中介，力图实现自己的愿望。这里可能会出现两个结果：其一是个人通过自己努力达到预期目标，这一结果将强化自己的自尊自主地位；其二是未达到预期目标，这样就促使人对自己的能力、手段和方法进行全面反省，重新认识和评价自我，形成对自我的反省意识。

自我认识、自我评价的结果有两种：既可能由于掌握自己的多方面材料使这种认识和评价更公正、客观，也可能由于囿于自身的局限而使这种认识和评价带有片面性和主观随意性。客观公正的自我认识和评价能使人正确地反映自身的长处而激发起新的力量和热情，及时地发现自己的不足而调整自己的心理和行为。不恰当的自我认识和评价则使人陷入更严重的盲目性。人生的真谛在于正确地认识自己。一个人能否准确、客观地对自己进行认识和评价，直接影响着自我管理的过程和结果，自我认识和评价是进行自我管理的基础和前提，自我管理正是从这里开始的。

二、自我批评，自我教育

自我批评就是自觉地对自己的缺点和错误进行批评，以求改进。其活动主要有两个方面：

（1）自省：即自觉地检查、反思自我，防微杜渐。如听到别人被批评时而引咎自警，或对照行为规范找差距，自行防范或改正错误。

（2）自责：即自觉悔悟自己的过失，总结经验教训，并设法采取措施，弥补过失。

三、自我设定，自我激励

自我设定是指目标及行动计划的自我设定。所谓目标是指某种客观对象在主观上的超前反映。在这里是指人为了满足某种需要在一定时间、空间范围内要达到或取得的具有一定价值标准的目的或结果。既包括总体目标，也包括为实现总体目标所设立的子目标。

目标作为指向未来的一种状态，是一定客观对象的反映，如果这种反映正确，目标就具有实践价值，可以作为实践活动的前提和起点。假设这种反映偏离了客观对象，就会把人的实践活动引入歧途，导致行为的失败。所以，目标的设定必须建立在客观的自我认识和评价的基础上。只有在此基础上设立的目标才能适合自己的能力，不至于过高也不至于过低。

第十三章 "五型"班组的第七项修炼——自我管理

如果目标定得太高,通过自己的努力无法实现,就会产生挫折感、降低人的自信心;如果目标定得太低,不需付出多大努力就能实现,对个人的发展、能力的提高也不具有现实意义,这样的目标也不会构成人人前进的动力。

个体所设定的目标,不仅包括总体目标,即对理想自我的描述和勾勒,也包括在实现总体目标过程中每一步所要实现的子目标,子目标是个体为实现总体目标的阶梯,并成为个体实现总体目标的一个个诱因,激发个体为实现总体目标而努力。

自我激励是在既定目标下,进行自我管理动机的激发,从而促使自己坚持不懈地为实现自我管理的最终目标不断努力的过程。这里所说的目标和动机是两个不同的概念,但同时二者又存在一定的联系。人的行为是由动机引起并指向一定目标的,动机是一种比目标更为内在、更为直接推动人去行动的因素。

无论是目标的自我设定还是对实现目标可能性的估计,都基于客观、准确的自我认识和评价。要使自我激励保持一种强而持久的动力,除应具有一种坚定的信念和远大的志向之外,还与个人的意志品质有关。试想,无论自我设定的目标具有多强的吸引力,实现目标的可能性有多大,对于那些意志坚持性较差、自制力不强的人来说都将无济于事。

自我激励的方式主要有:
(1)目标激励;
(2)学习或工作内容激励;
(3)自我业绩激励;
(4)凭借典型激励;
(5)超越自我激励;
……

四、自我监督,自我控制

自我控制与自我监督同是监控系统的两个方面。自我监督主要解决的是判断自我管理行为与预先所设定的行为模式、计划或预期之间有无偏差的问题。自我控制是指个体对自身的心理与行为的主动掌握,调整自己的行为、动机和冲动,力求使自己的思想或行为符合所设定的行为模式或计划,以实现自我管理预定目标的过程,是人所特有的以自身为活动对象的高级心理活动。

(一)自我监督

自我监督就是自己对自己实行监察和督促。它以个人在社会活动中形成的信仰、情感和习惯为依据,对自己的行为、动机和道德品质作自我鉴定,防止倒退,促进自我上进。自我监督主要有以下几项活动:

(1)把自己作为认知对象,经常了解、观察、分析、衡量自己,明确自己的优缺点,以便合理地发挥自己的能力。

(2)严格要求自己,克服弱点,努力上进。

(3)用社会生活标准、政治、法律制度、道德规范等方面的要求提醒、告诫自己,自觉克服与之相悖的思想和行为,改变不良倾向,顺应社会需要。

(二)自我控制

自我控制就是自觉对自己的感情、言行进行管束,抵制和克服各种消极影响,使自己在

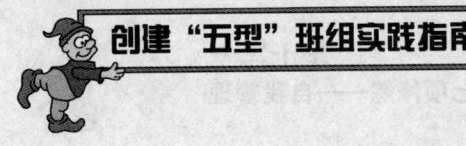

困难、挫折、委屈和成功等考验面前仍能抱定宗旨,正确处理,把自己的言行限制在合理的范围内。自我控制主要包括以下几个方面。

1. 控制时间,追求效率

彼得·杜拉克说:"除非把时间管理好,否则没有办法管好其他的事情"。我们不做时间的主人,就要做时间的奴隶。

时间就是生命,把握时间就是把握生命。不懂管理时间的人,不可能是有效的管理者。一个人连时间都管理不了,则什么也管理不了。有效的时间管理,是一切工作管理的基础。对个人来说,时间就是生命;对商家来说,时间就是金钱;对企业家来说,时间就是效益……时间是人生中最宝贵的财富,管理时间就是管理自己的生命,管理时间就是管理自己的财富。

今天是我们唯一能运用的时间,失去不可复得,一定要认真管理、合理支配。时间管理是受用一生的技巧和财富。时间管理的方法有很多,其核心内容主要包括:记录时间,有效的分配时间,去掉不必要的时间,利用一切可利用的时间,节省一切可节省的时间,追求效率最大化和效益最大化。下面介绍几种时间管理的方法,以供参考:

(1)目标管理法。时间管理第一大关键是设立明确的目标。目标是成功的第一要素,时间管理的目的是要在最短时间内实现更多的想要实现的目标。所以我们必须把某一段时间内的目标写出来,找出一个核心目标,并依次排列重要性,然后依照你的目标设定一些详细的计划,你的关键就是依照计划进行。

(2)检核表(也称待办单)管理法。时间管理的关键是要列一张总清单,把今年所要做的每一件事情都列出来,并进行目标分解。

① 年度目标分解成季度目标,列出清单,每一季度要做哪一些事情;

② 季度目标分解成月目标,并在每月初重新再列一遍,碰到有突发事件而更改目标的情形便及时调整过来;

③ 每一个星期天,把下周要完成的每件事列出来;

④ 今天为明天作计划,每天晚上把第二天要做的事情列出一份清单来。对必须做的事按轻重缓急排出优先次序,最重要的事项标上1号、2号。确认完成时间,以突出工作重点。完成一项工作划掉一项,要为应付紧急情况留出时间。最关键的一项是要每天坚持。避免遗忘、未完事项留待明日。养成定时做定事的习惯。尽量做到时时有事做,事事不离人生大目标。

检核表主要包括的内容:非日常工作、特殊事项、行动计划中的工作、昨日未完成的事项等。

检核表从起床开始(每天的工作和生活从起床开始,按时起床和睡觉,遵守时间是时间管理中最重要的),到睡觉结束。保留及规划属于自己的时间,要为自己留个时间做自己真正喜欢做的事。

每年年末作出下一年度工作规划;每季季末作出下季度工作规划;每月月末作出下月工作计划;每周周末作出下周工作计划。把所要完成的工作计划制成卡片放在办公室或装在口袋里,以便提醒自己。

(3)20∶80定律法。国际上有一种公认的企业法则,称"马特莱法则",又称"二八法

第十三章 "五型"班组的第七项修炼——自我管理

则"。用80%的时间来做20%最重要的事情,因此一定要了解,哪些事情是最重要的,是最有生产力的。当然第一个要做的一定是紧急又重要的事情,通常这些都是一些突发困扰,一些灾难,一些迫不及待要解决的问题。当一个人天天处理这些事情时,表示他时间管理并不理想。成功者花最多时间在做最重要、可能是不紧急的事情,这些都是所谓的高生产力的事情。然而一般人都是做紧急但不重要的事。必须学会如何把重要的事情变得很紧急,这时就会立刻开始做高生产力的事情了。

(4)留出独立思考和做事的时间。每天至少要有半小时到1小时的不被干扰时间。假如你能有1小时完全不受任何人干扰,在宁静的环境下思考一些事情,思考一下所做的事情,有哪些成功的地方,有哪些地方需要改进,有没有偏离了目标,从失策中汲取教训(记下自己的失策行为和浪费时间的事例,以避免重蹈覆辙)。

(5)做最有效率的事。每一分每一秒都要做最有效率的事情,我们必须思考一下要做好一份工作,到底哪几件事情是对自己最有效率的,列出来,分配时间把它做好(始终直瞄靶心——目标)。

(6)充分授权(寻求帮助)。充分授权就是找人帮助做事,一道篱笆三个桩,一个好汉三个帮。一个人不可能自己完成所有要做的事情,人是社会型动物,必须在相互帮助、相互利用的环境下才能生存。

列出目前生活中所有觉得可以授权的事情,把它们写下来,然后开始找人授权,找适当的人来授权,这样工作效率会比较高。

(7)同类事情一起做。同一类的事情最好一次把它做完,假如你在做纸上作业,那段时间都做纸上作业;假如你是在思考,用一段时间只作思考。当你重复做一件事情时,你会熟能生巧,效率一定会提高。

(8)记录自己的时间。有效的时间管理主要是记录自己的时间,在哪些事情用了多少时间,把它详细地记录下来,以认清时间耗在什么地方;管理自己的时间,设法减少非生产性工作的时间;集中自己的时间,由零星而集中,成为连续性的时间段。

(9)模仿成功人士。这是一个非常有效的方法,有句名言,"你想成为世界第一吗?那你就去模仿世界第一吧"。时间大于金钱,用你的金钱去换取别人的成功经验,一定要跟顶尖人士学习,只有向顶尖的人物学习,才有可能成为顶尖的人物。不向先进人物学习就是落后。模仿成功人士千万要仔细选择所熟悉的对象,因为这会节省很多时间,假设与一个成功者在一起,他花了四十年时间成功,你跟十个这样的人一起,你是不是就浓缩了四百年的经验。

(10)时间ABC分类法。将自己工作按轻重缓急分为:A(紧急、重要)、B(次要)、C(一般)三类;安排各项工作优先顺序,粗略估计各项工作时间和占用百分比;在工作中记载实际耗用时间;每日计划时间安排与耗用时间对比,分析时间运用效率;重新调整自己的时间安排,更有效地工作。

在进行时间管理时,考虑不确定性。人生中唯一不变的是它的多变,要去预期可能发生的事物,给自己足够的可变空间。事情多半会出现超出预期的状况发生,要有心理准备。应付意外的不确定性事件,因为计划没有变化快,需为意外事件留时间。有三个预防此类事件发生的方法:第一是为每件计划都留有多余的预备时间。第二是努力使自己在不留余地,又

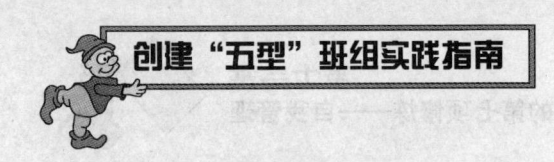

饱受干扰的情况下,完成预计的工作。第三是另准备一套应变计划。迫使自己在规定时间内完成工作,对自己能力有信心,然后把已仔细分析过的将要做的事分解成若干意境单元,这是正确迅速完成工作的必要步骤。

时间管理的关键是要和你的价值观相吻合,不可以互相矛盾,一定要确立个人的价值观,假如价值观不明确,就很难知道什么对我们最重要,如果价值观不明确,时间分配一定不好。时间管理的重点不在管理时间,而在于如何分配时间。我们永远没有时间做每件事,但我们永远有时间做对自己来说最重要的事。

要很好地完成工作就必须善于利用自己的工作时间。工作是无限的,时间却是有限的,时间是最宝贵的财富。没有时间,计划再好,目标再高,能力再强,也是空的。时间是如此宝贵,但它又是最有伸缩性的,它可以一瞬即逝,也可以发挥最大的效力,时间就是潜在的资本。充分合理地利用每个可利用的时间,压缩时间的流程,使时间价值最大化。

管理好自己的时间,将使我们创造出更多的时间,可以使我们享受充实而快乐的生活,可以使我们摆脱忧虑、焦躁与紧张,可以使我们从容不迫地、专心致志地做好每件事情。

2. 控制交往,选择朋友

人是社会性动物,离不开交往,交往对人生的影响十分重要。朋友也要精选。多而无益的朋友是有害的,他们不仅会浪费你的时间、精力、金钱,也会浪费你的感情,甚至有的朋友会危及你的事业。中国有句古话:"近朱者赤,近墨者黑"。马克思说:"人的本质是一切社会关系的总和"。这就是说朋友是你的一部分,你想成为什么样的人,那你就和什么样的人结交。我们无法选择一起相处的全部对象,但我们可尽量和道德高尚、性情良好、积极向上、志同道合的人为友,互相激励,互相帮助,共同前进。

一定要管理好自己的人脉,因为人的生命永远不孤立,我们和所有的东西都会发生关系,而生命中最主要的,也就是这种人际关系。

朋友是思想上的导师、人格上的标尺、精神上的食粮、伤心时的天使。常言道:"一排篱笆三个桩,一个好汉三个帮。在家靠父母,在外靠朋友。"这句俗语说明了朋友的重要性。在科学发展突飞猛进、社会变革日新月异的今天,唯有放开手脚、扩大交往方能赶上时代前进的步伐。从这个意义上说,多一个朋友多一条道,少一个朋友少一门窍。人无友,好似树无枝、花无叶、鸟无翼、畜无足。作为新时代的公民,无论从事哪个行业,也无论做什么事情,都不可忘记"交友"二字。

有道是"财富不是朋友,朋友才是财富"。但交友也要讲学问。自古有"人以群分,物以类聚"的说法,交友不能以贵贱分、不应以贫富论。交友贵在交心、交人品。不孝者不交,酒肉朋友不交,势利小人不交,阳奉阴违不交,为富不仁不交,倚强仗势不交,欺小恶老不交,口是心非不交,无信无德不交,恃强凌弱不交。朋友交得好,可以在事业上得到支持,在精神上得到慰藉。交得不好,常常会惹上闲气,甚而引出数不清、想不到的遗憾。"狐朋狗友满街走,危难之时不伸手",这确是经验之谈。

当然,金无足赤,人无完人。有缺点的能人多,无毛病的挚友少。须知:水至清则无鱼,人至察则无徒。清高者难以合群,苛求者不易交友。朋友对朋友,说喜也说忧,既要鼓励支

第十三章
"五型"班组的第七项修炼——自我管理

持,又要批评帮助;既要患难与共,又要自力更生;既要有求必应,又要是非分明;既要亲如手足,又要保持适当距离。真正的朋友不一定常在起,但一定要装在心里;朋友不一定要形影不离,但一定要心有灵犀;朋友不一定要甜甜蜜蜜,但一定要有情有义;朋友不一定要锦上添花,但一定要雪中送衣。只有这样,才会享受到被友情滋润的人生。

朋友多了路好走,没有朋友寸步难行。缺朋友的天不蓝,没朋友的生活真难,想朋友的日子心烦,念朋友的夜晚难眠,有朋友的梦才美满。

3. 控制情绪,乐观向上

情绪能改变人的生活,有助于改善人际关系和说服他人,情商高的人可以控制、化解不良情绪。在成功的路上,最大的敌人其实并不是缺少机会,或是资历浅薄;成功的最大敌人是缺乏对自己情绪的控制。愤怒时,不能遏制此火,使周围的合作者望而却步;消沉时,放纵自己的萎靡,把许多稍纵即逝的机会白白浪费。

情绪的产生取决于人们对客观事物的态度。态度可以选择,因而情绪是可以控制的。情绪的好与坏是自己造成。给人带来不适应的不是事情本身,而是自己对事情的看法,困境是自己制造出来的,脚上的泡是自己走的。

良好的情绪如满意、高兴、欢喜、愉快等能使人心情振奋,有利于人的身心健康,而且能提高效率,增强活动能力,提高生活质量。而不良情绪如紧张、憎恨、愤怒、不满、烦躁、苦恼、忧愁、羞耻、悔恨等消极情绪,则有害于心理健康。不良的情绪使人忧虑沮丧、悲观失望,感到生活乏味,身体疲倦无力,无精打采。在这种情绪作用下,工作效率低,容易疲劳,容易生病。同时由于情绪容易变化,进而容易影响人际交往和人际关系。可见不同的情绪状态对心身健康、学习、工作以及人际关系都有直接的影响。自己是自己情绪的主人,自己应能管好自己的情绪。所以自己平时也要加强自我情绪修养,注意情绪的自我调适,避免不良情绪的产生和恶化,自觉管理好自己的情绪,加强自我心理保健。管理情绪的主要方法有以下几点。

(1)自觉培养良好的情绪。

要拥有良好情绪,一要找准心灵的平衡点。对一切不要期待太高,于人于己于事不苛求,保持理性情绪。给自己的定位要符合实际,这样就会为自己的成绩和进步而快乐;不苛求十全十美,这样才不会为小事患得患失或自责。二要树立积极乐观的人生态度,学会寻找快乐。也许我们并不缺少生活的勇气,也许我们缺少的只是一种生活技巧。其实生活中美好快乐的事很多,其实快乐很简单,在于你能否去发现。要学会从光明面来看待一切,保持一颗轻松愉快的心,积极参与生活,享受生活的乐趣;发展业余爱好,忙里偷闲、找寻生活的乐趣;学会幽默,以乐观主义精神去迎接困难,克服困难。这样,就能预防不良情绪,保持愉快的心情。

(2)自我调适,积极化解不良情绪。

由于现实环境的恶劣,再加上个人的心理承受力总是有限的,在一定的内外刺激下,在遇到强烈而持久的内心冲突,过大的外来打击时,难免会产生心理压力,引起心理的波动、失衡,从而诱发不良情绪。其实,心理健康的人,不是没有消极情绪,而是在有了消极情绪时能理智地分析自己的情绪,及时地调控、化解自己的情绪,迅速地走出情绪困境以避免持续而强烈的消极情绪导致心理障碍或心理疾病。

应学会从以下几个方面及时化解不良情绪:

① 自我反思,冷静地找出引发这一情绪的客观原因,关键是弄清自己对这一问题的认识看法,事情是否客观存在,自己的态度认识是否合理,表现方式与程度是否合适,可能造成怎样的后果,对人是否有利等。通过自我审视,对该事件进行重新认识,在新的合乎理性的观念指导下,选择新的行为模式,可消除不良情绪的影响。

② 学会自我放松。当产生忧郁、焦虑等不良情绪时,不如去放松一下自己,缓解不良情绪。

③ 重新理清目标。人的情绪不好,在很大程度上是因为目标迷失。因为目标迷失,我们才陷入"多恼河"。这时我们要做就是定下心来,重新整理自己的可用资源,重新理清目标。世间的事情是千变万化的,会有很多不可预知的因素,所以我们在做事时,至少要想出两种自己可以接受的结果。"我是最棒的"这句话只在一定的条件下才成立。

④ 学会自我宣泄。适度的宣泄可以把不快情绪释放出来,从而使紧张、痛苦、悲哀等情绪得到缓和。当然宣泄要有节制,注意方式和场合,以免影响他人。

⑤ 学会自我安慰。可以通过否定为达到的目标的意义,夸大其对自己的弊端,或者有意夸大即得结果的好处,否认或缩小其缺陷来安慰自己,以减轻未能实现目标所带来的心理痛苦,恢复心理平衡。还可以采取其他积极的心理防御机制,如升华、补偿等,避免消极逃避或自我孤立,不敢正视自己的不良情绪,而将它压抑造成心理障碍。

⑥ 运用积极的自我心理暗示。自我暗示是运用内部语言或书面语言的形式来调解自己情绪的方法。当然,当情绪困扰较严重而自己又难以调节时,应及时寻求心理咨询机构的帮助。

(3) 培养自我调控能力。

自我调控能力主要是指在自我意识的基础上,通过对行为后果的预测,有意识地对自己的行为进行调节和控制的能力。个人通过心理自我调控,使自己的心理意识从绝对的非平衡状态向相对的平衡状态转化。一切外部控制只有内化为自我控制时才能发挥作用,因此自我控制能力是保持心理平衡的根本动力,也是自我发展与自我实现的基本前提和根本保证。所以要改变情绪,先改变看法,没人能改变自己,只有自己改变自己,一切操在自己手中。

自我控制主要方法:

① 调节认知。自我控制能力的重点在于对自我不当行为的控制,由于人的理智行为取决于知、情、意,认知是基础。运用认知调节法,就是要学会冷静思考,三思而后行,引导自己进入理性状态,产生正确的认知,以避免出现盲目、不计后果的冲动行为。在这一过程中,要同时配合自我情绪调适,进行心理行为的自我监控。

② 想象后果。人无远虑,必有近忧。可在别人的暗示和提示下,回忆自己以往的惨痛教训或耳闻目睹的悲惨事例进行自我提醒,借以警告自己。为了避害,而忍住一时之气,自我克制自己的行为冲动。

③ 采用积极的自我暗示提醒自己,控制自己的情绪。

④ 积极努力自我实现和自我完善。人总是向着自我实现的方向发展的。马斯洛也认为"自我实现的人也就是任何时候都不会感到焦虑和孤寂,也不会有自卑或卑微等不健全的感情的人"。

努力实现和完善自我,要做到:

第十三章
"五型"班组的第七项修炼——自我管理

① 须制定切实可行的计划。根据自我需要,结合社会要求和自己的价值取向,联系自我的现实能力,确立适合自己的自我完善目标,结合目标找出自己的差距,扬长补短,明确努力的方向。

② 应自我激励付诸行动。唯有行动能改变一切。要从一点一滴做起,脚踏实地的实现自己的目标,并通过自我激励克服懒惰、畏惧等阻力,通过自我监控,自我鼓励,保持耐心和坚强的意志力,从而使自己得到锻炼和提高,实现自我价值,也使自己在激烈的竞争中,保持心态的平衡和人格的健全。

4. 控制自己的行为,改掉不良习惯

习惯是一种行为定势。好习惯是成功的钥匙,而坏习惯(如懒惰、拖拉、常用物品随便放、生活没有规律等)常常误事或导致失败。习惯的形成需要一个过程,而改掉不良习惯不仅需要一个过程,更需要毅力。

如果说自我认识、自我评价属于认识系统,自我设定、自我激励属于驱动系统,自我监督、自我控制则属于行为的监控系统,它是自我管理目标得以实现的保障和条件。

在自我管理过程中,不仅需要克服外部障碍,更重要的是要克服内心的阻力。这种内心阻力可能来自以下两个方面:一是严重的外部障碍引起的内部动机冲突;二是人已经形成的心理定势,如懒惰、不良行为习惯等。如不有效地克服这些内心阻力,将会导致自我管理行为出现偏差。自我控制就是要尽量缩小以至消除这种偏差,从而保证自我管理目标的顺利实现。而每一次自我控制的成功都给人带来一定的自豪感,增强其自信心,自我控制的能力也得到进一步发展。整个自我管理过程就是自己战胜自己,自己驾驭自己的过程。

由此可见,自我监控系统在自我管理过程中所发挥的作用不仅包括通过自我观察判断自己的行为是否偏离所设定的行为计划或模式,也包括按目标的要求控制自己的行为。只有这样,自己所设定的目标才能得以实现,否则,自己的行为就会与目标严重脱节。但是如果自己的计划或行为模式同客观现实相抵触的话,即使被严格监控的行为也不会取得积极的效果。

5. 控制形象,保持风度

自我形象管理很重要。自身形象、自身修养、举动、谈吐影响到一个人的人际交往能力。所以,加强自身的形象管理,是每一个人都应该重视的。

五、自我体验,自我强化

自我体验、自我强化属于自我管理过程中的反馈系统。从实质上来说,自我反馈是个人对行为结果的自我检查,没有自我检查的过程,也就不可能更好地实现自我奋斗目标。

在自我管理过程中,目标具有规定自我管理方向和诱发动机的双重效应,自我管理效果的高低,直接与目标制定的科学性有关。由于自我管理过程中既有最终的总体目标,又有为实现总体目标而设立的阶段性目标。所以反馈不仅是指在自我管理过程结束之后对最终结果与所预期的总体目标的衡量,也包括在自我管理过程中对每一个行为结果与相应的阶段性目标的比照。这种预期目标与现实结果的比较正是形成自我体验的决定性因素。如果这种比较的结果是行为结果达到甚至超过了预期目标,将由此产生安全感、归宿感、成就感、自我尊重感等积极的自我体验(这里所讲的自我体验主要指情绪体验)。同时个体在实现自我管理的预期目标后,常用自己所控制的奖赏物对自己进行正强化,借以维持、巩固、促进自

的行为方式。

所谓自我强化就是指主体当自己的行为结果达到预期目标时,能够用自己所支配的报酬来维持,增强自己的行为,否则将削弱或抑制自己的行为。比如说,当个体自我管理的行为结果没有达到预期目标时,无疑将产生消极的自我体验,并对自己的行为采取惩罚性的负强化,从而起到削弱或抑制自己不规范行为的作用。无论是正强化还是负强化,其目的都是为了保证预期目标的顺利实现。

需要说明的是,这里所说的自我强化与前文的自我激励是两个不同的概念。强化有正负之分,而激励都是正向的;强化针对的是行为结果,激励针对的是行为动机;强化的目的是为了行为方式的巩固或削弱,激励的目的是为了调动个体行为的积极性。

六、自我协调,自我完善

自我协调、自我完善是自我管理过程中的发展系统。自我协调是指个人在自我管理过程中根据反馈信息适时适当地调整自己的目标和计划,以便使之更适合自身的实际情况和客观规律的要求。自我协调只限于对活动目标和计划的修正,这种修正的必要性是在判明自己所执行的计划偏离了既定的方向,或者既定的预期目标与自身的能力不相符合的情况下进行的。当然,这需要对自己的行动情况与目标之间以及预定目标与自身的实际能力之间做以全面、细致的权衡之后才能作出准确的判断。一旦发现所执行的行动计划偏离了既定的方向,就要及时地予以修正,以保持计划与目标之间的一致性。

尽管目标在自我管理过程中起着非常重要的作用,但对每个人来说决不是目标定得越高越好。这要视自己的实际潜力和客观条件而定,把目标定在自身承受能力的极限附近,力求使目标与自己的能力相适应。在自我管理过程中,如果很轻易地实现了预定目标或通过最大限度的努力仍没有实现预期目标,这时就需要对目标进行调整以使之与自身能力相协调。但是,如果自己所实践的目标违背了客观规律,这种情况下所需要的并非是自我协调,而是对目标的放弃,重新制定自我管理的目标。以上过程的实现要求对自我有一定新的认识和评价,而唯有在自我管理的实践过程中才能对自身的能力有一个客观、准确的把握。因为,实践结果无论以何种形式存在,总凝固着人的各种特性,从而使人能够从中直观自身的现实水平。

肯定地说,自我管理的内容是十分广泛的。技能的掌握、个性的塑造、知识结构的形成等等,都构成自我管理的内容。因此,自我管理的总体目标也是多维的。单一自我管理过程的结束并不意味着自我实现境地的达成,现实自我与理想自我的统一需要自我管理过程的多次反复才能实现。所谓自我完善,就是指个人有意识地通过自我管理过程的循环和更替,实现自我管理的目标,促进现实自我向理想自我转化的过程。

七、自我组织,主动适应

自我组织是指人在新的条件下,重新调整自己的思想和行为,以新的姿态去适应新的环境和要求。培养自我组织能力,主要做以下三方面的引导。

(一)顺从

顺从是在团体的规范或他人态度的影响下,改变自己观点、动机和行为,服从团体或他人意见。

（二）同化

同化是从是在各种信息的沟通中，对组织或他人的观念、意见和态度表示赞同，而放弃或改变自己原来与之相异的立场。只有同化作用，人才能实现自我提高和自我完善。

（三）自新

自新是自我竞争、自我更新。人受到某种激励作用后，用一种更高的标准去设计和要求自己，力图以新的成绩超越自我。这种自我组织方式，是一种推动个人进步的强大的内在动力。它将使人永远不满足于现状，并在新的目标、新的价值观念、新的自我意识的指导下，取得更大的进步。

八、以终为始

"终"为目的，"始"为开始，确定目标，开始努力。以终为始的习惯适用于各个不同的生活层面，而最基本的目的还是人生的最终期许。

"终"还可以理解为中间的结果，"始"为开始，以每次努力后的结果为起点，再次开始新的努力。自我管理的一个过程结束时，无论预期目标（一般指子目标而言）实现与否，都将转入下一过程的循环。如果目标实现，将转入更高水平的循环。否则，需要对预期目标或行动计划做调整后重新进入下一轮循环。

人生的过程是一个由他管到自管的转化过程，是一个由管到不管的过渡过程，管的目的是为了不管。他管是通过自管来实现的，企业管理也是通过员工的自我管理来实现的。由他管向自管过渡的越快、越彻底，表明管理者的水平越高，不管是管理者追求的最高境界。故曰：不管为之至管（如图 13-4 所示）。

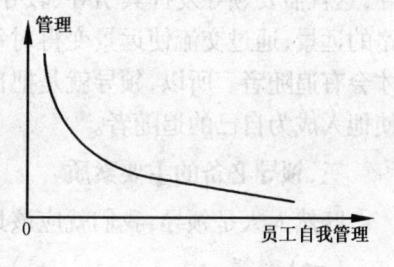

图 13-4　不管为之至管

管理的最高境界就是不用管理，古代叫做"无为而治"，即"无为而无不为"。尽管这种情况不容易见到，但这是我们追求的目标。所有的员工都不用管理，都能各司其职、自动自发、称职地干着自己的工作，"不用扬鞭自奋蹄"，岂不更好。

第五节　自我管理必须具备的领导素质

一、人人是领导

人人是领导，其原因有三：

（1）做自己的领导。自我管理就是自己做自己的领导，把规则和制度装在心中，才可以把一些烦恼抛却，成为一个真正的自己与自由的自我。

（2）为长、为大、为贵是领导。人在社会中的位置，就是三明治中的某一片。在家中可能上有老，下有小；在单位可能上有领导，下有群众；在同事中，有比自己大的，也有比自己小的。无论怎样，在某一时刻、某一位置，我们每个人都一定是三明治中的某一片。按着礼仪规则，老为大，上为大，贵为大。为大就是领导，就要担起领导的作用，负起领导的

责任。

在家中为人父,为人母,就是子女第一位的领导(和教练);若是哥哥,是姐姐,就是弟弟、妹妹的领导;现代社会,干什么都有上岗证,就是做人父、做人母还没上岗证,这个上岗证是什么,就是领导能力。没有领导力,没有领导的执行力,能培养出好孩子吗?所以说人人是领导,人人必须具有领导素质。

(3)在单位,职务是领导的,当然是领导,职务不是领导的,同样应该是领导。一方面为人师兄,就应该是师弟的领导;如果既不是领导又不是师兄,也应该是领导,应该以领导之心想领导之事。不在其位,而谋其事,就是要比领导要求的多做一点,比领导所想的多想一步,要以领导之心把本职工作做得比领导要求的还要好,还要多为领导出主意、想办法、献计献策,在你的岗位,你就是专家,领导不是万能的,领导需要员工的建设性意见。所以,培养自己的领导素质,发挥领导作用,人人责无旁贷。从现在起,别把自己不当领导。

有人可能说,领导让我怎么做,我就怎么做,完成任务就是了,这只是尽责。请不要忘记,奉献是提升人生价值的重要方式。

二、什么是领导

领是引、带的意思,导是引导、教导的意思。领导就是率领他人朝一定方向前进。这就说明,领导是明确方向的智者,领导不仅要自己明确方向,还要有人跟随,没有追随者不是领导,这就需要领导发挥其引导、教导的教练功能。因此领导要描绘出并告诉人们通往未来之路的远景;通过交流使远景变得对每个人都有意义;通过论证和人格魅力使他人信任,这样才会有追随者。所以,领导就是把自己的思想装进他人的大脑,并使他人相信这是正确的,使他人成为自己的追随者。

三、领导必备的主要素质

既然人人是领导,我们就应该具有领导的素质,领导基本素质有以下几点。

(一)睿智

优秀的领导者应该聪明,有智慧,有魄力,有能力,意识超前,决策果断,善于应变,不墨守成规。这是领导者之所以优秀的基础,是领导者个人权威的本质体现。

(二)包容

善于包容,容短容长。拥有求才若渴的博大胸怀,有多大度量能当多大的领导。

(三)亲和

领导者要善于"亲和",平易近人,尊重员工,要使下属觉得自己易于接近,敢于接近,心理上永远存有一种"暖"的感觉。亲和力也有利于领导者与下属的沟通,使领导者及时调整自己的管理策略,从而达到真正的成功。

(四)勇敢坚强

在困难面前表现出来的超人的勇气和非凡的魄力,坚定不移的信念,以及永不放弃、永不言败。敢于承担风险并乐于在挑战面前进行各种大胆的尝试。

(五)诲人不倦

领导是教练,要当好教练。让他人明确规则和操作方法,有诲人不倦的耐心,并想方设法激励他人努力前进。

（六）信守诺言

作为一个决策者，绝不能对任何人承诺你办不到的事情。同时，要言行一致，对自己所采取的每一个行动、所作出的每一个决定都负责到底。要以自己的实践带动下属，培养他们的责任感，将下属必须达到的目标清楚地告诉他们，同时引导他们客观评估自己的表现。

（七）追求卓越

对每一件事都要精益求精，力争做到百分之百好。要不断地完善自己，不断地发展企业，不断地更新观念，不断地提升部属。对"不是最好"的计划，甚至不要去读它。总之，要追求卓越。

（八）善于沟通

要善于与下属沟通，因为不沟通往往会造成谣言和误解。

（九）注重实践

工作必须雷厉风行，想好的事要立即付诸实践。不要过分地思前顾后，否则往往得不偿失。没有实际的行动，就不会有杰出的成就。行动就是黄金。

（十）以人为镜

能接受批评，听取不同的意见；博采众长，善于采纳好的意见。

（十一）以身作则

做遵守制度的典范是身教的重要内容。作为一个领导者，决不能凌驾于制度之上。如果领导者能自觉地遵守制度，员工就不会轻易地违反制度。如果领导者自己不遵守制度，下级就会步步效法。应该以公心办事公正、一身正气、廉洁奉公、忠于职守、勤奋敬业。

（十二）勇于承担责任

责任不上推，不下卸，负起自己的责任。

（十三）信任下属，恰当地授权

信任是领导者实施领导活动的前提和基础，更是提高领导者自身形象的有效途径。领导应提纲挈领抓住大事，而把小事分散给下级去处理。

（十四）知人善任

知人是知短知长，善任就是避短用长。

（十五）勇于创新

对新事物、新环境、新技术、新观念都有敏锐的感受力和接受力。有不断超越自己的创新精神，永远进取，永远不停留在一个水平上。

（十六）分享荣誉

不炫耀自己，不贪功归己。

四、领导者自我反思

既然人人是领导，我们就应该站在领导的角度从以下十个方面反思自己。

（1）作为领导者，我有好操守吗？可以成为他人学习的典范吗？我经常在班组中强调符合正直、公正吗？

（2）作为领导者，我有智慧吗？老子曰："知人者智，自知者明。"明朝吕新吾论识人，在《呻吟语》中说到："大事，难事，看担当；逆境，顺境，看襟度；临喜，临怒，看涵养；群止，群行，看识见"。此外，中国古谚将人物分为三等："深沉厚重，魅力十足者，为第一等人；磊落豪迈，不拘小节者，为第二等人；聪明绝顶，辩才无碍者，为第三等人"。这些中国先人的智慧，都可供我们自我审视自己日常行仪与作为的所属类别，并以此自省与自勉。

（3）作为领导者，我的心胸够开阔吗？我能包容部属的不完美与错误吗？我能不计荣辱毁誉来提携下属，为组织培育人才吗？所谓内举不避亲，只要是人才一定提携，并给予机会历练。

（4）作为领导者，我有不断学习的毅力吗？在学习业务上，他人会以我为榜样吗？

（5）作为领导者，我的情商够吗？我在处理复杂员工问题（员工重大错误）或重要决策时是否能展现良好的情绪控制能力与老练处置能力？作为领导者，在该忍的时候我忍得下来吗？所谓小不忍则乱大谋。

（6）作为领导者，面对突发变局，我的应变能力够快吗？我能有效处理组织中各类型危机课题吗？我能看到企业未来的经营危机吗？在组织日常运作中，是否已建立各种应变机制，并时时加以演练与检讨？

（7）作为领导者，我有好的时间规划吗？我是否经常觉得疲于奔命，每日忙、盲、茫！我是否事必躬亲？我是否忙到完全没有时间，去冷静思考班组的发展现况与未来方向？我是否清楚各单位发展的下一步？我是否为班组订下明确的中长期发展愿景、目标，以及可行的实践计划？

（8）作为领导者，我够健康吗？这包括心理健康与生理健康，唯有健康的领导人，才能打造出旺盛的班组活力和健康的班组。

（9）作为领导者，我具有领导人的风范吗？我是值得他人尊敬的人吗？我乐于分享班组的经营成果吗？

（10）我能使班组具有良好的执行力吗？我把想法变成作法，做到知行合一吗？

做一位受人尊敬、充满魅力的领导者，并非易事，但如果能经常思考上面问题，则领导力的提升将指日可待。

拿破仑有句名言："不想当将军的士兵不是好士兵"。领导他人是领导，领导自己也是领导，有头衔的是领导，无头衔的也是领导。有人类就有交往，有交往就需要领导气质。每个人都必须管理好自己的一言一行，尤其是必须管理好自己的心理。一日三自省，无论是对与错、好与坏，每天都需要梳理、打扮自己的言行和心理。打扮言行和心理是一门重要的自我领导艺术。无论从哪一点来说，每个人都应是领导。

如果每个员工都有能力和勇气独立解决自己领域内的问题，做自己"王国"内的领导者，那么这个班组将是一个自我管理的班组。

第六节 班组自我管理

班组的自我管理有两个层面，一是员工个人的自我管理，二是班组的自我管理。

一、员工个人的自我管理

个人的自我管理：就是指个人可以在组织共同愿望或共同价值观的指引下，在所授权的

第十三章 "五型"班组的第七项修炼——自我管理

范围内自我决定工作内容、工作方式,实施自我激励,并不断地用共同愿望来修正自己的行为,更出色地完成既定目标。也就是在一个过程中自己使自己得到了充分的发展,使自己在工作中获得最大享受。

个人自我管理是个人"自我愿望"实现的一种方式,它在一定个人素养以及相应的物质环境下才能有效地展开。只有当员工把应做的工作当成自己追求的一个事业来努力,才能真正实现有效的自我管理。

实现了员工自我管理,就从"要我做"变为"我要做"、进而实现自动自发,达到我善做、我乐做的境界。

二、班组的自我管理

班组的自我管理:当班组已经形成一个高度和谐的具有自己组织功能的整体时,就像人体的五脏六腑一样,能自动自发地工作。在班组中实现自我学习、自我约束、自我评价、自我调节、自我激励、自我改进。

在这种状态下,每个员工都能自动工作、主动适应、自动协调、默契配合,共同决定班组的工作方向、路径,每个员工尽自己所能为实现班组的共同愿景而努力。

在这种自动有序状态下,虽然有班长,却看不出班长是谁(因为班长与其他员工是平等的),有制度却不知道制度在哪里。

班组自我管理的基本条件:

(1)价值观共识化。班组要有一个共同的价值观与愿景。这给了每位员工一个自主判断的依据,一个自主管理、自我管理的方向,使得大家在各自岗位上自我管理之后,不至于导致班组内协调的混乱。

(2)信息共享化。班组要有完备的信息,应向所有员工及时公开。唯有这样,自我管理才能成功。

(3)员工之间既有明确的责任,又有主动协调的义务。

(4)员工之间无条件合作。员工之间主动配合工作,无条件合作。

[本章小结]

人生的过程是一个自我组织和自主构建的过程,外力只是辅助力量,根本动力来自内部,来自自我管理。自我管理,就是把制度和规则装在心中,自我执行,自我调控。自我管理是管理的最高境界。人要学会自我管理,每个人只要坚持自我管理,成功就是水到渠成的事情。

生命系统和社会系统都具有自我管理的功能。当人们被他管时会感到处处被约束,自我管理时会感到很自由。能管理别人的人是强人,能管理自己的是圣人。比如,孙悟空,金箍套在头上时,他就是一只猴,当把金箍装在心里时,就成了斗战胜佛。当把制度和规则装在心里并认真去履行时,制度便不复存在,也就实现了自我管理。

一个人或一个团队,不是自管就是他管,他管象犯人,自管是圣人。是做圣人还是做犯人,自己做主。无论谁管都得遵守秩序,还是自觉遵守秩序、自我管理好,何乐而不为呢?

第十四章 "五型"班组的第八项修炼
——人际沟通

人在沟通中成长,没有沟通就没有人生。

人人都懂得交往,但并不是人人都懂得沟通。如何在人际交往中达到沟通,已经成为每一个现代人都非常关注的问题。本章的目的,就在于给大家一种启发或者提示,希望能有助于各位交往的成功。

第一节 沟通的基本概念

一、沟通的定义

沟通是一个双向传递信息的过程。沟通二字包含两层意思,一是指传递信息的过程,二是指信息传递的结果。沟通双方之间的"沟"经过信息交流的桥梁"通"了,"通"是结果,也是目的。

简单地说,沟通就是通过信息交流,让他人懂得自己的本意,自己明白他人的意思,并达成共识。如果没有达成共识,沟通无效。

二、沟通的基本原理

原理一:"将欲取之,必先与之",就是说我们想要得到什么,必须先给予对方。

在沟通中我们能给对方的有:尊重、赞美、微笑、表扬、鼓励、重要的感觉、信任、忠诚、关心、爱护、哲理、利益。动之以情、晓之以理、驱之以利,让对方感觉自己重要、自己聪明,我们的态度是诚恳的、观点是可信的,这样就容易实现沟通的目标。

在沟通中我们可能收获的是:快乐、友情、合作、双赢。

原理二:适者沟通,在沟通过程中,我们要适应对方,适应环境,适应可能遇到的一切。

请记住这两条基本原理,沟通的原则方法技巧都是由这两条基本原理演化出来的。

三、沟通的基本职能

沟通的作用巨大,而且很多时候是必不可少的,沟通的作用主要有以下几点。

(一)传递信息

沟通是人与人之间传达思想和交流信息的过程,是心灵之间的一种碰撞,是人类生存的必备条件之一。

(二)管理工具

通过收集、传递、解释信息,来发布工作指令,了解与解决工作中的问题。沟通作为人类最基本、最重要的活动方式和交往过程之一,不仅在管理中占据首屈一指的地位,而且在其他的人类行为中也扮演着十分重要的、不可或缺的关键角色。人类社会及人类社会中的任

第十四章
"五型"班组的第八项修炼——人际沟通

何一个基本组织,都是由两个或多个个体所组成的群体,沟通是维系组织存在,保持和加强组织联系,创造和维护组织文化,提高组织效率、效益,支持、促进组织不断进步发展的主要途径。可以说,天下没有不需要进行沟通的组织,没有沟通,就不可能形成组织和人类社会。企业中要实施管理,必须通过沟通,沟通是管理的核心和本质。

(三)作为交往工具

通过信息沟通进行感情交流,从而与沟通对象建立一种和谐稳定的人际关系,使社会更和谐,更美好。如果你没有和对方、同事、上司、下属进行合适的沟通,那么你们的人际关系就不会很好,工作的开展也就不够顺畅,同事也不会真的服你。如果没有和家人搞好沟通,家庭就不会和睦。如果没有和朋友搞好沟通,朋友关系就会逐渐疏远。通过信息沟通可以找出误会的根源,改善人际关系。如果沟通不畅,人际关系就不会好,工作就不会顺心,生活也会烦心。

(四)拨正谬误

沟通过程中,别人可能提出有益的建议,可以拨正谬误,使人精神振奋,帮人摆脱习惯性思想束缚。

(五)沟通的过程是一个学习的过程

一个新的设想可以由两三个人集中他们的知识而产生。

(六)人在交流沟通中成长

孤独的人是长不大的。当我们发现自己周围没有一个人的时候,那么自己也就等于不存在了。人是有思想的,有思想的人只有在与别人的交流沟通中才能得到价值的体现,一个人的存在是建立在别人存在的基础上,这个社会是人与人的社会,一个人不能构成社会,一个人不会成长。每个人只有在集体中才能得到成长,在交流沟通中成长,自己的优点,别人可以学习,别人有优点,自己可以学习,自己有别人需要的东西,别人有自己需要的东西,一旦这些链条被打断,自己也就等于消失了。

交流沟通是一种方式,可以用很多种方法来表达:文字语言,有声语言,肢体语言,其中文字语言比较少,主要是后两者发挥主体作用,肢体语言最能表达你内心想说的东西。在交流沟通中能体现一个人的思想,一个人的道德水平,一个人的行为方式。在交流沟通中,态度是很重要的,态度不好,自己就会失去一条让你成长的链条,其影响是深远的。

在一个团队中,要真正融入这个团队中去,同流才能合流,合流才能交流,交流才能成长,不要摒弃某个人,因为这个人的存在肯定有他的道理。用我们真诚的心去跟别人交流沟通,这样你会开心地成长。

沟通无处不在。无论是谁,无论是生活还是工作,无论是家庭还是社会,沟通既是桥梁又是纽带。有效沟通是建立和谐人际关系的重要手段之一。生活中没有沟通,就没有快乐人生;事业中没有沟通,就没有事业成功;工作中没有沟通,就没有工作乐趣。当然,管理中没有沟通,就没有管理,不懂沟通也就是不懂管理。因此,让我们都学会沟通,善于沟通,掌握沟通技巧,为提升企业管理水平,提高办事效率而努力。

四、沟通过程

沟通简单地说就是传递信息的过程。在这过程中至少存在着一个发送者和一个接受

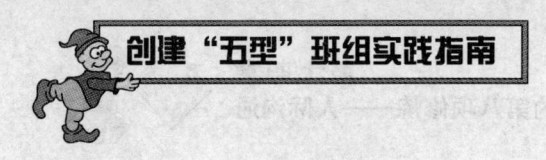

者,即发出信息的一方和接受信息的一方。那么信息在两者之间是怎样传递的呢？图 14-1 描述了这个过程。

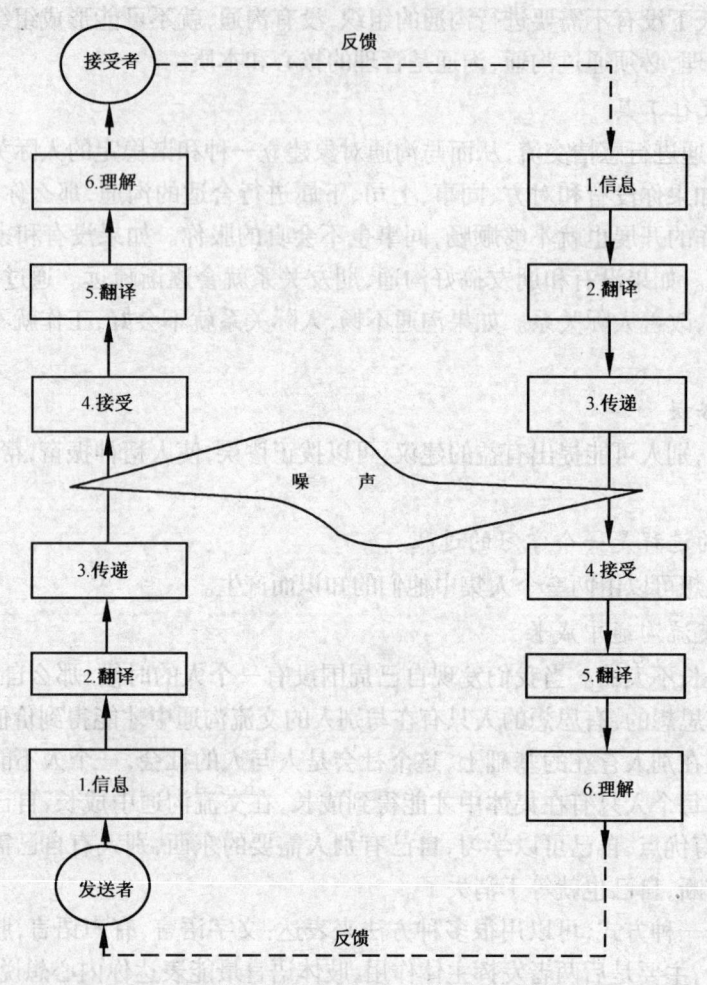

图 14-1　信息在接受者与发送者之间的传递过程

（1）发送者需要向接受者传送信息或者需要接受者提供信息。这里所说的信息范围很广,诸如想法、观点、资料等。

（2）发送者将这些信息译成接受者能够理解的一系列符号。为了有效地进行沟通,这些符号必须能符合适当的媒体。例如,如果媒体是书面报告,符号的形式应选择文字、图表或者照片；如果媒体是讲座,应选择文字、投影胶片和板书。

（3）将上述符号传递给接受者。由于选择的符号种类不同,传递的方式也不同。传递的方式可以是书面的（信、备忘录等）,也可以是口头的（交谈、演讲、电话等）,甚至还可以通过身体动作来进行（手势、面部表情、姿态等）。

（4）接受者接受符号。接受者根据符号传递的方式,选择相应的接受方式。例如,符号是口头传递的,接受者就必须仔细地听,否则符号将会丢失。

（5）接受者将符号译为具有特定含义的信息。由于发送者翻译和传递能力的差异,以及接受者接受和翻译水平的不同,信息的内容经常被曲解。

(6)接受者理解信息的内容。

(7)发送者通过反馈来了解他想传递的信息是否被对方准确无误地接受。一般的,由于沟通过程中存在着许多干扰和扭曲信息传递的因素(通常将这些因素称为噪声),使沟通效率大为降低。因此,发送者了解信息被理解的程度是十分必要的。图中的反馈,构成了信息的双向流动。

五、沟通的类别

(一)按照功能划分

按功能进行划分,沟通可分为工具式沟通和感情式沟通。一般说来,工具式沟通指发送者将信息、知识、想法、要求传达给接受者,其目的是影响和改变接受者的行为,最终达到企业的目标。感情式沟通指沟通双方表达情感,获得对方精神上的同情和谅解,最终改善相互间的关系。

(二)按照方法划分

按方法进行划分,沟通可分为口头沟通、书面沟通、非言语沟通、体态语言沟通、语调沟通及电子媒介沟通等,各种沟通方式的比较可以参照表14-1。

表14-1 各种沟通方式的比较

沟通方式	举例	优点	缺点
口头	交谈、讲座、讨论会、电话	快速传递、快速反馈、信息量很大	传递中经过层次越多,信息失真越严重,核实越困难
书面	报告、备忘录、信件、文件、内部期刊、布告	持久、有形,可以核实	效率低、缺乏反馈
非言语	声、光信号(红绿灯、警铃、旗语、图形、服饰标志)、体态(手势、肢体动作、表情)、语调	信息意义十分明确,内涵丰富,含义灵活	传送距离有限,界限含糊,只可意会,不可言传
电子媒介	传真、闭路电视、计算机网络、电子邮件	快速传递、信息容量大、远程传递、一份信息同时传递多人、廉价	单向传递,电子邮件可以交流,但看不到表情

口头沟通就是指人们之间的言谈,或通过别人打听、询问其他人的情况,也可以是委托他人向第三者传达自己的意见等。口头沟通的主要优点是:具有迅速和充分交换意见的潜力,能够当面提出或回答问题;说话者必须与听话者接触,而且他们必须要设法相互了解。缺点是:由于种种原因,许多听话者提不出应提的问题,因而只得到一些不完整的或断章取义的情报,可能导致代价高昂的错误,而且也不一定能节省时间。

书面沟通是用图、文的表现形式来联络沟通。书面沟通优点:能使传递的情报作为档案或参考资料保存下来,往往比口头情报更为仔细,有时也能省钱和省时。书面沟通一般比较正式,可以长期保存,接收者则可反复阅读。缺点:虽然用书面形式沟通,使人们有可能去仔细推敲,但也不一定能达到预期效果。写得不好的书面信息,往往随后需要用很多书面和口头的情报来澄清。这既增加了情报沟通费用,也容易引起混乱。

(三)按照组织系统划分

按组织系统进行划分,沟通可分为正式沟通和非正式沟通。一般说来,正式沟通指以企业正式组织系统为渠道的信息传递。非正式沟通指以企业非正式组织系统或个人为渠道的

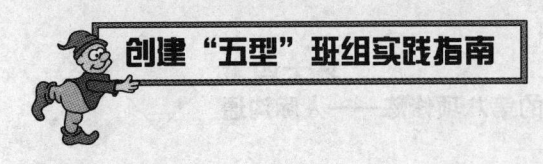

信息传递。

从组织系统来看,正式沟通就是通过组织明文规定的渠道进行信息传递和交流。例如,组织规定的汇报制度,定期或不定期的会议制度;上级的指示按组织系统逐级下达,或下级的情况逐级上报,等等。非正式沟通是在正式沟通渠道之外进行的信息传递或交流。例如组织中职工私下交换意见,议论某人某事,等等。现代管理中很重视研究非正式沟通,因为人们的真实思想和动机往往是在非正式沟通中表露出来的。这样的沟通,信息传递快而且也不受限制,它起着补充正式沟通的作用。

(四)按照方向划分

按方向进行划分,沟通可分为下行沟通、上行沟通和平行沟通。下行沟通指上级将信息传达给下级,是由上而下的沟通。上行沟通指下级将信息传达给上级,是由下而上的沟通。平行沟通指同级之间横向的信息传递,这种沟通也称为横向沟通。

上行沟通是指下级的意见、信息向上级反映。主管人员应鼓励下属积极向上反映意见和情况,只有上行沟通渠道通畅,主管人员才能掌握全面情况,作出符合实际的决策。下行沟通是组织中的上层领导按指挥系统从上而下的情报沟通。主管人员把组织目标、规章制度、工作程序等向下传达,这是保证组织工作进行的重要沟通形式。平行沟通是指组织中各平行部门或人员之间的信息交流,这包括一部门的人员与其他部门的上级、下级或同级人员之间的直接沟通。

(五)按照是否进行反馈划分

按是否进行反馈划分,沟通可分为单向沟通和双向沟通。

1. 单向沟通

单向沟通指没有反馈的信息传递。单向沟通比较适合下列几种情况:

(1)问题较简单,但时间较紧;

(2)下属易于接受解决问题的方案;

(3)下属没有了解问题的足够信息,在这种情况下,反馈不仅无助于澄清事实反而容易混淆视听;

(4)上级缺乏处理负反馈的能力,容易感情用事。

2. 双向沟通

双向沟通指有反馈的信息传递,是发送者和接受者相互之间进行信息交流的沟通。它比较适合于下列几种情况:

(1)时间比较充裕,但问题比较棘手;

(2)下属对解决方案的接受程度至关重要;

(3)下属能对解决问题提供有价值的信息和建议;

(4)上级习惯于双向沟通,并且能够有建设性地处理负反馈。

六、沟通的要素

信息沟通过程一般包括信息源、信息及载体、沟通渠道、信息接受者、信息反馈五个要素。

七、沟通的原则

(一)目标性原则

沟通是传播信息、交流情感、达成目标的一个过程,以达到目的为准则。因此,每次的正

第十四章
"五型"班组的第八项修炼——人际沟通

式沟通,首先要想好此次沟通希望达到什么效果,是沟通感情还是达成某项协议。

在实际工作中沟通的目标很多,如工作任务分配、工作方法指导、了解工作中的问题、解决员工的问题、表扬、批评、鼓励、纠正不良行为、工作评价、介绍工作计划等。

(二)准确性原则

当信息沟通所用的语言和传递方式能被接收者所理解时,这才是准确的信息,这个沟通才具有价值,沟通的目的是要求发送者的信息能够被接受者理解,这看起来似乎很简单,但在实际工作中,常会出现接收者对发送者非常严谨的信息缺乏足够理解的情况。信息发送者的责任是将信息加以综合,无论是笔录或口述,都要求用容易理解的方式表达。语言要清晰,观点要明确,这样,才能克服沟通过程中的各种障碍。

(三)及时性原则

经常主动跟人沟通,而不是等出问题或者需要帮助时再跟人沟通。若团队出现不和谐音符,及时沟通解决,千万不要捂住;若电话老是不响,你该打出去,不能让它仅仅成为一种摆设。

任何沟通,都应注意及时性原则,沟通要主动,态度要积极。沟通不及时造成的不良后果屡见不鲜。

(四)完整性原则

有效沟通必须由适当的主体发出,并通过适当的渠道,完整无缺地传送给适当的主体接受,此即为有效沟通的信息传递完整性原则。信息由适当的主体发出,通过适当的渠道传递,并且也由适当的主体接受了,沟通是否就一定能保证有效完成呢?不一定。这是因为,由于各种原因的影响和各种因素的干扰,被传递的信息,有可能在被传递过程当中,人为或自然地损耗或变形。如果这种情况发生,那么,接受者接受到的信息,已经不是发出者所发出的严格意义上的同一信息。既然已经不是同一信息,那么,就有可能发生沟通失误或误解信息的情况。因此,笔者认为沟通要完美和有效,信息在传递结束时必须仍然保持其内容的完整性。

(五)理解性原则

通情达理,让双方的道理,在彼此有面子的情况下达成共识。说合适的话,让对方听得进去;给足面子,尽量让对方自己把我们想要讲的道理说出来。如此,才能赢得人人满意的结局。

要有海纳百川的胸怀,有包容的心态,能平稳地接收别人各种各样的想法和见解。不要一听到别人和自己的观念不同就与别人划开界线、争执。

人的本性决定了人们会更多地关爱自己,并希望别人也来关爱自己、接受自己。所以,在沟通中要忘记自己想要得到的,去关注对方的需求,接收不同的观点和看法。多去想自己能带给别人什么,而不是能改变对方什么。自己给予别人的越多,就会收获越多。

(六)适当性原则

适当性原则要求:时间合适,环境适宜,措词适当,语言适意,赞美适度,建议适用,适可而止,适者沟通。

有三不沟通,时间不合适不沟通,环境不合适不沟通,情绪不好不沟通。

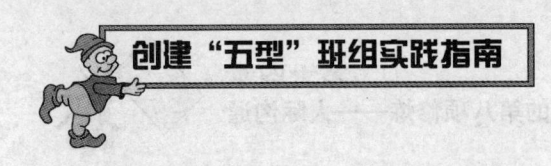

（七）渐进性原则

渐进地感染。每个人都有自己的安全区，在彼此不够熟悉时，对方是封闭的。在沟通过程中，需要避免强行进入对方的安全区。过早挖掘对方的痛苦，对方会敷衍了事，并把自己封闭得更紧，形成逆反心理。但是往往我们又需要攻克对方的安全区才能取得效果。那么，我们要做的首先是把自己完全打开，来感染别人，让别人被你打动，甚至产生共鸣，自然就愿意向你敞开心扉。

（八）反馈性原则

沟通最怕不回馈，你以为你理解了，我也以为你理解了，可是我们的理解却完全是不同的两回事，这是沟通中常出现的笑话。如能及时回馈，沟通的很多障碍都可扫除。

八、沟通的目的

任何沟通都是"双方"之间的一种信息交流和联络，包括情感、态度、思想和观念的交流。沟通的目的并不在于说服对方，而在于寻找双方都能够接受的方法。因此，沟通的方式往往比沟通的内容更为重要，这就要在沟通的过程中，一定要先引起对方的关注和取得对方的信任，一定要注意避免用命令式语气，也尽量避免"我"，而要用"我们"来取代，让下属觉得彼此是一体的，为达成共识而努力。

沟通的目的是为了两个人之间的交流，为了交换信息、拓宽思路和统一认识，沟通的最终目的，在于达成共识，找到解决问题的方法。团体沟通的真正目的，除了沟通不同意见之外，还常常被期望能够从建设性的意见中，找到解决问题的新创意。

九、沟通的步骤

沟通是一门艺术，必须沟通得圆满、圆融、圆通，使其沟而能通，且大家都有面子。因此，单有口才不能达到沟通的最佳状态，需要具备更多的沟通能力与技巧，加上一颗绝对善意的诚心，再把握一些随机应变的实践经验，就会取得较好的效果。沟通主要有以下五个步骤。

（一）认真准备

多做准备。有准备就不会紧张，服饰、礼仪、数据准备充分会帮助建立自信。多熟悉企业产品、服务及其流程，内容准备充分会使你对答如流，对将会遇到的问题，作一定的设想和准备，并在心里预演一遍。回答问题时扬长避短，如果遇到未曾准备的问题，不妨稍作思考再回答，没有把握的问题，暂不回答。

沟通前主要准备以下几点：

首先是心态的准备。沟通从心开始，以一颗真诚的心去沟通，诚能感天，多一分真诚就多一分信任，多一分理解就多一分宽容，将自己的热忱与经验融入谈话中，是打动人的有效方法，也是必然要件。如果你对自己的话不感兴趣，怎能期望他人感动。

二是情绪上的准备。如果你觉得不自信，做好情绪上的准备就十分重要。平时要注意建立自己的"开心金库"，储存一些愉快的回忆、成功的事件、有意义的幽默笑话，在沟通前进行反复回忆，使自己的情绪进入兴奋、快乐状态。

三是目标、方法、内容的准备。

目标要明确。我们在与别人沟通之前，首先通过分析，明确双方的优劣势，设定一个更合理的、大家都能够接受的目标。然后制订计划，先说什么，后说什么，用哪些方法与对方沟

第十四章 "五型"班组的第八项修炼——人际沟通

通,预测可能遇到的异议和争执。

方法要得当。要按照人物的性格特征、社会地位、职业特点、年龄状况、智力水平、气质风格、经济条件等内容进行综合分析,针对不同的目标个体,采取个性化的沟通策略和方法,这无疑是古今不变的沟通秘诀。

古人云"情不通,则理不达","言不顺,则事不成"。与人物沟通,是为了说服别人接受自己的观点,并认同自己。而要达到这样的目的,一定要注意采取有利于对方的沟通方式,令对方觉得所陈述的观点、主张确实有利于对方,是对方所需要的。

人之所向,利之所驱。满足需要,诉诸利益,是沟通过程中最关键的环节。如果你所诉诸的利益确实是对方所需要的或最感兴趣的,那么沟通就成功一大半了。

内容要充分,沟通谈话和作文一样,有主题,有腹稿,有层次,有开头,有结尾,不可语无伦次。要进行多次演练,了然于胸。沟通的目的是什么,与谁沟通,他会有什么态度,他已经知道多少,以及沟通时机,要对应对方的情绪。对方空闲时,可以多讲点,忙时,则要言简意赅;对方高兴时讲些笑话或开心的事,对方不开心时,你就不能表现得太愉快,否则会引起反感,造成沟通失败,打击你的自信心。

四是沟通细节的准备。细节要清楚,重点要突出。用什么样的语气?用哪些词句?细节是否太多?事实是否经过求证?是否需要对方回馈?用什么方式沟通最好?

总结起来一句话:就是要做到知己知彼,战略上要藐视,战术上要重视。中国人最讲求"慎始",谋定而后动,因此必须先仔细想想,有把握才付诸行动。

（二）坦诚说

沟通开始首先要投石问路,确认需求。确认需求有三个步骤:第一步是提问,试探一下,采取什么样的方式和内容,才能够达到沟通的艺术境界。可以运用"尝试错误法"来测试一下对方反应如何,再做进一步的决定。第二步是积极聆听。要设身处地的去听,用心和脑去听,为的是理解对方的意思。第三步是及时确认。当你没有听清楚、没有理解对方的话时,要及时提出,一定要完全理解对方所要表达的意思,做到有效沟通。

另外沟通就是让别人了解你,你了解别人的过程。可以直接告诉别人你是谁,在人与人之间,模糊有利于审美,而清晰则有利于合作。客观地说,人与人交往都是有一些或表或里的缘由,而这些缘由的目标都是合作,商务往来是一种合作,摆脱寂寞也是一种合作,即便是复仇也要在你的合作下才能如愿以偿。而合作的基础是资源,如果没有对方需要的资源(能力、金钱、权势、美貌、才华、个性、善良等),就不要指望对方会积极,持久地对待你,其实我们也是这样,你在乎的东西才会吸引你。

为了很好地与人合作,同时也给自己更多的机会,我们就必须清楚地表现自己的资源和做人的原则,所以"丑话说在前头",就是使大家都知道你的时候,你不能接受什么,你不可失去什么,你的原则表述的越清楚,别人也就越知道该怎样对你,就像领袖必须让所有人敬畏一样,表现出个性中强悍的一面不是坏事。事实证明,清楚更有助于导致长期的合作,同时也更公平,就像在运动员比赛前一定要让他知道比赛规则一样。把观点更好地表达给对方的方式是,说明属性,说清作用,明确利益。在阐述观点的时候,按这样的顺序来说,对方能够听懂、容易接受。

在说话之前重点要吸引对方的注意力。根据人们的兴趣和需要选择开始的话题,用一种简洁、清晰、明确、有特色和中肯的方法去介绍说明，在这里坦诚是基本原则，坦白的讲出来你内心的感受、感情、痛苦、想法和期望。永远不要去欺骗、隐瞒对方。但要学会把不利因素转换成有利因素，有技巧地说。注意不可狡辩，因为辩论胜利不是沟通的目的，辩论胜利往往是赢了嘴却输了感情。情不通理则不能达了。

在沟通的时候，当然要把握时机，然而，话说得差不多的时候，就适时地停住，才有可能划下完美的句点。常见有些话很投机，结果一再反复说明，纠缠不清，反而弄巧成拙，搞得双方不欢而散。

(三) 用心听

要用"心"去和对方沟通。在沟通中，关键是要学会倾听，学会做一个好听众，用心倾听，学习了解别人而不是判断别人。在交流意见中，可以了解对方的意思、而对方也能了解自己的意思，把彼此意见的差距逐渐缩小。

"倾听对方的任何一种意见或议论就是尊重，因为这说明我们认为对方有卓见、口才和聪明机智，反之，打瞌睡、走开或乱扯就是轻视。"最高的倾听境界是感同身受。听众与对方站在一个角度上去考虑问题，与对方形成感情上的联盟。不管对方说什么，我们都能完全地理解，完全地接收。积极聆听的过程中，还要注意分辨对方的言外之意，找到问题的本质所在。

有研究表明：那些是很好倾听者的学生比那些不是的学生更为成功。在工作中，倾听已被看做是获得初始职位、管理能力、工作成功、事业有成、表现出色的重要必备技能之一。

倾听是一个对对方发出信息接受、理解的主动过程。要真正做到的是"倾听"而不是仅仅在"听"，这就要求人们作出一定的努力。有心理学家指出："积极倾听的人把自己的全部精力——包括具体的知觉、态度、信仰、感情以及直觉——都或多或少地加入到倾听的活动中去。消极地听，则仅仅把自己当作一个接受声音的机器，既不加入任何个人的感觉或印象，也不产生什么好奇心。"

在倾听的过程中，如果人们不能集中自己的注意力，真实地接受信息，主动地进行理解，就会产生倾听障碍。

掌握倾听的艺术并非很难，只要克服心中的障碍，从小节作起，肯定能够成功。现列出一些提高倾听能力的技巧以便参考。

(1) 创造有利的倾听环境，尽量选择安静、平和的环境，使传递者处于身心放松的状态。

(2) 在同一时间内既讲话又倾听，这是不可能的事情，要立即停止讲话，注意对方的讲述。

(3) 尽量地把讲话减至最低程度。你讲话时，便不能聆听别人的良言，可惜许多人都忽略了这一点。

(4) 积极参与。聆听不是一种被动而是一种积极主动的行为，它不仅能够帮你收集到更多更准确的信息，同时能够鼓励和引导对方更好地去表达。积极参与要重视以下几个方面：① 倾听回应。就是当你在听别人说话的时候，一定要有一些回应的动作。比如说，"好！我也这样认为的"、"不错！"，在听的过程中适当地去点头，这就是倾听回应，是积极聆听的一种，也会给对方带来非常好的鼓励。② 提示问题。就是当你没有听清的时候，要及时去提问；观其动作、声色、表情，有时插入问话，询问和要求阐明正在讨论的一些论点，做出有兴趣的态度。③ 重复内容。在听完了一段话的时候，你要简单地重复一下内容。④ 归纳总结。在听的过程中，要善于将对方的话进行归纳总结，更好的理解对方的意图，寻找准确的信息。

⑤ 表达感受。在聆听的过程中要养成一个习惯,要及时地与对方进行回应,表达感受"非常好,我也是这样认为的"这是一种非常重要的聆听技巧,让对方感受到你在专心地听其说话。

(5)调和关系。试着了解对方,试着由他的思想看问题,这是提高聆听技巧的最重要的方法之一。

(6)认同别人的经验——尊重对方的感受,发出一些认同的话,如"那听来很重要"或"我感受到你十分看重此事"等。

(7)关注中心问题,不要使你的思维迷乱。邀请对方说多些——"可以多说明一点吗?""我想多听听你对这件事的看法"等,当然,如果对方离题了,你可以说:"对不起,让我们回到正题,好吗?"

(8)平和的心态,不要将其他的人或事牵扯进来。

(9)注意自己的偏见,倾听中只针对信息而不是传递信息的人。诚实面对、承认自己的偏见,并能够容忍对方的偏见。

(10)抑制争论的念头。注意双方只是在交流信息,而非辩论赛,争论对沟通没有好处,只会引起不必要的冲突。学习控制自己,抑制自己争论的冲动,放松心情。

(11)保持耐性,让对方讲述完整,不要打断他的谈话,纵然只是内心有些念头,也会造成沟通的阴影。若对方已说了不少,可以做些小结,问对方是否是这个意思。

(12)不要臆测。臆测几乎总是会引导你远离自己真正的目标,所以要尽可能避免盲目臆测。

(13)不宜过早做出结论或判断。人往往立即下结论,当一个人心里对某事已做了判断时,就不会再倾听他人的意见,沟通就被迫停止。保留对他人的判断,直到事情清楚,证据确凿。

(14)做笔记。做笔记不但有助于聆听,而且有集中话题和取悦对方的优点。如果有人重视你所说的话并做笔记,你不会受宠若惊吗?

(15)鼓励交流双方互为倾听者,不要以自我为中心。在沟通中,只有把注意力集中在对方身上,才能够进行倾听。但很多人习惯把注意力集中在自己身上,不太注意别人,这容易造成倾听过程的混乱和矛盾。同时也可以用眼神、点头或摇头等身体语言要求别人倾听你的发言。

(16)提供开放式的意见和建议。开放式就是不会使人无话可说,例如"看来你很不高兴,是什么使你不高兴呢?"要避免用"为什么"而要多用"是什么"。总之,倾听既是简单的,也是大有学问的。

(四)巧发问

在沟通过程中,很多时候我们的解释说明别人不一定会往心里去,而我们的发问,别人会去思考。所以,巧妙的发问就是带领对方进入我们频道的关键点。比如说,向新朋友介绍事业的时候,很多人会有一个反应,认为我们是传销。如果我们去辩解说:我们不是啊,怎样,怎样……别人是很难听进去的。而用提问的方法,别人就会顺着我们引导的思路去考虑问题,而不是站在对立面上。下面列几种提问的方法供各位参考:

(1)开放式的问题开始问。在沟通中,通常是一开始沟通时,我们就希望营造一种轻松的氛围,所以在开始谈话的时候问一个开放式的问题,会帮助你收集信息找到更多切入机会和找对方的兴趣点促使谈话很快进入状态。当发现话题跑偏时可问一个封闭式的问题;当发现对方比较紧张时,可问开放式的问题,使气氛轻松。

（2）由浅入深地问。提问要循序渐进，不要突如其来，更不要接二连三的追问，给对方唐突和交浅言深的感觉。问题的深度取决于双方的亲密程度。

（3）以请教的方式提出问题，每个人都有好为人师的心理倾向，真诚地向别人请教，这也是给别人显示自己重要和聪明的机会，对拉近双方之间的距离，往往效果很好。

（4）给对方留余地，一不要把对方赶入死角，二要给对方留思考的时间，更不要故意刁难对方，不要问不该问的问题，如收入、年龄等私密性话题。

（5）按着沟通目标链，把沟通的目标变成一个一个的问题链，对方每回答一个问题就向沟通目标靠近一步。

（6）封闭式问题结束之前问。封闭式问题一般用于结束谈话前，用以确认信息、控制方向、节约时间，帮助对方作出决定。

（7）少问为什么。在我们与别人沟通中，经常会听到一个非常简单的口头禅"为什么？"当别人问我们为什么的时候，我们会有什么感受？或认为自己没有传达有效的、正确的信息；或没有传达清楚自己的意思；或感觉自己和对方的交往沟通可能有一定的偏差；或沟通好像没有成功，等等，所以对方才会说为什么。实际上他需要的就是让你再详细地介绍一下刚才说的内容。在沟通过程中，我们一定要注意，尽可能少说为什么，用其他的话来代替。比如，你能不能再说得详细一些？你能不能再解释得清楚一些？这样给对方的感觉就会好一些。实际上在提问的过程中，开放式和封闭式的问题都会用到，但要注意，我们尽量要避免问过多的为什么。

（8）少问带有引导性的问题。"难道你不认为这样是不对的吗？"这样的问题不利于收集信息，会给对方不好的印象。

（9）不问多重问题。一口气问了对方很多问题，使对方不知道如何去回答，这种问题也不利于收集信息。

（五）处理异议

在沟通中，有可能你会遇到对方的异议，就是对方不同意你的观点。在工作中你想说服别人是非常地困难，同样别人说服你也是非常地困难。因为成年人不容易被别人说服，只有可能被自己说服。所以在沟通中一旦遇到异议之后就容易产生沟通的破裂。

当在沟通中遇到异议时，我们不是强行说服对方，而是用对方的观点来说服对方。在沟通中遇到异议之后，首先了解对方的某些观点，然后当对方说出了一个对你有利的观点的时候，再用这个观点去说服对方。

处理异议时，态度要表现出具有"同理心"。解决人际关系问题中最具威力的三个字是"我理解"。在沟通过程中，塑造一个让对方可以畅所欲言、表达意见的环境，展现支持、理解、肯定的态度，尊重对方的情绪及意见，让他觉得与你交谈是件轻松愉快、获益良多的事。

（六）圆满收场

慎始还需要善终，结局圆满，才不致产生不良的后遗症。因此，适当的结束语，才可以留下继续沟通、保持联系的管道，也可以追踪沟通的效果，如发现有任何问题，也才能及时设法补救。

如果沟通的过程当中，有一些容易引起对方不愉快的感觉，也应该抓住机会，声明有一些冒犯的地方，还请多多包涵；或者告别的时候，拿出一件小礼物，表示敬意；对别人优点给予赞美，对别人的支持表示感谢；还可以对沟通的结果庆祝一下，这都是圆满收场的方式。

第十四章　"五型"班组的第八项修炼——人际沟通

在达成协议之后,要共同实施。达成协议是沟通的一个结果,但是在工作中,任何沟通的结果意味着一项工作的开始,要共同按照协议去实施。如果我们达成了协议,可是没有按照协议去实施,那么对方会觉得你不守信用,也就失去了对你的信任。我们一定要注意,信任是沟通的基础,如果你失去了对方的信任,那么下一次沟通就变得非常困难。所以说作为一个职业人士在沟通的过程中,对所有达成的协议一定要努力按照协议去实施。

总之,不要把沟通完全寄希望在口才的表现和权势的运用上,口才好有时反而不容易获得大家的信任,权势大也经常令人产生盛气凌人的恶感,对沟通均不利,宜掌握上述步骤,循序渐进,以收事半功倍之效。

第二节　沟通的技巧

不论我们所用的言词多华美,如果不懂得沟通的方法,仍然达不到沟通的效果。许多问题与冲突的关键点,都是沟通不良。运用谈论他人感兴趣的话题的技巧,打开沟通之门。这个技巧不只是润滑剂,更能帮助我们从别人那里获得更多的知识及智慧。

一、沟通的策略技巧

策略一:会说的不如会听的,最聪明的人是最佳的听者。

如果听得不好,你就不知道该问什么?如果不会问,你就听不到想听的。

较好的方法是不断地听对方发言,越保持倾听越握有控制权。就问问题而言,越简单明确越好,答案非是即否,并以自在的态度和缓的语调为之,那么一般人的接受程度都极高。

策略二:沟通中不要指出对方的错误。

如果沟通的目的是不断证明别人的错处,那沟通岂能良好?你是否曾遇过一种人,他认为自己什么都是对的,且不断地去证明,但却十分不得人缘?因此,不妨让沟通的双方既不失立场,同时又可以让对方从另一种角度来衡量事情,而由他自己决定什么是好是坏。因为凡事无所谓对错,只是适不适合你而已,沟通的道理亦同。

策略三:不预设立场,避免给对方贴标签,不要对人有成见。

策略四:妥善运用沟通三大要素。

人与人面对面沟通时的三大要素是文字、声音及肢体语言。经过行为科学家六十年来的研究,面对面沟通时,三大要素影响力的比率是文字7%、声音38%、肢体语言55%。一般人常强调说话的内容,却忽略了声音和肢体语言的重要性。其实,沟通便是要达到一致性以及进入别人的频道,亦即你的声音和肢体语言要让对方感觉到你所讲和所想十分一致,否则,对方将无法接收到正确信息。因此,在沟通时应不断练习内容、声音、肢体动作的一致性。

策略五:注意"四解两容"。

为了加强沟通,提倡"四解":了解、理解、谅解、和解。了解是前提,了解一个人就能理解一个人,理解之后能够谅解,谅解之后才能和解,才能处好关系。人性格各不相同,在沟通过程中应该做到"两容":容人、容事,即对各种性格的人都要包容,各种事都要拿得起放得下。

二、沟通过程中运用柔术的技巧

沟通从友善开始,人际关系就是善意的关系。人是三分理智,七分感情的动物。给足面

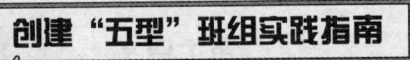

子,可达到"士为知己者死,女为悦己者容"的效果。从业者可为认可自己存在价值的上司竭力尽智,鞠躬尽瘁。行为孕育行为,你怎样对待别人,别人就会怎样对待你。给予就会被给予,剥夺就会被剥夺,信任就会被信任,怀疑就会被怀疑;爱就会被爱,恨就会被恨;你对我友善,我对你也友善,如果你对我不友好,我也不可能友好的对待你——这就是心理学互惠关系定律。

（一）实行"五不"

"五不"即不批评、不责备、不抱怨、不攻击、不说教。批评、责备、抱怨、攻击这些都是沟通的刽子手,只会使事情恶化。说到容易做到难,要十分注意。

赞美别人,需要肚量。请闭上眼睛想一想:当你遭到别人的批评与责备时,心理的第一个反应是什么？心跳加速,然后防卫的本能就会浮现。为了维护自尊,甚至可能采取攻击手段,转移焦点,最后是造成更多的冲突。卡内基曾说:当一个人受到批评、责备时,是一个危险时刻!

牢记"五不"原则是为了培养耐心与包容。我们总是可以轻易地看见别人的失败、错误和缺点,而且忍不住提出批评和谏言。但是,当我们自己遭遇失败、犯错时,我们需要的是什么？耐心与包容!自己需要的,也是别人需要的。能够宽恕别人,也表明个人内心一定是自信而坚强的。

当你要批评别人时,想想自己是否也有类似的缺点。想批评别人时,改用赞美取代。批评是逃避反省的方式,要批评别人之前,先反省自己。

想抱怨别人时反身想想自己。抱怨的目的无非是想推卸自己的责任,从而抬高自己,错误在他不在我,如果他不那样做,就不会产生这样的结果。

不能让抱怨成为习惯,牢骚和抱怨最致命的危害是使亲人疏远、朋友远离、关系松散、滋生是非、涣散士气,自己也没有长进。

宽容是一种美德,抱怨不仅伤害别人,也伤害了团队,同时也伤害了自己。遇事多沟通、多理解。与其毫无意义的抱怨和唠叨,不如去寻找那些值得欣赏的东西,赞美它、支持它、拥护它、理解它,结果会大不相同。抱怨是慵懒、懦弱无能的最好诠释。荀子曰:"自知者不怨人,知命者不怨天;怨人者穷,怨天者无志。失之己,反之人,岂不迂乎哉。"

（二）尊重和关爱

只有给予对方尊重才有沟通,若对方不尊重你时,你也要适当的请求对方的尊重,否则很难沟通。要注意几点:(1)尊重对方的意见,千万别说"你错了";(2)以"我们"代替"我"、"你";(3)让对方多说话,多向对方请教,让对方感觉受到尊重;(4)避免在细微的地方争辩,永远不要逞口舌之快,输了辩论,可能会赢得别人对你为人的认同,以后沟通起来会无比畅通;(5)欣赏对方的长处,包容对方的短处,想到对方的好处,承担对方的难处;(6)以友善的方式开始,保持热情、风趣、幽默。一切都是爱,爱是最伟大的治疗师。当我们对别人充满爱时,我们同样会收获许多爱。

（三）换位思考

将心比心,自己的道理,别人的角度。体谅他人的行为,体谅对方的感受。沟通,从某种角度来看,有协调、合作的意思,所以我们要学习重视对方的感受。"自我"的观念是无所不在的,心理学家亚佛列·艾德曾经对极度自我意识的人有如此的描述:"这些人对周遭困难的人漠不关心,只会伤害别人,就是这些人为人类带来失望!"

第十四章
"五型"班组的第八项修炼——人际沟通

人之凡是以我为中心,古今皆然,人人如此。但是,在一个讲求协调、协商、沟通和合作的时代里,凡是以自我为中心的态度,是无法成事的。太过自以为是,不顾周遭的感受,对己对人都会造成伤害。只有那些关切别人、体谅对方、善解人意的人,才能为自己的生活和工作带来快乐。

沟通,从某些角度来解释,是协调、协商、合作的同义字。在工作环境里,不论你的目标是做得有成效、增加收入、还是成为领导人,都必须仰赖长官的赏识、部属的支持和同仁之间的合作。而要建立这种关系,就非得靠自己为人处世升调、协商、沟通和合作的能力!

怎么样才能得到别人热诚的合作呢?其实很简单,只要将心比心就好了。

(四)绝不口出恶言,不说不该说的话

病从口入,祸从口出,恶言伤人。如果说了不该说的话,往往要花费极大的代价来弥补,甚至于还可能造成无可弥补的终生遗憾。所以沟通不能够信口雌黄、口无遮拦,但是完全不说话,有时也会变得更恶劣。

(五)理性的沟通,情绪中不要沟通,尤其是不能够做决定

情绪中的沟通常常无好话,既理不清,也讲不明,尤其在情绪中,很容易因冲动而失去理性。如:吵得不可开交的夫妻、反目成仇的父母子女、对峙已久的上司下属……尤其是不能够在情绪中做出情绪性、冲动性的"决定",这很容易让事情不可挽回,令人后悔。不理性只有争执的份,不会有结果,更不可能有好结果,所以,这种沟通无济于事。

(六)承认我错了

如果自己说错了话、做错了事,若不想造成无可弥补的伤害时,最好的办法是干脆尽快承认。"我错了",这就是一种勇敢,也是一种豁达大度的智慧。承认我错了是沟通的消毒剂,可解冻、改善与转化沟通的问题,就一句:我错了!勾销了多少人的新仇旧恨,化解掉多少年打不开的死结,让人豁然开朗,放下武器,重新面对自己,开始重新思考人生。如果有人不尊重我、打压我、欺负我或侮辱我时,即使是亲如父子,都可能反目成仇。

(七)说对不起

说对不起,不代表我真的犯了什么天大的错误或做了什么伤天害理的事,而是一种软化剂,使事情终有"转圜"的余地,甚至于还可以创造"天堂"。其实有时候你也真的是大错特错,死不认错就是一件大错特错的事。

(八)耐心等待转机

等待唯一不可少的是耐心,有志者事竟成。如果没有转机,就要等待,急只会治丝而棼。当然,不要以为空等待成果就会从天上掉下来,还是要你自己去努力的。尽管努力并不一定会有结果,甚至会舍本逐末,但若不努力,你将什么都没有。

(九)沟通需要忍耐

忍耐是勇敢、忍耐是顽强、忍耐是包容、忍耐是理解,能容者大,能忍者强,能忍者智。为了我们的目标而忍,我们要能进难进之门,看难看之脸,听难听之言。尽管我们时刻想提高沟通的效率,但有时可能需要多次沟通才能成功,这时就需要我们的耐力,需要我们不断调整沟通的方式和方法,促使沟通成功。

(十)智慧

智慧使人不固执,而且福至心灵。固执会让我们失去好多东西,甚至会发生许多不必要

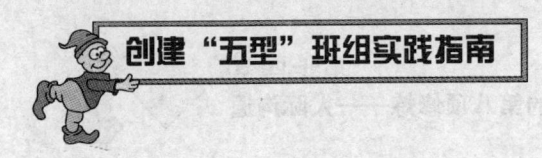

的麻烦。

谦让是沟通中常用的一种智慧,沟通的双方各让一步,往往更容易达成一致的意见。这也是在生活最常见的道理,圆融无碍。

三、沟通语言技巧

(一)基本技巧

急事慢慢地说;大事清楚地说;小事幽默地说;没把握的事谨慎地说;没发生的事不要胡说;做不到的事别乱说;伤害别人的事不能说;讨厌的事对事不对人说;开心的事看场合说;伤心的事不要见人就说;别人的事小心地说;自己的事听听自己的心怎么说;未来的事未来再说。

(二)用别人爱听的方式,说自己想说的话

比如:(1)弄清楚听者想听什么,说对方感兴趣的东西。多讲认同、赞美、鼓励、欣赏、关心对方的话;对方正需要的信息;对方期望听到的解决问题的方案,而非问题本身等。(2)以对方感兴趣的方式表达。不批评、不指责、不抱怨,从友善的方式开始;保持热情、风趣、幽默;以提出问题代替批评或命令;保留对方的颜面,有相反意见时,尽量不要当场顶撞;用"三明治"法等。(3)语言随环境而变化,在适当的时机与场合中进行。当对方有需求的时刻,才推销你的想法;场合不同,表达的方式与内容要作相应的变化——到什么山头,唱什么歌;表扬时,应尽量公开;批评时,应尽量私下。

(三)扬长避短

应做到先攻心,后攻脑,不同的人采取不同的方式。鬼谷子王禅有一段话很值得回味:故与智者言依于博,与博者言依于辩,与辩者言依于要,与贵者言依于势,与富者言依于豪,与贫者言依于利,与贱者言依于谦,与勇者言依于敢,与迂者言依于锐,只有这样,才能在管理中掌握一定的主动权。另外讲话要通情达理,鬼谷子说:抱薪趋火,燥者先炎,平地注水,湿者先濡,情合者听。

(四)表达不同意见时,用"很赞同……同时……"的模式

如果并不赞同对方的想法,但还是要仔细倾听他话中的真正意思。若要表达不同的意见,我绝不会说:"你这样说是没错,但我认为……"我会说:"我很感激你的意见,我觉得这样非常好。同时,我有另一种看法,来互相研究一下,到底什么方法对彼此都好……""我赞同你的观点,同时……"我不说"可是,但是……"因为这两个词句会中断沟通的桥梁。

重点是:顶尖沟通者都有方法能"进入别人的频道",让别人喜欢他,从而博得信任,表达的意见也易被对方采纳。

(五)自己的意见让对方说

设法让对方说出你的意见。最佳的方案是把想说的意见变成所提问题的答案,对方给出的答案,同时也是对方的认同。

(六)用建议代替直言,提问题代替批评

让对方说出期望,谋求共同的利益,顾及别人的自尊。提建议以"我们是否可以这样考虑……"代替"我认为"、"你应该"。

（七）站在别人的角度，讲出自己的道理

己所不欲，勿施于人，己之所欲，不强于人。利用换位思考，站在别人的立场上讲出的道理更容易让人接受。

用比喻委婉艺术地表达自己的想法，以讲故事的方式争取别人的认同。

（八）主动表达，化解沉默的僵局

产生僵局会令人不安，但也难免出现，关键是如何应对。僵局是双方都不愿意表达，或同时思考的过程，要想不出现僵局，那你就主动表达，缩短思考，或者重复以前讲过的话，正好进行沟通的确认，如"您的意思是……""也就是说……""您能重复刚才的意思吗？""我是这样理解的，你听是否正确"，等等，也可通过微笑、环顾左右而言他来化解。

第三节 沟通中的赞美技巧

一、人人都渴望别人的赞美

赞美，即为称赞，就是用言语肯定认同美（好）的事情。赞美只需要把眼中看到美（好）的地方，用适当的言语表达出喜爱之意就可以了，所以，赞美是人人都会的。

人类真是奇怪的动物，人人渴望别人的赞美，需要赞美是人的本性，赞美具有不可替代的力量，大多数人却吝于赞美别人。

赞美是人人都有，人人都会的一种潜能，巧妙恰当地赞美，会给人带来好的心情及美的享受。否则，牵强的赞美，拗口的赞语，不仅会使你陷入尴尬的境地，而且会使你所要做的事情事倍功半，给人以"溜须拍马"之嫌。

"赞美"和"谄媚"最大的不同，就在于所陈述的内容是否属实，有没有过度的夸张扭曲。其次，就是动机是否单纯。由衷地赞美，是不求回报的，并没有想要从对方身上获得什么好处，所以绝对不会沦为"逢迎拍马"。

二、赞美的功能

渴望赞美是人们心理上的需要，人们有被尊重、被欣赏、被鼓励、被肯定的心理需求。愿意得到赞美，是人的一般心理需求，而善于赞美他人，则是一种重要的美德。赞美在一般社交中有许多功能，主要有以下几点。

（一）赞美是对别人关爱的表示

赞美是发自内心深处的对别人的欣赏，然后回馈给对方的过程；赞美是对别人关爱的表示，赞美是对别人抱有感恩心情的一种表达。赞美是送给别人的最好礼物，是人际关系中一种良好的互动过程，是人和人之间相互关爱的体现。

赞美能使我们的情绪平静，感受到被关爱的感觉，赞美会使人有良好的心态，从而会有良好的行为。

（二）赞美是改善人际关系的润滑剂

赞美也是一种有效的交往技巧，能有效地缩短人与人之间的心理距离。渴望被人赏识是人最基本的天性。既然渴望赞美是人的一种天性，那我们在生活中就应学习和掌握好这一生活技能。在现实生活中，有相当多的人不习惯赞美别人，由于不善于赞美别人或得不到

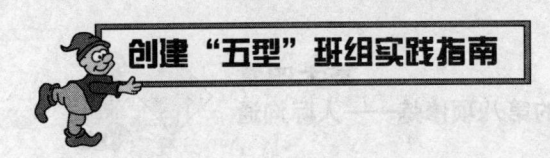

他人的赞美，从而使我们的生活缺乏许多美的愉快情绪体验。

在人际交往中，当你用心观察到对方的优点，并且发自真心地、恰如其分地赞美对方，友善的关系便在一言一语中逐渐建立、积累。能创造一种热情友好的气氛，营造一种和谐的氛围，能使彼此的心情更为愉悦。这是人类真正认识自己存在价值的一种需要。

赞美还是我们交友的法宝，真诚的赞美能拉近人与人之间的距离。赞美如同冬日里的一缕暖阳，愿你心中阳光普照，更希望你把这份灿烂带给更多的人。

不懂得欣赏别人，较少合作，较多算计，结果大家谁也不开心。博弈论中著名的"囚徒困境"推论告诉我们，在多数情况下，双方合作比双方背叛好，做好的关键不在于征服对方，而在于引导合作，总之合作优于背叛。

（三）赞美使人愿意沟通

赞美使人愿意沟通。沟通是双方的互动，如果一方不愿沟通，那么，沟通必然失败。假设你要与一位女士沟通，当你首先赞美她的衣服漂亮时，她一定会高兴，会乐意与你沟通。反之，当你批评她的衣着时，她一定是懒得理你。所以，赞美往往使人愿意与你沟通。例如在工作中，当你肯定同事的优点时，同事会很乐意帮你，会把他的经验告诉你，这就是赞美的作用，它让对方愿意与你沟通。

（四）赞美能激发他人信心，支撑他人成功

通过赞美激发他人信心，满足他人心理，支撑他人成功，从而改善人际关系。求职提升、笼络人才、达成合作、商业销售、托人办事等方面都需要具体有效的赞美技巧和手段。

特别教育子女方面，请不要忘记，好孩子是夸出来的。一句赞美的话，影响力可长远到一辈子。闭上眼睛，回想从小到大，你曾有被真诚的赞美吗？

（五）赞美别人，快乐自己

"送人玫瑰，手有余香，赞美别人，心留芬芳"。学会赞美，给别人快乐自己才会更快乐！在这个竞争激烈的世界上，人与人之间需要最真挚的友谊。多些宽容，多些理解，学会赞美，放弃贬低，给别人快乐自己才会更快乐！由衷的赞美，是人生中最令对方温暖又最不使自己破费的礼物。当然，它的价值也是难以估计的。

其实，赞美别人，就是肯定自己。由衷地表达对别人的欣赏，就是对自己有信心的表现。在别人的优点中，肯定了自己的眼光；在别人的表现中，肯定了自己的观察。

不要以为赞美别人是一种付出。从"生命能量"的观点讲，这其实是一种能量的转换，对别人赞美的时候，你从嘴里吐出字字赞美的话，如粒粒珍珠，挂在胸前，它令你充满喜悦的心，使你更加光华耀眼。赞美是药，赞美是快乐，赞美带来温馨。医学证实憎恨会让身体释放有害物质，而赞美和拥抱则有益健康，愿赞美给大家带来健康、快乐和温暖。人说"良言一句三冬暖"，赞美之声，如同我们心灵沃土中盛开的鲜花，传递给别人的是温暖、是美好、是爱。在赞美中，我们不知不觉就会丢弃掉许多有害无益的埋怨，不知不觉中就会改变自己看待事物的眼光，不知不觉中就会学着关注别人。

从现在起，就请你开始在日常生活中练习赞美别人，把它当成一种习惯。不论对象是不是你认识的人，包括：亲爱的亲友、有礼貌的公车司机、认真负责的清洁工人……都值得你给予由衷的赞美。不论对方表面上的反应是害羞、惊讶还是感激，你的善意已经灌溉了他心中的花圃，将开出朵朵心花，美化你人生的视野。

第十四章
"五型"班组的第八项修炼——人际沟通

千万不要吝啬赞美之词,当你赞美家人时,家人会对你敞开心扉,而充分沟通的家庭必定是和美的。当你赞美下属时,下属会乐意把他们的设想告诉你,当你赞美同事时,同事会与你分享工作上的收获,而充分沟通的部门一定会爆发无穷的创造力。赞美是价廉而高效的投入,多多赞美别人,就会获得多多的沟通机会,就会取得成功。

在任何场合,对任何人,都要用适当的方法加以赞美,你可以把它看作是对未来的一笔投资。哪怕是别的部门的领导,或者是你所厌恶的人,也应该对他们的长处加以赞赏,这也一样会给你带来回报。

三、赞美的原则与要求

(一)因人而异

人的素质有高低之分,年龄有长幼之别,因人而异,突出个性,有特点的赞美比一般化的赞美能收到更好的效果。老年人总希望别人不忘记他"想当年"的业绩与雄风,同其交谈时,可多称赞他引为自豪的过去;对年轻人不妨语气稍为夸张地赞扬他的创造才能和开拓精神,并举出几点实例证明他的确能够前程似锦;对于经商的人,可称赞他头脑灵活,生财有道;对于有地位的干部,可称赞他为国为民,廉洁清正;对于知识分子,可称赞他知识渊博、宁静淡泊……当然这一切要依据事实,切不可虚夸。

(二)情真意切

虽然人都喜欢听赞美的话,但并非任何赞美都能使对方高兴。赞美一个人一定要赞美她实际存在的优点,把握好尺度。

能引起对方好感的只能是那些基于事实、发自内心的赞美。相反,你若无根无据、虚情假意地赞美别人,他不仅会感到莫名其妙,更会觉得你油嘴滑舌、诡诈虚伪。例如,当你见到一位其貌不扬的小姐,却偏要对她说:"你真是美极了。"对方立刻就会认定你所说的是虚伪之至的违心之言。但如果你着眼于她的服饰、谈吐、举止,发现她这些方面的出众之处并真诚地赞美,她一定会高兴地接受。真诚的赞美不但会使被赞美者产生心理上的愉悦,还可以使你经常发现别人的优点,从而使自己对人生持有乐观、欣赏的态度。

(三)诚恳实在

虽然,赞美有利于沟通,但是,赞美却需要技巧、需要真情投入。合适的赞美是建立在细致的观察与鉴赏之上,赞美对方一定要赞美对方长处,如果你去赞美肥胖者的身材,一定会被认为是讽刺,如果去赞美口吃者的口才,对方定会愤怒。那么,如何赞美呢?赞美一定要避开对方的短处,对于长相一般的女士,可以赞美她的气质;对于并不高大英俊的男士,可以赞美他的睿智;对于淘气的小孩,可以赞美他的活泼。赞美还要发至真心,由衷的赞美使人如沐春风,虚伪的赞美使人犹如吃了苍蝇。赞美还要适度,有时一句稍稍的赞美,反而使人觉得非常开心,夸张的赞美就成为拍马屁了。

诚恳是赞美的前提和基础,是赞美的第一要义。试想,没有诚意的赞美无异于阿谀奉承或者讽刺嘲弄,不可能取得理想的效果。对于赞美的话语,人们最重视的是什么呢?就是"诚"和"实"。卡耐基说:"赞美和恭维有什么区别呢?很简单,一个是真诚的,一个是不真诚的;一个出自内心,另一个出自牙缝;一个为天下人所欣赏,另一个为天下人所不齿。"可见赞美时态度要真诚,夸奖要言之有物,切忌陈词滥调、华而不实和虚伪轻浮。

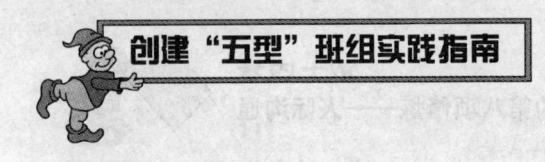

(四)翔实具体

赞美不能泛滥和空洞,要针对具体事实给予响应。在日常生活中,人们有非常显著成绩的时候并不多见。因此,交往中应从具体的事件入手,善于发现别人哪怕是最微小的长处,并不失时机地予以赞美。赞美用语越翔实具体,说明你对对方越了解,对他的长处和成绩越看重。让对方感到你的真挚、亲切和可信,你们之间的人际距离就会越来越近。如果你只是含糊其辞地赞美对方,说一些"你工作得非常出色"或者"你是一位卓越的领导"等空洞飘浮的话语,不仅引起对方的猜度,甚至产生不必要的误解和信任危机。

(五)具体清晰

具体清晰的赞美主要是赞美的内容要具体,最好具体到赞美什么、为什么赞美等内容。比如,听说某一人的家乡在杭州,可赞美说:"杭州可是一个好地方啊,俗话说'上有天堂,下有苏杭',白居易也抒发了'未能抛得杭州去,一半勾留是此湖'的慨叹。这些对杭州的吟咏、赞美不能不使未去过杭州的人越发向往杭州,不能不使去过杭州的人越发怀恋杭州。"不用说,无论多么有个性的人听了都会由衷地感到高兴。

(六)合乎时宜

赞美的效果在于相机行事、适可而止,审时度势地赞美别人,会让你的赞美巧妙而有效。真正做到"美酒饮到微醉后,好花看到半开时"。当别人计划做一件有意义的事时,开头的赞美能激励他下决心做出成绩,中间的赞美有益于对方再接再厉,结尾的赞扬则可以肯定成绩,指出进一步的努力方向,从而达到"赞扬一个,激励一批"的效果。

(七)切境得体

切合语境、得体妥帖是人们衡量理想的语言表达效果的一个重要标准。所谓切境得体,就是要求赞美与表达时的语境要适合,并且能够选择最佳的表达手段或方式,以取得最佳的赞美效果。可见,赞美也不是随便拿过来一句好话就能说的,而是要考虑到被赞美对象的各种因素,包括其职业身份、文化程度、性格爱好、处境心情以及与赞美者的特定关系,等等,这些因素直接影响着赞美的效果,所以必须因人而异地恰当赞美,否则,就会产生不良的后果。

赞美前注意观察对方的状态是很重要的一个过程,如果对方恰逢情绪特别低落,或者有其他不顺心的事情,往往会产生"踢猫效应",其结果会适得其反。过分的赞美往往让对方觉得不真实,所以一定要注重对方的感受。

(八)及时赞美

在平时,一发现员工的优点,就马上当面告诉他,让他知道这样的表现非常好,要继续保持。所以当下的赞美,目的是在明确工作的是非准则,好让员工保持,并避免阳奉阴违。

总之,赞美别人时要注意时间、地点、人物,根据美点不同,而采用不同的赞美方法,并注意言简意赅,以上是几条基本的原则。

对赞美的要求为:实事求是、真诚、发自内心、有针对性、独具慧眼、具体化、幽默化、心态平和、用词得当、场景适宜。

四、赞美的方法与技巧

赞美别人,仿佛用一支火把照亮别人的生活,也照亮自己的心田,有助于发扬被赞美者的美德和推动彼此友谊健康地发展,还可以消除人际间的隔阂及怨恨。赞美是一件好事,但

第十四章
"五型"班组的第八项修炼——人际沟通

绝不是一件易事。赞美别人如不审时度势,不掌握一定的赞美技巧,即使你是真诚的,也会变好事为坏事。所以,开口前我们一定要掌握一些方法的技巧,赞美的方法很多,归纳起来主要有:直接法、间接法、比较法、类比法、比喻法、锦上添花式、雪中送炭、转述的赞美、各种赞美结合的综合法,等等。下面介绍几种常用的赞美方法。

(一)直接鼓励式

在一般社交礼仪中,直接鼓励式的赞美多用于有地位级差的情况,即多用于从高到低的情况。

(二)间接迂回式

间接迂回式的赞美主要是含蓄地表达赞美意向,从而不露痕迹地巧妙地称赞对方,让对方在不知不觉之中潜移默化地受到融洽气氛的感染。如果要间接地赞美某一个人,可以从他的职业、籍贯、民族、习俗、地域、特产、气候特点等方面进行。

(三)对比显长式

对比显长式的赞美常常是以他人之短来对比赞美对象之长。使用这种方式,一定要特别讲究表达方式,追求良好的表达效果。首先,赞美对象的"长"是清晰而具体的,比较对象的"短"则应该是笼统而模糊的,不能指向特定对象,否则,就会影响赞美的效果。其次,比较时不能当着有"短"的一方的面说,否则就会伤害这一方,赞美的效果同样要受到影响。

(四)显微放大式

抓住每一个具体的小事及时赞扬,表现出一种十分细致的体贴入微,这会使人感到由衷的高兴。一个人值得赞美的地方不仅是因为其具有明显的优点或长处,而且还因为其中蕴藏着许多不明显的或尚未明显表现出来的可贵之处。

(五)锦上添花

锦上添花式的赞美就是好上加好,不过所添之"花"必须有特色。用锦上添花的方法赞美时,一定要有真诚的态度。如果赞美没有真诚的态度,就容易引起对方的反感甚至是误会;而如果所添之"花"有特色,就能够引起对方的共鸣。

(六)雪中送炭

俗话说:"患难见真情。"最需要赞美的不是那些早已功成名就的人,而是那些因被埋没而产生自卑感或身处逆境的人。他们平时很难听一声赞美的话语,一旦被人当众真诚地赞美,便有可能振作精神,大展宏图。因此,最有实效的赞美不是"锦上添花",而是"雪中送炭"。此外,赞美并不一定总用一些固定的词语,见人便说"好……"有时,投以赞许的目光、做一个夸奖的手势、送一个友好的微笑也能收到意想不到的效果。

雪中送炭式的赞美是最具有功德性的赞美,在人们最需要他人鼓励的时候能够听到我们一声真诚的赞美,将有十分明显的激励作用,能够更加坚定他人奋发努力的信心。

(七)转述的赞美

辗转相传,从第三者转述而来的赞美,最令人的激赏。转述的赞美虽是间接式的,却是双倍的赞美,比当面直接的赞美效果更大。因为当面赞美,很可能是客套话,而背面的赞美常是真心话。真正懂得赞美的人,深知转述赞美的威力,所以较少当面赞美别人,较多背后赞美别人。透过他人的转述,除赞美当事人之外,也提醒转述的人要效法。运用赞美的一句话,鼓励当事人,提醒转述人。当被赞美的当事人,听到同事的转述,会更确认自己被肯定是事实。深谙赞美技巧的人,到处受人欢迎。

(八)赞美三明治

赞美三明治是主管透过赞美的沟通技巧来调教员工的一个非常好用的手法。尤其是在员工犯错时,活用赞美三明治不仅可以调整员工的心态,更可以同时处理"人"与"事",而不会遗留员工情绪的后遗症。

什么是"赞美三明治"？就是"赞美＋事实＋赞美"。第一段赞美是接受他的人格,第二段明确的表达事实,第三段赞美是再次肯定他的人格,突显对事不对人。

请记住,三明治少一片都不行。这种方法可以和外科医生治病的过程相类比,外科医生治病的过程是先打麻药、手术、再打消炎药,让伤口痊愈。可见世间的道理是相通的。

五、赞美的方法与技巧练习

想要让你的赞美命中红心,除了需要技巧,也需要练习。赞美是一种需要经常操练的艺术,所带出来的效果也经常超乎我们所预期。

(一)学会观察,赞美别人,需要慧眼

练习赞美从改变心态开始,用积极、乐观的心态去看周围的一切事物,只看美好的一面,我们会发现,几乎任何事物都有可赞美的地方。如日月的守时、天道的有常、大树的伟岸、小草的坚强、儿女的孝心、母爱的慈祥、园丁的辛勤、农民的耕耘……到处都有可赞美的事物。

要学习收藏家的眼光,从一件看似寻常的器物上,以独到的角度、看见别人看不到的优点。每一个、每件事,都找得到值得你赞美的地方,只要你愿意用心。

有时候,我们会听到别人说:"唉哟,他这个人还能有什么优点,真是看不出来。我太了解他了,他没什么好赞美的!"会不会那个人的确有一些难得的优点,只是你没有发现呢？金无足赤,人无完人。法则是看人看长处,看物看用处。所以,试着细心观察身边的人,分析他平时的谈吐和行为举止。渐渐地,你一定能在他身上,发掘到别人没有看到的优点。

(二)从赞美自己开始

认识自己,喜欢自己,赞美自己！认识自我是最难的,要认真分析自我,充分认识自己的优势,不要妄自菲薄。

世界是心灵的镜子,每天早上醒来时,告诉自己:我是个有福分的人,应该以包容的心去看待别人,以积极乐观的心态看待自己。每天从自己的衣、食、住、行、做事、言谈举止、交友等方面至少要找出自己两点值得赞美事,并记录下来,经过一段时间,一定会发现自己有所改变。

激励和赞美,对任何人来说都是一种巨大的精神力量,都是点燃一个人信心的火种。

在我们每个人的精神世界中,都有一轮炽热的闪耀着激励和赞美的太阳,这轮太阳就是一个人发自内心地对自我的赞美和欣赏,只要这轮太阳不被自卑自叹、自怨自艾的乌云所遮掩,她的光芒,就会照亮你的心灵,照亮你前进的道路,照亮你未来的岁月。拿破仑·希尔曾这样说:自我欣赏或自我赞美,其本质正是对自我成功的一种最直接的暗示。如果一个奋斗者不断地告诉自己:我是最优秀的,我一定会成功！那么他就会像得到神助一般。

第十四章
"五型"班组的第八项修炼——人际沟通

赞美自己就从我们每天的生活开始，从看重我们所从事的事业开始。赞美自己其实就是为自己点亮一盏心灯，照亮自己的人生之路。只有当自己开始喜欢自己，才能真正喜欢别人，那种发自心底的愉悦感受，才会在脸上形成灿烂的笑容。

每天早上开始记录自己的优点，不记缺点。一天下来你会发现很多自己的优点，慢慢开始欣赏自己，增加信心。了解自己的优点后，将自己的优点表现出来，别人自然会注意你的优点，你也就在不知不觉中引导别人欣赏你的优点。学着赞美自己，然后才会赞美别人。

（三）练习赞美家人打基础

很多人不善于赞美别人，原因是缺乏练习。练习需要确定目标和对象。其实练习赞美的最好对象，就是最亲近的家人。一方面，我们赞赏家人，最没有企图和目的；另一方面，赞赏家人其实最困难。

身边最亲密的人，往往也是最容易被我们疏忽的人，对于家人，我们也许心怀感谢，却很少表达出来。因此，我们对家人的赞赏，效果常常出人意料。

有社会学家指出，在许多家庭里，夫妻争吵最主要的原因可能就是谁也不服谁，不懂得欣赏对方，看不得对方好，这恐怕也是同事、朋友交恶的一个很重要的原因。

（四）转述赞美练习

把某人对某人的称赞，转述给被赞美的人，三者都成赢家。知道被别人赞美令人士气大增，因为所听到的只是原版的一部分，想听完整版是多么称赞赏有加，怎能不令人心花为之怒放呢！称赞的人当然开心且被衷心感激，转述的人享受到目睹别人开心的愉悦，同时自己也受到了鞭策。

（五）记录赞美语言

在生活中会有很多赞美语言，具有"新、奇、特、雅、幽"等特点，而且赞美效果好。把它们记录下来，并在模仿中创新，反复练习，坚持不懈，养成习惯。

（六）记录别人的优点

把别人的优点列举出来，并想办法告诉对方。写赞美卡，交给自己尊重的人，当着对方先念出来，然后郑重地交给对方。或者用具体的经验和实例，直接赞美对方。

（七）写赞美信练习

把感谢与赞美写出来，既可以让人重复享受，又能确保你对他的善意具体可见。现在电子邮件很方便，可以发电子邮件，对于不知如何表达情感的配偶、父母、上司或部下，可以这么写："谢谢你们所做的一切，我不常把谢谢挂在嘴边，但是真的很感谢你们对我的爱与关怀。"这样的话就可以使一个人生活添加色彩，甚至带来好运，这是惠而不费的慈善。

（八）练习克服心理障碍

一个不会赞美自己的人，很少去赞美别人，听到别人的赞美也反感。这种人根本的心理症结是自卑，自卑心理会导致行为退缩，工作上缩手缩脚，并且常常自我惩罚、自我否定。

改进方法就是要学着赞美自己，把自己的优点或者成功的经历，写在一张精美的卡片上，经常诵读，"我是个非常负责的人"、"我相信自己的能力"、"我是个勤奋自强的人"，等等。自我激励是对自己以前所认为的缺点视而不见，营造一种良好的自我暗示的氛围。

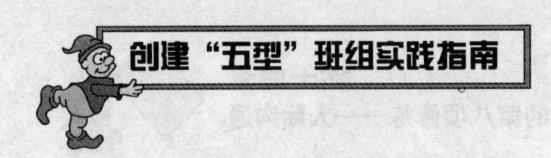

自以为是的人更是难于说出别人的优点。这种人只能赞美自己,不能赞美别人,这是骄傲自大的表现。这种人应该多看别人的长处,给予赞美。对自己缺乏自信的人,说不出赞美的话。因为过度担心对方会以为自己的赞美里有别的企图,为了表现自己的清白,宁可保持缄默。生性自卑的人,更吝啬于赞美别人,他误以为夸赞别人的优点,会把自己比下去。

很多人之所以无法讲出赞美的话,是因为没有认真去观察对方,找不到可以表达赞美的事实,所以迟迟开不了口。事实上,只要你用心观察,一定可以找出值得赞美的地方,哪怕只是因为对方打了条特殊花色的领带,抹了看起来很有精神的口红,或气色十分爽朗,都值得你向他表达赞美。接受赞美的一方,也会因为你的细心与体贴,觉得温暖感动。

让我们把每一次赞美当作一次学习的过程,把他人的优点作为自己仿效的榜样,别人也就会很乐意地帮助你。同时,在实践中学会更自然地表达自己的好意。

有人说:赞美是畅销全球的通行证。因此,懂得赞美的人,肯定是会推销自己的人,赞美几乎是百试不爽,没有人会因此而拒绝你的。

赞美是效率最高的语言。当一个人接受他人的赞美之后,他就会心存感激,对发出赞美的人抱有好感,这种感觉会影响到他的思想、情感和行为。

赞美能够帮助你打造坚实的人脉关系,赞美是一种投资行为,而且,赞美是人世间投入最少,产出最高的投资行为。赞美需要坚持不懈地练习才能运用自如。

一个人可以没有金钱,可以没有学历,可以没有别的有形的东西,但是,不能不懂得赞美。因为,只要懂得利用赞美来构筑坚实的人脉关系,肯定会拥有你梦想中的一切。只要你用心去做,人脉就在你的脚下,就在你的手里,就在你每天的话语之中。

第四节 肢体语言的技巧

肢体语言是通过身体的各种动作、举动、神态代替语言,借以表情达义进行沟通的手段之一,是一种传递信息的工具。其产生和运用要早于有声语言,在有声语言产生以后,它是传递信息,增加表达效果的一种重要的辅助手段。

一、肢体语言概述

(一)肢体语言的定义

非语言的身体信号,包括目光、眼神、面部表情、习惯动作、身体姿势与装束、空间距离等。

(二)肢体语言沟通的特点

广泛性、连续性、受限制少、跨文化、简约性。

(三)肢体语言沟通的重要性

(1)肢体语言沟通是最普遍的沟通方式之一(不分年龄、性别、种族、受教育程度,在人类的交往中很多信息是通过肢体语言的沟通来实现的)。在我们的沟通中除了有声语言外,还可以通过无声肢体语言来加以沟通暗示,有时用语言表达不清楚,往往一个动作就可以解决一切甚至胜于言传,达到无声胜有声的更好效果。

（2）肢体语言的沟通能够增强沟通的准确性和有效性，如果与语言结合使用，可以使表达的含义更精彩、更准确。

（3）某些情境中，肢体语言比文字和言语更有影响力，"此时无声胜有声"的特定情感体验，其影响力是语言的许多倍。

（4）肢体语言在表达人类感情上起着重要作用（千言万语难以形容，一个动作淋漓尽致）。肢体语言长于传达情感，喜怒哀乐会在肢体语言中暴露无遗；非肢体语言长于传达信息，而情感最有利于沟通的顺畅，更容易引起共识。所以，肢体语言相当重要。

（5）肢体语言是文化、风俗、习惯的载体，只有了解对方背景，才能准确有效沟通。

二、肢体语言沟通的基本方法

（一）肢体语言表述行为含义

1. 目光的作用

眼睛是心灵的窗口，眉目传情，画龙点睛。目光的作用主要有以下四点：

（1）目光接触表示对对方的注意，使沟通成为完整连续的过程；

（2）目光接触可以实现多种情感交流；

（3）目光接触可以表示彼此的距离（了解沟通量的重要指标：目光接触的次数和每次接触所持续的时间）；

（4）目光接触可以传达肯定或否定、提醒、鼓励、督促等信息。

如：目光接触加点头，传达肯定或鼓励；目光接触加摇头，传达否定或提醒；目光接触加停顿，传达督促信息。

注意：人际沟通中千万不要戴着很深的太阳镜和别人说话！每次目光相接的时间长度一般不超过10秒！盯着看意味着不礼貌，但也可能表示兴趣，寻求支持。

总之，目光和蔼真挚地投射，充分地让对方感到你的尊重、宽容和教养有素。人是渴望理解的，有倾诉欲，渴望从另一双眼睛中，像镜子般地映射出真正的自我来，从而了解自己，肯定自己，从认可中获得价值的实现。

2. 面部表情的作用

（1）表达对对方的尊敬、喜爱或鄙视、厌恶；

（2）显示对谈话内容的理解；

（3）表明自己明确的态度。

3. 嘴部

常见嘴部表情：同意或接受（舔唇）；不同意或愤怒（紧闭、咬牙）；不愉快（撅嘴）；藐视（撇嘴）……

请练习用嘴表演：惊讶；委屈；放松；轻视；愤怒……

4. 鼻部

常见鼻部表情：鄙视（嗤之以鼻）；奉承（仰人鼻息）……

请练习用鼻子加手指表演：怀疑；不愉快……

5. 眉毛

皱眉表示愁苦、怀疑和不满意。

6. 微笑

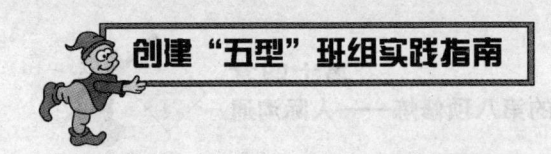

微笑是表示感情的最明显的表情,也是最有益于人际沟通的表情。微笑表示友善礼貌,表示"我喜欢你,你使我愉快,我很高兴见到你"。在沟通的时候要会微笑,发自内心的微笑是成功沟通的法宝。表述和身体语言所产生的沟通效果比只用语言进行沟通所达到的效果要好得多。

也许沟通中的一个微笑,一个手势,一句问候,都可以拉近彼此间的距离。

沟通从微笑开始,在愉快中进行。人们总是喜欢和快乐的人在一起,沟通的过程中,不要忘记绽放你的笑容,送上真诚的赞美。要时刻带给别人快乐,给别人以信心和力量。

微微一笑,形式简单,却有丰富的内涵,对朋友的微笑,是馈赠一份珍贵情感,对陌生人的微笑,可以拉起友谊的彩链,以微笑面对坎坷的人生,那才是信心十足,不畏艰险,学会微笑乐观,你能战胜任何磨难。以微笑乐观的心态对待人生,人生就会奏出欢乐曲调,微笑是一种生存能力,微笑是人类的春天!

微笑是最好的礼物。它价值丰盛,却不费一文钱;它不会使赠送的人变得拮据,却使收受的人变得富有;它发生于分秒之间,却能永志不忘。中国古谚伸手不打笑脸,笑容所以珍贵,因为那是内心的热忱流露。没有人因为富足而不要它,也没有人因为贫穷而感受不到它的好处。它为家庭带来欢乐,为事业培育关爱,也在朋友间互通情谊。它使劳累者获得休息,使沮丧者重获光明,使哀伤的人得到抚慰,也使陷入忧烦的人获得解脱。你买不到、求不到、借不到,甚至偷不到。它只能给予,否则便没有任何好处。微笑是自信的表征,站在镜子前面,试问自己一个问题:我懂得微笑吗?微笑让人如沐春风的关键在:当你微笑时,是否有自信! 只有当你自己开始喜欢自己,你才能真正喜欢别人,那种发自心底的愉悦感受,才会在脸上形成灿烂的笑容。

有热忱的笑容才真实,没有热忱的笑容只是一张假面具。热忱,是生命的火光。这份火光,来自我们对外在世界的一份爱。

微笑,不只是一种表情,更是一种积极的人生观,一种面对人生的热忱。当你面露微笑时,其实是在昭告世人,你过得很快乐,而且希望把这份快乐,与所有的人分享! 微笑人人做得到:(1)每天早上起床后,想三件令自己快乐的事;(2)当你遇到别人时,先去想想他的优点是什么;(3)当你遇到困难,忍不住想发脾气时,提醒自己,微笑才能解决问题;(4)常在心头摆上一张笑脸和一张哭脸,问自己,喜欢别人用哪一张脸来对待自己;(5)对着镜子,检视自己何时的表情最好看。

7. 习惯动作与身体接触

(1)习惯动作最容易被察觉,常见动作有点头、手势、握手方式等。肢体语言表述行为含义:柔和的手势表示友好、商量,强硬的手势则意味着:"我是对的,你必须听我的";双臂环抱表示防御,开会时独坐一隅意味着傲慢或不感兴趣;演说时抑扬顿挫表明热情,突然停顿是为了造成悬念,吸引注意力;点头,表示肯定和鼓励,表示你很感兴趣,必要时重复对方的话;保持目光交流,表明你很专注,还可以拉近双方的心理距离。

(2)身体接触最有影响力,表达情感强烈。

8. 身体姿势与装束

身体姿态主要指站姿、坐姿、走姿;装束主要包括制服、职业装、休闲装。

9. 空间距离

第十四章 "五型"班组的第八项修炼——人际沟通

人们通过对空间、场所和距离的选用来表达自己的愿望。恰当地运用空间和距离有助于沟通,空间距离的选择主要有以下四种:

(1)亲密距离:身体的0.15~0.46米之内,属于亲密距离。在这个距离接触的只能是自己的亲人或是好朋友,其他人如果进入这个距离的话,往往使人焦虑不安。

(2)人际距离:身体的0.46~1.2米之间,属于个人领域的距离,是非正式的个人会谈最经常保持的距离。这种距离既能亲切地会谈,又能保持适当的安全距离,以免紧张。这个距离是各种宴会和非正式场合站立时保持的最佳距离。

(3)社会距离:身体的1.2~3.6米之间,属于社会领域的距离。这种距离的接触,能体现沟通双方的地位和尊严,而且容易让人们保持清醒的头脑。这种距离一般用于非个人事务、社交性聚会或者访谈等正式场合。

(4)公共距离:身体的3.6米以外的空间,属于公共领域的距离。这种距离比较远,要求说话者声音洪亮,姿势要适当的夸张。这种距离的沟通一般用于公众演说、讲话或者做报告等,是一人对众人的沟通。

(二)正确运用体姿语言

体姿语言是利用人的身体姿势变化来传情达意的肢体语言。体姿语言包括站姿、坐姿、步姿、蹲姿、卧姿等,其中最主要的是站姿、坐姿和步姿。

1. 说话时的站姿

站姿是身躯站立起来说话的姿态,主要通过肩、腰、腿、脚等动作的变化来传情达意。通常的情况是:两腿站直,胸部挺起,双手自然下垂,双目平视,表明精神振作,充满自信。如上述站姿,将双手自然下垂改成背后相交,就更显得精神饱满而有气势;两腿略屈,两脚稍微分开,身体重心不断由这只脚移到另一只脚,胯骨放松,会显得轻松自如,神态自若;两腿分开,上身挺直,双手叉腰,是极端自信的姿势。

2. 说话时的坐姿

坐姿是说话时身躯坐着的姿态,它对有声语言的辅助也是较为丰富的。如:坐姿端正,两手平放膝上,身子稍向前倾,是尊重、崇敬的表现。坐姿可分为严肃坐姿、随意坐姿和半随意坐姿三种。

3. 说话时的步姿

说话时的步姿是移动的,是通过行走的步态来传达信息的。根据人们行走时的步姿,其传达的信息大体可分为五类:

(1)自然型,这种步姿表现出来的是轻松、平静。

(2)礼仪型,这种步姿表现出来的是庄重、礼貌。

(3)高昂型,行走时,步态轻盈,昂首挺胸,这种步姿表现出来的是愉悦、自信和傲慢。

(4)思索型,行走时,步速有快有慢。快者,踱来踱去;慢者,俯视地面,步伐迟缓。这种步姿表现出来的是焦急、心事重重,一筹莫展。

(5)沉郁型,行走时,步伐沉重,步伐较小且慢,眼睛低垂,这种步姿表现出来的是沮丧、痛苦。

在具体说话时,体姿语言是有严格要求的,总的原则是:根据不同场合、对象和谈话目的、方式,选用不同的站姿、坐姿和步姿,以优美、高雅、自然、协调取胜,配合自然有声语言,

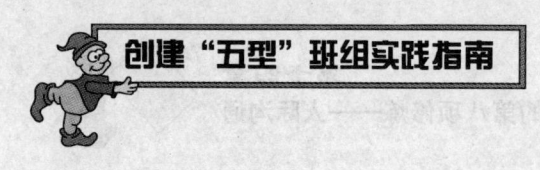

以获得理想的表达效果。

说话人各种体姿语言的选择和运用,既要有所节制,还要有所变化,以准确而适度地反映出自己的思想感情。各种体姿语言还要相互配合,整体协调、连贯,从而表现出优美自然的风度美、气质美和韵致美,给对方留下美好的印象。

三、肢体语言沟通的注意事项

通过肢体语言表达我们在"说"什么,帮助对方更完整准确地理解我们的真实语义。

(1)使用通用的、有代表性的肢体语言信号,所使用的肢体语言必须符合本地区的习惯。在不同的地区,有许多一样的手势、面部表情和肢体动作却用来表示不同的意思,这一点必须明确。这就要求在沟通之前充分地了解这个地方的风俗习惯。

(2)配合语言表达的需要和情景,选用准确、恰当的肢体语言信号。

(3)学会(建立)一套适合自己的肢体语言模式。

(4)使用肢体语言信号要自然、流畅、协调、适度。肢体语言不能滥用,更不能养成某一个习惯动作。多了会分散注意力,甚至会产生误导,起到相反的效果。

(5)与内容或情景一致、有效管理自己的肢体语言、观察识别他人的肢体语言。不好的肢体语言有很多:左顾右盼、小动作、二郎腿、抖腿、皱眉、捏鼻等,还有其他封闭式肢体语言(身体向内向下,给人拘谨的感觉),都不是沟通中所应有的。

(6)在沟通中,肢体语言运用首要的是,能适宜地运用肢体语言,不能随意地用动作,以避免产生误会。

四、肢体语言沟通的局限性

人即便是努力想表达清楚心中所想,也会因表达方式的局限性而不能完全随心所欲。在运用肢体语言时,除非是演技高超的演员,一般人是难以活灵活现、入眼传神的。

第五节 人格特征与沟通方式的选择

一、儿童型人格

儿童型人格的特点是:对人或事的认识比较简单、天真,对环境容易产生信任与顺从,行为不稳定,容易感情用事,缺少主见。这类人在沟通的过程中,通常使用夸张或幼稚的语气,发表一些不成熟的意见,但不会引起他人的指责,有时还会活跃沟通的气氛。他们也容易接受他人的建议,不会人为制造矛盾或紧张的气氛,这是儿童型人格进行沟通的一个优势。通常年青人之间、年青人和年长者之间及上下级之间,采用这种方式沟通,会拉近彼此的距离,有利于进行富有成效的沟通。

二、成人型人格

成人型人格的特点是:对人或事的认识与评价客观、理智,不会感情用事。这类人在沟通的过程中表现沉着、冷静、民主,尊重对方,通常使用协商的口气,容易取得对方的合作,能够按照预期的目的完成整个的沟通过程。

三、父母型人格

父母型人格的特点是主观、独断、权威。这类人在沟通的过程中,通常采用强制命令的口气,不容许对方争辩,缺乏民主。在实际沟通过程中,上级或资格较老的人使用父母型的沟通方式,一般不会引起太多的争议,但是如果经常给人以居高临下的感觉,往往会使他人产生紧张或误会,导致沟通中断。

第六节　沟通的障碍及其克服

一、有效沟通的障碍

在沟通过程中,由于存在着外界干扰以及其他种种因素,信息往往被丢失或曲解,使得信息的传递不能发挥正常作用。

(一)个人因素

个人因素主要包括两大类,一是接受的有选择性,二是沟通技巧的差异。

1. 接受的选择性

接受的选择性是指人们拒绝或片面地接受与他们的期望不相一致的信息。研究表明,人们往往听或看他们感情上有所准备的东西,以及他们想听到或想看到的东西,甚至只愿意接受中听的,拒绝不中听的。

2. 沟通技巧上的差异性

沟通技巧上的差异也影响着沟通的有效性。例如,有的人不能口头上完美地表达,但却能够用文字清晰而简洁地写出来;另一些人口头表达能力很强,但不善于听取意见;还有一些人阅读较慢,并且理解起来比较困难。

(二)人际因素

人际因素主要包括沟通双方的相互信任、信息来源的可靠程度和发送者与接受者之间的相似程度。

沟通是发送者与接受者之间"给"与"受"的过程。信息传递不是单方的而是双方的事情,因此,沟通双方的诚意和相互信任至关重要。上下级间的猜疑只会增加抵触情绪,减少坦率交谈的机会,也就不可能进行有效的沟通。例如,当下级怀疑某些信息会给他带来损害时,他在与上级沟通时常常对这些信息做一些有利于自己的加工。许多研究表明,很多经理自动地认为他们听到的信息是有偏见的,为了防止"偏听偏信",便根据自己的想象对"偏见"进行"纠偏"。例如,经理们常常认为有利于下级的信息准确性较差,而不利于下级的信息准确性较高。反过来,下级常常对损害自己形象的信息不屑一顾,对有利于自己的信息则大加渲染。

信息来源的可靠性由下列四个因素决定:诚实、能力、热情、客观。有时,信息来源可能并不同时具有这四个因素,但只要信息接受者认为发送者具有即可。可以说信息来源的可靠性实际上是由接受者主观决定的。例如,当面对来源不同的同一问题的信息时,职工最可能相信他们认为的最诚实、最有能力、最热情、最客观的那个来源的信息。信息来源的可靠对企业中个人和团体行为的影响很大。就个人而言,雇员对上级是否满意很大程度上取决于他对上级可靠性的评价。就团体而言,可靠性较大的工作单位或部门比较能公开地、准确地和经常地进行沟通,它们的工作成就也相应地较为出色。

沟通的准确性与沟通双方间的相似性有直接的关系。沟通双方特征（如性别、年龄、智力、种族、社会地位、兴趣、价值观、能力等）的相似性影响了沟通的难易程度和坦率性。沟通一方如果认为对方与自己很相近，那么他将比较容易接受对方的意见，并且达成共识。相反，如果沟通一方视对方为异己，那么信息的传递将很难进行下去。

（三）结构因素

结构因素主要包括地位差别、信息传递链、团体规模和空间约束四个方面。

一个人在企业中的地位很大程度上取决于他的职位。许多研究表明，地位的高低对沟通的方向和频率有很大的影响。例如，人们一般愿意与地位较高的人沟通；地位较高的人则更愿意相互之间进行沟通；信息趋向于从地位高的流向地位低的；在谈话中，地位高的人常常居于沟通的中心地位；地位低的人常常通过尊敬、赞扬和同意来获得地位高的人的赏识。事实情楚地表明，地位是沟通中的一个重要障碍，但是，职工却非常喜欢与地位高的人进行沟通。其原因有二：

（1）这种接触是获得同伴承认和尊重的一种方法；

（2）与对自己未来有重大影响的上级交往可以增加成功的机会。

一般说来，信息通过的等级越多，它到达目的地的时间也越长，信息失真率则越大。这种信息连续地从一个等级到另一个等级所发生的变化，称为信息传递链现象。

（四）技术因素

技术因素主要包括语言、非语言暗示、媒介的有效性和信息过量。

大多数沟通的准确性依赖于沟通者赋予字和词的含义。由于语言只是个符号系统，本身并没有任何意思，它仅仅作为我们描述和表达个人观点的符号或标签。每个人表述的内容常常是由他独特的经历、个人需要、社会背景等决定的。因此，语言和文字极少对发送者和接受者双方都具有相同的含义，更不用说许许多多的不同的接受者。语言的不准确性还不仅仅表现为符号，语言常常能挑动起各种各样的感情，这些感情可能会歪曲信息的含义。

当人们进行交谈时，常常伴随着一系列有含义的动作。这些动作包括身体姿势、头的偏向、手势、面部表情、移动、触摸和眼神，这些无言的信号强化了所表述的含义。例如，沟通者双方的眼神交流，可能会表明相互感兴趣、喜爱、躲避或者攻击；面部表情会表露出惊讶、恐惧、兴奋、悲伤、愤怒或憎恨等情绪；身体动作也能传送渴望、愤恨和松弛等感情。研究表明，在面对面的沟通中，仅有7%的内容通过语言文字表达，另外93%的内容通过语调（38%）和面部表情（55%）来表达。由此可见，字词与非语言暗示共同构成了全部信息。

管理人员十分关心各种不同沟通工具的效率。一般说来，书面和口头沟通各有所长。

1. 书面沟通

备忘录、图表、表格、公告、公司报告等书面材料常常适用于传递篇幅较长、内容详细的信息，它具有下列几个优点：

（1）为读者提供以适合自己的速度、用自己的方式阅读材料的机会；

（2）易于远距离传递；

（3）易于储存，并在做决策时提取信息；

（4）比较准确，因为经过多人审阅。

2. 口头沟通(面对面讨论、电话、交谈、讲座、会议)

适合于需要翻译或精心编制,才能使拥有不同观念和语言才能的人理解的信息,它有下列几个优点:

(1)快速传递信息,并且希望立即得到反馈;
(2)传递敏感的或秘密的信息;
(3)传递不适用书面媒介的信息;
(4)适合于传递感情和非语言暗示的信息。

选择何种沟通工具,在很大程度上取决于信息的种类和目的,此外还与外界环境和沟通双方有关。

二、如何克服沟通中的障碍

(1)明了沟通的重要性,正确对待沟通。管理人员十分重视计划、组织、领导和控制,对沟通常有疏忽,认为信息的上传下达有了组织系统就可以了,对非正式沟通中的"小道消息"常常采取压制的态度。上述种种现象都表明沟通没有得到应有的重视,重新确立沟通的地位是刻不容缓的事情。

(2)要学会"听"。对管理人员来说,"听"绝不是件轻而易举的事情。"听"不进去一般有下列三种表现:① 根本不"听";② 只"听"一部分;③ 不正确地"听"。如何才能较好地"听"呢?表14-2列出了一些要点。

表14-2 学会"听"的要点

要	不 要
表现出兴趣	争辩
全神贯注	打断
该沉默时必须沉默	从事与谈话无关的活动
选择安静的地方	过快地或提前作出判断
留适当的时间用于辩论	草率地给出结论
注意非语言暗示	让别人的情绪直接影响你
当你没有听清楚时,请以疑问的方式重复一遍	
当你发觉遗漏时,直截了当地问	

(3)创造一个相互信任,有利于沟通的小环境。经理人员不仅要获得下属的信任,而且要得到上级和同僚们的信任。

(4)缩短信息传递链,拓宽沟通渠道,保证信息的畅通无阻和完整性。信息传递链过长,减慢了流通速度并造成信息失真,这是人所共知的事实。减少组织机构重叠、层次过多,确实是必须要做的事情。

(5)加强平行沟通,促进横向交流。平行沟通能加强横向的合作。

(6)面对面的沟通。如开展班组会议,员工可以就自己所关心的问题进行面对面的沟通和交流。

创建"五型"班组实践指南

[本章小结]

人际沟通的艺术就是"用语言来丰富、用姿态来辅助、用演示来启迪、用利益来驱动、用案例来解析、用操作来巩固、用激情来感染、用哲理来升华"。

人际沟通无所谓特别的"秘诀"。秘诀背后的真谛依然回归人的本真,那就是:一颗真诚、开放、正直的心,一颗善于洞察自己的心,一颗接纳、宽容的心。通过理解、认同实现合作双赢。

第十五章　班组长领导能力的修炼

没有好的领导,就没有好的企业;没有好的班组长,就没有好的班组。

班组长是班组的核心。人无心不生,物无心不长。没有优秀的领导就没有优秀的团队,没有优秀的家长就没有优秀的家庭,没有优秀的经理就没有优秀的企业。

创建"五型"班组没有好的班组长就不可能有真正的"五型"班组。班组长没有实现"五型",就没有班组的"五型"。我们调查了几十个建设较好的"五型"班组,无一例外,都是在班组长的带动下做好的。

第一节　认知班组长

一、班组长的地位

班组长是班组生产管理的直接指挥者和组织者,也是企业中最基层的负责人,属于兵头将尾。班组管理是指为完成班组生产任务而必须做好的各项管理活动,即充分发挥全班组人员的主观能动性和生产积极性,团结协作,合理地组织人力、物力,充分地利用各方面信息,使班组生产均衡有效地进行,最终做到按质、按量、如期、安全地完成上级下达的各项生产计划指标。

在实际工作中,经营层的决策做得再好,如果没有班组长的有力支持和密切配合,没有一批领导得力的班组长来组织开展工作,那么经营层的政策就很难落实。班组长既是产品生产的组织者,也是直接的生产者。

二、班组长的重要作用

班组是企业的"细胞",班组管理是企业管理的基础。无论什么行业、工种,它的共性就是拥有共同劳动的手段和对象,直接承担着一定的生产任务,其中也包括服务产品,因此班组长有两个重要作用:

(1)班组长影响着决策的实施,因为决策再好,如果执行不得力,决策也很难落到实处。所以班组长影响着决策的实施,影响着企业目标的最终实现。

(2)班组长既是承上启下的桥梁,又是联系员工与领导的纽带。

三、班组长的使命

使命是最根本性的任务,班组长的使命就是在生产现场组织创造利润的生产活动。班组长的使命通常包括五个方面:

(1)提高产品质量。质量关系到市场和客户,班组长要领导员工为企业按时按量地生产高质量的产品而努力。

（2）提高生产效率。提高生产效率是指在同样的条件下，通过不断地创新并挖掘生产潜力，改进操作和管理，生产出更多更好的高质量的产品。

（3）降低成本。降低成本包括原材料的节省、能源的节约、人力成本的降低，等等。

（4）防止工伤和重大事故。有了安全不一定有了一切，但是没有安全就没有一切。一定要坚持安全第一，防止工伤和重大事故，包括努力改进机械设备的安全性能，监督职工严格按照操作规程办事等。很多事故都是由于违规操作造成的。

（5）建设一个和谐愉快的团队。班组建设也是班组长的使命，班组长要带领员工在工作中体会到生命的意义。

四、班组长的职责

班组是企业中人数相当庞大的一支队伍，班组长综合素质的高低决定着企业的政策能否顺利地实施，因此班组长是否尽职尽责至关重要。班组长的职责主要包括：

（1）劳务管理。人员的调配、排班、勤务、严格考勤、员工的情绪管理、新进员工的技术培训以及安全操作、生产现场的卫生、班组的建设等都属于劳务管理。

（2）生产管理职责。生产管理职责包括现场作业、人员管理、产品质量、制造成本、材料管理、机器保养等。

（3）辅助上级。班组长应及时、准确地向上级反映工作中的实际情况，提出自己的建议，做好上级领导的参谋助手。但不少班组长目前却仅仅停留在通常的人员调配和生产排班上，没有充分发挥出班组长的领导和示范作用。

五、班组长的权力

对于任何一名管理者而言，手中都握有一定的权力，这些权力随着管理者职位的高低而变化，这一权力称之为职位权力。职位权力分为奖励权、惩罚权、法定权。

（一）奖励权

如果部下能按照规章制度进行操作，而且取得了成绩，班组长有权对其进行物质或精神方面的奖励，目的是激励取得成绩的员工争取做得更好，另一个更重要的作用是充分发挥他的模范带头作用，以便有效地带动班组的全体成员都能积极主动地工作，把本职工作做得更好。班组长的这种权力就是奖励权，这种做法被称为正激励，有人将其形容为"哄着朝前走"。

（二）惩罚权

员工违规操作，造成了一些失误，或没有服从组织纪律的安排，那么就要惩罚他，严重的可以将其停职，甚至开除，轻的可以在班组会上口头批评一次，或单独对其进行批评。目的是让员工按照既定的目标、规章制度来完成任务，它的目标是正的。这种权力称为惩罚权，这种做法被称之为负激励，有人将其形容为"打着朝前走"。

（三）法定权

厂规和法律中赋予班组长的其他权力，统称为法定权。例如信息处理权就属于法定权，上级的文件可以根据情况有的向下传达，有的暂缓传达，甚至不传达；下属反映的情况如果班组长能处理，就不必上报。此外流程改造权、设备更新权，也都属于法定权。

第十五章
班组长领导能力的修炼

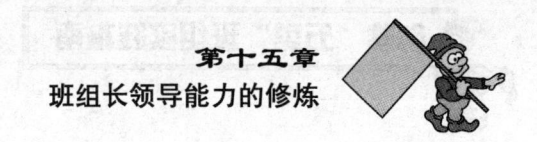

(四)非权力因素

同样是一名班组长,为什么有的班组长能够一呼百应,而有的班组长却使员工口服心不服,甚至当面顶撞。原因在于除了职位权力之外,还有一个作用很大的因素——非权力因素,影响着班组长的权力。

非权力因素与职位权力没有密切的关系,但是非权力因素却能有效地间接影响着权力因素的运用。非权力因素包括专长权和个人的影响力。所谓专长权是指懂技术,会管理;个人影响力是现代领导科学中尤为强调的一种领导能力,它并非强制性的权力,而是指管理者靠个人的人格魅力影响员工的工作。两者的关系如图15-1所示。

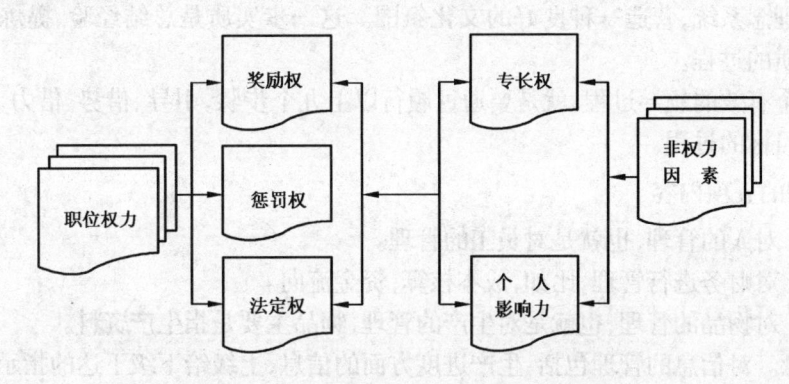

图15-1 职位权力与非权力因素的关系图

管理是发展的动力,一切效益来自管理,没有管理就没有企业的发展,没有管理就没有效益。管理是人世间最高的学问。

六、班组长管理过程中的五项工作

(一)班组长的五项工作

(1)计划。做好计划,包括年度计划、月计划、日计划,做到有条不紊。

(2)组织。组织生产,在组织生产中应注意如何调动班组全体成员的工作积极性,如何坚持严格的班组规章制度。

(3)协调。协调好员工之间的关系,以提高员工的主观能动性和工作积极性。

(4)控制。控制生产的进度、目标。

(5)监督。监督生产的全过程,对生产结果进行评估。

(二)班组长工作的九个步骤

班组长要带领班组较好地完成这五项工作,大体上有以下九个步骤:

(1)培育价值观。培育理念,进行学习、宣传、鼓动,让员工明白如何做是正确的。

(2)形成共同的愿景目标。这一步实际就是先统一思想,再统一行动。

(3)规划目标。是指为实现愿景目标而设计路线、方针、步骤、关键措施等。这一步的实质就是制订实施方案,实施方案应有两个以上,从中选优。

(4)调动骨干。班组长运用沟通艺术将愿景目标首先转化为骨干成员的共识,培养他们,使之成为一支落实愿景的骨干力量。

(5)配置关键资源。这是实现愿景的基础,它要求班组长必须审时度势,在关键时期、关

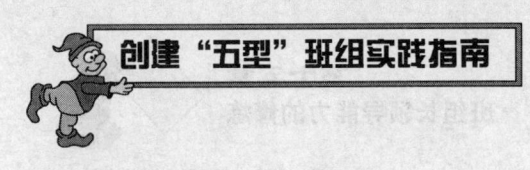

键环节、关键部位配置关键资源。

（6）建立协作网络。是指班组长为贯彻目标的实施，获得组织和相关人士支持与协作而建立起来的正式或非正式协作系统。

（7）激励群体行为。是指班组长运用物质和精神刺激调动全体员工的积极性和创造性。要明确告诉员工做好工作的益处以及做不好对个人和班组的坏处。

（8）排除障碍。是指班组长在班组遇到重大困难和挫折时，能够处乱不惊，以胆略和智慧鼓舞士气、化解矛盾、排除障碍。这一步要求在执行的过程中不断地检查、调整和控制。

（9）营造文化。任何目标的实现都需要一种文化的支持。班组长为推进愿景、实现目标要创建一套理念系统，营造一种良好的文化氛围。这一步实质是总结经验、提炼文化、提高班组整体素质的过程。

作为一个有效的领导过程，就是要通过履行以上九个步骤，引导、借势、借力，推进变革，以实现愿景目标的过程。

七、管理的五项内容

（1）人。对人的管理，也就是对员工的管理。

（2）财。对财务进行管理，比如，成本核算，资金流向。

（3）物。对物品的管理，也就是对生产的管理，物品主要是指生产资料。

（4）信息。对信息的管理包括：生产进度方面的信息，上级给下级下达的指示，下级向上级反馈的意见等。

（5）时间。管理好时间就是处理好事情，管理者应对每天的工作按其轻重缓急和主次的不同来划分，进行时间管理。一名好的班组长在时间上是有条不紊的。

八、管理的五个维度

管理一共有五个维度：向下管理下属，向上管理上级，对平级的水平管理，对顾客等的对外管理，而最基本的是管理自己。管理从管理自我开始，一切管理都是通过自我管理来实现的。管理别人是强者，管理自己是圣者。

九、班组管理的十大原则

（一）以价值观为核心的原则

彼得·杜拉克早就指出，现代企业应该依靠共同的价值观来维系。胡锦涛主席首次提出和谐价值观，其基本内容包括：互动有序、平等协调、综合平衡、共生互赢、统一发展。

（二）关注效益的原则

关注效益就是要关注结果，关注效果，关注效益既要关注速度又要关注质量。

速度与企业的竞争力成正比。信息技术、渠道改善都可以提高速度，但速度真正的来源却是一个公司营造的企业文化。现在不是一个大鱼吃小鱼的世界，而是一个快鱼吃慢鱼的世界，谁快谁就能赢得竞争的主动权。

（三）自我管理的原则

自我管理，就是把制度和规则装在心中，自我执行，自我调控。自我管理是管理的最高境界。每个人只要坚持自我管理，成功就是水到渠成的事情。

自我管理就是自己做自己的领导，每个人都有动力，都有活力，都有领导力，领导力不是

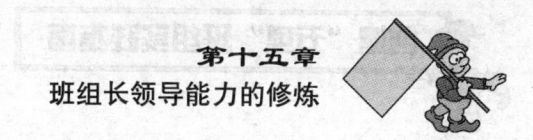

班组长的专利,不是班组长专门所有,而是每一个员工身上,都有领导力,如果每位员工都能充分发挥自己的智慧力量、道德力量和意志力量,我们就能在企业中培养出一个经理者阶层。只要拥有一支优秀的队伍,我们就拥有了王牌。

(四)以人为本的原则

以人为本就是要尊重人、理解人、关心人、爱护人、培养人,在不同层次上满足人的基本需求,发展人的能力,促进人的全面发展。

企业以什么人为本,杰克·韦尔奇将企业员工按工作能力分为有能力和无能力两类,按价值观分为承认企业价值观和不承认企业价值观两类。杰克·韦尔奇的用人方法如表15-1所示。

表15-1 韦尔奇用人图

	承认企业价值观	不承认企业价值观
有能力	使用、重用	利用
无能力	培养	离开

根据杰克·韦尔奇企业主要以有能力又承认企业价值观的人为本,企业主要靠这类人创造利润。对有能力不承认企业价值观的人,使用的方法是,利用他、监督他、替代他;无能力但承认企业价值观的人,培养他,提高了之后使用;对既无能力又不承认企业价值观的人只有让他离开,企业不是养人的地方。

以人为本不是错了不罚,而是罚得有理,罚前教育,罚后疏导,讲究方法,处罚得体,讲究公平。保持制度的严肃性才能真正做到以人为本。

其实管理就是赏和罚,没有罚就没有管,常有赏就没有理。惩罚不需要的行为,奖励需要的行为。奖励什么,惩罚什么,无疑就是向员工昭示企业的价值标准。

(五)全员参与的原则

只有员工的充分参与,才能调动他们的才干为班组带来最大的收益。

共同愿景对班组成员具有导向作用、凝聚作用、激励作用和规范作用,为班组提供了焦点与能量。

孙武在《孙子兵法》一书中就写道:"道者,令民与上同意也,故可与之死,可以与之生,而不畏危。"孙武强调领导与下属之间意愿协调一致的重要性,这在今天看来也是十分重要的管理原则。

(六)刺激超越自我的原则

竞争表面上是与别人竞争,本质是与自己竞争,运动员在赛场上的表现实质是自己训练成果的展现。

赛马不相马,是鼓励员工超越自我,为全体员工提供一个展现自己才华的赛场,坚持"员工能进能出,职务能上能下,收入能高能低"和"能者上、庸者下"的原则,就拥有了一支有活力、有工作激情、有较强竞争力的人才队伍。

(七)诚信的原则

诚信是管理中必须遵守的重要原则。宋代王安石在《咏商鞅》的诗中说:"自古驱民在信诚,一言为重百金轻。今人未可非商鞅,商鞅能令政必行。"可见没有诚信,也就没有管理。

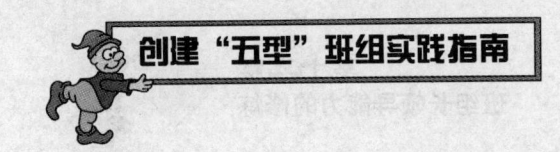

（八）鼓励创新的原则

创新是企业适应变化的必然选择。现代社会特别是企业组织的创新，并不仅仅是指个人进行了一些发明、发现，而是指企业组织能够不断地优化自己的流程，优化自己的管理，优化公司的资源配置、人才结构。

创造是发展最有效的动力，没有创造就没有人类社会的进步。当今时代是创造发明的时代，是知识爆炸的时代，国家之间、企业之间的竞争越来越激烈，从现象上看是产品竞争，从实质上看是智力竞争，归根到底是创造力的竞争。现代社会具有三个特性：新奇性、多样性、暂时性。如果说，过去落后于社会的是文盲，而现在落后于社会的将是缺乏创造意识、创造力低的人，所以说不断创新就是卓越。

（九）实现利益和谐的原则

好的班组长不是孜孜追求个人利益的商人，而是能够为许多人承担责任、创造价值，让员工分享企业的发展成果，实现多方的利益和谐，同时还能够站在公司的立场上看问题，而不是总盯着自己部门的小利益。

（十）注重细节的原则

班组管理无小事。对于高层管理者而言，其工作原则是"行政长官不过问琐事"，其主要精力应放在管理企业的战略发展方向、重大政策的调整上。对于一名班组长而言，根据其定位，要求关注现场工作中的每一个环节，绝不能有丝毫的疏忽，否则就可能造成某种失误，甚至出现重大的事故。因此班组长在管理中必须要遵循"管理无小事"的原则，做到班前布置，中间控制，事后检查。班前要对员工们进行工作布置并讲明注意事项，中间要对班组生产的进度、质量、方向等几个方面进行恰当的及时控制，事后还要进行检查和总结经验。

细节决定成败，注重细节，消灭一切浪费。不注重细节，企业的利润会在每个管理环节中流失。班组要结合自身的实际，瞄准班组的目标，把管理工作做精、做细、做深、做透。

十、班组长的双重角色

班组长要代表四个立场：对下代表经营者的立场，对上代表生产者的立场，对待直接上司既代表员工的立场，同时又代表上级辅助人员的立场。

如果班组长不清楚这一规范，也不知道自己究竟有多少权利、义务、职责，应扮演何种角色，那么他虽然占据着班组长的位置，却未能发挥班组长的作用，是没有实际价值的班组长。

（一）班组长在员工面前的角色

班组长在员工面前有五大角色：管理者、班组长、教练、变革者和绩效伙伴。

1. 管理者

管理者是指"通过他人达到目标"的人。所以，班组长的首要任务是：如何让下属去工作，去工作得更好。通过计划、组织、控制、协调等职能，运用企业的人员、固定资产、无形资产、财务、信息、客户、时间等资源，实现组织赋予自己的目标。

2. 班组长

领导实际上不是一种职位概念，而是上司的一种行为方式。在企业里，设备、材料、产品、信息、时间等需要管理，只有人需要领导。小企业做事，大企业做人。班组长的角色不仅仅是对所拥有的资源进行计划、组织、控制、协调，关键还在于发挥影响力，把下属凝聚成一支有战斗力的团队,同时,激励下属、指导下属,选择最有效的沟通,帮助下属提升能力等。这是班组长十分重要的角色。班组长作为兵头,是先锋,要以身作则,工作干在前"喊破嗓子,不如干出样子"。

3. 教练

班组长是场上教练。如果下属的能力不能提升,还是坐等下属们"实践出真知"的话,你就失职了。不仅失职,而且这就可能是你的部门经常不能很好地完成任务的原因。你不要以为这是公司的事情,人力资源部门的事情。一项调查表明,员工的工作能力70%是在直接上司的训练中得到的。如果想要下属们有很高的工作绩效,就必须成为教练,不断地在工作中训练你的下属,而不是只知道用他们。

4. 变革者

在世界经济一体化的今天,整个社会已经进入"十倍速"变革的时代,一个"快鱼吃慢鱼"的时代。世界500强企业的平均寿命也只有40岁,而长寿的企业无一例外是不断变革的企业。不要以为变革是公司老总们的事,不要以为班组长仅仅是上面作出决定你来执行就可以了。班组长必须站在变革的前列,主动去进行技术创新、管理创新,从而带动整个部门开拓创新,这样才能使自己的部门发展强大。

5. 绩效伙伴

班组长不是高高在上,向下属分派完工作,等着要结果的"官",而应是下属的绩效伙伴。这就意味着:与下属是绩效共同体,你的绩效有赖于他们,他们的绩效有赖于你;既然是伙伴,就是一种平等的、协商的关系,而不是一种居高临下的发号施令的关系,应该通过平等对话、良好沟通帮助下属;既然是伙伴,就要从对方的角度出发,考虑下属面临的困难,从而及时为下属制定绩效改制计划,提升绩效。

(二)班组长在直接上司面前的辅助角色

1. 班组长是直接上司的助手

要演好助手的角色需要做到以下几点:

(1)主动配合,营造一个和谐团队;当好参谋,开拓一个崭新局面;当好先锋,成就一项光辉事业;当好助手,化解矛盾,凝聚合力。

(2)摆正位置,做好配角:履行职责,完成任务;少说空话,多干实事。做绿叶,配红花,雪中送炭;练内功,强素质,修心养德;识大体,顾大局,不开倒车;严律己,宽待人,注重合作;求实效,勤工作,尽职尽责。

(3)演好配角,唱好协奏曲。做到主动工作不越位;全力辅佐不离位;真心服从不偏位;勤奋周密不空位。

主动工作不越位。揽事不揽权,揽过不揽功,不抢"镜头",不出"风头",真正做到工作到位而不越位。

全力辅佐不离位。当好参谋,当好助手,积极地帮助上级进行科学决策。领导交办的工作不上推、不下卸,勇于承担而不擅自做主。以诚相待,鼎力相助,全面配合。配合到位,辅佐到位。

真心服从不偏位。要牢固树立辅佐观念和配角意识,时时事事要从大局出发,在各个方面维护正职在全局工作中的地位和威信,这是配角的职责和本分。

勤奋周密不空位。不空位,首先是自己的工作不出差错,不出现空位。其次是要善于拾遗补缺,巧于补台断后。要关心全局的工作,积极主动地给上级当好参谋和助手。常言说得好,"互相补台,好戏连台,互相拆台,共同垮台"。做事从大局出发,尽量做到周详密稳。

(4)求同存异,唱好群英会。必须服从和服务于共同的总目标,不能配而不合,不能"各拿各的号,各吹各的调",不能另搞一套。每个成员都有分工,但分工不分家。

要做到权力不争,责任不推,困难不惧,有过不诿,积极主动化解矛盾,形成患难相处、同舟共济的氛围。使团队凝聚合力,在上级的带领下干出一流业绩。

(5)与人为善,以诚心换真心。要做到吃透上情,明了下情,多理解,多沟通,常交流,不较劲,讲规矩,守礼法。形成和谐良好的共事氛围;尽职尽责,抓好自己分管的工作。

(6)了解领导的期望值。作为下级,必须准确地了解领导的指示,以及领导指示的背景、环境和领导的风格。有时候作为下级的你费了很大的力气做某事,但并不是领导所希望的,结果费了力气反而没有达到应有的效果。当然也有可能你是正确的,但是领导不了解,怎么办呢?这时要选择适当的时机把自己的建议呈上,让领导比较全面、准确地接受或者采纳你的建议。

了解你的上级,提供以下问题供参考:你的上级属于哪一种人?上级怎样工作?上级怎样行使权力?上级怎样了解情况?上级的决断水平如何?你欣赏上级的个性吗?你的上级善待下属吗?你的上级苛求下属吗?上级有哪些爱好特长?上级的家庭美满吗?上级的朋友是谁?上级对你有哪些期待?上级喜欢什么样的下属?上级讨厌什么样的下属?解答这些问题才能较好地了解领导,适应领导。

2. 做下属的八大原则

(1)大局为先,事业为重;
(2)实干为本,实绩为要;
(3)礼貌尊重,却不逢迎;
(4)追随服从,但不盲从;
(5)积极配合,且不越权;
(6)主动请示,而不依赖;
(7)远近亲疏,把握适度;
(8)等距交往,摆正关系。

第二节 班组长的标准

一、班组长心理健康的标准

由于心理现象极其复杂,每个人的情况又千差万别,所以,我们不能像测量血压或体温那样划出一个心理健康与否的明确界限。但在实际生活中我们可以从以下四个方面来衡量一个人心理健康的程度。

(一)认知能力正常

认知能力包括知觉、记忆、思维、想象、学习、语言理解和产生等心理现象。

认知能力正常就是能充分了解自己,有自知之明,能正确对待自己,并能恰当估计自己的能力,也就是具有自知、自尊、自信、自强、自制的能力,具体表现在以下几个方面。

(1)对自己有恰如其分的评价和判断。不自卑、不自亢;对自己做到"知短知长,避短用长"。一个人如果只看到自己的短处与缺点,就会丧失信心,缺乏朝气;如果只看到自己的长处和优点,又会自以为是,自我欣赏。这种自卑与自负皆不利于自我成长,只有正确认识自己,才能算是心理健康。另外生活目标要切合实际。如果生活目标定得太高,必然会产生挫折感,不利于身心健康。如果勉强去做超过自己能力的工作,就会显得力不从心。

(2)保持人格完整与和谐。《中国大百科全书》对人格的界定是"个人的心理面貌或心理格局,即个人的一些意识倾向与各种稳定而独特的心理特征的总和。"从这个定义出发,人格大致包括以下几个方面的内容:气质、性格、能力、兴趣、爱好、需要、理想、信念等。人格完整指具有健全统一的人格。即心理和行为和谐统一的人格,包括:

① 人格要素无明显的缺陷和偏差。
② 具有正确的自我意识。
③ 人生观、价值观正确,并以此支配自己的心理与行为。
④ 人格相对稳定,能力、兴趣、性格与气质等各个心理特征必须和谐而统一。如果一个爽朗、乐观、外向的人无缘无故地突然变得沉闷、悲观、内向,那就有可能是他的心理不健康了。

(3)情绪健康。情绪健康的主要标志是,情绪乐观、稳定。乐观开朗,充满热情,富有朝气,满怀自信,对生活充满希望,善于控制和调节自己的情绪,既能克制约束,又能适度宣泄。不愉快的情绪必须释放,但不能发泄过分。

(4)意志健全。意志是推动人们采取各种行动,克服困难以达到预定目标的心理过程。意志健全者为实现预定目标在行动中能表现出较多的自觉性、果断性、顽强性、自制力,机智灵活地克服困难,坚忍不拔,持之以恒,不受外界诱惑。而意志薄弱者多表现为不良习惯多且难以改正,缺乏主动性、优柔寡断、轻率鲁莽、害怕困难、顽固执拗、易受暗示,容易更换目标,甚至一曝十寒。

(5)善于从经验中学习。有限度地发挥自己的才能与兴趣爱好。人的才能和兴趣爱好都应该充分发挥出来,但不能妨碍他人利益。具有一定的学习能力,不断学习新的东西,使生活和工作能得心应手。

(6)恰当地满足个人的基本需求。在不违背社会道德规范的前提下,恰当地满足个人的基本需求。在符合团体要求的前提下,能有限度地发挥个性。

(7)充分的安全感。如果惶惶不可终日,人会很快衰老。抑郁、焦虑等心情,会引起消化系统功能的失调。

(8)悦纳自己。悦纳自己不是说要宽容或欣赏自己的缺点和错误,而是说自己虽然有这样那样的不足,但我仍然喜欢我自己、不憎恨自己、不欺骗自己,并设法使自己发展得更好。

(二)人际关系和谐、融洽、善交友

心理健康的人乐于与人交往,能充分认识到与人交往的重要作用,能正确对待别人,富有同情心,对人友善、宽容、关爱、理解、悦纳他人,重视诚信、责任、双赢。能采取恰当的形式与他人沟通,交往中不卑不亢,人际关系比较和谐。与人交往时,善意的态度(如尊敬、信任、喜悦等)多于敌意的态度(如怀疑、嫉妒、憎恶等)。人际关系的协调与否,既是心理健康的

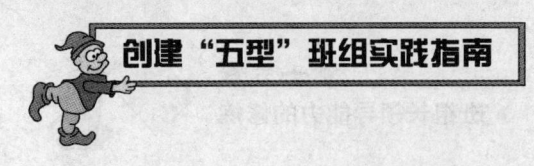

标准之一,也是维护心理健康发展的重要条件。

心理不健康的人时常表现出人际交往障碍,对人与人交往缺乏正确的认识,不能采取恰当的方式与他人交往,结果人际关系紧张,缺乏知心朋友,总把自己流离于群体之外。

(三)能正确对待工作,乐于学习和工作

有人说,工作和劳动、学习对于心理健康的重要性,犹如身体所必需的维生素,饱食终日而无所事事,即使体格再健壮,其精神也是空虚的。

(四)能正确对待环境,适应能力好

能面对现实,接受现实,适应环境,不脱离周围现实环境,与外界环境保持接触。一方面可以丰富自己的精神生活,另一方面可以及时调整自己的行为,以便更好地适应环境。个人必须经常调适自己,以使个人和环境保持和谐的关系。不能或不会调适自己的人,就会经常产生心理问题,只有经常很好地调适自己的人,才是一个心理健康的人。

自然环境与社会环境总在不断变化之中,秋去冬来,人们应当调整自己的衣食住行以适应四季气候的变化。要改造自然首先要适应自然,对待社会环境也是这样,面对客观现实要分析哪些是需要改变和可能改变的,哪些是不可能或暂时不能改变的,以此为依据来决定自己应该采取何种态度和行为。对生活中出现的各种问题和麻烦,不退缩、不逃避、不幻想。如能做到以上四个方面,他就可以使自己的心理处于一种和谐、自然的健康状态。

另外,这四条"正确对待"既可以作为心理健康的手段,也可以作为心理健康的目的,在这里是把手段和目的一体化了。心理健康同时也是一种理想和追求,没有止境。

二、班组长的三个重要条件

(一)人品正

就是品德高尚。一个班组需要发挥团队的作用,调动全班人员的积极性。班组能否团结协作、发挥合力,在很大程度上取决于班组长的人品。班组长一定要有好的品德。班组成员不仅要看班组长如何说,而且要看班组长如何做。吃苦在前、办事公道、坚持原则是选拔班组长的重要条件。

(二)技术精

因为班组是最基层的生产作业单位,也是生产工艺和生产设备的操作者。班组长作为兵头将尾,一定是业务尖子,行家里手,只有如此才能说话有分量、有权威。此外班组长又是现场教练。班组长只有具备过硬的业务技术才能有利于指挥生产,处理疑难问题,保证安全生产和产品质量。因此,技术水平是选拔班组长的重要条件之一。

(三)能力强

能力主要包括两点,一是指制定规章制度的能力,以及执行规章制度的能力。二是指领导艺术,班组长的人际协调能力也应较强,要有灵活应变的能力。尤其是在改革开放的时代,在市场竞争越来越激烈的时刻,一定要具备很强的灵活应变能力。

以上三者兼备,才是一名好班组长。

三、员工心目中班组长的标准

(1)办事要公道。办事要公道说起来容易,但做起来却非常难。这就需要班组长在分配工作中做到办事公道,奖罚分明,分配利益时也要做到公道,只有这样才能够服众。

(2)关心部下。缺乏对员工在工作、生活上的关心和了解,员工自然也会不满意你。

(3)目标明确。目标明确是做领导一个最重要和最起码的前提。作为一个班组长,目标也应非常明确,否则就纯粹是一个糊涂官。

(4)准确发布命令。班组长作为一线的指挥者,发布命令的准确程度应像机场上的管制员给飞行员发布命令一样的准确,否则容易产生歧义,在命令的传播过程中出现这样或那样的失误,造成工作中的事故。

(5)及时指导。工作中,下属总是希望自己能时常得到上司的及时指导,因为上司的及时指导就是对下属的关注和培训。

(6)分享荣誉。作为班组长还应做到非常慷慨地把荣誉和奖金分给大家,你班组中的劳动模范越多,你的工作就能做得越好。

四、班组长必须具备的领导素质

参见第十三章第五节"自我管理必须具备的领导素质"。

第三节 班组长的激励艺术

一、有效激励的基本原则

激励也是一种管理。激励具有风险性,如果它不给企业带来正面的影响,就很可能带来负面的影响,所以,班组长在制定和实施激励政策时,一定要谨慎。如果在制定和实施激励政策时能够注意一些必要原则,则有助于提高激励的效果。

(一)奖励正确的事情

奖对一人,就会鼓舞一片,罚对一个,就会教育一片,这才能起到激励作用;反之,选错一人,就会冷落一片,罚错一人,就会寒心一片,不仅起不到激励作用,还会起到相反的效果。

如果我们奖励错误的事情,错误的事情就会经常发生。这个问题虽然看起来很简单,但在具体实施激励时却常常被班组长所忽略。一个流传很广的故事说:渔夫在船上看见一条蛇口中叼着一只青蛙,青蛙正痛苦地挣扎。渔夫非常同情青蛙的处境,就把青蛙从蛇口中救出来放了生。但渔夫又觉得对不起饥饿的蛇,于是他将自己随身携带的心爱的酒让蛇喝了几口,蛇愉快地游走了。渔夫正为自己的行为感到高兴,突然听到船头有拍打的声音,渔夫探头一看,大吃一惊,他发现那条蛇抬头正眼巴巴地望着自己,嘴里叼着两只青蛙。

种瓜得瓜,种豆得豆。渔夫的激励起到了作用,但这和渔夫的初衷是背道而驰的,本想救青蛙一命的渔夫,却想不到由于不当的激励,使更多的青蛙遭了殃。奖励得当,种瓜得瓜,奖励不当,种瓜得刺。班组长实施激励最犯忌的,莫过于奖励的初衷与奖励的结果存在很大差距,甚至背道而驰。

(二)目标结合的原则

在激励机制中,设置目标是一个关键环节。目标设置必须同时体现组织目标和员工需要的要求。

(三)物质激励和精神激励相结合、以精神激励为主的原则

精神激励与物质激励兼顾。赞美、表扬、鼓舞是激发部属斗志不可或缺的催化剂,如能

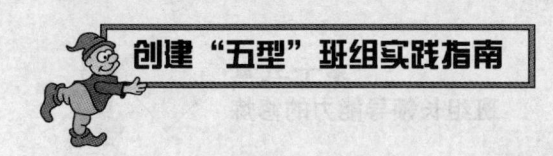

和金钱、奖金、红利等物质奖励相结合，更能让部属全力投入工作。物质激励是基础，精神激励是根本。在两者结合的基础上，逐步过渡到以精神激励为主。

物质激励与精神激励作为激励的两种不同类型，是相辅相成、缺一不可的，只强调物质激励而忽视精神激励或只强调精神激励而忽视物质激励都是片面和错误的。在实际工作中，一些人总以为有钱才会有干劲，有实惠才能有热情，精神激励是水中月、镜中影，好看却不中用。正是这种片面的理解，致使一部分人斤斤计较、唯利是图，甚至弄虚作假、违法乱纪，给组织环境和社会风气都带来极大危害。另有一些人总爱把大道理挂在嘴边，只讲贡献不讲需要，只讲觉悟不讲利益，以为大家靠喝西北风也能有干劲，这些人恰恰忘了："思想一旦离开利益，就一定会使自己出丑"。为了避免以上两种片面性的发生，防止"单打一"现象的出现，在激励中一定要坚持物质激励与精神激励相结合的方针。

物质激励与精神激励是对人们物质需要和精神需要的满足，而人们的物质需要和精神需要在层次与程度上受多种因素的制约，并随主客观条件的发展而不断有所变化。从社会角度看，一般来说，社会经济文化发展水平比较低，人们的物质需求就会比较强烈，而在社会经济文化发展水平比较高的条件下，人们的精神需要则会占主导地位。从个人角度来看，一个人受教育的程度、所从事的工作性质及其自身的品德修养也会对需要产生很大程度的影响。所以，不论从个人发展还是从社会发展角度来看，精神激励应该逐渐占据主导地位，人的追求将被引向更高的精神境界。

（四）引导性原则

外部激励措施只有转化为被激励者的自觉意愿，才能取得激励效果。因此，引导性原则是激励过程的内在要求。

（五）合理性原则

激励的合理性原则包括三层含义。其一，目标公正合理。制定目标时，应就部属的能力、水平与达成任务的难易度，做合理、公正的考虑。其二，激励的措施要适度。要根据所实现目标本身的价值大小确定适当的激励量。其三，奖惩要公平。公平公正，并建立公平的奖赏系统。

公平性是员工管理中一个很重要的原则，员工感到的任何不公的待遇都会影响他的工作效率和工作情绪，并且影响激励效果。取得同等成绩的员工，一定要获得同等层次的奖励；同理，犯同等错误的员工，也应受到同等层次的处罚。如果做不到这一点，管理者宁可不奖励或者不处罚。管理者在处理员工问题时，一定要有一种公平的心态，不应有任何的偏见和喜好。虽然某些员工可能让你喜欢，有些你不太喜欢，但在工作中，一定要一视同仁，不能有任何不公的激励行为。

（六）明确性原则

激励的明确性原则包括三层含义：其一，明确，激励的目的是需要做什么和必须怎么做；其二，公开，特别是分配奖金等大量员工关注的问题时，更为重要；其三，直观，实施物质奖励和精神奖励时都需要直观地表达它们的指标，总结和授予奖励和惩罚的方式，直观性与激励影响的心理效应成正比。

（七）时效性原则

要把握激励的时机，"雪中送炭"和"雨后送伞"的效果是不一样的。激励越及时，越有利于将人们的激情推向高潮,使其创造力连续有效地发挥出来。不要等到发年终奖金时,才打算犒赏员工,在员工有良好的表现时,就应该尽快给予奖励。等待的时间越长,奖励的效果越可能打折扣。

（八）正激励与负激励相结合、以正激励为主的原则

所谓正激励就是对员工符合组织目标的期望行为进行奖励;所谓负激励就是对员工违背组织目的的非期望行为进行惩罚。正负激励都是必要而有效的,不仅作用于当事人,而且会间接地影响周围其他人。

正激励是从正方向予以鼓励,负激励是从反方向予以刺激,它们是激励中不可缺少的两个方面。俗话说:"小功不奖则大功不立,小过不戒则大过必生",讲的就是这个道理。在实际工作中,只有做到奖功罚过、奖优罚劣、奖勤罚懒,才能使先进受到奖励、后进受到鞭策,真正调动起人们的工作热情,形成人人争先的竞争局面。如果良莠不分、是非不明,势必造成"干多干少一个样、干与不干一个样"的不良局面,使激励无的放矢,得不到好的效果。所以,只有坚持正激励与负激励相结合的方针,才会形成一种激励合力,真正发挥出激励的作用。

正激励是主动性激励,负激励是被动性激励,就二者的作用而言,正激励是第一位的,负激励是第二位的,所以在激励中应该坚持以正激励为主、以负激励为辅的原则。在激励过程中,宜多采用正激励的方式,以唤起人的增力情绪,调动其积极情感。少采用负激励的方式,以减少人的减力情绪,克服其消极情感。总而言之,就正激励和负激励而言,从普遍意义上来看,应该把正激励放在主导地位。

（九）因人而异,按需激励的原则

激励的起点是满足员工的需要,但员工的需要因人而异、因时而异,并且只有满足最迫切需要(主导需要)的措施,其效价才高,其激励强度才大。因此,班组长必须深入地进行调查研究,不断了解员工需要层次和需要结构的变化趋势,有针对性地采取激励措施,才能收到实效。

二、激励过程

激励的目标是使班组中的成员充分发挥出其潜在的能力,是"需要→行为→满意"的一个连锁过程(如图15-2所示)。

一个人从有需要直到产生动机这是一个心理过程,比如,当一个下属做了一件自认为十分漂亮的事情后,他渴望得到上司或同事的赞赏、认可和肯定,这就是他渴望被上司激励的心理"动机"。这时,如果上司及时而得体地用表扬"激励"了他,他在今后的工作中

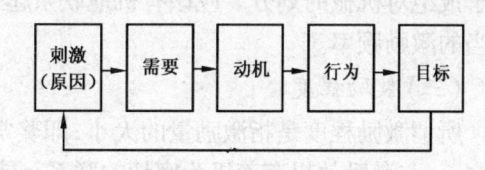

刺激(原因)→需要→动机→行为→目标

图15-2 激励过程图

会更卖力,甚至做得更好,这就使他产生了努力工作的"行为",而这种行为肯定会导致好的"结果",最后达到下属和上司都"满意"的成效。

三、激励机制

激励机制就是在激励中起关键性作用的一些因素,一般由激励时机、激励频率、激励程度、激励方向等因素组成。它的功能集中表现在对激励的效果有着直接和显著的影响,所以

认识和了解激励的机制，对搞好激励工作是大有益处的。

（一）激励时机

激励时机是激励机制的一个重要因素。激励在不同时间进行，其作用与效果是有很大差别的。打个比较形象的比喻，就像平时炒菜一样，在不同的时间放入佐料，菜的味道和质量是不一样的。超前的激励可能会使员工感到无足轻重；迟来的激励可能会让员工觉得多此一举，使激励失去意义，发挥不了应该发挥的作用。那么，到底应该在什么时候激励为好呢？当然，这是一个比较复杂的问题，不能简单机械地下结论。激励如同化学实验中的催化剂，何时该用、何时不该用，都要根据具体情况进行具体分析。根据时间上快慢的差异，激励时机可分为及时激励与延时激励；根据时间间隔是否规律，激励时机可分为规则激励与不规则激励；根据工作的周期，激励时机又可分为期前激励、期中激励和期末激励。激励时机既然存在多种形式，就不能形而上学地强调一种而忽视其他，而应该根据多种客观条件，进行灵活的选择，有时候还要加以综合运用。

总而言之，激励时机是非常重要的，选择得当才能有效地发挥激励的作用，这就如同指挥员在战场上调兵遣将，时机掌握不好，就不可能取得胜利。

（二）激励频率

所谓激励频率是指在一定时间里进行激励的次数，它一般是以一个工作周期为其时间单位的。激励频率的高低是由一个工作周期里激励次数的多少所决定的。激励频率与激励效果之间并不完全是简单的正比关系，在某些特殊的条件下，二者成一定的反比关系。所以，只有区别不同情况，采取相应的激励频率，才能有效地发挥激励的作用。激励频率的选择受多种客观因素的制约，这些客观因素包括工作的内容和性质、任务目标的明确程度、激励对象的素质情况、劳动条件和人事环境，等等。一般来说，对于工作复杂性强，比较难以完成的任务，激励频率应当高；对于工作比较简单，容易完成的任务，激励频率就应该低。对于任务目标不明确、较长时期才可见成果的工作，激励频率应该低；对于任务目标明确、短期可见成果的工作，激励频率应该高；对于各方面素质较差的工作人员，激励频率应该高；对于各方面素质较好的工作人员，激励频率应该低。在劳动条件和人事环境较差的部门，激励频率应该高；在劳动条件和人事环境较好的部门，激励频率应该低。当然，上述几种情况，并不能理解成绝对机械的划分。应该有机地联系起来看，只有对具体情况进行综合分析，才能确定恰当的激励频率。

（三）激励程度

所谓激励程度是指激励量的大小，即奖赏或惩罚标准的高低。它是激励机制的重要因素之一，与激励效果有着极为密切的联系。能否恰当地掌握激励程度，直接影响激励作用的发挥。超量激励和不足量激励不但起不到激励的真正作用，有时甚至还会起反作用，造成对工作热情的严重挫伤。比如，过分优厚的奖赏，会使人感到得来轻而易举，用不着进行艰苦的努力；过分严厉的惩罚，可能会导致人破罐破摔的心理，使他们失去上进的勇气和信心；过于吝啬的奖赏，会使人感到忙碌半天结果徒劳一场，从此消沉下去，提不起工作干劲；过于轻微的惩罚，可能导致人的无所谓心理，认为小事一桩、无足轻重，不但不思悔改，反而变本加厉。所以从量上把握激励，一定要做到恰如其分，激励程度不能过高也不能过低。有一些人认为，激励程度越高，鼓舞士气的作用就越大，激励程度越低，鼓舞士气的作用就越小。也就是说,激励程度与激励效果成正比关系。我们认为,这种提法是不准确的。激励程度并不是越高越好,它是具有一定限度的,超出了这一限度,就无激励作用可言了,正所谓"过犹不及"。

(四)激励方向

所谓激励方向是指激励的针对性,即针对什么样的内容来实施激励,它对激励效果也有显著影响。根据美国心理学家马斯洛的需求层次理论,人的行为动机起源于五种需要,即:生理的需要、安全的需要、归属的需要、尊重的需要和自我实现的需要。人的需要并不是一成不变的,它有一个由低级向高级发展的过程,但这一过程并不是一种间断的、阶梯式的跳跃,而是一种连续的、波浪式的演进。不同层次的需要是可以同时并存的,但在不同时期,各种需要的动机作用是不一样的,总存在一种起最大支配力量的优势需要。一般来说,较高层次的优势需要的出现,是在较低层次优势需要出现之后。马斯洛的需要层次理论有力地表明,激励方向的选择与激励作用的发挥有着非常密切的关系。当某一层次的优势需要基本上得到满足时,激励的作用就难以持续,只有把激励方向转移到满足更高层次的优势需要,才能更有效地达到激励的目的。比如,对一个具有强烈自我表现欲望的大学生来说,如果要对他所取得的成绩予以奖励,奖给他奖金和实物不如为他创造一次能充分表现自己才能的机会,使他从中得到更大的鼓励。还有一点需要指出的是,激励方向的选择是以优势需要的发现为其前提条件的,但怎样才能发现不同阶段的优势需要呢?又怎样才能正确区分个体优势需要和群体优势需要呢?这些都是激励工作中不得不面对的问题,只有通过深入的调查研究和认真的分析思考,才能找到需要的答案。

四、成功激励四步曲

领导的真正奥妙在于如何不断激励部属,鼓励他们为自己和组织全力以赴,奋斗不懈。"走在部属的前面"是成功激励者身上最常表现出来的一种行为。一位好的班组长要以身作则,做好、做对每件事情,这样才能身先士卒,引爆部属们的干劲,率领他们更有效率地工作。

(一)建立一套正确的激励理念

好的班组长,每天都要反复做"激励"这件事,要向下属传达这种感觉,"我们是同在一起的"、"我们所从事的是有价值的事",这些是培养激励的温床。当然,仅靠传达"与我同行"的感觉并不能完全达到激励的目的,还需要建立一套正确的激励理念。

你希望团队伙伴有以下特质,并且在挥师出发后,捷报频传吗?

(1)加班不拿加班费,只要一个餐盒;

(2)节假日照常乐在工作,没有丝毫埋怨;

(3)经常出差,从不推诿或找理由拒绝;

(4)团队成员对组织目标的达成,有着极为强烈的企图心;

(5)忙不过来时,会主动请家人、朋友义务协助;

(6)永保赤子之心和永不服输的精神,奋斗不懈;

(7)视为顾客服务为至高无上的荣耀。

如果你希望达到以上所描绘的目标,那么,一定要竭尽所能去做好下面四件事情:

(1)让工作内容更具丰富性和挑战性,而且要求高质量的表现;

(2) 部属不是机器，应协助他们了解工作对团队的重要性和意义；

(3) 使部属完全明白你对他们的期望，当他们达到双方确定的标准时，确实能再得到你的激励；

(4) 努力程度、工作成果和报酬奖赏之间要有明确的关联性。

做好上面四件事情之后，要帮助自己建立一套正确的激励理念，把以下的激励理念深植到潜意识之中：

(1) 部属的动机是可以驱动的；

(2) 绝大部分的部属会喜欢自己的工作；

(3) 部属都期待把工作做好、做对，而不存心犯错；

(4) 每位部属对需求的满足有完全不同的期待；

(5) 部属愿意自我调适，产生合理的行为；

(6) 金钱有一定的激励作用；

(7) 让部属觉得重要无比，也是一种激励的好手段；

(8) 激励可以产生大于个体运作效果的绩效。

"激励"并不是单纯、单向的鼓励员工。李文森的研究指出：激励会导致"互动力"，使个人与组织的能源汇合、交集，为两者产生最大的互利。不同类型的班组长在互动方面做法不一，也将带来不同的互动结果。

兼顾个人目标与组织目标的达成，自然产生正面的预期效果，并形成良好循环互动的关系。李文森说，"组织目标与个人需求间达成互动力的关系，能够产生最高自我激励的境界。"这也正是每个班组长都应该全力以赴的目标。

(二) 运用激励十大原则

要激励部属并使他们愿意热忱自信地工作，一定遵照激励的十大原则，并能注意以下五点：

(1) 确信自己有无限的激励潜能。激励起源于"信赖"，确信自己能激励自己和优秀的部属，更确信大家可以上下一心，实现目标。

(2) 显露出你的企图心。每个班组长都要树立共同规范，形成团体意识，在互动过程中，用积极的行为来鼓舞部属，让部属们真正感受到精神的感召，认同你的角色，增强工作动机及责任感。

(3) 支持上司或组织所定的目标。部属们会效仿你的做法并全力支持，乐意接受你的领导与指挥。

(4) 信赖部属。被信赖的部属会心甘情愿地为班组长赴汤蹈火，要在"行动、言词"上处处表现出信赖他们的诚意。

(5) 经常更换激励方式。每一种激励方式的寿命都不会很长，要经常更换。

(三) 满足部属的个人需求

班组长激励员工之前，一定要先了解部属的个别差异及需求。成功的激励一定要考虑到每一位部属的特性和最迫切的需求，因为不同阶层的人员对其本身及他人的激励需求之间存在着相当程度的差异，这是班组长不得不关注的重要内容之一。

据调查，员工最渴望的10大激励方式排序如下：金钱、表扬认同、休假、工作参与、喜欢的工作、升迁、自由、自我成长、趣味、奖品。每个人都需要被激励,但究竟什么因素可以真正激发员工,是需要班组长认真思考的。

(四)交叉运用各种激励法

激励是一种神奇的力量,如何运用这种神奇的力量使团队达到既定的目标,其具体方法需要班组长根据企业及部属的实际情况对症下药。

五、边际效用理论在激励中的应用

效用指商品满足人的欲望的能力,或消费者在消费商品时所感受到的满足程度。

边际效用指消费者在一定时间内每增加一个单位商品消费所得到的效用的增量,也就是指某种物品的消费量增加一单位所增加的满足程度。

1854年德国经济学家H.H.戈森提出人类满足需求的三条定理:

(1)欲望或边际效用递减定理。即随着物品占有量的增加,人的欲望或物品的效用递减。

通俗地讲:当极度口渴的时候十分需要喝水,喝下的第一杯水是最解燃眉之急、最畅快的,但随着口渴程度降低,对下一杯水的渴望值也不断减少。当喝到完全不渴的时候,边际效用为零,这时候再喝下去甚至会感到不适,再继续喝下去会越来越感到不适(负效用)。如图15-3所示(横轴代表刺激物,纵轴代表效果):

如果边际效用不递减,则假定消费者可免费取用某种物品时,消费者对其需要量都将无穷多。然而事实上并非如此,消费者对任何一件物品的需要都会在某一点上停止。在这一点上,消费者的总效用最大,而边际效用为零。

边际效用递减规律来自于心理学上的韦伯定理,他认为神经元对等量外界刺激的条件反射强度,随着刺激次数的增加而递减。

这一理论还可用于挫折管理,对于抗挫折能力差的人,多给他几次挫折,就练"皮实"了,面对挫折就有免疫力了。

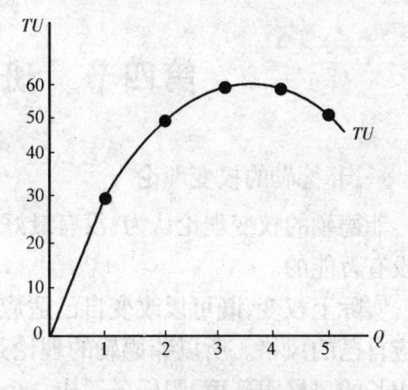

图15-3 边际效用递减定理

(2)边际效用相等定理。即在物品有限的条件下,为使人的欲望得到最大限度的满足,务必将这些物品在各种欲望间作适当分配,使人的各种欲望被满足的程度相等。

(3)在原有欲望已被满足的条件下,要取得更多享乐量,只有发现新享乐或扩充旧享乐。

一个人欲望越强烈时,边际效用越高,反之,其结果亦相反,也就是说,需求满足的欲望越多,而用来满足这些欲望的物质越少的话,那么,不能满足的欲望层次越重要,边际效用则越高;反之,欲望越少,而用来满足这些欲望的物质越多的话,满足的欲望层次越低,边际效用则越小。因此,边际效用之大小,与个人欲望与需求物品的数量有关。

生活在我国东部的人,会把自来水(除了某一些地方,夏季可能会缺水之外)与食盐视为珍品吗?可是,如果我们把淡水运送到中东,把食盐运到中国内地,这些的物质,则马上会变成了大家的抢手货,此无它,只是充分的表现出该物质的边际效用而已。

在激励过程中,我们也可以把这种边际效用的概念用上去,举个例子来讲,我们要奖励一位月薪只有800元,而他又要养活一家四口的员工,工作奖金所能发挥的激励边际效用,绝对是会比派他旅游考察来得大;一位高收入的人,根据马斯洛的人类需求理论,他对生理上以及安全上这些人类最基本的生存需求,可能已经不是那么的迫切了,而是转向自尊与自我实现等方面的需求了,在这个时候,与其给他们一些工作奖金来做为奖励,不如派他们代表班组参加一些重要的决策等来得有效,这就是激励的边际效用在管理上的运用。

人的需求是千差万别的。俗话说:"萝卜青菜,各有所爱。"有人更看重精神上的东西,比如,荣誉、尊重;有人更看重物质,比如,奖金、加薪。针对不同的人,以不同的方法进行激励,投其所好。

管理者如果想避免某种刺激方法边际效用的递减直至无效情况的发生,使用多种不同的激励措施是有必要的。例如,第一次对其加薪,第二次可以安排其参加职业培训,第三次可以对其在职位上进行提升,虽然花费可能相当,但由于手段不同,就可以达到更好的效果。

管理者除了采取上述刺激方法外,还可以考虑变换员工工作环境、更换工作岗位、组织联欢、旅游,等等。但是管理者进行刺激时,应当考虑限度。毕竟,再好的东西,多了,就不是好东西。

说白了,就是给员工最急需的,激励的效果最好。也就是把饭送给饥人,把好话送给知人,效果最好。这道理太简单了,一定要变着法做,总用一种方法效果就不灵了。

第四节　班组长的权变管理艺术

一、菲德勒的权变理论

菲德勒的权变理论认为:没有最好的,只有适合的;不要一味追求好的管理方法;管理方法没有万能的。

实际上权变,既可以改变自己适应别人,适应环境,又可以改变别人,改变环境,反过来适应自己的风格。所以菲德勒的理论是一种匹配的理论,上下级之间相互匹配。这就要求班组长的风格跟环境、跟任务适应。个人与环境的变化关系如表15-2。

表15-2　个人与环境的变化关系

菲德勒的理论是: 一种匹配的理论,匹配就是适应,个人与环境相适应,以变化求适应。其实个人与环境都是可变的,不是改变个人就是改变环境。没有最好的,只有合适的。		
	环境改变	环境不变
个人改变	可适应	可适应
个人不变	可适应	换人

世界上没有一成不变的管理模式。一名高明的班组长应根据环境的不断变化而及时地改变自己的领导方式。权变理论告诉管理者应不断地调整自己,使自己能及时地适应外界的变化,或把自己放到一个适应自己的环境中。有时班组长的水平是一块土壤,在什么样的土壤里会滋长出什么样的管理方式。

二、管与理的权变

表15-3 管与理的侧重点

管	理	管	理
重在控制	重在激励	重点关注内部	既关注内部也关注外部
重在硬权力	重在软权力	关注执行与落实	关注决策、决断
重在规章制度	更多是艺术	是共性的	体现个性化
追求秩序	追求变革	追求效益	关注效果(价值)
关注工作、业务	关注人	基层多管	高层多理
关注现在	既关注现在也面向未来		
管理两相宜			

三、对不同类型员工的管理对策

表15-4 对不同类型的员工管理对策

类型	管理方式	对策一	对策二
不愿意干,又不会干	命令式	培训价值观和技术	淘汰出局
不想干,但会干	少指令,参与型	培训价值观	淘汰出局
想干但不会干的	用推销式	培训技术	鼓励提高
想干又会干	用授权式	奖励业绩	重用

真正的权变领导,领导艺术要因人而异、因事而异、因环境而异、因发展阶段而异,异就是变,变就是权变。第一点要讲角色的权变;第二点实用的就是距离的权变,距离的调整,包括能力距离、权力距离;第三点是心理距离的改变;第四点叫做方跟圆的权变(大方小圆、内方外圆、后方先圆、己方他圆);第五点称为权变矛盾纠纷,有五个分清、五个优先。首先分清单位的矛盾是原则分歧,还是无原则纠纷,原则的分歧优先解决。第二条要分清是新近形成的矛盾,还是年深日久的矛盾纠纷,优先解决新矛盾。第三从空间上来区分,先分清是内部矛盾纠纷,还是外部纠纷,要先内后外。第四条分清矛盾是利益冲突还是认识分歧,建议先解决思想认识上的分歧。最后一点那就是先明后暗,原因查明的矛盾优先解决,不管是难是易、是大是小。

权变就是灵活运用。《天玄子》曰:"为兵之道,因应乘制以为胜,若拘于道则死于道,泥于法则死于法矣!故下焉者法法,上焉者铸法。法法而胜者谓之明,铸法而胜者谓之神。"可见,最高的因势境界是创造出别人所未知、未用过的因势方法来,这才是"用兵如神"。

[案例]

七亘村伏击战

1937年10月,刘伯承率领129师386旅进抵山西平定地区,当时日军正猛攻娘子关。为配合娘子关国民党军正面战场,军队在刘伯承亲自指挥下于10月22日至28日,先后在长生口、东石门、马山村、七亘村连续作战打击日寇,其中以两次设伏七亘村战果尤其显著。

日军为了切实控制正太路南的平行大道,必然加紧从井陉至平定的小路运兵运粮。刘伯承计划在七亘村打一仗,钳制日军的迂回进攻,掩护娘子关友军。七亘村是理想的伏击战场,它是井(陉)平(定)小道的必经之地,从七亘村往东到石门,正好是5km峡谷,谷深数10m,底宽不足3m,地势十分险峻。刘伯承经过实地调查,选中了这个伏击阵地,随即命令第772团在七亘村附近待机。

10月26日拂晓,测鱼镇日军的辎重部队在200多步兵的掩护下,向西开进。9时许,日军进入伏击区。第772团第三营放过敌人的前卫部队,向它的本队突然发起火力袭击。两个多小时后,枪声、喊杀声渐渐沉寂下来。日军除少数逃回测鱼镇外,其余全部被歼。共歼灭20师团辎重队300余人,缴获骡马300余匹和一批军用物资。

当天,刘伯承得到情报:正太路西段的日军正向东运动,娘子关右翼的日军也正继续向旧关抄袭。他很清楚日军的意图是急于要打通正太路,从背后威胁太原。据此,他判断七亘村仍然会是日军进军的必由之路,因为舍此别无通道。再从日军目前的作战特点来分析,他们屡胜之后骄横得很,通常发一股牛劲,向预定的目标执拗地突进,毫不理会一些小的损失。况且根据"用兵不复"的原则,他们万万想不到八路军会在同一地点重复设伏。于是,断然决定还在七亘村给日军一个突然打击。

为了迷惑日军,当27日日军派兵到七亘村来收尸时,刘伯承让第772团主力当着日军的面佯装撤退,造成七亘村无兵把守的假象。实际上第772团第三营绕了一圈又返了回来,集结在七亘村西改道庙公路南侧山地里。

28日晨,敌人的辎重部队果然循原路过来了,前后有100多骑兵,300多步兵作掩护。他们毕竟吃过亏,一路加强了搜索警戒,遇有可疑处便发炮轰击。到了七亘村附近,他们更加小心翼翼,朝村里村外进行了反复的炮击。第772团第3营的指战员们隐蔽在灌木、草丛和石洞里,沉着镇定,不发一枪。

11时许,日军进入了伏击地域。第772团第3营的机枪、步枪一齐响了起来,组成了严密的火网。这次日军已有精神准备,一遇打击便就地组织抵抗。第3营在兵力不占优势的情况下,仍英勇出击,将日军截成两段。由于负责增援的第2营因天雨路滑,没能按时赶到,因此第3营没能将敌全歼。战至黄昏,敌人乘夜色朦胧,突围而出,一部向西逃往平定,大部向东退回测鱼镇。

这次伏击,击毙日军百余名,缴获骡马几十四。这次战斗,牵制了敌人,使困在旧关以南的曾万钟部1000余人,从敌人的包围中解救了出来。在同一个地点,在两天之后先后两次设伏,大获全胜,这在战争史上也不多见,体现了刘伯承的艺高胆大。

"兵不重伏",本来是兵家的用兵原则。但是刘伯承元帅反其道而用之,连续同一处设伏,这就是权变。因此,兵法的最高原则,只有一条,就是"因敌制胜"。《孙子·虚实篇》说:"兵无成势,无恒形。能因敌变化而取胜者,谓之神。"

管理如用兵,因环境取胜。世界上唯一不变的就是变化,管理活动所涉及的对象也是绝对地变化着的。所以在管理实践活动中,人们对"权变原则"一直都很重视。孔子的"因材施教"教育思想是教育方法的权变,孙武的"兵无常势,水无常形"、"因势利导,因变制胜"是军事上的权变。例如,战国时孙膑用"减灶"之术战胜庞涓。事隔几百年,公元115年,东汉

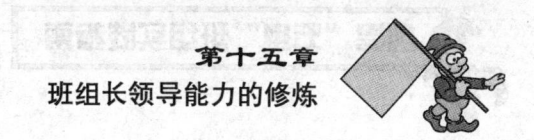

安帝元初二年,虞诩却用"增灶"术让羌军以为汉的援军已到,不敢追击虞军,使虞诩胜利地完成了增援东汉武都的目的。减灶、增灶不拘一格,孙膑、虞诩均"因变而制胜"。在基督教世界,"圣诞老人"也有一句名言——为了让每一个人高兴,我会给不同的人不同的帽子。这些思想的实质就是"权变原则"。

第五节 班组长的用人艺术

用人的艺术是管理永远值得研究的课题和学问。企业是人创造的,财富也是人创造的,人是一切事业成功的前提和根本,而人才资源更是企业的财富。在竞争日趋激烈的今天,如何充分地用人是当今管理者成败的关键,也是企业发展兴衰的关键。

用人的方法和艺术在班组长工作中占有特别重要的位置。1938年毛泽东把班组长的职责归为:"出主意,用干部",将领导的决策与用人放在同等重要的位置。

班组长用人的艺术主要有:合理选择,知人善任;扬长避短、宽容待人;合理使用,积极培养;要正激励人才。

一、选人的原则

选人比育人更重要,主要考虑以下三点:

(1)以价值观为准则;
(2)考虑德才兼备、注重实绩;
(3)没有最好的,只有适合与否。

二、用人的原则

(一)适才原则

把适当的人安排在适当的位置上是用人的最高准则。正如管理理论不论先进只论适用一样,适才比优秀的人才更重要。把一个能力不足的人安排在一个他不能胜任的职位上,那是强人所难,被用人也不必受宠若惊,这绝不是件好事,经受了不适应的折磨,才知道那滋味的确不好受。而把一个能力非凡之士安排在一个平凡的职位上,那是对人力资源的浪费,没有哪个公司可以经得起这种浪费,杰出人才最终也只会弃你而去。

(二)知人善任

知短知长,知短为避短,知长为用长,"择人任势"。

"善任"就是用长,做到"人尽其才,物尽其用",要对人才有合理分配和调度艺术。面对更复杂化的环境,班组长只有广泛地汇集各方面的人才才是制胜之道,正所谓"集合众智,无往不利"。

(三)敢用强人

美国钢铁大王卡耐基的墓碑上刻着:"一位知道选用比他本人能力更强的人来为他工作的人安息在这里"。卡耐基之所以成为钢铁大王,并非由于他本人有什么了不起的能力,而是因为他敢用比自己强的人,他能看到并发挥他们的长处。他曾说过:"把我的厂房、机器、资金全部拿走,只要留下我的人,4年以后又是一个钢铁大王。"那些生怕下级比自己强,怕别人超过自己、威胁自己,并采取一切手段压制别人、抬高自己的人,永远不会成为有效的班

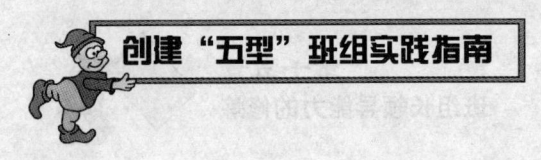

组长。

（四）善待"诤才"

有的组织成员敢于对班组长发表不同意见，甚至与班组长争得面红耳赤。其实在许多情况下，能够倾吐逆耳忠言的成员，往往是表里如一，刚正不阿，才华出众的，而一味顺从班组长的人，却不一定是与班组长志同道合，在顺从的背后，也可能隐藏着无能。对于与行政班组长敢于争执的成员，只要提出的意见符合事实，即使再尖刻，也要认真听取，如果对改进工作有帮助的，作为班组长必须要虚心接受并给予鼓励。

（五）不拘一格用人才

人才就是品德才干兼优的人，有特长的人，所以，人才需要培养，更需要实践锻炼。很多事实证明，在实践中成长起来的、没有高学历高学位的人才很多，而从名校出来的高学历者，其中也不乏平庸之辈。唯学历是举、唯文凭是举，不是真正意义上的选贤任能。

刘邦就是能够不拘一格地使用人才，所以刘邦的队伍里面什么人都有。刘邦市井出身，文不及张良萧何，武不如韩信，却能驱策自如，善于发挥各自所长，用人到位，最终成为汉代开国帝王。唐僧就是能够不拘一格地使用人才，孙悟空、猪八戒各有其用，与岗位相合适的就可用，合适的就是最好的。

（六）坦诚相待

我们知道人才最需要的是什么？尊重。要尊重人才，唯一的办法就是以诚相待、实话实说。不说假话，每件事情都能如实相告、绝不隐瞒。这样信任对方、尊重对方，就会得到对方同样的回报、信任和尊重，人们就会尽心尽力地帮他出谋划策。坦诚相待，这确实是我们一些做班组长的值得借鉴的经验。

（七）论功行赏

使用人才，首先要信任他，尊重他，同时呢，也应该给予相应的奖励，因为奖励是对一个人的贡献最实实在在的肯定。不能老拿好话"泡"人，说你这个人不错啊，你可是人才难得，你是我们的骨干，然后一分钱不给，这个肯定不行。有贡献你就得奖励，要奖励得合适——确实是工作做得好、贡献大的，要多奖；做得一般的，一般地奖；做得差的，不奖，甚至罚——要赏罚分明。

（八）控制

要控制，控制就是管理。人是变化的，班组长知人，不仅要知短知长，还要知其变，信任也是有度的，市场在变，人才结构在变，今天是人才，明天未必是人才。班组长用人不能失察，不能失去监督，不能失去控制，这才是对人才的爱护。

第六节　班组长的用权艺术

用权艺术就是领导艺术，用权艺术主要是掌权、用权和放权的艺术。

一、掌权要慎重

锋芒毕露必自毙。太过张扬、锋芒毕露者会引来很多人的妒忌，对发展不利。所以，在

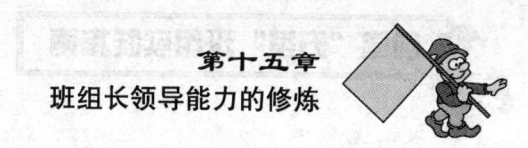

迈向发展之路时,很多人特别注意运用韬光养晦之计,运筹帷幄,不暴露目标,不引起他人猜忌,不成为他人攻击的对象。以知识丰富头脑,谦虚做人,谨慎做事,令人信赖。

二、用权要规范

规范用权就是在法定的范围内用权,正确把握共产党的权力观,坚持执政为民,真正做到"权为民所用、情为民所系、利为民所谋","一切为民者,则民向往之"。

（一）用权不规范的现象

（1）用权过度。不是自己权力范围之内的事也要横加插手,超越或者凌驾于权力之上。

（2）用权不足。自己手中掌握的权力不知道如何去运用,不知道如何去为民谋利,权力失去了应有的作用。

（3）留恋权力。凡事班组长非要自己说了算,而且为了显示自己高明,存有私心杂念等。班组长如果不走出这些用权的误区,不仅有损于班组长的权威,更重要是的不利于班组的建设发展。作为班组长应该要时刻心如明镜,正确使用手中的权力,不越雷池半步,不逾规矩一寸,真正做到为官一任,振兴一方,造福一方。

（4）随意用权。当前一些班组长在决策过程中喜欢"拍脑袋",要知道缺乏科学论证的决策行为极易导致失误,从而造成重大损失和浪费,这比腐败更为可怕。

（二）用权的误区

十大误区:（1）朝令夕改,优柔寡断;（2）好大喜功,沾沾自喜;（3）角色错位,越俎代庖;（4）先入为主,印象用人;（5）因循守旧,故步自封;（6）邯郸学步,东施效颦;（7）夜郎自大,目中无人;（8）贪大之功,争名夺利;（9）事无巨细,事必躬亲;（10）言行不一,不讲信用。

三、授权有准则

合理授权的意义:（1）提高部属的主观能动性;（2）本人生产力可得到延伸;（3）部属可得到发展机会;（4）对部属的激励和信任;（5）可提高部属的责任;（6）可达到优势互补;（7）可使气氛和谐。

（一）合理选择授权方式

（1）授权留责:班组长将权力授予下级后,下级在工作中出问题,班组长也应负责任,士卒犯罪,过及主帅。

（2）视能授权:班组长向下级授权,授什么权,授多少权,应根据下级能力的高低而定。

（3）明确责权:班组长向被授权者授权时,应明确所授工作任务的目标、责任和权力,不能含糊不清、模棱两可。

（4）适度授权:班组长授权时应分清哪些权力可以下授,哪些权力应该保留。

（5）监督控制:班组长授权后,对下属的工作要进行合理的即适度的监督控制,防止放任自流或过细的工作检查两种极端现象。

（6）班组长只能对自己的直接下级授权,防止反向授权。

（二）可以授权的工作

日常工作及需要专业技术型工作;收集事实与数据;可以代表其身份出席的工作;某些特定领域中的决定;监管项目;准备报告。

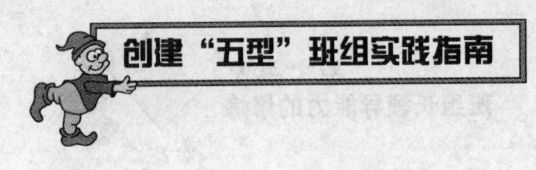

（三）不可授权的工作

下达目标；人事问题（如激励、保持士气）；解决部门间的冲突；发展及培养部下；任务的最终职责；维护纪律和制度。

第七节 班组长的决策艺术

一、决策的概念

（一）定义

"决策"一词的意思就是作出决定或选择。管理就是决策，是指通过分析、比较，在若干种可供选择的方案中选定最优方案的过程。决策是一个提出问题、确立目标、设计和选择方案的过程。

决策，是一门科学，也是一门艺术。班组长既要熟悉和掌握决策的一般程序，更要在自己的班组长工作实践中，细细体会，熟练运用，将其转化为技能，不断提高自己的决策水平。

决策就是选择，决策的关键是时机和信息。孙子兵法说，知己知彼，百战不殆。对于决策，毛泽东说，要情况明、决心大，方法对。

作为一个管理者，无时无刻不在进行决策。从组织目标、计划到人事、财务等方方面面都需要管理者拍板定夺，事实上决策贯穿于整个管理过程的始终。作为班组长如果缺乏作出正确决策的能力，要想获得成功，圆满地完成组织任务是不可能的。

决策艺术体现为调研、分析、策划、预测、判断及取舍的能力。其中，预测是决策的核心能力，所谓先知者为圣人，能准确预测事物发展、变化轨迹，才能作出科学的决策。

决策定义的内涵包括：

(1) 决策总是为解决某一问题作出的决定。

(2) 决策是为达到确定的目标，做正确的事，没有目标就没有方向，也就无法决策。

(3) 决策是为了正确行动，不准备实践，用不着决策。

(4) 决策是从多种方案中作出的选择，没有比较，没有选择，就没有决策。要统筹兼顾，把握关键。

(5) 决策是面向未来的，要作出正确的决策，就要进行科学的预测。要充分运用判断力、想象力、洞察力、应变力。科学决策要求按科学的决策程序办事，要求依靠专家集团运用科学的决策方法。

（二）决策制定程序

制定程序：目的→目标→途径→对策。

修正程序：对策→途径→目标→目的。

目的：为什么要做这个决策？

目标：究竟要完成什么任务？

途径：如何去完成任务？

对策：如何化解风险？

班组长的决策主要是业务决策，即为解决日常工作和作业任务中的问题所作的决策。

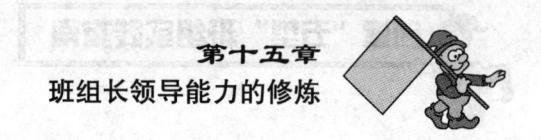

二、决策艺术的四项要求

古语云："天下之事,谋之贵众,断之贵独,虑之贵详,行之贵力。"概括来说,班组长决策贵在"众谋、独断、详虑、力行",这是对决策艺术最基本的要求。决策水平不高,是因为班组长在决策过程中,或缺乏"众谋",或缺乏"详虑",或两者皆缺;而决策执行不好,则是因为班组长在执行决策过程中,或缺乏"独断",或缺乏"力行",或两者皆缺。缺乏"众谋"和"详虑",是由于思想方法不正确,而缺乏"独断"和"力行",则是由于魄力不够。"众谋、独断、详虑、力行"是班组长素质的综合反映和集中体现。因此,班组长必须在实践中,加强这方面的修养和锻炼。

(一)众谋

众谋,体现了决策民主化的原则。这一要求不仅能保证班组长决策的正确性、有效性,也是让下属参政议政,发挥其积极性和创造性的重要途径。在现代社会活动高度复杂化的今天,"多谋善断"不可能只靠一个人去完成,而是要靠集思广益,在从群众中来到群众中去的过程中完成。

(二)独断

独断,也就是决策的集中原则。诚然,班组长要充分重视决策的民主化,但是,决策的民主化决不能代替班组长个人的独断力。决策的过程,是民主和独断交替进行的过程,而班组长的独断力在决策中起着非常关键的作用。如果一个班组长只知道"谋之贵众",而不能"断之贵独";只知道集思广益,而不懂得"综合决断",那将是一个不清醒的班组长。有的班组长在知识和智慧、民主作风等方面并无多大欠缺,却在需要作出决断时犹豫不决,以致丧失时机。这种班组长是不会成功的。

(三)详虑

详虑,其实体现了决策的优化原则和可行性原则。现代决策已经不是只在非此即彼、"是"与"非"之间的选择,而是在各种方案中进行优化选择。没有选择,就没有决策。

(四)力行

力行,体现了决策的效益原则,是决策与执行环节间的关键性转化。经过众谋、详虑之后的决策,能否达到预期的效果和目标,关键在力行。一些符合实际的好的决策思想,可能由于缺乏力行,而被束之高阁,产生不了实效。这些问题的出现,固然有客观条件的变化和宏观因素的制约等原因,但主要的还是因为决策的执行不力。

三、决策的基本步骤

作为一名管理人员,应该明白一个铁定常理:管理决策活动绝不是一件偶然地、孤立地为了解决某个问题而进行的活动。管理决策是一个复杂的全过程,并且贯穿于管理决策活动的各个阶段、每个环节,哪怕只是细微环节。

(一)拟定目标

目标的确定,需要从企业的实际情况出发,因需要的不同而异。在管理决策的全过程中,首先应当是选择和确定管理决策的目标问题。管理决策目标定不下来搜集来的情报是盲目的,甚至是无用的,制定备选方案也就没有了目的性。管理决策的科学化要

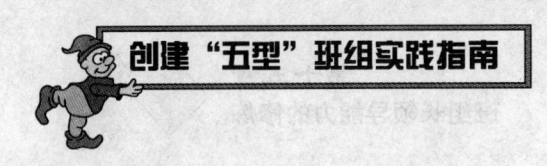

求首先要解决管理决策所要实现的目标,这也是管理决策理论首先要研究和解决的问题。

(二)搜集资料

以班组要解决的问题为目标,通过各种途径和渠道,收集内部的和外部的信息资料。十分明显,收集到的信息资料越多、越准确,则对自然状态的概率的估计或预测也就越接近客观实际,所作出的管理决策也就越合理。所以,在管理决策过程中,信息资料的收集是十分重要的。

(三)制定备选方案

所谓制定备选方案,就是以企业所要解决的问题为目标,对收集到的情报和信息资料认真整理、分析和科学计算,并以此为依据制定出几个实现目标的方案,提交管理决策者选定。制定备选方案,也是一项比较复杂,要求较高的重要工作,有时还需采用试验的方法,有的要采用数学的方法,进行可靠性和可行性分析,提出每个方案的利与弊,然后才能提供备选。

(四)寻求最优选项

这里所说的选定最优选项,是在若干个备选方案中,选定一个最佳方案。这是管理决策的最后阶段,也是关键的一环。管理决策的成功与否,直接关系着企业的发展和职工的切身利益,甚至往往决定着企业的命运。

在通常情况下,管理决策步骤是按照以上四个阶段的顺序进行的,但有时也可能会使整个管理决策过程的阶段发生逆转或互相穿插、包容。

四、问题与防范

决策者除了要制定出方案的最终实施计划外,还应该考虑在决策执行过程中,会不会产生某些不良后果。因此,应该事先对可能发生的潜在问题进行分析和研究。一旦问题发生可以采取某些应变措施,使发生的问题对管理决策目标的影响减到最低限度,并适当加以补救。而且,关键的是能够通过对潜在问题的分析和研究,寻找经济而可行的防患于未然的措施。有人把这种系统地分析潜在问题的方法,称为防范分析。

由于潜在问题是隐藏在事物背后或深层的矛盾萌芽,往往不容易看出,而且它又不在管理决策的直接目标范围之内,因此,极容易被人忽视。防范分析所要求的是系统的观点,要求对管理决策全过程心中有数,全盘考虑。这样,才能保证管理决策的连续性和成功的可能性。在进行防范分析时,应充分考虑下面几个问题:

(1)未来可能发生哪些问题?

(2)发生的问题对管理决策目标有何影响?

(3)发生这些问题的可能原因是什么?

(4)可以采取哪些预防措施?

(5)有哪些应变措施,以减少对管理决策目标的影响?

(6)怎样保证应变措施的实施?

防范分析可以按下列步骤进行:

(1)预计潜在问题。即预计管理决策方案执行中和执行后可能会出现哪些不希望发生的问题,运用科学的方法预测未来可能发生的困难。对最有可能出现的问题要特别引起注意并列为"关键问题"对待,分析它会在什么地点、什么时间出现以及出现的频率。这种预计要尽量全面,有时仅仅凭班组长个人的经验和判断是不够的,因为有些潜在的问题并不是管理决策执行的直接后果,而是后果的后果,即第二、三级后果。决策难免有疏漏之处,所以最好能发动专家和群众,比如,开一个"挑刺会",让大家尽量列举出可能出现的不良后果,这样既可以考虑更周全,往往又能打开班组长的思路。

(2)评价潜在问题的危险性。一般采用评分法对潜在问题的危险进行估计,每个潜在问题的危险分数与其发生概率相乘,即得出该潜在问题的危险性计量值——危险度,然后按照危险度的大小对这些问题进行分类,并确定相应的对策。一般可分为三类:① 对管理决策目标有极其严重影响的,应全力加以预防,否则会使管理决策完全失败,损失惨重。② 对管理决策目标有严重影响,但还不到致命的程度,应尽量加以防范,使其影响降到最低限度。③ 只给管理决策执行增加一些困难,危险性较小的,可以采取简便办法加以处置,或者冒一点风险,不予理会。

(3)制定预防措施。对那些对整个管理决策威胁性较大的潜在问题进行分析,寻找其产生原因,并研究制定相应的预防措施,将其纳入管理决策方案的实施计划中去逐项落实。

(4)准备应急措施。在方案实施前,对可能出现严重不良后果的一些问题,除了采取预防措施外,还应准备一定的应急措施,以便万一问题发生时能将危害减至最小。应急措施不同于预防措施,前者是备用的,要在不良问题发生后才采用,后者是在不良问题发生以前,在管理决策执行时就要实行的措施。防范中,应把重点放在预防措施上,因为"一分预防胜过十分补救"。

近代科学管理决策十分重视防范分析,因为如果这项工作做好了,就可以防患于未然。但有些班组长却容易抱着"不会出岔子"的侥幸心理不愿意做这种分析,或者对自己的管理决策十分有把握,不屑于做这种艰苦细致的工作,结果一旦出现意外情况,往往措手不及,即使方案勉强成功,也会留下副作用。

第八节 班组长的教练艺术

一、什么是教练

教练是指导、训练和督导他人,试图完成某种使命或任务的人;教练是一门通过完善心智模式来发挥潜能、提升效率的管理技术。教练通过一系列有方向性、有策略性的过程,洞察被教练者的心智模式,向内挖掘潜能、向外发现可能性,令被教练者有效达到目标。

教练起源于七十年代初的美国,是从日常生活和对话、运动心理学及教育学等发展出来的一种新兴的、有效的管理技术,能使被教练者洞察自我、发挥个人的潜能,有效地激发团队

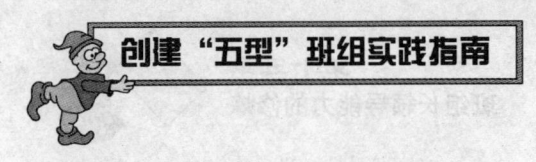

发挥整体的力量，从而提升企业的生产力。

国际教练联合会的定义：教练是教练与自愿被教练者，在人格深层次的信念、价值观和愿景方面相互联结的一种协作伙伴关系。通过一个持续的流程，"挖掘、目标设定、明确行动步骤"，实现卓越的成果。教练也是知识的载体，是"专注于发展人的潜能"的一种技术和形式，是教练与被教练者彼此共同发展的互动过程。

教练实际上是一种在教练和被教练者之间进行的有效的对话，这种对话是一种发现性的对话，令被教练者发现问题，发现疏漏，发现答案；这种对话是一种扩展性的对话，令被教练者看到更多机会，更多选择；这种对话也是一种动力对话，激发教练与被教练者朝向预期的目标，不断挑战自己，提高业绩，力争创造非凡的表现。

教练技术通过澄清价值观和愿景、理清现状、排除干扰、设定新的目标和行动、保持灵活并创造更多可能性，以使被训练者可能过上一种更满意、平衡、成功和充实的生活，使企业更富有活力。

教练技术是真正的富贵之学，"穷则独善其身，达则兼济天下"。不但支持个人事业的成功，同时支持个人身心的成长；不但自己享受丰盛，更可以与家人、同事、世界共享丰盛，真正进入既成功又快乐的境界。

教练是自助助人的事业。教练的最大成就来自于当事人在被教练的过程中，因为心智模式的改变，又勇于行动，从而获得了成果的突破。当事人取得成就的时候，就是教练最为开心与欣慰的时候。

当事人因为获得教练的支持而成长，教练因为帮助别人而获得自身成长。这是一个相互支持、互助共赢的事业。正因为有这样的独特魅力，教练成为越来越受人尊重和热爱的职业，也吸引了越来越多的人加入到这个行业中来。更因为这样的原因，成功运用教练技术的教练型班组长受到更多员工的尊重与爱戴。

教练是提出问题的总结者，提供行为反馈的人，鼓舞人心的人，模范的改革家，解决问题的合作者，教练常常也是一个系统管理者。

二、教练的理念

教练的理念主要有以下五点：

（1）任何事情都一定有更简易、更迅速、更有效的方法。

（2）只有当事人才是解决问题的专家。问题不是问题，问题是课题，答案就在问题中。同时教练相信，每个人都是独一无二的，当事人已经具备所有解决问题、迈向成功的资源。因此教练深信，若当事人能够抽离出事件、能够站高一线、能够站在事件之外看自己、能够将问题当作课题去看时，就一定能够相对轻松地实现事业、人生领域的各个目标。

（3）教练支持当事人的选择。依照教练技术的原理，每个人都会为自己做出最好的选择，所做出的决定都是最符合自己利益的。因为这个原因，教练支持当事人去为自己做出最好的选择。

（4）让别人赢，自己才能赢。

（5）竞争永远存在，机会也永远存在。

三、教练型班组长的教练程序

教练程序是指发生在教练与当事人之间的对话及引发出当事人内在智慧的过程。

(一)确认目标

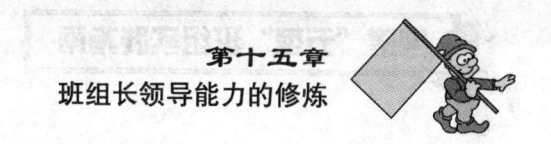

1. 理清当事人的需求

班组长在运用教练技术时要学会区分当事人是否存在教练需要。当一个人饥饿时,他最需要是的一条鱼,而不是教他钓鱼的方法;当一个人病重时,他最需要的是治疗,而不是告诉他身体如何的重要;当一个人溺水时,他最需要的是一个救生圈,而不是游泳的技术。

大多数情况下,员工会很迫切地希望从自己的上司那里立即得到解决问题的答案,所以只会将自己遇到的问题反映给上级。没有学过教练技术的班组长就会很不耐烦地把自己的意见给下属,不过这种"解题"式的管理方法会让班组长感觉到很累。因为我们请员工的目的不是让他仅仅发现问题,而是请他一起来解决问题。

教练型班组长遇到这类问题时,并不马上给出解决方案而是反问对方:"你说怎么办?"等到属下想好了一个解决方案过来请示汇报时,班组长又讲了:"凡事至少有三个以上的解决方案,请多想几个方案后再来找我吧。"下属想出了三个以上的解决方案再次找到班组长时,班组长就会和属下交流自己的意见与看法,并把自己的解决方案告诉给属下。不过最后还会强调,最终的决定还是要你自己去做。

班组长如果习惯于属下一有问题来找就直接给方法、给答案,所带来的结果就是班组长能力越来越强,越来越能干,越来越累,属下越来越白痴,越来越无能。不直接提供答案,会引发下属作深层次的思考,锻炼员工的自主性,培养其独立解决问题的能力。

当然,在运用中也要灵活掌握聆听、发问、区分等技术。教练虽然不提倡直接给答案,但是也要区分实际情况,灵活运用,总不能发现小偷进入办公室正在偷东西还要教练别人"你说该怎么办?"

2. 确认教练目标

教练目标等于下属即时目标加确认是否存在教练需要加下属下步目标

很多情况下,下属并不清楚自己的目标以及自己想要的是什么,这个时候需要先协助其理清目标,设立目标之后再开始完整的教练过程。对于没有目标也不想设定目标的人,教练是无从下手的,对有目标、有教练需求的人运用教练技术是最容易立竿见影的。另外在企业中可能有些情况并不适合马上教练,可能会需要一些辅导,然后再进入教练过程。

3. 确定当事人的教练需要区

当事人的现状通常跟目标(或应该的状况)是有差距的。班组长在运用教练时要协助当事人理清这个差距,填补这个距离,这是当事人即时的教练需求,而下步要发展的水平,是当事人的发展机遇,是未来的水平,是更高的需要。教练型班组长在协助当事人完成和满足现实需要之前,找出下一步的机遇,这是更大动力的机遇点。确定当事人的教练需要区是一个周而复始的过程。比如,一个销售员眼前需要的是掌握销售技巧,完成销售定额。但销售技巧只能使他成为好的销售员,却不能使他成为好的销售经理或者好的管理人员,提升一步之后,才会有下一步的机遇。

也许有人还是要问:"那么到底是给他一条鱼重要,还是教他钓鱼重要呢?"答案应该是两者都有不同的重要性,要依据当事人的不同情况,在不同阶段、不同时期灵活对待,不可以一条死规矩守到老,一条死胡同跑到黑。

下属通过班组长的支持会慢慢建立起自信，原本认为很难的事情，通过思路理清之后发现了更多的可能，找到了更多解决问题实现目标的方法，能力由此逐渐提升。自然而然就会对自己有更高的期许与要求。

确定当事人的教练需要区重点是理清现实，就是帮助当事人看清事实的真相、看到事实的更多层面，而不是当事人原本所想象、所认为的那样。一句话，引导当事人去除主观演绎、判断、假设与猜测，让当事人看到事件或问题的真相。

每个人看事物会依照自己的心智模式去演绎、判断，进入到大脑中的事物已经被扭曲加工过了。所以很多时候班组中的员工仅凭自己所听或所看，站在自我的立场为人处世，加之更多的员工还没学会客观中立，难免会有极强的主观色彩与过度自我。在这样的情况下，如果班组长不去通过发问了解更多事实真相，不去通过区分辨明更多重要的被忽略的因素，难免会做出与事实真相不相符合的决策，其后果可想而知。在理清现实中，有以下几点需要牢记：

（1）建立信任关系。班组长在应用教练技术时需要注意，由于自己身份的原因难免会对下属形成压力，在进行教练时，首先要与下属之间建立彼此平等而信任的关系。如果此时依然是以班组长自居，甚至高高在上，教练的效果必然不佳。即使是不存在上、下级关系的最为普通的教练与当事人之间的教练过程，也需要遵循这一原则。

（2）鼓励当事人表达真实想法。在教练时要与下属或同事说明并做定向。例：接下来的这段时间我们之间是教练关系，我们暂时将上下级关系放在一边，教练的职责是支持当事人……

（3）移除当事人的障碍与干扰。对于企业班组长最大的挑战是鼓励当事人排除干扰，讲出内心真实的想法。很多员工因为上司职务的原因，或者惧怕上司的威严，或者觉着上司是业内权威，而将自己的真实想法深深地埋在心底。员工是企业的主体，如果不能将员工的障碍与干扰解除，员工的潜力将会大大受到制约与影响。

（4）注意聆听并观察当事人的肢体语言，辨认非语言信号。与下属的沟通，很容易从对方的眼神、面目表情、身体语言等辨认出对方的认同度与投入度。班组长要随时与下属作互动，随时了解对方的真实想法。

（5）适时叫停。叫停的能力是教练型班组长的一项重要能力。若发现员工在漫无边际地谈着与主题没有任何关系的话题，班组长要学会果断叫停，或直接将谈话内容带到主题上来。

（二）确定教练计划

1. 选择教练方式

依照通用的国际教练规则，教练要推动当事人达到目标，除了不直接提供答案，不做违反教练原则的事情之外，基本上可运用各种策略与方法。只要能达到目标与成效，什么方法都可以加以整合与运用。

教练技术被很多人称之为是"授人以渔"的技术，又被称为是"方法的方法"。其实教练技术更像是一门艺术，要视当事人的实际状况灵活运用。针对于那些高素质、高能力的人，教练技术所起到的效果尤其迅速明显。

如果当事人的素质与能力有待于提升，在进行教练的同时也要适当地给予方法，不能作墨守成规的老古董，只抱着"教练不能给答案"这个原则一条道跑到黑。

在实际教练过程中，教练方式一般有两种：一种是"推动式"；一种是"启发式"。这两种教练方式对于企业管理者尤为适用。"推动式"类似于指导、指示，向当事人直接提供答案，或向他示范与演示如何掌握并运用某种技能。"启发式"则要引发当事人进行更多思考，引发当事人心智模式、思路与格局的拓宽，并且激发当事人善用自身资源、挖掘自身潜能，向外实践更多的可能性。

在"推动式"教练方式中，教练更多的是在说，而在"启发式"的教练方式中，教练更多的则是在听，这两种方式在教练工作中都会被应用。通常情况下，"启发式"应用更多，"推动式"用得较少。作为一名教练型班组长，在将教练技术引入自己的企业时，先期"推动式"的方式会应用多一些，然后慢慢过渡到"启发式"的教练方式。

事实上，在传统的企业管理中，"推动式"应用会更多一些。对于一个已经有着成熟管理体系，且员工素质与技能相对较高的企业，尤其是针对于知识型企业、高科技企业，"启发式"的教练方式将是必经之路。

2. 教练型班组长应该做到的

（1）专注于对方的利益；

（2）能抽离自我情绪、自我判断、自我需要；

（3）倾听多于说话，引导代替教导，利用发问引导；

（4）不放过任何细节，善于发掘事实；

（5）善于要求行动，能赋予对方权利；

（6）经常赞美与肯定对方，是对方的资源中心；

（7）记得检视对方的行动结果；

（8）教练前有静心准备时段，善于控制时间；

（9）定期要求对方回馈，虚心接受对方意见；

（10）是言行合一的角色模范；

（11）经常吸收专业知识；

（12）对下属隐私及谈话内容绝对保密。

3. 教练型班组长应该避免的

（1）扮演心理学家或心理医生；

（2）只答不问，无法抓住重心；

（3）以自我为中心，预设结果；

（4）互动中失去掌控力；

（5）过度关怀，不挑战对方采取行动；

（6）做保姆，不能支持对方真正成长；

（7）只教练别人，自己不采取行动，不做示范。

（8）言行不一，知行不合一，会影响自己在员工心目中的威望及教练效果。

（三）采取教练行动

著名企业教练托马斯·里昂认为，企业教练的行动主要有十项：聆听、发问、支持、挑战、

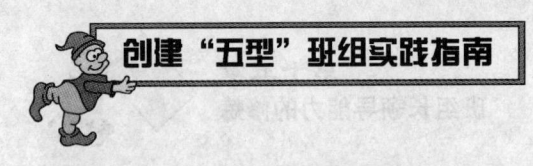

鼓励、指导、合作、演化、理解及策略。

在采取行动时,班组长要作为下属的伙伴(伙伴是平等的),给予他们更多的支持与帮助,同时还要起到催化剂的作用,不断地鼓励他们,促进他们。班组长给员工的肯定、支持与鼓励越大,员工越易取得更多、更卓越的成果。

1. 聆听

教练型班组长最重要、最基础的工作就是聆听,只有认真聆听才可以令下属觉得自己被尊重,当事人觉得被尊重才可以建立互信关系,唯有这样才可以在最短的时间内收集最多的资料,从而支持当事人发现更多选择。

2. 支持

即使是奥运冠军也需要自己的教练做支持,以帮助找出最好的特质及强项。同样,教练型班组长若能协助当事人找出强项,并支持其发挥出强项与特质,他们就可以进行自我支持,完成自助助人的精彩旅程。

3. 挑战

挑战当事人是必需的。令当事人进步,除了支持之外,在适当时间挑战对方亦是一种有效方法,能够激起对方发愤图强的心,会令对方更快地达到目标。

4. 鼓励

人是需要鼓励的。鼓励可分为两方面:一方面是鼓励当事人排除干扰,勇敢向前;另一方面是鼓励"聚焦"。聚焦,即对准目标。很多人已确定了清楚的目标,但却常常左摇右摆,立场不够坚定。不能聚焦于目标,即使是天才也难以取得突出的成就。

5. 指导

教练型班组长并不是导师或师傅,只是协助并支持当事人找到最适于自己的道路与目标,引导他们走出自己的特色,发挥强项,活出光彩。

6. 合作

以分享形式来令当事人有所收获,是体现教练型班组长与当事人之间合作的常见形式。如自己亲历的一些案例、个人的一些观点及贤哲的智慧等。

7. 进化

在适当的时期令当事人前进一大步,让当事人有更杰出的表现,总是在不断地进步,就是进化。要不断地支持当事人,适者生存,不断进化,不断提升。

8. 发问

答案就在问题中。解决问题的最好方式就是问问题,好的问题自然会激发下属思考更多找到解决问题的路径。最好的答案与解决方案永远存于当事人心中。问对问题,答案自然就会出现。

9. 理解

要完全理解别人需要有三大元素:

第一是要有耐性,在整个过程中,教练要保持耐性;

第二是要关怀对方,关心当事人的成功;

第三是尊重对方,教练不需要完全认同与接受当事人的所作所为,但必须要接受对方。有了这三大元素,当事人就会觉得被理解。

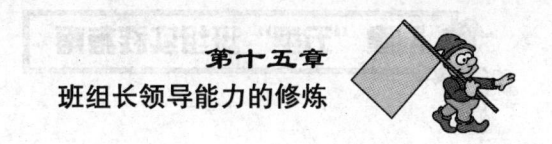

10. 策略

高手下棋能够看到五步之外。策略即是虽同步前进,但能够见到三步之外的机遇。教练最有价值之处,就是能为当事人找到三步之外的发展空间。

如果要问这十项行动中哪一种最具威力,答案就是:用心、用心、再用心。用心就是专业教练工作者及教练型班组长战无不胜、攻无不克的武功秘籍。

(四)行动后学习、回馈与跟进

行动后学习也就是行动的反思,人生不仅在能知,更在能行。这里强调从行动所有的体验中学习、自我觉察、洞察自己的心智模式,从系统、身份、信念与价值观、能力、行为及环境等各个层面加以自我修正与完善。

行动后学习的程序是:

(1)回顾并确认目标;

(2)回顾行动的实际发生过程;

(3)找出关键事件;

(4)距原定目标的距离有多远;

(5)从该过程及关键事件中看到什么,学到了什么;

(6)新的行动计划是什么;

(7)如何修改或完善已设定的目标。

班组长在运用教练技术中,若想体现出最大的威力,就要在行动后学习、回馈与跟进这一环节上下工夫。可以利用的形式有:教练式面谈、电话教练、远程教练、小组会教练等。

最能体现教练价值的在于持续跟进。只有一次又一次的跟进与反思学习,才能引导当事人从行动中不断学习、改进、反馈,再行动、再学习、再反馈、再跟进,如此周而复始,持续进行,才会达到持久深入地改善业绩、提升业绩、提升班组整体表现的目标。那种希望一夜之间就改变企业班组中根深蒂固的陋习与旧有模式或希望教练技术一导入企业班组立刻产生爆炸般效果的想法是不切实际的。

罗马并非一日建成,要取得辉煌的成绩要先从练好基本动作开始。基本动作就是每天都在运用聆听、发问、区分、直觉、醒觉这些基本能力,每个决策与行为之前都要问自己、问属下:我们想要的是什么?为什么?如何做才能实现我们的目标?我们的现状是什么?需要什么资源?凡事都有三个以上解决方案,还有什么方案可以达到目标?如何能更快、更有效地实现目标?剩下更多的就是聆听、支持、嘉许员工,放手让其去做,然后不断地进行反思、学习、提高。

四、班组长的教练功能

(1)引导班组解决问题、提升表现、改善业绩、达到目标。

(2)配合企业发展,协助同事提升绩效,培育积极的工作态度和有效的工作技巧。

(3)协助个人达成特定的目标,包括学业、事业规划和发展、改善人际关系、时间管理及个人成长等。

(4)引导班组提升其执行的能力。

(5)协助企业挖掘其人力资源的潜在价值,提升其人力资源的开发效率。其中包括教练企业如何选对人、用对人、教对人、留对人,重在协助企业充分运用人力资源创造更高价值。

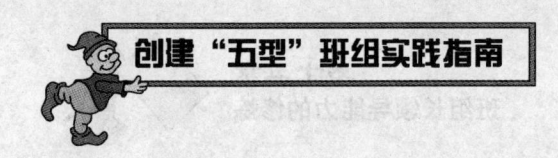

（6）主要是引导班组达到目标。其中包括协助团队理清目标、运用教练技术建立高效合作团队，化解团队冲突，增强团队凝聚力，提升团队的执行力，更快、更易、更好地实现团队目标等。

五、班组长的教练技巧

教练技巧是指可以引导当事人走出迷局、获得更大成就的有助于自我启发、自我醒觉、自我成长的方法、策略与工具。班组长的教练主要有以下十六大技巧。

（一）问题开始

解决问题的最好方法就是问问题，问问题要从你所定义的问题本身开始，答案就在问题中。

（二）用问题解决问题

解决问题的最佳方法一定就在问题本身之中，所谓解铃还需系铃人，用问题解决问题。俗话说，"兵来将挡，水来土掩"。只要我们有能力制造问题，就一定有能力解决问题。

教练型班组长以最简单、最有效、最直接的方式用问题解决问题（这也是教练型班组长的指导原则）。无论是自身还是下属，将工作中所遇到的问题或者想要达成的目标视为课题，用问问题的方式去解决。问问题本身就是解决方案，前提是问对问题。

（三）抛弃唯一

用问题解决问题，凡事至少应找三个以上的解决方案，这样才有优化和选择。抛弃唯一，条条大路通罗马，我们要找的最适合的那一条。

（四）贩卖可能

人生当中的很多困扰多半来自限制性信念。限制性信念是自我局限、自我否定的信念。如：我做不到、我不可能、我没资格、我不行、我没能力、我不够好等，这些观念变成了人生当中的障碍。教练是贩卖可能的事业，当事人若看到可能，便会更有信心，发挥潜能。

（五）站在事件之外看事件

"虽当局而不迷，常旁观则自清"。教练型班组长以一个客观中立、独立于当事人之外的第三者的立场，支持当事人能够自助助人，从事件本身跳出来、从自己的立场抽离出来、从原来的水平思维跳出来、站高一线，看自己周围发生的事情、人以及周围的关系，达到简单、有效、做得到的效果，从而善用人的智慧，创造班组的核心竞争力。

站在事件之外看事件，可能会看到更多的事实真相。如同一个人在瓶子中看瓶子里面的世界，久而久之思维会变得狭隘、偏执、极端、不够客观，太在意"自我"反而没了"自我"。正如老子在《道德经》中所讲到的："天长地久。天地之所以能长且久者，以其不自生，故能长生。是以圣人后其身而身先，外其身而身存。非以其无私邪？故能成其私。"

将自己抽离于事件之外，在遇到重大事件或者做重要决策时更要如此。一个人若能抽离出事件之外看事件，就会高屋建瓴、从不同的角度看到事物或问题的更多方面，这样所做的决策，失误才会更少。

（六）启蒙

指对他人有启发，推动别人有进步、有提升。教练型班组长人会利用一切的时机教育员工、启发员工，让员工从日常工作中的顺利、失意、欢欣、落寞中学知识、长经验。其实教育员

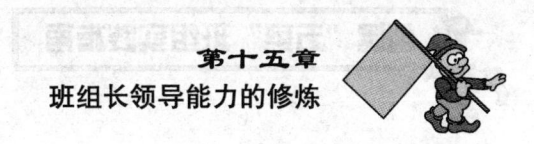

工最好的方式就是"视工作场为道场";将工作的场所作为提升员工、历练员工、培养员工的最佳场所;将支持别人成长作为自己工作中的心态与行为指导准则。这是教练型班组长的新功课。

员工的成长,才是智慧与创新的来源,也唯有如此才会成为知识经济企业的核心竞争力。

(七)作一面镜子

镜子可以从上、从下、从左、从右、从前、从后照到我们的表面,但是却无法照到我们的内心。

教练的工作就是运用专业教练技术准确客观地反映当事人的实际现状。当事人通过教练这面镜子看到真实的自己的时候,更易找到属于自己的内心宝藏或被自己忽略的资源,有效地整合运用,从而有效地实现目标。

需要说明的是,最有力量的教练就是以客观、中立、平常心去做平面镜,而不可以做凹凸镜。当教练带着自己的判断和标准答案教练当事人的时候,教练已经失去了其作为教练的最大价值。

(八)作指南针

当人们探险的时候,总习惯带上指南针,指南针可以指导他们在路途中不致迷失方向。现实生活中我们每个人也经常会有迷茫与迷失的时候,而且这也是人最为痛苦的时候。尤其对那些已经取得一定成就的人,这种"高处不胜寒"的感觉就会加剧,其后果也更严重。

教练是人生的指南针。通过教练的发问与指导,可以协助当事人走出人生迷局,拨开云雾,找到明确的方向,从而活出真我的风采。

(九)帮人建立坐标

指南针帮助当事人确定方向,只要找到了方向就不怕没有路,只要找到了路就不怕路远。运动场上,体育教练的目标是带领运动员去赢,去赢得体育竞技的金牌;人生道路上,专业教练的目标是支持当事人找到人生的方向与捷径。所谓的捷径就是对于当事人来讲以最少资源达到最佳效果的通路。教练通过专业教练技术的运用,协助当事人理清目标、改善行动,再改善、再行动,达成人生的一个又一个目标,赢得人生的金牌。

(十)作生命的伙伴

伙伴的地位是平等的,是相互信任且相互尊重的关系。

教练的智慧是赢的智慧。赢并非指教练的赢,教练的赢体现在支持当事人实现目标,做到所想,实现愿景。教练和当事人的目标是共同的,都是达到所设定的目标。

教练是通过与被教练者建立一个相互信任的关系,也包含相互尊重、安全、有挑战性和负责任的环境。这种关系激励被教练者,在工作业绩和日常生活中都力争最佳,并获得非凡成就。

(十一)作陪伴者

移情换位。能站在当事人的立场上,看您所看,听您所听,感受您所感受的,更能见您所不见、听您所听不到、感受您所感受不到的。

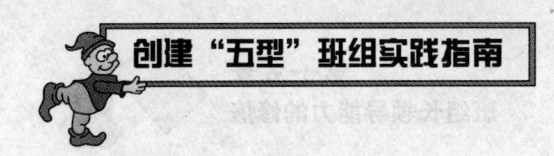

（十二）作促进者

在教练当事人的过程当中，教练如同火箭升天的催化剂，充当了促进者的角色。当事人通过专业教练技术的聆听、发问、分享、体验、交流、整合、应用、嘉许、支持、挑战等，使当事人更加明确自己的方向，充分挖掘自身的潜能，善用自身的所有资源，从而从平凡到优秀，从优秀到卓越。

（十三）作支持者

当事人的目标就是教练的目标，在当事人实现目标的过程中，教练永远是支持者。在当事人取得进步、获得成功时，教练会以此为荣，支持当事人再接再厉，再创新高；在当事人灰心丧气、遭受挫折时，教练会引发当事人看到困境对于自己的正面价值和意义，并支持当事人挑战困难、知难而进。

成功的教练会扮演服务员，会把自己当做当事人的工具，供当事人使用去实现目标。无论采用何种方法，教练的目的都是支持当事人成长。教练最大的欣慰是当事人通过教练活出真我，过上更加充实和快乐的生活。

教练是受过特殊培训的专门人才，教练协助愿意改进的人提升，教练协助企业和个人发挥强项，达到最佳结果。

（十四）注重员工智慧

教练型班组长的卓越之处在于，推动员工不仅仅是行为方法的改进与能力的提升，更会引发员工智慧的成长。我们管理得了员工的行为，却无法管理员工的智慧。教练型班组长侧重于员工智慧的推动，正因为培养了一个又一个比自己优秀的下属，企业才能实现良性成长。

（十五）教练的焦点在现在及未来

教练支持当事人面对自己所发生的一切，学会去接受，从接受中获得智慧，学会活在当下，并放下自我，从原来痛苦的或不能接受的事件中找到有利于自己未来发展的力量，然后转身向未来的理想目标前进。教练是要支持当事人从此刻中拿到最多，创造最多。

（十六）以退为进的智慧

遇到问题时让自己时不时地停一停，其步骤是：停、想、理、进。停：停一停；想：想一想；理：整理思绪；进：再进行。

在日常生活当中，很多时候，我们通常只知道进，不知道退，更不知道停，唯恐停下来、退一步就不会前进了，唯恐业绩会下降，自己会倒退，生活会退步。所以，无论何时都要往前冲，以为一味地进取，就是所谓的积极上进和进步。其实，这样做与事物的发展规律并不完全符合。正如弓拉得过满则弦易断，再锋利的刀，如果每天不间断地使用，也会变得鲁钝。人也一样，如果不懂得进退之道与停的策略，很容易走到死胡同里去。

尺蠖之屈，以求伸也；龙蛇之蛰，以求生也。要想能成大事，就必须能屈能伸，张弛有度，成功路上我们会停下来短暂休息，是为了更好的风雨兼程，放下是为了更好地承担。正如禅宗中有一首诗："手把青秧插满田，低头便见水中天。心地清静方为道，退步原来是向前。"农夫插秧一定要后退才可以把秧插好。生活当中也一样，做事不一定要时时向前，有时停一下甚至退后几步，反而能成就更大的事业。不懂得停止，就不懂得保持平衡，只有知道如何停

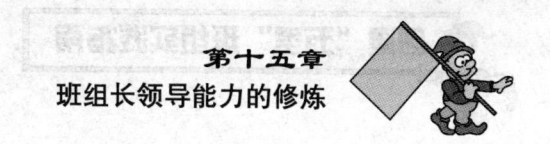

止的人,才懂得如何快速前进。

六、是否适于教练的情况

（一）属于下列情况的人需要教练

(1) 我想找一份更好的工作；

(2) 我赚的钱太少了；

(3) 工作使我感到疲惫、沉闷、愤怒、有压力；

(4) 我想改善人际关系；

(5) 我想活得更快乐、更开心；

(6) 通过我的改变,带动和影响周围的人,从而改善生活品质；

(7) 我希望更清晰地了解自己；

(8) 我期望能有更好的表现；

(9) 我想提升部门的业绩；

(10) 好像其他人都有问题。

简言之,两类人适于接受教练:一是希望改变现状,由平凡到优秀的人；二是希望突破瓶颈,要好上加好,由优秀到卓越的人。

（二）属于下列情况的人不需要教练

(1) 我现在已经很好,而且好得不能再好；

(2) 我学了所有的东西,而且不需要再学了；

(3) 全世界都负了我,我讨厌他们；

(4) 无论如何,我都不会改变；

(5) 我不需要任何人协助；

(6) 我一无是处；

(7) 我不想做任何努力或改进；

(8) 全部不是我的错,我不会负任何责任。

简言之,两类人不适于做教练:一是认为现在已经很好,不需要再做改变的人；二是消极悲观,认为命运对其极不公平,悲观厌世,愤世嫉俗,不想付出任何努力与做任何改变的人。当然这些都不是绝对的,有些自满和悲观的人,也是需要帮助的,这就是圣人无弃人的道理。管理的艺术就在于通权达变,具体问题具体对待。

[本章小结]

基层班组长官小,标准高,在现场是专家、是教练、是先锋、是指挥、是领导。需要较强的应变能力和创新能力,一般意义的常规管理已经无法适应当前的剧烈变革和激烈的市场竞争,而是要懂得如何对部下施加影响力,要在工作中不断有所创新,要有非常强的灵活应变能力。

以上所讲的这些领导的艺术和方法,各法之间是相通,精通一两种就足够用了。我们多次强调,人人都应该具有领导能力,所以这些方法对所有的人都是有用的。

下面将提升班组长领导力重点和步骤归纳为表15-5。

表15-5 提升班组长领导力重点和步骤

以身作则	1	自己有明确的价值观(信念、理念、目标)
	2	把这种理念变成自己的行动,使自己的理念和自己的行动一致
激励人心	3	对个体,对部下,对他人的具体行动表示赞赏
追求变革	4	勇敢的挑战现状,发现机会做出果断的决策
联合众人	5	要建立良好的伙伴关系,培养团队意识,建立联盟,建立统一战线
	6	必要的组织、协调
共同愿景	7	经常去思考发展的多种可能、多种目标、生动前景,并将其形成一种愿景
	8	把这种愿景,通过沟通、认同,变成大家的愿景
执行	9	执行就是要在实际工作中抓落实,无论是制订的措施多么符合实际,如果不去落实,也是一句空话,如过去有些工作,只是用会议去落实会议,用文件去落实文件,搞空对空

参 考 文 献

[1] 张俊杰. 人生的九项修炼. 北京:石油工业出版社,2007.
[2] Holems K, Leech C. 个人与团队管理. 北京:清华大学出版社,2006.
[3] 唐颖. 修养圣经. 北京:中国电影出版社,2006.
[4] 威廉·沃雷. 人生哲学12讲. 北京:新世界出版社,2006.
[5] 上海明德学习型组织研究所. 第五项修炼实践案例. 上海:上海三联书店,2002.
[6] 李飞龙. 如何当好班组长. 北京:北京大学出版社,2006.
[7] 杨剑,黄英,金小玲. 班组长现场管理精要,北京:中国纺织出版社,2007.
[8] 赛艾诺. 班组长如何保安全. 深圳:海天出版社,2007.
[9] 彼得·圣吉. 第五项修炼. 上海:上海三联书店,1998.
[10] 傅宗科,彭志军,袁东明. 第五项修炼300问. 上海:上海三联书店,2002.
[11] 弗雷德·戴维. 战略管理. 北京:经济科学出版社,1998.
[12] 肖艳玲,郭喜江,高宏印. 系统工程理论与方法. 北京:石油工业出版社,1995.
[13] 张践. 公共关系学. 北京:中央广播电视大学出版社,2004.
[14] 组织行为学编写组. 新编组织行为学. 北京:中央广播电视大学出版社,2006.
[15] 王万方,马孝杨,李忠志,陈跃宁. 创造性思维与物理教学. 沈阳:辽宁大学出版社,1993.
[16] 周吉,陈文. 管理哲学——系统学. 上海:上海交通大学出版社,1985.